Paul de Lagarde

Deutsche Schriften

Paul de Lagarde

Deutsche Schriften

ISBN/EAN: 9783337336172

Hergestellt in Europa, USA, Kanada, Australien, Japan

Cover: Foto ©ninafisch / pixelio.de

Weitere Bücher finden Sie auf **www.hansebooks.com**

DEUTSCHE SCHRIFTEN

von

Paul de Lagarde.

Goettingen
1878
Dieterichsche verlagsbuchhandlung.

Als ich um weihnachten 1872 meine schrift über das verhältnis des deutschen staates zu theologie, kirche und religion in die öffentlichkeit treten zu lassen mich entschloß, hegte ich die hoffnung, durch sie auf die beratung der gesetze einfluß zu üben, welche damals allgemein als antwort des staates auf die angriffe der curie erwartet wurden. der in seinen wesentlichsten teilen bereits 1874 zweimal gedruckte, um weihnachten 1875 erschienene bericht über die gegenwärtige lage des deutschen reichs beabsichtigte schon nicht mehr als theoretische aufklärung. gegenwärtig bin ich so weit, mich mit dem neudrucke jener beiden versuche und dem, was ich in diesem bande zum ersten oder fast zum ersten male herausgebe, nur noch an die freunde zu wenden, welche mir jene beiden schriftchen in für mich überraschender und beschämender weise gewonnen haben.

meine beiden älteren aufsätze sind hier und da öffentlich besprochen worden: der ihnen dabei gespendeten anerkennung freue ich mich um so herzlicher, als die besprechungen von mir nicht veranlaßt, als sie sogar von mit mir in gar keiner persönlichen beziehung stehenden männern ausgegangen sind, welche über meine arbeiten zu reden durch nichts anderes bewogen wurden als durch diese arbeiten selbst. ich wußte, als ich mich mit meiner politik hervorwagte, von vorne herein, daß ihr auch lebhafte abneigung entgegen treten werde: daß ab und zu diese abneigung dahin geführt hat mit schmutz zu werfen, war nicht unerwartet, da ich stets begriffen habe, daß jedem zu der waffe zu greifen verstattet sein müsse, welche ihm am nächsten liegt. das schweigen der gutgesinnten presse ist kein zufälliges gewesen, ohne daß mich dieser umstand irre gemacht hätte. wenn ehrliche und auf leidliche kenntnis der einschlagenden verhältnisse ruhende erörterungen nicht mehr discutiert werden dürfen, so ist das meines erachtens allerdings keine empfehlung für die nation, in der diese praxis der kritik beliebt und geduldet wird, aber durchaus keine misempfehlung für die durch jene form der bekämpfung freilich für nicht opportun, aber damit eben für im grunde richtig erklärten erörterungen selbst.

ich schreibe wie gesagt jetzt nur für die, wie mich der erfolg gelehrt hat, recht zahlreichen menschen, denen wahrheit und vaterland über der partei stehn, und will in geduld abwarten, ob die gemeinde sich bilden werde, welche meine gedanken zur praktischen geltung zu bringen berufen sein wird. dem raschen vergessen unserer zeit gegenüber bin ich mir schuldig darauf aufmerksam zu machen, daß eine reihe von urteilen, welche, als ich sie zuerst drucken ließ, für symptome meiner äußersten unfähigkeit galten, gegenwärtig bereits gemeingut der nation sind. über die in Deutschland regierende dictatur, die notwendigkeit wenigstens Posen germanisch zu colonisieren, die deutsche industrie, die preußische kirchenpolitik, den altkatholicismus, den österreichischen dualismus, die Ungarn und Russland möchte man jetzt doch wohl ziemlich allgemein ungefähr so denken, wie ich zu einer zeit gedacht, als die officiellen köpfe und die generalpächter des patriotismus noch ganz anders dachten: danach scheint mir die möglichkeit nicht ausgeschlossen, daß auch in punkten, welche meinen lesern jetzt noch nicht einleuchten, die zukunft mir recht geben werde.

ich habe, wie die mir nahe stehenden wissen, den lebhaften wunsch gehegt, daß statt meiner ein besser als ich befähigter und berechtigter mann die auseinandersetzungen machen möchte, welche ich vorgetragen: da rund um mich her alles schwieg, mußte ich mich schon, weil die lage der dinge gebieterisch das ablegen eines zeugnisses verlangte, entschließen selbst das wort zu nehmen, welches ich so sehr gerne andern gelassen hätte.

Goettingen zu ostern 1878.

Ueber das verhältnis des deutschen staates zu theologie, kirche und religion.
ein versuch nicht-theologen zu orientieren.

Die vorliegende abhandlung ist in ihren grundzügen im sommer 1859 niedergeschrieben worden, und im October desselben jahres in beschränkter weise an die öffentlichkeit getreten. sie sollte 1867 für einen größeren leserkreis gedruckt werden, als kurze zeit lang der luxemburger handel hoffen ließ, daß Deutschland gelegenheit haben werde sich zu einigen. wenn jetzt endlich diese blätter, natürlich unter hinzufügung der auf die neuesten eräugnisse sich beziehenden abschnitte, und außerdem unter stärkerer hervorhebung der person Iesu, sich in eine ihren grundanschauungen durchaus feindliche welt hinauswagen, so geschieht es nicht sowohl in der annahme, daß mehr als hier und da ein einzelner durch sie werde umgestimmt werden, als in dem bewußtsein, daß es in so ernsten und entscheidenden zeitläuften, wie die unsrigen, pflicht ist, das klar erkannte und lange zeit hindurch geprüfte anderen auch in dem falle mitzuteilen, daß sie nicht überzeugt, sondern nur angeregt, ja selbst in dem, daß sie dadurch in ihrer bisherigen ansicht bestärkt werden. die schrift ist durchaus eine politische: theologische schulweisheit ist als nicht-theologen nur verwirrend geflissentlich vermieden: daß der verfasser nicht ganz ohne gelehrte kenntnis der einschlägigen materien ist, wolle man aus dem verzeichnisse seiner übrigen schriften entnehmen. er bittet um gottes willen, von seiner person und allen andern nebenpunkten völlig abzusehen und nur die sache auf ja oder nein ins auge zu fassen, und stellt alles weitere dem anheim, in dessen dienste er gearbeitet hat und weiterhin zu arbeiten gedenkt.

Göttingen zu weihnachten 1872.

Jeder, der die wissenschaft kennt, weiß, daß sie ihren zweck lediglich in sich hat, darum ihre methode sich selbst sucht, und von keiner macht im himmel und auf erden vorschriften, gesetze, zielpunkte annimmt. sie will wissen, nichts als wissen, und zwar nur um zu wissen. sie weiß, daß sie nichts weiß, wo sie nicht bewiesen hat. es ist jedem manne der wissenschaft vollständig gleichgültig, was bei seinen untersuchungen herauskommt, wenn nur etwas dabei herauskommt, das heißt, wenn nur neue wahrheiten entdeckt werden. die wissenschaft gestattet jedem, die von ihr gefundenen ergebnisse aufs neue zu prüfen, und wirft rückhaltlos fort, was eine solche prüfung nicht besteht. sie fordert von jedem, der die zum urteilen nötigen vorkenntnisse hat, daß er das ihm bewiesene annehme und anerkenne, oder auf den namen eines ehrlichen mannes verzichte.

Man kann sich leicht überzeugen, daß diese beschreibung der wissenschaft auf die disciplin, welche wir in Deutschland theologie nennen, unanwendbar, daß mithin die tatsächlich vorhandene theologie eine wissenschaft nicht ist.

Es gibt in Deutschland fünfundzwanzig facultäten der theologie. von diesen sind acht katholisch, drei lutherisch, vierzehn uniert: daß unter den vierzehn unierten sechs sind, deren unierter charakter rechtlich nicht völlig klar begründet oder gar nicht begründet ist, hat für unsere betrachtung keine bedeutung.

Aus dieser lage der dinge erhellt, daß von den genannten drei gruppen entweder nur Eine wissenschaft lehrt oder gar keine.

die wissenschaft leidet kein entweder-oder und kein nebenher. wird ihr die wahl zwischen katholischer, lutherischer und unierter theologie gelassen, so entscheidet sie sich für Eine der drei, oder erklärt, sie sei nicht in der lage ein urteil abzugeben. würde sie zu der einsicht kommen, daß sowohl in der katholischen als in der lutherischen als in der unierten theologie wahrheitsmomente enthalten sind, so würde sie ein viertes, höheres system zu bilden suchen, das die wahrheitsmomente aus den bisherigen systemen vereinigte.

das friedliche nebeneinanderbestehn von facultäten der katholischen, lutherischen und unierten theologie und die lange dauer dieses nebeneinanderbestehns beweist, daß sie alle drei zur wissenschaft kein verhältnis haben. hätten sie es, so würden sie sich untereinander die existenzberechtigung absprechen, wie die Copernicaner den anhängern des Ptolemaeus die existenzberechtigung absprechen. sie würden sich auf Eine form vermindern, wie Ptolemaeus und Tycho Brahe dem Copernicus endgültig haben weichen müssen.

wäre die friedfertigkeit der drei gruppen vielleicht als eine wirkung des strafgesetzbuches anzusehen, den wissenschaftlichen beweis und dessen folgen hemmt kein strafgesetzbuch. wenn der staat erzwingen kann, daß Copernicus und Tycho Brahe sich nicht die ehre abschneiden, das kann er nicht verhindern, daß ersterer den letzteren mit gründen widerlegt, und alle urteilsfähigen auf seine seite zieht.

Die professoren der theologie sind sammt und sonders durch den von ihnen bei erwerbung der licentiatur geleisteten eid und die verpflichtung auf die statuten ihrer facultät — falls sie katholiken sind, auch noch durch den priestereid — in betreff der methode ihrer untersuchung und das schließliche resultat derselben, gleichviel ob in milderer oder strengerer weise, gebunden. lassen nicht selten die statuten von facultäten der protestantischen theologie und an einigen universitäten auch, wenn gleich in geringerem maße, die bei der promotion von licentiaten üblichen eidesformeln durch ihre unklarheit und vermutlich absichtlich vieldeutige fassung der auslegung einen gewissen spielraum, so werden wenigstens in den fällen, wo jene vieldeutigkeit nicht eingestandener maßen von den gesetzgebern beabsichtigt ist, nur die weniger empfindlichen gewissen von dieser, übrigens auch nur sehr mäßigen freiheit gebrauch machen, und immer noch mindestens gezwungen sein, lutherisches oder uniertes christentum zu lehren.

die wissenschaft weiß am anfange ihrer untersuchungen nie, wo dieselben enden werden: sie lehnt durchaus ab, sich im voraus die flügel binden und den zielort ihres fluges angeben zu lassen. theologen, welche irgendwie in betreff der resultate und der methode ihrer arbeiten verpflichtungen eingegangen sind, haben kein recht sich als diener der wissenschaft anzusehen.

Schließlich haben alle theologischen facultäten Deutschlands rechtlich oder tatsächlich die bestimmung, geistliche für die confession auszubilden, der sie angehören: sie sind mithin durch die bedingungen selbst gebunden, unter denen die priesterweihe oder die ordination erteilt wird. sie dürfen nur ansichten vertreten, welche den bei ihnen studierenden gestatten, das glaubensbekenntnis von Trient oder die ordinationsgelübde abzulegen. würde diese vorbedingung der weihung zum priester oder der ordination durch das von den facultäten vorgetragene unmöglich, so würden sie ihre bestimmung nicht erfüllen, geistliche bestimmter confessionen auszubilden.

Aus dem gesagten ergibt sich, daß die theologischen facultäten unsres vaterlandes anstalten sind, welche das wissen um die katholische, lutherische, unierte religion mitzuteilen haben: sie berichten. wo mehr geschieht, ist das system an diesem mehr unschuldig.

der objective wert dieser facultäten wird darum in dem werte der confessionen beruhen, denen sie sich verpflichten und für welche sie arbeiten.

daraus folgt für uns die nötigung uns mit diesen confessionen zu beschäftigen, wenn wir uns ein urteil über die jetzt vorhandene theologie sollen erlauben dürfen.

2

Der protestantismus ist eine historische bildung, welche nur aus dem studium des sechszehnten, nicht aus der öffentlichen meinung des auf die neige gehenden neunzehnten jahrhunderts richtig beurteilt werden kann.

Es ergibt sich aus den schriften der reformatoren und den symbolischen büchern der lutherischen wie der reformierten kirche unwiderleglich, daß der protestantismus das sein wollte, als was wir ihn auch heute noch bezeichnen, eine reformation, daß er also die katholische kirche im wesentlichen anerkannte und bestehn ließ, und nur misbräuche abstellte.

die katholische kirchenlehre blieb in allem, was sie von gott, Christo und dem heiligen geiste aussagte, also in allem, was dem modernen bewußtsein am anstößigsten ist. von der reformation unangetastet, der streit zwischen den protestanten und der kirche drehte sich lediglich um die art und weise, in welcher die durch Iesum Christum, den eingeborenen sohn gottes, vollzogene erlösung des menschengeschlechts von der sünde und deren strafen angeeignet wird, und um gewisse einrichtungen, durch welche die den reformatoren für die richtige geltende aneignung dieser erlösung erschwert wurde, und die man daher protestantischer seits abzuschaffen sich gedrungen fühlte.

Wer diese sätze glaubt beanstanden zu müssen, möge nur die in aller händen befindlichen beiden wichtigsten katechismen der reformation, den kleinen lutherschen und den heidelberger, ansehen, außerdem die schlußworte des ersten teiles der augsburgischen confession lesen, und bedenken, daß die drei ältesten symbole der katholischen kirche, das apostolische, nicaenische und athanasische glaubensbekenntnis, von den reformatoren und ihren kirchen ausdrücklich als das eigene bekenntnis anerkannt wurden. aus dem zusammenhange gerissene, für bestimmte veranlassungen berechnete, noch dazu beliebig aus jeder epoche der bewegung ausgewählte privatäußerungen der einzelnen reformatoren beweisen für gewissenhafte menschen gar nichts. wo mit vollem bedachte, unter beirat der hauptsächlich beteiligten abgefaßte urkunden vorliegen, die entweder dem kaiser zur kenntnisnahme überreicht oder den gemeinden zur belehrung und zum unterrichte in die hand gegeben worden sind, also jedenfalls das enthalten, was die reformatoren selbst als den durchschnitt des von ihnen und ihren anhängern gelehrten und geforderten ansahen.

Einige weitere betrachtungen mögen das gesagte bestätigen.

Für Deutschland ist Luther der träger und typus der reformation. von ihm wird daher im folgenden ausschließlich die rede sein. Zwingli und vollends Calvin sind völlig von Luther verschieden, und ihre kirchen in den für die reformation in Deutschland eigentlich entscheidenden zeiten ohne einfluß, und zwar so sehr ohne einfluß, daß der gebildete mittelstand unsrer tage vermutlich in verlegenheit sein würde, wenn man ihm zumutete reformierte landschaften unsres vaterlandes aufzuzählen.

Soviel ist außer frage, daß zunächst gewissensnöte Luthern zu dem getrieben haben, was er getan. der ablaßkram legte ihm als beichtiger und als seelsorger die pflicht auf so zu handeln, wie er gehandelt.

jedes gewissen nun erhält seine bestimmtheit durch sein verhältnis zu der sittlichen anschauung einer gemeinschaft. das der Chinesen und Botokuden ist ein anderes, als das der Franzosen, und unter den Franzosen hatten Arnauld und Pascal ein anderes, als die roués am hofe des regenten. das gewissen steht nie und nirgends auf Einer stufe mit der fähigkeit zu essen, zu trinken und zu verdauen, welche jeder mensch von natur mit sich hat: das ge-

wissen ist nur da in geschichtlich gewordenen zuständen, unter dem
einflusse des geistes der epoche, den es eben dadurch im ganzen
anerkennt, daß es ihn in einzelnen punkten bekämpft. gewissens-
bedenken empfindet der mensch stets nur bei einem conflicte, in
welchem ihm heilige pflichten mit andern ebenso heiligen in kampf
geraten: das gewissen ist nichts als die fähigkeit zu solchem conflicte. daraus folgt, daß vom gewissen und seiner freiheit stets nur
da die rede sein kann, wo pflichten, und zwar in ein system zusam-
mengefaßte pflichten anerkannt werden. Luthers auflehnung gegen
seine kirche im punkte des ablasses, des mönchtums, des messop-
fers hatte die anerkennung der kirche und der kirchenlehre in
allen übrigen stücken zur voraussetzung und zur bedingung. gerade darum lag ein conflict vor, weil eine gemeinschaft, welcher
man sich sonst beugte, bekämpft werden mußte. weil Luther seine
pfarrkinder, welche er im auftrage der kirche und im einverständ-
nisse mit ihr zu gott zu leiten angestellt war, durch die schuld der
kirche selbst zu gott zu leiten verhindert wurde, darum lehnte er
sich auf. es ist der reformation in keinem ihrer anerkannten vertreter eingefallen, aus dem rahmen des christentumes, und zwar
des in geschichtlicher entwickelung bestimmt gestalteten christentumes herauszutreten: sie bekämpften, was sie bekämpften, als entstellung einer zu recht bestehenden, unbedingt anerkannten bildung.

und, um dies beiläufig auszusprechen, nur weil dem so ist,
kann von einer union der protestantischen genossenschaften die rede
sein. sie sind einig in allem, worin sie auch mit der katholischen
kirche einig sind, und sie sind zweitens einig in der ablehnung
gewisser lehren, forderungen und ansprüche der katholischen kirche,
uneinig hingegen in der motivierung dieser ablehnung, und uneinig
in der auswahl des abzulehnenden, natürlich auch uneinig in der
aufstellung des dogmatischen systems.

Nun hat die wissenschaft (wenn hier so vornehmer ausdruck
gestattet ist) die behauptung aufgestellt, die reformation — man
pflegt auch an die Zwinglis und Calvins bei dieser behauptung mit
zu denken — habe zwei principien gehabt, das formale und das
materiale. nach jenem wird (so sagt man) keine andere erkenntnisquelle für die christliche religion statuiert als die bibel, nach diesem wird die rechtfertigung des menschen vor gott allein durch
den glauben an Christum bewirkt.

so viel dürfte man leicht zugegeben erhalten, daß diese principien nicht die treibende kraft der reformation gewesen sind. Luther und Zwingli haben was sie getan, nicht principien zu liebe,
sondern aus herzensbedürfnisse, einer pflicht folgend getan. jene
beiden sogenannten principien sollen also nur die formeln liefern,
durch welche man sich einen vorgang erklärt, der nicht diesen formeln, sondern einem ethischen motive seine entstehung verdankt.
es sind schulausdrücke, mittelst derer bequeme gelehrte sich mit
dem leben und dessen schwerer kenntnis abfinden wollten.

folgt nicht aus der zweiheit dieser principien, daß das wort princip hier nicht in dem sinne gebraucht ist, in welchem es in der wissenschaftlichen sprache sonst verwendet wird? ein principium kann nur Eines sein.

es ist weiter klar, daß wissen und wissenschaft überall nur da ist, wo die allgemeinen denkgesetze angewandt werden und angewandt werden können. eine besondere erkenntnisquelle braucht gar nicht ausdrücklich genannt zu werden, wenn die sachen im gewöhnlichen verlaufe behandelt werden. es fällt niemandem ein aus Buffon und Linné belehrungen über die assyrische oder deutsche geschichte zu holen. benachrichtigungen über die quellen, aus denen zu schöpfen ist, läßt der lehrer einem schüler zukommen, wenn dieser die erforderliche litteraturkenntnis und -übersicht noch nicht hat. dabei kann es sich treffen, daß er einen nachweis darüber gibt, daß gewisse documente entweder ganz und gar gefälscht, oder mit unrichtigen angaben — absichtlich oder unabsichtlich — versetzt, oder daß sie von anderen abhängig und darum als selbstständige zeugnisse nicht zu verwenden seien. in solchen untersuchungen redet aber kein vernünftiger mensch von einem formalen oder erkenntnisprincipe. soll dieser ausdruck von der reformation gebraucht einen einigermaßen verständigen sinn haben, so muß dieser sinn ein polemischer sein. wie man etwa sagen kann, man lehne bei dem studium der geschichte des staufischen zweiten Friedrich die diurnali des Matteo di Giovenazzo ab, weil dies angeblich jenem kaiser gleichzeitige werk eine fälschung des sechszehnten jahrhunderts ist, so kann man sagen, man wolle in einer theologischen streitfrage kein anderes document als beweiskräftig zulassen, als das neue testament, da was sonst an quellenschriften vorhanden, nicht unbedingt echt und authentisch sei. gewissermaßen ähnlich ist es, daß das concil von Trient angeordnet, alle dogmatischen streitfragen seien aus der lateinischen kirchenübersetzung zu erledigen, weil dogmen als mehr oder weniger zur seligkeit notwendig zu wichtig seien, als daß anzunehmen wäre, zu ihrer feststellung bedürfe es irgend welcher düfteleien aus dem urtexte: weil vorauszusetzen, daß die amtliche übertragung so wichtiges verkannt habe, ein nicht verstatteter unglaube an göttlicher welt- und kirchenregierung sei. so meinte die reformation, daß in den zwischen den protestierenden und der herrschenden kirche streitigen fragen die erörterung genügend durch das zurückgehn auf das nach den regeln der grammatik ausgelegte neue testament geführt werden könne. daß nebenbeweise gelehrteren kreisen aus anderen documenten gegeben wurden, wie die sogenannten magdeburger centuriatoren und was ihnen folgt die kirchenväter mit mehr oder weniger gelehrsamkeit im protestantischen interesse durcharbeiteten, beweist gewiß die richtigkeit der oben gegebenen ansicht. das formale princip ist zunächst nur für die gerade vorliegende controverse aufgestellt worden, und sollte zur vereinfachung des verfahrens dienen: lehren, welche im directen widerspruche mit dem von der katholischen kirche anerkannten neuen testamente standen, konnten in der kirche nicht berechtigt sein, weil sie sonst sich selbst widersprochen haben würde.

es kann nicht geleugnet werden, daß das princip zeitig in einer wenig überlegten weise verallgemeinert worden ist: die anwendung desselben auf alle teile der christlichen glaubens- und sittenlehre war, wenn auch vielleicht im sinne, so gewiß nicht im interesse der reformatoren. jetzt wenigstens steht unweigerlich fest, und ist jedem, der sich nicht absichtlich gegen die wahrheit verstockt — vorausgesetzt, daß er die zum urteilen nötigen vorkenntnisse besitzt —, leicht nachzuweisen, daß im neuen testamente weder die kindertaufe, noch die (sogar in unsern symbolischen büchern behandelte) sonntagsfeier, noch die freiheit der christen von dem angeblich von gott gegebenen sogenannten mosaischen gesetze, noch die dreieinigkeit gelehrt wird, also sätze fehlen, welche den reformatoren zu den grundartikeln christlichen glaubens und lebens gehörten: wie denn protestantische sekten, welche das formale princip der reformation so weit ausdehnen, daß sie das neue testament oder die ganze (doch wahrlich verschieden genug begrenzte) bibel als alleinige quelle des dogmatischen und religiösen wissens betrachten, als baptisten die kindertaufe, als unitarier die dreieinigkeit auf grund der schrift bestreiten, und wie sehr viele Engländer in betreff einer größeren oder kleineren anzahl jüdischer gesetze einem mehr oder weniger consequenten aberglauben verfielen: es genügt zum beweise dieses satzes an den englischen sabbath zu erinnern.

Wenn jemand, der nicht geradezu der untersten klasse der bildungsbedürftigen angehört, Lessings werke zu kaufen wünscht, pflegt er sich zu sagen, daß die von Lachmann und Maltzahn besorgten ausgaben dieser werke den abdrücken vorzuziehen sind, welche dunkle ehrenmänner ohne sich zu nennen, zum besten ihrer börsen mit möglichst wenig aufwand an fleiß und kosten mehrfach veranstaltet haben. es ist damit gesagt, daß sammlungen von schriften nicht von selbst zusammenlaufen, wie wasser an einem tiefsten punkte, daß sie besorgt werden, und daß der dem besorgenden eigene größere oder geringere grad von zuverlässigkeit und umsicht den wert der sammlung größer oder geringer macht. sollte es nicht an der zeit sein, sich über die art rechenschaft zu geben, wie das neue testament (das doch auch eine sammlung) zu stande gekommen ist? wer hat es gesammelt? welche grundsätze waren für die auswahl der aufgenommenen bücher maßgebend? sollte alles hinein, was man an christlicher litteratur besaß? oder aber nur apostolisches? war die sammlung local? stets gleich umfänglich? gehörte sie dem ersten oder dem zweiten jahrhunderte an? niemand, der das neue testament braucht, hat ein recht, diese fragen unbeantwortet zu lassen, es sei denn, daß er einer bestimmten gemeinschaft angehört, deren ansehen ihm die beantwortung jener fragen erspart. es konnte einem Preußen gleichgültig sein, wie die leute hießen, welche an dem preußischen landrechte mitgearbeitet, ob sie ihren stoff älteren gesetzbüchern entnommen oder nicht, ob er systematisch untadelhaft geordnet ist: es genügte, daß jenes landrecht in dem staate, welchem jener Preuße angehörte, zu rechte bestand, und daß die untertanen in den meisten altpreußischen landschaften sich nach diesem landrechte richten lassen mußten. wenden wir das auf das neue testament an, so erhellt, daß es all sein ansehen nur von der gemeinschaft erhalten hat, die es zusammenstellte und sich seiner zuerst bediente. damit ist aber das formale princip der reformation in der fassung, in welcher es jetzt umläuft, beseitigt. es ist möglich, in einer controverse den gegner aus einem von ihm benutzten und anerkannten documente allein zu bekämpfen, und nachzuweisen, daß ein mühsames weiteres zeugenverhör nicht nötig sei, da das vom gegner anerkannte actenstück hinreiche, ihn und seine behauptungen zu widerlegen. es ist aber völlig unmöglich, aus einer von einer bestimmt begrenzten und in sich sehr sicheren gemeinschaft vorgelegten sammlung von schriften die lehren einer zeit vollständig zu erkennen, welche älter ist, als diese sammlung. das neue testament als solches ist ein werk der katholischen kirche. ordnen wir uns dieser kirche dadurch unter, daß wir dieses ihr werk unbesehens annehmen, so wird es nur folgerichtig sein, ihre auctorität auch in allen andern punkten unbesehens anzuerkennen. man kann aus widersprüchen des neuen testamentes gegen die katholische kirchenlehre und kirchenpraxis folgern, daß die vorliegende lehre und praxis nicht ursprünglich ist: man kann aber aus dem neuen testamente nicht die vollständige kirchenlehre herleiten, so wenig man aus dem deutschen handelsgesetzbuche folgern darf, es gebe in Deutschland kein criminalrecht. dieselbe gemeinschaft, welche aus irgend einem, in dem zusammenhange dieser erörterung gleichgültigen grunde das neue testament zusammentrug, hat auch ohne frage das recht zu weiteren festsetzungen gehabt: die annahme liegt nahe, daß wer das ansehen dieser gemeinschaft in dem einen falle ohne bedenken und ohne kritik gelten läßt, gezwungen ist, es auch in anderen fällen gelten zu lassen. daß die reformatoren dies auch tun, wurde oben schon bemerkt, soferne eine reihe von dogmen und anschauungen, welche ihnen unumgänglich erscheinen, aus dem neuen testamente nicht begründet werden können, gleichwohl aber festgehalten werden. wie das sogenannte apostolische glaubensbekenntnis nicht alle dogmen, sondern nur diejenigen umfaßt, welche gegen die ketzer der zeit, in welcher es entstand, geltend zu machen waren, und wie deshalb sowohl Abraham Calov unrecht hatte, wenn er es als nicht vollständig tadelte, als Calixt, wenn er es als grundlage der einigung christlicher kirchen genügend erachtete — jener, weil er verlangte, was man nicht hatte leisten wollen, dieser, weil er sich mit etwas befriedigt fand, was lange nicht ausreichte: ganz ebenso ist der neutestamentliche kanon nichts, als die sammlung der bücher, welche die altkatholische kirche in ihrem kampfe mit den ketzern und sekten des zweiten jahrhunderts geeignet erachtete, als beweismittel zu dienen: es liegt in diesem kanon nur solches material vor, welches die gegner gleich sehr anerkannten, es liegt aber nicht alles material vor, nach dem die kirche beurteilt werden muß, sondern lediglich das, was für einen bestimmten zweck nötig war: wir dürfen also weder etwas für christlich halten, was diesen büchern widerspricht, noch auch etwas bloß darum für nichtchristlich, weil es sich in ihnen nicht findet.

wollte man das gesagte bekämpfen, so müßte nachgewiesen werden, auf welcher grundlage denn das neue testament als sammlung angenommen wird. es muß dasselbe solange als ein traditionell überkommenes, das bedeutet in diesem zusammenhange, gedankenlos übernommenes werk angesehen werden, als nicht bestimmt und unzweideutig erklärt wird, wie man gerade zu dieser zusammenstellung altchristlicher schriftstücke als einer normalen gekommen ist und hat kommen können.

es dürfte einleuchten, daß, sowie man nicht mehr die beweisführung in einem streite mit der katholischen kirche in dessen interesse beschränken, sondern eine geschichtliche untersuchung führen will, das neue testament als sammlung gänzlich zu beseitigen ist, und die frage nach den quellen der erkenntnis für die nichtkatholische und doch auf denselben ursprung wie der katholicismus hinauswollende religion ganz einfach dahin zu beantworten ist: alle documente der christlichen urzeit, welche überhaupt vorhanden sind — bücher, denkmäler, verfassungen, cultusformen — zusammen, auf die bei historischen studien übliche und durch lange praxis und bedeutende resultate bewährte weise benutzt, geben uns aufschluß über die anfänge unsrer religion. die frage ist einfach eine historische: denn Iesus oder (wenn man lieber will) das evangelium trat in einem bestimmten augenblicke der geschichte auf, und darum kann unser wissen über Iesus und das evangelium auf keinem andern wege gewonnen werden, als auf dem, auf welchem man überhaupt geschichtliches wissen erwirbt.

Aehnlich ungünstig wird das urteil über neuere auffassungen des sogenannten materialen principes der reformation ausfallen.

es scheint kaum geleugnet werden zu können, daß die reformatoren selbst mit dem satze, der mensch werde gerechtfertigt ohne werke allein durch den glauben, zu sagen meinten, der zugang zu den gnadenschätzen der kirche oder des christentumes werde nicht durch ablaßnehmen, almosengeben, messehören und ähnliches eröffnet, sondern dadurch, daß die einmal endgültig hergestellte versöhnung gottes und des menschen — ich drücke mich absichtlich so modern wie möglich aus — mittelst des gemütes ergriffen und angeeignet werde. es sind mit ausnahme des wortes glauben, dessen bedeutung streitig war, damals alle ausdrücke der formel in einem geschichtlich völlig feststehenden sinne genommen

worden, und daher auch heute von uns zu nehmen, soferne es
sich für uns darum handelt, die gedanken der reformationsperiode
zu beschreiben. also auch hier finden wir das princip als ein princip der polemik, nicht der dogmatik: man schließt aus dem unmittelbar gegenwärtigen, dem bewußtsein, das man über das eigene
versöhntsein mit gott hat, gegen gewisse einrichtungen der päpstlichen kirche, wie messe und mönchtum, und gegen die scholastische
lehre von den guten werken. damit ist wiederum festgestellt, daß
die katholische kirchenlehre im großen und ganzen unangetastet gelassen und nur behauptet wird, der eintritt in das haus habe durch
eine andere türe statt zu finden als durch die, welche man gewöhnlich, aber misbräuchlich benutzt habe.

wäre wirklich die rechtfertigung allein durch den glauben das
princip der reformatorischen dogmatik, so müßte einmal dies princip die reformatorischen dogmatiken in der weise beherrschen, daß
die ganze dogmatik aus ihm abgeleitet würde: so müßten zweitens
alle reformationskirchen dies princip in gleicher weise haben und
gleich hoch stellen. weder das eine noch das andere ist der fall.
es wird unter den lesern dieser blätter mancher sein, dem Hegels
philosophie nicht unbekannt ist. vergleiche ein solcher die art und
weise, in der Hegel seine grundanschauungen durch sein ganzes
system hindurchführt, mit der stellung, in welcher die rechtfertigung allein durch den glauben in der lutherischen dogmatik auftritt, in welcher sie doch den geehrtesten platz hat: er wird bald
zugeben, daß jene lehre Luthers ein princip der dogmatik niemals
gewesen ist. war sie aber das nicht, so war sie auch kein princip
der religion, oder die lehrer der kirche waren die armseligsten
stümper, die man sich denken kann. bei Hegel gibt es keinen
ort, in welchem nicht das gesetz der entwickelung, das gesetz, daß
durch verneinung die verneinte sache zu einer höheren bejahung
hindurchgeht, und ähnliche grundbegriffe des systems sich als herrschend erwiesen: in der lutherischen dogmatik sehen wir das katholisch-scholastische gebäude unangetastet vor uns stehn bis auf
einzelne loci, die weggebrochen und durch einen neuen, mit der
alten architektur nicht durch den styl, sondern nur durch mörtel
in verbindung gebrachten anbau ersetzt sind.

und wie will man behaupten, daß jenes sogenannte materiale
princip der reformation in den kreisen Zwinglis und Calvins, in
der englischen kirche des sechszehnten jahrhunderts eine herrschende
stelle eingenommen hat?

und wenn man vollends das neue testament als ganzes zu rate
zieht, so zeigt sich, daß der begriff der rechtfertigung durch den
glauben in demselben nur von Paulus aufgestellt, und von Iacobus
sogar bekämpft wird, daß ihn die synoptischen evangelien, Iohannes
und Petrus gar nicht kennen, daß er also nie die christliche urzeit beherrschender nicht gewesen sein kann. auch Paulus weiß
von der neuen schöpfung zu reden, welche bei Iohannes als wie-

dergeburt, bei Petrus als teilhaftig werden der göttlichen natur bezeichnet wird. der eintritt des menschen in eine neue höhere ordnung der dinge hebt seine schuld auf: der mensch läßt die schuld mit seinem früheren leben und mit der sünde dahinten, wie der schmetterling die hülle zurückläßt, der er entschlüpft ist. dieser gedanke wird, weil von Paulus, Petrus und Iohannes ausgesprochen, für die ursprünglich christliche anschauung vom verhältnisse des menschen zur schuld zu halten sein (ich gestatte mir weiter unten beiläufig eine erweiterung dieser anschauung), womit dann freilich dem materialen principe nachgewiesen wäre, daß es auf einer einseitigkeit sogar des apostels beruht, der als nicht unmittelbarer jünger Iesu am allerwenigsten zu irgend welcher einseitigkeit das allermindeste recht gehabt hat: und weiter, daß es die wirklich allgemein geltende, wenn gleich von uns beim zustande unsrer quellen mehr vorauszusetzende als zu erweisende anschauung der ältesten, allein maßgebenden christlichen zeit zu übersehen ungescheut genug gewesen ist.

Der protestantismus hat mit seiner 1648 durch den westfälischen frieden erfolgten endgültigen anerkennung als berechtigte religionsform die letzte spur innerer kraft, welche nur durch den gegensatz zur herrschenden kirche bis dahin erhalten worden war, verloren: dadurch, daß ihm die feierliche erlaubnis zu leben gegeben wurde, ward ihm der letzte vorwand zu leben genommen. der zersetzungsprocess aber, welchem er seitdem verfiel, hat bewirkt, daß das sich protestantisch nennende Deutschland von allen den in dem katholischen systeme und dessen vom protestantismus erhaltenen teilen in großer menge aufgehäuften hindernissen seiner natürlichen entwickelung befreit wurde. diese befreiung beruht mithin nicht in der vortrefflichkeit, sondern in der inneren unhaltbarkeit und der durch diese bedingten löslichkeit des protestantismus. alle die anschauungen aber, welche die öffentliche meinung jetzt dem protestantismus zu verdanken meint, sind einmal in der deutschen, entweder wirklich bekannten oder zusammenphantasierten persönlichkeit der reformatoren (welche heutzutage als menschen, nicht als reformatoren auf das volk wirken), andrerseits darin begründet, daß der protestantismus, eben weil er mehr und mehr zerfiel, in dem räumlich ihm anheimgegebenen gebiete momenten der culturgeschichte zutritt verstattete, welche in den geschlossenen organismus der katholischen kirche nur viel schwerer eingang finden konnten. was jetzt noch an resten des wirklichen protestantismus in Deutschland vorhanden ist, verdankt sein dasein nicht einer ununterbrochen von Luther bis auf uns fortgehenden entwickelung, sondern ist künstlich aus der rumpelkammer hervorgeholt, und zwar nur darum hervorgeholt, weil man über die eigene unfähigkeit, das der zeit nötige zu finden, klar war.

Wem diese anschauung der sache befremdlich vorkommen sollte, den bitte ich folgende tatsachen zu bedenken.

Was die Römer unter relligio verstanden haben, kann uns hier gleichgültig sein: im mittelalter wurde religion den personen zugeschrieben, welche ein ordens-, das heißt mönchsgelübde abgelegt hatten: die Hugenotten in Frankreich, welche sich durch die herbste sittenstrenge auszeichneten, wurden um dieser willen messieurs de la religion — mönche ohne gelübde — genannt. in dem lutherischen Deutschland treffen wir das wort religion vorübergehend in den einleitungen zur zünftigen dogmatik: dem wirklichen sprachgebrauche des deutschen volkes gehört es erst seit etwa 1750 an, ist in diesen aus England und dem deistischen litteraturkreise eingedrungen, der mit lord Edward Herberts von Cherbury schriften anfängt, und bis Toland, Collins und Tindal herunterreicht. das wort religion ist im entschiedensten gegensatze gegen das in der lutherischen, reformierten und katholischen kirche geltende wort glauben eingeführt, und setzt überall die deistische kritik des allgemein christlichen offenbarungsbegriffes voraus. wollen wir da noch behaupten, daß wir uns im kreise der reformation befinden? unser mittelstand, der von religiösen menschen durchgehends mit achtung spricht, will von gläubigen sehr entschieden nichts wissen.

Daß zweitens die reformation die neugestaltung Deutschlands in keiner weise veranlaßt hat, daß vielmehr alles, was wir an politischem leben haben, allein dem umstande zuzuschreiben ist, daß durch die Hohenzollern in Brandenburg und Preußen ein auf eigenen füßen stehender staat entstand, wer wagte das zu leugnen? ist es aber wohl vernünftig zu behaupten, daß ein angeblich die gesammte menschheit auf neue fundamente stellendes eräugnis wie die reformation, auf das land, in welchem sie vollzogen wurde, politisch gar keinen einfluß als einen schädlichen hatte, und dies land allen segen einer von der reformation völlig unabhängigen, vor ihr schon arbeitenden und nach ihr in ihrem energischsten träger herzlich wenig protestantischen macht verdankt?

Man denkt weiter an die theologie und die religion selbst. wer einen blick in die theologische litteratur Deutschlands geworfen hat, weiß, daß mit dem sechzehnten jahrhundert jede selbstständige tätigkeit aufhört, daß was in der ersten hälfte des siebenzehnten auf diesem gebiete noch geleistet wird, nachwirkung früherer zeiten ist, und die dogmatiker wie die exegeten der lutherischen kirche wenig mehr sind als registratoren, welche anstatt acten dogmen und exegetische grillen zu buche tragen. kirchen- und dogmengeschichte versiegen ganz: die ethik ist in folge der lutherschen rechtfertigungslehre so in misachtung, daß arbeiten auf ihrem gebiete sofort mit dem verdachte der ketzerei behaftet sind, und darum womöglich unterlassen werden. was die religion angeht, so hat ein völlig unverdächtiger zeuge, August Tholuck, in mehreren mühsamen sammlungen hinreichenden bericht über ihren zustand gegeben: es ist gut, daß der dreißigjährige krieg die möglichkeit offen läßt, wenigstens einen teil der verwüstungen, die sich im religiösen leben Deutschlands zeigen, auf andere schultern als die der anerkannten kirchen abzuladen: die epoche, in welcher das Luthertum in den ihm zugesprochenen landschaften unbeschränkt geherrscht hat, ist von so dunkler färbung, daß sie der herrschenden religion wenig ehre macht.

Wie es mit dem protestantismus in der zeit seiner uneingeschränkten macht stand, erhellt weiter aus den versuchen, leben in diese dürren gebeine zu bringen. Arnd, Spener, Franke haben dogmatisch sich allerdings keiner abweichung von der lutherischen orthodoxie schuldig gemacht, die orthodoxie hat aber mit richtigem instincte gemerkt, daß die bemühungen dieser männer tatsächlich in der einsicht wurzelten, daß das amtlich anerkannte leben der protestantischen kirche nichts als galvanisierter tod war, und diesem instincte entsprechend sind Arnd, Spener und Franke von der officiellen kirche behandelt worden. namentlich Franke knüpft meines erachtens mit seiner methodisierung der erweckung recht eigentlich an Luther und dessen erfahrungen an, vermeint auch wohl, die rechtfertigungslehre der lutherischen kirche recht in fleisch und blut zu verwandeln, vergißt aber, daß das conventikel keine kirche ist, und daß das conventikel für den wert der kirche genau so viel beweist, wie vor zehn jahren das vorhandensein von Baumgartenbrück für den der juristischen facultät in Berlin, oder wie überall notwendige privatstunden für die zweckmäßigkeit des öffentlichen unterrichtes, neben dem sie hergehn.

Ich gestehe offen, daß ich über Leibnitz nur aus den biographischen werken über ihn, kaum irgendwie aus eigenem studium seiner schriften unterrichtet bin, und daß ich Leibnitzens schüler Christian Wolf, der das system seines lehrers in die weitere entwickelung übergeleitet hat, nur aus den mitteilungen kenne, die man in den handbüchern über ihn zu machen pflegt: gleichwohl glaube ich die behauptung wagen zu dürfen, daß Leibnitz, so freundlich er sich zur orthodoxie stellte, doch wohl kaum auf etwas anderes aus war, als auf eine neubegründung des christentumes, und daß in dieser absicht schon der beweis für die behauptung liegt, welche sonst aus seinem verhältnisse zum katholicismus leicht zu begründen ist, daß er dem protestantismus durchaus entfremdet war: alles was an Leibnitz hängt — und dessen ist bekanntlich nicht ganz wenig — wird Leibnitzens grundanschauung geteilt haben.

Endlich unsre classiker. ich leugne rund heraus, daß Lessing, Göthe, Herder, Kant, Winkelmann vom protestantischen systeme und der protestantischen kirche irgend wesentlich beeinflußt sind, und verschärfe das gewicht dieser leugnung noch dadurch, daß ich mich ausdrücklich der amtlichen stellung Herders zu erinnern erkläre. wer der meinung ist, daß diese leugnung den tatsachen gewalt antut, wird den beweis für seine meinung zu führen haben: kann er diesen beweis nicht erbringen, so dürfte bei der für die jetzt herrschende weltanschauung grundlegenden stellung der genannten fünf männer feststehn, daß wir uns des protestantismus in Deutschland tatsächlich entledigt haben: mit worten zu spielen kann liebhabern erlaubt werden, nur wird es nicht angemessen sein, personen, die liebhabereien nachgehn, im rate der nation irgend welches stimmrecht zu erteilen.

3

Dieselben elemente, welche den lose gefügten protestantismus zersetzten, und es möglich machten, daß auf seinen trümmern ein neues, nur allerdings nicht religiöses, leben emporwuchs, haben den katholicismus, den sie als geschlossenes ganze antrafen, verhärtet.

Der katholicismus, mit welchem die reformatoren kämpften, ist seit mehr als viertehalb jahrhunderten todt, oder, wenn man lieber will, im sterben: was jetzt katholicismus heißt, ist eine durch den protestantismus, aber keineswegs durch ihn allein veranlaßte neubildung, welche die katholischen formeln und formen behalten, den inhalt derselben in einigen, aber durchgreifend wichtigen fällen principiell geändert hat, welche durch das, was sie behielt, ihren gläubigen und den staaten gegenüber ihre identität constatieren zu können meinte, durch das, was sie änderte, ihre unverträglichkeit mit den geschichtlichen neubildungen constatiert hat. das vaticanische concil des jahres 1870 ist durchaus nicht eine episode in der katholischen, sondern der schlußact in der gründungsperiode der neukatholischen religion: es verhält sich zum neukatholicismus, wie die versammlung von Nicaea zum katholicismus.

Der protestantismus selbst hat — und das ist ein neuer beweis seiner unbedeutendheit — eine durchgreifende veränderung des katholicismus nicht hervorgebracht. die lehrsätze der kirche sind den neuerern gegenüber vorsichtiger und schärfer gefaßt, der clerus ist einer genaueren aufsicht unterworfen worden, sonst ist alles geblieben wie es war.

Ganz anders haben andere momente gewirkt.

Durch den abschluß der staatenbildung in Europa wurde der positive begriff katholicismus zu einem negativen, durch das aufblühen der exacten wissenschaften die forderung der unterordnung unter das dogma zur forderung der verleugnung der wissenschaft in deren consequenzen, durch das bekanntwerden des begriffs entwickelung die lehre von einer einst einmal mitgeteilten dogmatischen offenbarung zur lehre von der allgenugsamkeit dieser offenbarung.

So wurde der katholicismus zum feinde der nationen, der gewissen, der vermehrung des geistigen besitzes.

Der träger dieses neuen katholicismus ist der Iesuitenorden, welcher den protestantismus durch den nachweis der inconsequenzen des protestantismus, die feindschaft der wesentlich auf den monarchien ruhenden nationen durch die lehre von der suveränität des volkes, die exacten wissenschaften dadurch, daß er sie auf den von ihm gegründeten realschulen in seiner weise in die hand nahm, das heißt, als ein gegen den geist sich indifferent verhaltendes ag-

2*

gregat von kenntnissen ansehen lehrte, endlich die einsicht in die gesetze der geschichte durch die behauptung von der wertlosigkeit dieser geschichte bekämpfte.

Da die nationen Europas und die wissenschaft nicht wie aus der pistole geschossen ins dasein getreten sind, da sie sich allmälig und durch die arbeit vieler im mittelalter herangebildet haben, so ist auch Roms gegensatz gegen sie schon im mittelalter vorhanden. es gibt meines erachtens keine reformatoren vor der reformation, aber wohl Iesuiten vor dem Iesuitismus.

Rom war im mittelalter die einzige macht, welche politik trieb, weil es die einzige fertige macht war: überall sonst bereitete man nur die möglichkeit vor, dereinst politik zu treiben. wie es im mittelalter keine historiker gab, sondern nur chronisten, gab es auch keine geschichte, sondern nur praeliminarien zur geschichte: der mangel an historikern beweist das nichtvorhandensein der historie. Rom hat damals den richtigen instinct gehabt, die staatenbildung in Europa nach kräften zu verhindern und zu verzögern: gleichwohl war am ende des mittelalters diese bildung im wesentlichen vollendet.

Deutschland hatte sich, wenn auch nichts weniger als nach dem bedürfnisse seiner einwohner, consolidiert. Frankreich und England haderten nicht mehr um das erbe der Plantagenet. in Spanien war der letzte rest der Mauren überwunden, und alle die vielen kronen des weiten landes schmückten Ein haupt. in Scandinavien stand Gustaf Wasa wenigstens vor der türe. Italien fand sich allmälig in die rolle, nur ein geographischer begriff zu sein, und entschädigte sich für sein unglück mit dem zweifelhaften glücke, den stellvertreter Christi in seiner mitte zu haben und ihn nur aus Italienern gewählt zu sehen. von der zeit an, wo ein europäisches staatensystem sich bemerkbar macht, hat Rom die absolute berechtigung der nationalität geleugnet, und die katholicität, die ursprünglich vielleicht ein gegensatz gegen einzelnen aposteln folgende gemeinden, später ein individuen wie nationen überherrschendes, aber nicht aufhebendes princip war, als das allein wesentliche auf erden gefaßt. Rom erklärte und erklärt, die nationalität gehöre dem niederen verlaufe der natürlichen dinge an, und erklärt damit jedes wort, welches gott in der geschichte spricht — ich verweise auf unten zu sagendes — für apokryph. Rom erklärte und erklärt die nationalität für ein massenprincip, um mit dem pöbel gegen die intelligenz, mit der demokratie gegen die kronen operieren zu können: nationen vergehn von selbst, wenn ihre centren vergehn, und was eine nation ohne mittelpunkt und ohne inhalt ist, zeigt Paraguay, die musterschöpfung der Jesuiten.

charakteristisch ist, daß Ignaz Loyola und Franz Xavier Basken waren: die Basken sind gar keine nation, sondern eine aus vorhistorischer zeit in die historische herübergerettete curiosität, ein lebendiges fossil.

Was an Copernicus und Galilei hängt, weiß jeder nachdenkende mensch. die ganze kirchliche mythologie ist hinfällig, wenn die erde aus einem im mittelpunkte des weltalls stehenden körper zu einem um eine nebensonne kreisenden, höchstens mittelgroßen planeten wird. um das gesammte orthodoxe system, nicht um die alberne Judenmähr von Iosues sonne handelte es sich, als die kirche das e pur si muove zu hören bekam. und sie wußten und wissen es, wenigstens Secchi weiß es, daß die erde sich bewegt, aber sie behandeln jetzt diese tatsache als für die wissenschaft vom geiste unbedeutend: sie wissen nichts mehr von dem gesammtbilde der wissenschaft, das vor Plato, Aristoteles und allen den großen scholastikern des mittelalters gestanden hatte: sie lassen den schluß nicht zu von dem physischen auf das ethische gebiet. die folge ist eine geistlose natur und ein unnatürlicher geist: die folge ist ein vollständiger mangel an harmonie in der weltanschauung: die folge ist, daß, wenn der übernatürliche gott einmal nicht mehr geglaubt wird, in der welt nichts übrig bleibt als materie: der materialismus ist das notwendige correlat des Iesuitismus: das wasser in diesen communicierenden röhren steht stets gleich hoch. staatsmänner werden aus dem abnehmen des materialismus auf das abnehmen des Iesuitismus schließen, und so lange ersterer auf dem alten flecke ist, wissen, daß ihre maßregeln gegen den letzteren einen erfolg nicht gehabt haben.

buchstaben haben wert nur im worte, und wörter nur im satze: wem die elemente und gesetze der natur nicht in Ein philosophisches system gehören, dessen lehren auf dem ethischen gebiete in einklang mit den auf dem physischen geltenden stehn, der versteht weder vom geiste noch von der natur etwas.

Was die nationalen bestrebungen der Italiener des vierzehnten jahrhunderts nur angebahnt hatten, ein wiederaufleben der classischen studien, nahm einen ungeahnten aufschwung, als auf den concilien zu Kostnitz und Basel anwesende Italiener in Sanct-Gallen, Fulda, Hersfeld handschriften wichtiger lateinischer autoren entdeckten, die bisher gar nicht oder unvollkommen bekannt gewesen waren. die eräugnisse, welche dem falle Constantinopels vorausgiengen, schließlich dieser fall selbst brachten griechische texte, vor allem Plato, und männer, welche diese schätze verstehn lehrten, nach Italien. Guttenbergs kunst machte möglich, das neu gefundene wie das längst besessene in weite kreise zu verbreiten: eigentliche gelehrsamkeit war erst durch sie wieder denkbar. später erweiterten die entdeckungen des Columbus den horizont. die kirche sah sich mit ihrer anschauung von der geschichte und mit dem unbescheidenen, aber wenigstens naiven glauben, daß nur über ihr gottes sonne leuchte, über nacht lächerlich gemacht, und ihre eigenen würdenträger, wie cardinal Bembus und papst Leo X, gaben das zu. es schien in der ersten überraschung selbst in Rom untunlich, den von der synagoge übernommenen begriff heidentum weiter geltend zu machen.

die dem evangelium zugefallenen Juden der östlich vom Jordan gelegenen landstriche sind — mir machen das verschiedene anzeichen wenigstens höchst wahrscheinlich — die urheber der mit bewundernswerter epischer kraft durchgeführten anschauung gewesen, daß Jesus in den langen jahrhunderten vor dem evangelium deutlicher und immer deutlicher geahnt worden, daß alles was ihm begegnet, längst vorbereitet sei. es war dies uns nur noch bruchstückweise bekannte, in einzelnen seiner teile als legende über das abendland und zu den Muhammedanern gedrungene epos, aus dem die ältere exegese des alten testaments reichlich geschöpft hat, wohl auch mit die veranlassung zu dem nachher zu besprechenden namen christen: ich stehe nicht an, es für ein ganz einziges werk zu erklären, dessen wiederherstellung aller mühe wert wäre. es galt — natürlich in unendlich prosamäßiger, theologisierter fassung — in der katholischen kirche, und hat den begriff entwickelung dort allein lebendig erhalten. es wäre denkbar gewesen, daß man den gedanken ausgedacht, den einzelne — namentlich künstler — wirklich gefaßt haben, den die älteste kirche mit ihrem Sibyllenglauben mindestens nicht abgelehnt hat, auch unter Griechen, Aegyptern und anderen nationen sei eine vorbereitung auf das evangelium in gottes planen gewesen, wie man sie bei den Juden fand. aber der Iesuitismus entschied anders. eine höchste macht unter vielen hohen sollte die kirche nicht sein. das sinnige dogma der alten gläubigen von der allmälig wachsenden sehnsucht nach dem heile und der von stufe zu stufe deutlicher und lauter werdenden verheißung dieses heiles wird vollständig ignoriert. wie das moderne Judentum, um ungestört über den angeblichen charakter des Hebraismus zusammenfaseln zu können, was den breiten massen, die es sich gewinnen will, gefällt, so hat der Iesuitismus, um dem altkirchlichen begriffe der entwickelung aus dem wege zu gehn, das alte testament und seine theologie geflissentlich vermieden: der für die kirche an diesem haftenden, ihm so unbequemen idee wollte er lieber gar nicht ins gesicht sehen. die verschiedenheiten des neuen testamentes sind gleichfalls lästig, und das neue testament selbst hat sie zu büßen: auch seine exegese verfällt trotz Estius und Maldonatus. in der kirchengeschichte wird alles, dessen spätere entstehung nicht ausdrücklich bezeugt ist, für apostolisch angesehen. so ist denn ein begriff von der geschichte entstanden, der die arbeiten des vaticanischen concils und derer, die dasselbe vorbereitet haben, zu reinen lächerlichkeiten macht. wenn ein gräberfeld der steinzeit lebendig würde, dürfte es über die jetzige menschenwelt etwa gedanken haben, wie der erzbischof Benni und die verfasser der in Belgien und Frankreich amtlich eingeführten lehrbücher der theologie.

Rom hat sich klüglich gehütet, sich die hintertüren nach der alten kirche zu versperren. je nach bedarf beweist es aus den vätern der ersten jahrhunderte seine harmlosigkeit, oder ereifert sich mit den kaiser- und königsfeinden des mittelalters gegen die neuesten eräugnisse: es mutet der welt zu, sowohl Clemens XIV, der den Iesuitenorden aufhob, als Pius VII, der ihn wiederherstellte, für unfehlbar zu halten. natürlich ist, wo solch ein Ianustempel offen steht, der krieg niemals zu ende.

Aber die neukatholische kirche ist den staaten gegenüber in der günstigen lage, ihre identität mit der altkatholischen nicht angefochten zu sehen und nicht angefochten sehen zu können. das concil von Trient gehört schon — das hat man bisher verkannt, und in diesem verkennen liegt die wurzel des übels — nicht der altkatholischen, sondern der neukatholischen entwickelung an, es ist nicht ein abschluß, sondern ein anfang. ist nun diesem tridentinum dadurch, daß auf grund desselben mit der curie verhandelt wurde, die anerkennung sämmtlicher europäischen staaten außer England und Scandinavien zu teil geworden, und zwar, so weit meine kenntnisse reichen, eine bedingungslose, wenn auch ausdrücklich in ausübung der fürstlichen majestätsrechte erteilte, so scheint es rechtlich unmöglich, die notwendigen folgen dieser anerkennung nicht in den kauf nehmen zu wollen. wer seinem nachbaren die erlaubnis gibt eine mauer zu ziehen, hat die befugnis nicht, darüber zu klagen, daß im schatten dieser mauer nichts wächst.

Was nun das vaticanische concil angeht, so scheinen zuerst die gründe gegen dasselbe, welche aus der mangelnden freiheit der beratungen und der nicht ohne nachhülfe zu stande gekommenen zustimmung der bischöfe hergenommen werden, unberechtigt. wenigstens würden durch diese gründe auch die beschlüsse anderer concilien, welche man nicht bemängelt, und die rechtsgültigkeit von abstimmungen politischer versammlungen, auf welche man großen wert legt, mit angefochten.

zum beispiel das concil, welches 431 zu Ephesus bei einander war, hat einen wichtigen satz der kirchenlehre, und zwar in einer auch für altkatholiken und protestanten bindenden weise definiert. nichts destoweniger findet sich sogar in den uns vorliegenden, ganz einseitig, übrigens im rechtgläubigen lager, zusammengelesenen akten die klage darüber, daß die orthodoxe partei mittelst sehr eigenartiger argumente der entscheidung nachgeholfen hat. belehrung hierüber ist reichlich zu haben: für den, welcher nicht viel lesen will, verweise ich auf nummer 126 in Sylburgs ausgabe der akten.

die abstimmung des norddeutschen reichstages in der luxemburger angelegenheit soll hier nur erwähnt werden: das schulaufsichtsgesetz und die kreisordnung sind im preußischen herrenhause in der art, die alle welt kennt und billigt, durchgebracht. diese und ähnliche vorgänge beweisen nur gegen das parlamentarische system, das sie notwendig macht, nicht aber an sich gegen die sache, der man durch sie den an maßgebender stelle gewünschten fortgang sichert.

und wenn geltend gemacht wird, daß ein großer teil der bischöfe wider seine überzeugung gestimmt, so wäre freilich eine solche abstimmung etwas, über das man vom standpunkte der moral ein durchaus feststehendes urteil hätte: nur sollte man sich klar sein, daß die art, wie ein formell gesetzmäßiges votum zu stande gekommen ist, juristisch die wirkung der abstimmung nicht beinträchtigt. wer sechs geschwistern ein haus abzukaufen wünscht, mag mit seinem anstandsgefühle abmachen, ob er den einen der sechs, der zu verkaufen nicht lust hat, durch moralischen zwang dem misliebigen geschäfte günstig stimmen will: hat der mann ohne in ungesetzlicher, wenn auch in unanständiger weise veranlaßt zu sein, ja gesagt, so ist er gebunden. in der diplomatischen sprache redet man von offenhalten des protokolls, und es ist oft genug vorgekommen, daß ein solches offenes protokoll erst nach geraumer zeit die fehlende unterschrift erhielt, und dennoch juristisch bindend wurde. zudem hatte eine kirche, die so viele märtyrer unter ihren heiligen zählt, vorbilder genug für die, welche ihre überzeugung nicht opfern wollten.

was sodann die auf dem vaticanum beschlossene angebliche änderung des katholischen dogmas anlangt, so beschränkt sich diese doch wohl nur darauf, daß ein gewohnheitsrecht zum geschriebenen rechte geworden ist. hat der papst tatsächlich stets als der nachfolger des Petrus gegolten, und ist Petrus tatsächlich stets in der lage gewesen, auf grund von Matthaeus 16, 18 für den stellvertreter Christi zu gelten, so scheint auch nicht beanstandet werden zu können, daß der nachfolger dieses Petrus so gut ohne concil regiere, wie Petrus ohne apostelconvent regiert haben soll. läßt man endlich die bischöfe den eid der treue an den papst schwören, den man zu schwören erlaubt, so ist es nicht von wesentlicher bedeutung, ob man sagt, die bischöfe müssen dem papste in allem gehorchen was er befiehlt, oder der papst kann alles befehlen was er will.

die nach der gewöhnlichen, von mir nicht geprüften angabe von Gregor VII herrührende formel des eides, welchen die bischöfe dem papste zu leisten haben — ich entnehme sie dem römischen pontificale — enthält zwar nicht, was ältere formeln enthalten, daß der bischof subiectus, das heißt sujet, des papstes sein wolle, aber sie nennt dasselbe, was im neunten jahrhunderte mit subiectus bezeichnet wurde, in der sprache des eilften fidelis et obediens, wo fidelis die vasallentreue gegenüber dem lehnsherrn bedeutet, also demselben ideenkreise angehört, der die Römer gelegentlich jubeln ließ, der deutsche könig sei ein homo, das heißt vasall, des papstes geworden. und eben dieser eid, den ich ganz nachzulesen bitte, enthält auch den satz „haereticker, schismatiker und gegen unsern herrn den papst, beziehungsweise gegen dessen [kanonisch in den besitz der tiara kommenden] nachfolger rebellische personen werde ich nach kräften verfolgen und bekämpfen (= pro posse persequar et impugnabo)". läßt sich ein staat solche formel gefallen, und läßt er sich weiter gefallen, daß die katholischen priester dem so gebundenen bischofe den eid des gehorsams leisten, so darf er sich nicht wundern, wenn er mit allen maßregeln, seine angehörigen gegen anmaßungen der curie zu schützen, nichts ausrichtet, aber das vaticanum ist daran unschuldig.

Nach dem gesagten ist mir wenigstens völlig klar, daß die neukatholische kirche der geborene widersacher jedes staates und jeder nation ist: sie ist dies wegen ihres materiellen inhalts und wegen der formellen unmöglichkeit, in welcher sich schlechthin jeder staat befindet, neben der ihm zustehenden ausschließlichen, das heißt nur discutierbare einflüsse wie die der wissenschaft neben sich duldenden macht eine andere, nicht allein nicht discutierbare, sondern auch in keiner weise zu beeinflußende, weil durch angebliche leitung der vorsehung arbeitende gewalt in seinem bereiche zu einfluß gelangen zu lassen.

4

Ich wende mich zu der dem katholicismus und protestantismus gemeinsamen grundanschauung, und zwar absichtlich nicht zu einer dogmatischen, sondern zu einer historischen kritik derselben. was im folgenden gesagt werden wird, gilt gleicher maßen gegen die beiden historischen kirchen und den ableger der jüngeren derselben, die union, wie es gegen die vorstellungen gilt, welche die sogenannte öffentliche meinung aus dem von katholicismus und protestantismus gelehrten sich zurecht gelegt hat.

Katholiken wie protestanten, und zwar beide in allen ihren unterabteilungen, nennen ihre religion christentum, und beanspruchen selbst christen zu sein. auch die liberalen aller schattierungen halten diese bezeichnung für sich selbst fest.

der name christen ist nach der apostelgeschichte 11, 26 zuerst, und zwar etwa zwölf jahre nach Iesu tode, in Antiochia gebraucht worden. die apostelgeschichte kennt 24, 5 noch einen andern titel der anhänger des evangeliums, den sie allerdings einem feinde der neuen gemeinde in den mund legt, der aber ohne alle frage sehr alt und von der urgemeinde selbst gebraucht ist. Iesus selbst wird in den urkunden des neuen testaments Nazarener und Nazoräer genannt, weil er aus Nazareth gebürtig war, einem in einer allgemein verachteten landschaft gelegenen flecken, der geeignet schien, den stifter der neuen sekte recht geringschätzig zu bezeichnen: was konnte aus Nazareth gutes kommen? von diesem Nazarener oder Nazoräer hießen seine anhänger ebenfalls Nazarener oder Nazoräer, und diese namen sind bei den Juden und Arabern noch heute gebräuchlich. wenn nun der name Nazarener in Antiochia durch einen andern ersetzt wurde, und wenn dies unter den augen, also auch wohl auf veranlassung des Paulus geschah, so ist anzunehmen, daß man mit der neuen bezeichnung christen die früheren Nazoräer ihrem wesen nach zu bezeichnen — zu definieren — meinte. danach würde christentum die religion derer sein, welche in Iesu den Christus oder Messias der Juden erblicken, und in dieser Christuswürde Iesu dessen eigentümlichkeit und bestimmung am vollständigsten bezeichnet glauben. es hängt an dieser anschauung die weitere von den zwei testamenten, das heißt den zwei verträgen gottes mit den menschen (testamentum hat hier den sinn des instrumentum unsrer notare), von denen das frühere die vorbereitung des späteren ist.

diese anschauung ist durchaus irrig.

das sogenannte alte testament kennt für den von den Juden angeblich erwarteten heiland das wort màschiach oder Messias, das heißt Christus, nicht: es kennt einen solchen heiland überhaupt nur ganz beiläufig, und so, daß vollkommen klar ist, daß die verfasser der kanonischen und der deuterokanonischen oder apokryphischen bücher den glauben an einen dereinst kommenden retter gar nicht zu den wesentlichen stücken ihrer religiösen überzeugung gezählt haben, geschweige, daß sie ihn für den mittelpunkt dieser überzeugung gehalten hätten. und letzteres müßte doch der fall sein, wenn wir uns berechtigt halten sollten, die oben geschilderte anschauung der gemeinde von Antiochia erwägungswert zu finden. es ist noch niemandem eingefallen, wird aber kennern der semitischen sprachen, so wie ich es sage, einleuchten, daß die von den Griechen gebrauchte und natürlich der umgangssprache ihrer jüdischen zeitgenossen entnommene form Messias gar nicht dem màschiach unsres hebräisch, sondern einem misschiach entspricht, das man geneigt sein könnte für assyrisch oder babylonisch zu halten, und das, mag sein ursprung sein welcher er wolle, jedenfalls beweist, daß der titel Messias in die althebräische zeit gar nicht hineingehört. die erwartung, daß ein Messias kommen werde, ist in gewissen schichten des jüdischen volkes vor Iesu auftreten ohne frage vorhanden und sogar lebhaft gewesen, aber nicht in den tonangebenden kreisen des volkes, nicht in der anerkannten litteratur, nicht auf grund von durchschlagenden, klaren und diese erwartung als die haupterwartung der nation in den vordergrund stellenden erklärungen der heiligen urkunden. der Messiasglaube gehört dem teile der jüdischen gesellschaft an, welcher die sogenannten apokalyptischen schriften hervorgebracht und bewundert hat, schriften, von denen ein laie sich aus dem buche Daniel und der offenbarung des Iohannes eine ungefähre, aber für die ganze art viel zu günstige vorstellung machen kann.

es ist aber vollständig gedankenlos zu sagen „wir halten dafür, Iesus sei der den Juden verheißene Christus", wenn nachweislich den Juden gar kein Christus verheißen ist. es ist gedankenlos zu sagen „wir sind der ansicht, daß alles das, was die Juden von der zukunft erwarteten, in Iesu erfüllt ist", wenn die Juden nachweislich von der zukunft sehr wenig, und dies wenige ganz anders erwartet haben, als in Iesu geleistet worden. kein volk schlägt sein ideal an das kreuz, und wen ein volk an das kreuz schlägt, der entspricht ganz gewiß nicht dem ideale des volkes.

Was Iesus selbst über sein verhältnis zu seinem volke ausgesagt hat, ist bei dem unten zu erörternden zustande der urkunden über seine wirksamkeit außerordentlich schwer zu ermitteln. ich verweise den, welcher sich darüber unterrichten will, auf meine diesen gegenstand behandelnde, so gott will, bald erscheinende schrift, und versichere hier nur, daß es Iesu nicht eingefallen ist, sich für den Messias auszugeben. mag man aber auch über diesen punkt denken wie man will, so ist die alternative völlig unumstößlich: entweder Iesus hat sich für den in gewissen kreisen erwarteten heiland gehalten, dann knüpft er nicht an die gesammtentwickelung des jüdischen volkes an, und hat nur locale bedeutung: die vorsehung hätte dann einen fehler gemacht, als sie den großartigsten umschwung, den die geschichte je gesehen, an seine person heftete, — oder aber Iesus ist den Messiasträumen der unteren schichten Israels gegenüber kühl geblieben: dann hat niemand ein recht, ihn den Messias oder Christus, und sich selbst als seinen anhänger einen christen zu nennen.

es darf hier wohl noch in kürze darauf aufmerksam gemacht werden, daß die sätze des apostolischen glaubensbekenntnisses „empfangen vom heiligen geiste, geboren von der jungfrau Maria", man mag dieselben orthodox oder heterodox fassen, unbedingt ablehnen, die existenz und das wesen Iesu im jüdischen volke wurzeln zu lassen.

Ich komme zu einem zweiten punkte.

Iesus hat mit seinen aposteln und jüngern entschiedenes unglück gehabt. aus der ganzen schaar sind nur Petrus und Iohannes bedeutend geworden: alle übrigen sind verschollen: denn was die sage von ihnen berichtet, wird heutzutage wenig aussicht haben für historisch zu gelten.

gewiß wirft das eben erwähnte unglück ein helles licht auf die persönlichkeit Iesu, der so weit über seiner nation erhaben war, daß trotz alles suchens nur zwei männer gefunden wurden, die einigermaßen auf des meisters wesen eingehn konnten. daß man sagen muß „einigermaßen", ist die klage, welche in diesem abschnitte unsrer abhandlung vorzutragen ist. von Petrus haben wir nichts übrig, das anspruch hätte echt zu heißen: der zweite der unter seinem namen umlaufenden briefe ist sogar nur eine überarbeitung des sendschreibens des Iudas, eines leiblichen bruders Iesu: wir vermögen mithin über Petrus nur sehr unsicher aus zerstreuten daten zu urteilen, und dürfen aus diesem mangel an verläßlichen nachrichten wohl soviel mit sicherheit schließen, daß Petrus den vielleicht auf ihn gesetzten hoffnungen Iesu nicht entsprochen hat.

die schriften, welche den namen des Iohannes tragen, werden in ihrer größeren hälfte von den meisten unsrer zeitgenossen beanstandet, folglich kann aus ihnen mit aussicht auf allgemeine zustimmung nicht viel gefolgert werden. der schreiber dieser blätter hat sich freilich längst überzeugt, daß das vierte evangelium und damit denn auch die drei unter dem namen Iohannes im kanon befindlichen briefe von dem verfasser der sogenannten offenbarung Iohannis herrühren, und daß der verfasser aller dieser schriften kein anderer sein kann als der apostel Iohannes.

damit hat aber das vierte evangelium und hat die orthodoxe auffassung der ganzen sachlage nicht viel gewonnen. wenn irgend ein buch des neuen testamentes, so gehört dieses in die kirchengeschichte. es ist nicht ein geschichtswerk, sondern eine streitschrift. in der erinnerung des greisen Iohannes ist die gestalt des meisters, dem er so nahe gestanden hatte, ins ungeheuerliche gewachsen, und in diesem falle ist die begabtheit des schriftstellers, der sich mit allen möglichen zeitideen erfüllt hatte, der wahrheit ebenso schädlich gewesen, wie andererseits die unbegabtheit derer ihr eintrag getan hat, welche die unsern drei ersten evangelien zu grunde liegenden bücher geliefert haben. gesundheit ist eben weder hypersthenie noch asthenie.

gedenke ich noch des Matthäus, von dem wir wissen, daß er die reden Iesu aufgeschrieben hat, so beweist der umstand, daß uns dies buch nicht, oder nur in einer jedenfalls nicht apostolischen überarbeitung erhalten ist, genau ebensoviel wie die gigantischen übertreibungen des Iohannes beweisen. . war die arbeit des Matthäus historisch treu, so muß sie den epigonen nicht gepaßt haben, weil diese sonst das buch nicht hätten verkommen lassen: war sie nicht treu, gab sie den Matthäus statt Iesus, so ist klar, daß auch dieser apostel Iesum nicht verstanden hat.

Die unleugbare tatsache, daß es kurze zeit nach Iesu auftreten schon unmöglich war, über ihn historische wahrheit im sinne der wissenschaft zu treffen, hat übrigens für uns doch einen hohen wert, der noch nicht erkannt ist: sie zeigt, daß Iesu wort und leben wirklich ein die zeit änderndes element gewesen sind. geschichtliche eräugnisse sind, wenn man das recht verstehn will, gar nicht da, um gewußt zu werden. sie geben der nation, in welcher sie sich zutragen, die basis einer neuen existenz oder die möglichkeit einer neuen epoche ihres lebens. sie werden durch berechnung der bahnstörungen, welche sie verursachen, und durch den umstand, daß nach ihnen in der weltgeschichte ein unauflösbares x sich findet, das früher nicht da war, viel sicherer und erschöpfender erkannt als durch die anschauungsberichte ihrer zeitgenossen. und mit großen männern ist es ebenso. ihre größe besteht darin, daß sie umgestalten: und sie gestalten nicht bloß da und dann um, wo und wann sie es beabsichtigen, sondern auch ohne daß sie es beabsichtigen. aber indem sie verschieden gearteten menschen gegenüber stehn, gestalten sie verschiedentlich um, und die ausgleichung der vielen wirkungen, die sie haben, ist der historische mythus. die historische mythologie ist die inventarisierung der neugestaltungen, welche durch historische personen in dem zustande der umgebung der historischen personen hervorgerufen sind. verlangen, daß die apostel über Iesus tagebücher haben führen sollen, wie Varnhagen von Ense über seine zeit tagebuch geführt hat, heißt nichts anderes, als erklären, daß Iesus nicht wert gewesen, daß auch nur ein einziges wort über ihn aufgeschrieben wurde. eingestehn, daß jeder, der ihn sah, den mann nur in einzelnem richtig, in den meisten punkten falsch oder gar nicht verstand, daß wir keine photographie seines wesens haben, heißt anerkennen, daß seine persönlichkeit so gewaltig war, daß wenn die menschen sich auf ihn besannen, sie ohne es zu wissen, schon durch ihn anders geworden waren, und teile seines wesens in sich fanden und darum auch teile ihres wesens, die mit den neubildungen in ihnen nahe zusammenhiengen, in ihn versetzten, obwohl dort nie etwas diesen kleinigkeiten ähnliches vorhanden gewesen war. aber alle diese erwägungen helfen uns nicht über die tatsachen hinweg, daß von Iesu person historisch sehr wenig gewußt wird, daß von seiner lehre nur ein teil und auch dieser erst nach gründlicher kritischer arbeit bekannt heißen kann, und daß seine apostel unfähig gewesen sind von ihm zu berichten.

Nur daraus, daß die von Iesu selbst erwählten jünger, dank zu gleicher zeit dem niedrigen, verkommenen zustande des volkes, aus dem sie hervorgegangen, und der erhabenheit ihres meisters, nicht im stande waren anders, als nur höchst kümmerlich, einseitig, karikierend das große bild aufzufassen, das vor ihnen gestanden hatte, nur daraus ist es zu erklären, daß ein völlig unberufener einfluß auf die kirche erhielt.

Paulus — denn er ist dieser unberufene — der richtige nachkomme Abrahams, und auch nach seinem übertritte Pharisäer vom scheitel bis zur sohle, hat acht bis zehn jahre nach Iesu tode, nachdem er die Nazarener eine zeit lang nach kräften verfolgt hatte, durch eine vision auf der reise nach Damascus die überzeugung gewonnen, daß er in Iesu lehre die wahrheit verfolge. man kann das psychologisch denkbar finden, und ich bezweifle nicht im mindesten, daß ein so fanatischer kopf in folge einer hallucination in das gegenteil von dem umschlug, was er bislang gewesen war. unerhört aber ist, daß historisch gebildete männer auf diesen Paulus irgend welches gewicht legen. im ersten kapitel der apostelgeschichte wird als selbstverständlich angesehen, daß wer apostel werden wolle, mit Iesu gelebt habe, um so zeuge von Iesu sein zu können. Paulus hat Iesum nie gesehen, geschweige daß er mit ihm umgegangen wäre: seine beziehungen zu Iesu sind durch seinen haß gegen Iesu jünger und danach durch eine vision, gewiß die schlechtesten quellen historischer erkenntnis, die es gibt, vermittelt worden.

aber noch mehr. in einem berichte über sein leben, welchen dieser Paulus selbst in seinen brief an die Galater eingeschaltet hat, rühmt er sich ausdrücklich, nach seiner bekehrung nicht nach Ierusalem zu den aposteln gegangen zu sein, er sei nach (dem römischen, östlich und nordöstlich vom toten meere gelegenen) Arabien gezogen, dort drei jahre geblieben, dann auf nur vierzehn tage zu Petrus nach Ierusalem gereist: außer Petrus habe er damals keinen apostel gesehen, an sonst bedeutenden männern nur Iacobus, den bruder Iesu: erst vierzehn jahre nach diesem ersten kurzen besuche sei er ein zweites mal nach seiner bekehrung nach Ierusalem gekommen, und habe sich mit Iacobus, Petrus und Iohannes auseinandergesetzt.

das heißt in ehrliches deutsch übertragen: alles was Paulus von Iesu und dem evangelium sagt, hat gar keine gewähr der zuverlässigkeit. denke man sich, irgend jemand, der Gotfrids von Bouillon leben und wirken schildern und Gotfrids politische tätigkeit fortsetzen wollte, wäre ähnlich verfahren, und hätte mit derselben offenheit eingestanden, daß er Gotfrid nie gekannt habe, allen freunden Gotfrids gellissentlich aus dem wege gegangen sei, und was er von Gotfrid wisse, einer in möglichster unabhängigkeit von Gotfrids genossen ausgesponnenen himmlischen erscheinung verdanke, so würde von einem solchen menschen in irgend einer historischen schrift gar nicht die rede sein: er wäre unrettbar der psychologie verfallen.

Wie kommen wir, denn dazu, uns überhaupt mit einer kirche noch einzulassen, die auf solchem grunde gebaut ist? misverstand, unverstand, ein zwitterding aus Pharisäismus und phantasterei, sind das die fundamente einer gemeinschaft, die auf ein eräugnis der geschichte zurückgehn will?

und wenn Paulus uns etwa paßt, wie er Luthern gepaßt hat, so wollen wir ehrlich gestehn, daß nicht Iesus, sondern Paulus unser heiland, und wollen zu gleicher zeit gestehn, daß der maßstab unsrer zustimmung nicht wissenschaft, sondern unser bedürfnis und unsere neigung ist, daß wir nicht der geschichte folgen, die nun einmal unwiderruflich den anfang der neuen zeit an Iesum knüpft, sondern unserm subjectiven ermessen, daß also alle unsere unterordnung unter eine offenbarung keinen andern namen verdient als den der spiegelfechterei, weil wir uns in tat und wahrheit nur uns selbst unterordnen, weil wir uns wie weiland herr von Münchhausen an unserm eignen zopfe selbst aus dem sumpfe ziehen. man kann, wenn man vorsichtig verfährt, aus den drei ersten evangelien mit einiger sicherheit auf die tatsachen schließen, welche den berichten derselben zu grunde liegen: man kann von Iohannes den hintergrund, das klimatische colorit und die richtige farbenabtönung in der beleuchtung der scene gewinnen, auf der Iesus aufgetreten: von Paulus aus hat keine wissenschaft eine brücke rückwärts zu dem hohen meister, weil psychologische zustände für jeden unberechenbar sind, der nicht die umgebung des zu beurteilenden genau kennt, und wir diese in dem vorliegenden falle nicht kennen und nie kennen werden.

Paulus hat uns das alte testament in die kirche gebracht, an dessen einflusse das evangelium, so weit dies möglich, zu grunde gegangen ist: Paulus hat uns mit der pharisäischen exegese beglückt, die alles aus allem beweist, den inhalt, der im texte gefunden werden soll, fertig in der tasche mitbringt, und dann sich rühmt, nur dem worte zu folgen: Paulus hat uns die jüdische opfertheorie und alles, was daran hängt, in das haus getragen: die ganze unten noch mit einigen worten zu besprechende jüdische ansicht von der geschichte ist uns von ihm aufgebunden. er hat das getan unter dem lebhaften widerspruche der urgemeinde, die, so jüdisch sie war, weniger jüdisch dachte als Paulus, die wenigstens nicht raffinierten Israelitismus für ein von gott gesandtes evangelium hielt. Paulus hat sich endlich gegen alle einwürfe gepanzert mit der aus dem zweiten buche des gesetzes herübergeholten verstockungstheorie, die es freilich so leicht macht zu disputieren, wie es leicht ist, einen menschen, der gründe bringt und gegengründe hören will, damit abzufertigen, daß man ihn für verhärtet erklärt.

es ist theologenlogik zu sagen, obwohl Israel in Iesus den Messias nicht erkannte, ist Iesus doch der Messias Israels, und, obwohl die eigentliche gemeinde des evangeliums den Paulus als verderber haßte, ist dennoch Paulus der wahre vertreter des evangeliums. wenn irgend welche kirche diese art logik weiter treiben will, mag sie es tun: jeder, der von wissenschaft das mindeste weiß, verbittet sich sie und alle die, welche ihr huldigen.

Nun ein drittes.

Die Juden, wenigstens diejenigen unter ihnen, welche ein judainfreies Judentum als die geeignetste weltreligion anpreisen, pflegen sich jetzt zu rühmen, ihre confession sei mit darum so vorzüglich, weil sie keine dogmatik habe. bei verständigen leuten würde dieses nicht-haben als beweis einer hochgradigen geistigen verkrüppelung gelten: es zeigt sehr deutlich, daß das bedürfnis nach einer zusammenhängenden weltanschauung in diesen köpfen und herzen nicht existiert. insoferne das evangelium die idee vom reiche gottes an die spitze alles dessen stellt, was es lehrt, und die forderung vollkommen zu sein an die spitze alles dessen, was es fordert, ist es von selbst darauf gewiesen, seine anhänger eine gesammtansicht der welt suchen zu lassen. und wer entschlossen ist, dem evangelium zu folgen, hat schon darum allen grund, die dogmatik als eine sittliche notwendigkeit anzusehen.

das evangelium ist eine durch religiöse genialität gefundene darlegung der gesetze des geistigen lebens. es ist also wesentlich beschreibung, so sehr beschreibung, wie die chemie und physik beschreibungen sind. wie nun der philosoph versuchen wird, auch die grundsätze etwa der mechanik in sein system einzufügen, dabei sich aber nicht beikommen läßt, Keplers ellipsenrechnungen, das Newtonsche gravitationsgesetz oder die erste formel Laplaces zu kritisieren, sondern nur darauf ausgeht, seine gesammtanschauung von der welt so zu bilden, daß Keplers, Newtons, Laplaces gesetze sich mit ihr vertragen und in ihr platz finden, so wird er auch versuchen die gesetze des geistigen lebens, die principien der geschichte und der ethik, in sein system einzufügen. durch beobachtung des lebens ist das evangelium bisher noch immer bestätigt worden: man kann daher ruhig jedem freistellen, das evangelium stückweise aus der geschichte und dem leben zu sammeln, während er es einfacher so leidlich schon beieinander finden kann. immer aber werden anschauungen wie die vom reiche gottes, von der sünde, von dem wege, auf welchem man der sünde quitt wird, mögen sie nun aus dem evangelium entnommen oder aus der eigenen beobachtung des lebens gefunden sein, genau denselben wert haben wie Newtons fallgesetz und alle ähnlichen gesetze des physischen lebens. eine philosophie, welche solche gesetze nicht anerkennt, ist narretei. die felsenfeste überzeugung, daß blausäure kein gift ist, hindert den, der sie hat, nicht zu sterben, wenn er blausäure einnimmt: und die ehrenwertesten leute werden, wenn sie die lehre des evangeliums, daß das gute nur in einem reiche, in einer gemeinschaft zu existieren im stande ist, nicht anerkennen, nur erleben, was unsere liberalen nächstens erleben werden, daß die sauberen reinlichen sandkörner vor dem ersten besten winde auseinander wehen, selbst wenn sie der fidelbogen der parteidisciplin eine zeit lang zu chladnischen figuren zusammengegeigt hat. das evangelium hat also von der philosophie genau so wenig zu befahren, wie die chemie oder physik von ihr zu befahren hat.

im verlaufe der geschichte haben wir es aber nicht mit dem evangelium, sondern mit dem christentume, das heißt dem mit jüdischen, griechischen und römischen elementen zu einem neuen stoffe verbundenen evangelium, und wir haben es nicht mit der philosophie, sondern mit philosophieen zu tun: wir müssen auch die artung der menschen in erwägung ziehen, welche die geistige arbeit der zeiten tun, da diese artung auf die beschaffenheit der arbeit einen bestimmenden einfluß übt. daraus ergibt sich die forderung, daß unsere glaubenslehre nicht auf behauptungen der christlichen kirche, auch nicht auf aussprüche der bibel, in welchem umfange man diese sich denken möge, sondern allein auf das, durch weitere beobachtung des geistigen lebens fortwährend ergänzte evangelium zurückzugehn hat, daß weiter alles, was in der zeit aufgetreten und mit der zeit vergangen ist, keinen anspruch machen darf, zur dogmenbildung benutzt zu werden, und daß, falls es benutzt worden ist, durch den nachweis dieser benutzung allein der beweis erbracht ist, daß das betreffende dogma einen wert nicht besitzt, daß drittens alles, was nicht in der idee der alten nationen (denn diese idee beruht auf göttlichem willen, und ist berechtigt sich geltend zu machen), sondern in der ausartung der tatsächlich bestehenden oder bestanden gewesenen nationen, alles, was nicht in dem genialen kerne der hier tätigen personen, sondern in deren von der außenwelt abhängigen, von der sünde entstellten und am hindringen zum ziele vielfach gehemmten zeitlichen erscheinung beruht, alles, was nicht auf individuelle genialität, sondern auf den schein derselben zurückgeht, daß dies alles gar kein recht hat in der dogmenbildung mitzusprechen, und, wenn es mitgesprochen hat oder mitspricht, nicht verlangen darf gehört zu werden. durch diese erwägungen gewinnen wir einen maßstab zur beurteilung der umlaufenden dogmatik, der allerdings eine recht beträchtliche anzahl dogmen als unter der verlangten größe zurückbleibend zurückstellen heißt. man würde nur die zeit verderben, wollte man sich auf eine bekämpfung solcher dogmen einlassen. die kritik der dogmen ist durchaus in die geschichte ihrer entstehung gelegt, und es bleibt der bestehenden dogmatik wenig anderer ruhm als der, manche fragen gestellt zu haben, welche beantwortung verlangen. sie liefert kapitelüberschriften ohne die kapitel, und nicht ganz selten kapitelüberschriften, zu denen es sich gar nicht verlohnt ein kapitel zu schreiben.

sehen wir zunächst die personen an, welche bei der dogmenbildung tätig gewesen sind. hier ist eine beschränkung geboten, soferne es sich zur zeit nur um die dogmen handelt, welche der katholischen und den protestantischen kirchen gleichmäßig für orthodox gelten, also auch die betrachtung nicht über die älteste, nach uns zu allerdings nicht ganz leicht abzugrenzende epoche der kirchengeschichte hinausgehn darf.

gerade in dem teile der christlichen kirche, welcher die älteste, am allgemeinsten anerkannte dogmenbildung allein besorgte, dem griechisch redenden, liegt eine grauenerregende armseligkeit für jeden, der sehen kann, offen zu tage. der einzige, der dort ursprüngliches leben zeigt, Origenes, ist mehr als bloß im verdachte der ketzerei. die jüdischen schriften des zweiten und dritten jahrhunderts, Mischna, Mechilta, Sifra, Sifri sind gewiß tötend langweilig, aber es ist doch ein sittlicher ernst in ihnen, es handelt sich um dinge, die den von ihnen sprechenden, so gleichgültig sie uns scheinen, am herzen liegen: in der griechischen kirche redet die sophistik und rhetorik des späteren Griechenlands ohne griechischen geist und ohne griechische anmut: sie redet mit erborgter gelehrsamkeit, von der religion ohne religion, vom leben in phrasen, und mit einer selbstgefälligkeit und selbstzufriedenheit, die deutlich zeigt, daß Mephistopheles hier auf den contract mit Faust hin recht viele kirchenväterseelen erwischt haben würde. das ganze wirklich wissenschaftliche leben der zeit ist in der haeresie und auf kirchlichem gebiete in der liturgie zusammengedrängt. sollen wir da erwarten, daß die dogmenbildung in der richtigen weise vor sich gegangen ist? die auf diesem felde von der kirche beschäftigten menschen waren alle unendlich klein: die kraft der kirche lag in den märtyrergräbern über das ganze römische reich hin, nicht in den plappernden sophisten der dogmatischen schulen: sie lag in den stillen seelen, welche schließlich aus einer welt, die unrettbar verloren schien und unrettbar verloren war, in die wüsten flohen, nicht in den prälaten, welche mit den excellenzen der beamtenhierarchie möglichst auf du und du lebten: sie lag in allen denen, welche heimweh hatten nach einem lande, wo nicht wasser und wind kühlen und nicht die sonne wärmt und leuchtet, nicht in denen, welche die welt, deren sauerteig sie nicht sein wollten, zu erobern wünschten, welche nicht zu herrschen verstanden, weil sie zu beherrschen trachteten.

ich erlaube mir nun noch eine andeutung über die objectiven quellen der orthodoxen dogmatik.

die dogmatische entwickelung des christentumes in der eigentlich schöpferischen periode der dogmatik, in der periode, in welcher die im katholicismus und protestantismus gleichmäßig gültigen grundlehren der kirche festgestellt wurden, ist wesentlich beeinflußt von dem aus der geschichte der philosophie hinlänglich bekannten regierungswechsel auf dem gebiete der philosophie, welcher gegen ende des alten römischen reiches Aristoteles an die stelle setzte, an der so lange Plato gestanden hatte. alle die dogmatischen begriffe, welche unsern jungen leuten so hart eingehn, sind platonisch oder aristotelisch, und die dogmatische arbeit hat hauptsächlich darin bestanden, die anschauungen, welche in der kirche umliefen, mit den hellenischen systemen auseinanderzusetzen. darum sind alle diese dogmen völlig unverbindlich, und kirchen, welche sie für verbindlich erklären, haben erst den beweis zu liefern, daß die zur bildung dieser dogmen benutzten lehren des Plato und Aristoteles objectiv gültig sind, und daß die kirchlichen anschauungen, welche anderenteils in dem dogma stecken, lediglich auf dem evangelium beruhen.

Endlich das letzte bedenken, welches ich gegen das christentum geltend zu machen habe: der religionsbegriff des christentums ist falsch.

Religion ist überall da, wo sie anerkanntermaßen vorhanden ist, nicht vorstellung von, nicht gedanke über, sondern persönliche beziehung des frommen auf gott, leben mit ihm. sie ist unbedingt gegenwart, hoffnung auf die zukunft nur insoferne, als der umgang mit dem ewigen jedem, der ihn übt, unumstößliche gewißheit gibt, daß er selbst auch ewig ist. mit dieser einsicht völlig unverträglich ist es, historische eräugnisse in wesentliche beziehung zur frömmigkeit zu setzen. man kann sehr wohl sagen, daß zu einer bestimmten zeit zum ersten male die und die objective tatsache der idealen welt religiös erfaßt worden ist: der hauptaccent wird aber für überlegte menschen stets auf der tatsache und dem mächtigwerden derselben, nicht aber auf dem kalenderdatum dieses mächtigwerdens liegen: wir haben als individuen nur das interesse nach solcher epoche zu leben und den dank dafür, daß wir es tun, nicht aber ist es von wert, alle einzelnheiten des vorganges zu kennen, der in gottes augen nur mittel zum zwecke ist, und deshalb auch in unsern augen ein mehreres nicht sein soll, und darum muß nicht Straußens werk über das leben Iesu, welches aus ehrlichem wissensdrange hervorgegangen ist, sondern die anschauung als teufelswerk gelten, daß es überhaupt auf eine biographie Iesu, und nicht vielmehr auf Iesum und sein evangelium ankomme. die orthodoxchristliche anschauung von der geschichte ist fetischismus, nur daß dieser sich statt auf das natürliche einzelding auf die historische tatsache richtet.

daß unsre zeitgenossen dem nachdenken großer gedanken möglichst aus dem wege gehn, dafür aber biographischen untersuchungen vielen fleiß widmen, kommt wohl daher, daß die möglichkeit altgedachte gedanken bei uns neu einzubürgern in folge der durch das parteitreiben und durch die zustände unsrer schulen und universitäten hervorgerufenen entnervung der nation außerordentlich gering, darum der versuch, solche gedanken neu in umlauf zu setzen, nicht sehr praktisch, und dabei doch noch das bewußtsein vorhanden ist, daß man an jenen alten schätzen nicht so ganz vorbeigehn dürfe. große männer sind unbequem, weil sie kleine menschen zwingen sie anzuerkennen (welche anerkennung durch haß ebenso füglich bezeugt wird, wie durch liebe) und sich in folge dieser anerkennung irgendwie und irgendwieweit nach ihnen zu ändern: von großen männern wissen ist sehr bequem, weil es erlaubt, sich an dem eigenen, jenen größen gewidmeten fleiße zu weiden und zu spiegeln, und doch ganz so jämmerlich zu bleiben wie man ist. bekanntlich unternimmt der mensch zehnmal lieber eine wallfahrt, die er mit den beinen abmachen kann, als er sich entschließt die geringste üble gewohnheit abzulegen, wozu willen gehört, und nicht bloß motorische nerven. und so ist es auch, wenn dieser weg von irgend jemandem gezeigt worden, viel unverfänglicher, an den ausschließlichen wert irgendwelcher altersgrauen begebenheit zu glauben, als sich von der kraft, welche in jener begebenheit zur geltung gekommen ist, innerlich umgestalten zu lassen. Iesus hat auf seinen tod den accent nicht gelegt, welchen die kirche auf ihn legt. dies erhellt daraus, daß er sofort bei seinem auftreten vom evangelium und vom reiche gottes redet, er also ersteres nur in dem, was er selbst sagte, letzteres in sich selbst als der urzelle der neuen bildung erblickt hat, mithin sein leben, aber nicht sein tod die grundlage des reiches gottes war. wir haben auch hier wieder Paulus als den begründer der jetzt geltenden ansichten zu nennen. Paulus war als Pharisäer gewöhnt, das heil seines volkes von dem tage zu datieren, an welchem auf dem Sinai das gesetz verkündet worden war: mehr noch als das, er war gelehrt, daß Israel die blüte der menschheit sei, und die menschheit nur in und durch Israel beglückt werden könne. er betrachtete also die gedenktage seiner nation als epochen des heils für alle welt. pascha, pfingsten, gesetzesfreude, laubhütten, tempelweihe, purim und die kleinen festtage, welche die sogenannte fastenrolle aufzählt, sind sammt und sonders nationale gedenktage, fast möchte ich sagen familienfeste, welche religiösen charakter nur dadurch erhalten, daß die sie feiernde nation eine bedeutung für die menschheit zu haben sich einbildet, und deren freude völlig ausblaßt, wenn man keinen wert mehr auf die erhaltung der israelitischen erstgeborenen in Aegypten und das weiter gefeierte legt. die anschauung des Paulus von der geschichte verband sich mit seiner idee vom opfer und dessen kraft, und dies um so mehr, als dem langjährigen verfolger des evangeliums durch seine eigene lebensgeschichte der begriff sünde in ganz anderer weise nahe gerückt war, als den armen fischern und handwerkern in Iesu umgebung. diese hatten in ihren engen verhältnissen und gleichförmig abrollendem leben schwerlich gelegenheit grob zu sündigen, und besaßen für das peinigende gefühl, nie vollkommen zu sein und unaufhörlich andere zu hemmen oder nicht zu fördern, schwerlich besondere empfänglichkeit. so kamen Paulus und der ihm nahe stehende verfasser des briefes an die Hebräer, der Levit Barnabas, zu der feier des todes Christi und seiner auferstehung, welche für den protestantismus vollständig verhängnisvoll geworden ist. zwar hat die gesammte christliche kirche das jüdische princip aufgenommen, einmal geschehenes statt des immer von neuem geschehenden, vergangenes statt des gegenwärtigen als object religiöser gefühle anzusehen, aber in ihrer älteren gestalt hat sie es mit bewundernswert richtigem instincte verbessert, indem sie dem einmaligen blutigen ein immer sich wiederholendes unblutiges opfer zur seite setzte, indem sie überhaupt alles tat, was das vergangene gegenwärtig zu machen geeignet schien. das messopfer ist die stärke des katholicismus, weil erst durch das messopfer das christentum (ich sage nicht: das evangelium) religion wird, und nur religion, nicht aber surrogat der religion menschenherzen an sich fesseln kann. der ewige menschengeist wird von einmal geschehenem nicht befriedigt. es ist nicht religion, sondern sentimentalität, sich in gewesenes zu versenken, und das bewußtsein von dem immanenten leben ewiger gewalten in der zeit schwindet in dem maße, in welchem die von jahre zu jahre schwächer werdende erinnerung an uralte, sich nicht erneuernde tatsachen als religion angepriesen wird. daher ist uns die religion ein meinen, ein dafürhalten, ein glauben, ein vorstellen, statt ein leben zu sein, und ehe wir diese grundgiftige anschauung nicht aufgeben, ist irgend eine besserung unsrer zustände gar nicht möglich. wir brauchen die gegenwart gottes und des göttlichen, nicht seine vergangenheit, und darum kann vom protestantismus und, bei der unannehmbarkeit der katholischen messopferlehre, auch vom katholicismus, darum kann vom christentume für uns nicht mehr die rede sein.

5

Es dürfte nachgewiesen sein, daß das christentum, also katholicismus und protestantismus, eine entstellung des evangeliums ist. ich habe nur noch einem einwurfe zu begegnen, der ohne zweifel von vielen gemacht werden wird, dem einwurfe, wie es sich mit der göttlichen vorsehung vertrage, ein eben der menschheit gemachtes geschenk sofort in dieser weise verunstalten und seiner wirksamkeit berauben zu lassen. die sache steht aber für jeden aus der beobachtung seines eigenen lebens hinlänglich zu erläutern.

es ist nicht die art der vorsehung einem kinde, welches durch schuld der wärterin in jungen jahren verkrüppelt, seine lahm gewordenen glieder durch vollkräftige neue zu ersetzen. die vorsehung verlangt — und wem, der von ihr betroffen ist, würde diese aufgabe zu lösen nicht schwer? —, daß der physische mangel in irgend einer, durch die verhältnisse angezeigten weise zu einem geistigen gute umgewandelt werde: es ist ihr geheimnis, warum sie handelt wie sie handelt: sie zürnt schwerlich dem, der sich in solchen mangel anfangs nur mit murren fügt, und vielleicht auch in späteren jahren in dies murren zurückfällt.

noch mehr als das. wir sehen es, so wie wir uns selbst oder uns wirklich nahe stehende genau beobachten, daß stets der sohn gottes für den menschensohn leidet, das heißt, daß auch die sünden des menschen darum, daß sie abgetan und vergeben sind, nicht aufhören ihre folgen zu haben. von der unvorsichtigkeit an, die einen leiblichen schaden zu wege gebracht hat, über die albernen streiche der jugend hin zu den schwereren sünden des reiferen alters — überall dasselbe gesetz: auch das schwerste leiden, das den menschen treffen kann, um seiner sünde willen, die er längst begraben hat, gutes nicht tun oder nicht so tun zu können, wie er es gerne wollte, — nichts von den natürlichen folgen der sünde bleibt dem erspart, der gesündigt hat. was durch die versöhnung, das geistige neue leben des sünders aufgehoben wird, das ist nur die geistige folge der sünde: für den versöhnten, neugeborenen hängt an der sünde nicht, daß sie neue sünde gebiert.

wir dürfen bei der gleichartigkeit des ethischen lebens annehmen, daß in der geschichte des menschengeschlechtes dieselben gesetze herrschen, die in der geschichte des einzelnen menschen erkennbar sind. die gesetze der natürlichen entwickelung bleiben auch für das größeste neue, das in die entwickelung eintritt, unverändert. die ideen treten in das irdische leben unter keiner andern bedingung ein als derjenigen, unter welcher die sünde in dasselbe eintritt. sie sind ebenso ein fortschritt wie die sünde ein fortschritt ist, ein novum. aber wie die vorsehung dafür gesorgt hat, daß in dem sünder, der ein neuer mensch wird, die fähigkeit der sünde, neue sünde hervorzurufen, erlischt, obwohl alle andern folgen der sünde bleiben, so sorgt sie dafür, daß der idee das vermögen neue ideen zu zeugen bleibt, auch wenn sie von allen möglichen zutaten entstellt wird, vorausgesetzt auch hier wieder, daß ein wiedergeborener ihr gegenüber steht: denn nur dem, der hat, wird gegeben.

gott scheint das so geordnet zu haben, weil er erziehen will. er gibt nicht magisch, sondern er gibt, indem er fordert. er fordert die perle im schutte zu suchen, statt sie in die hand gleiten zu lassen: er vergibt, indem er stets erinnert, daß die versöhnung nötig war. so macht er fleißig und demütig, und fleiß und demut sind besser als faulheit und stolz.

6

Die bisherigen auseinandersetzungen haben den weg hinreichend gebahnt, um zu einer verständigung über das zu kommen, was bei dieser lage der sache geschehen muß.

Ich verstehe unter staat die anstalt, welche allen notwendige oder selbst nur allen wünschenswerte, aber durch die anstrengungen eines oder mehrerer einzelner nicht erreichbare ziele im auftrage aller und mit den von allen dargebotenen mitteln zu erreichen sucht. damit ist gegeben, daß der staat nichts zu leisten hat, wo der einzelne oder die einzelnen leisten können: daß er nur zu leisten hat, was allen notwendig ist und dabei seinem wesen nach nur durch eine gemeinschaftliche anstrengung aller geleistet werden kann: daß sein recht, seine macht und seine pflicht soweit gehn wie die allgemeinnotwendigkeit der ziele, welche er sich steckt. der staat darf ihm anvertraute gelder der nation nur dann ausgeben, wenn er überzeugt ist, daß das, wofür er diese gelder ausgibt, gemeingut der nation ist oder werden kann. er wird zum beispiel für das heer, für schulen, für kanäle, für landstraßen, für forsten geld anzuweisen berechtigt sein, weil alle diese dinge dem nationalen leben nötig sind, das einzelne mitglied der nation oder eine gemeinschaft von einzelnen mitgliedern derselben diese dinge aber entweder gar nicht oder nur unvollkommen pflegen kann, auch nicht verpflichtet ist, was allen zu gute kommt, aus privatmitteln zu beschaffen.

Wenden wir dies auf die kirchen an, so darf der staat staatsgelder für sie nur ausgeben, wenn er überzeugt ist, daß sie ein notwendiges besitztum der nation und von gliedern der nation nicht zu erhalten sind. damit dürften wir schon zu der einsicht gelangen, daß kirchen im plurale nur insoferne den staat angehn, als sie etwa verschiedene seiten derselben sache zum ausdrucke brächten, als sie sich gegenseitig ergänzten und endlich in einer vollkommenen harmonie zu vereinigen vorhätten. daß dies von den vorhandenen kirchen nicht in aussicht genommen werden darf, ist zweifellos gewiß, und darum aus der existenz sich einander anfeindender und ausschließender kirchen von vorne herein sicher, daß der staat nicht berechtigt ist, ihnen ersteuertes geld zu gute kommen zu lassen: dies dürfte er nur an eine nationale kirche wenden. mithin ist die erste forderung, welche wir zu stellen haben, die, unter gesetzmäßiger lösung der verbindlichkeiten, welche frühere vertreter der nation im staate gegen bestimmte religiöse gemeinschaften etwa eingegangen sein sollten, von jetzt ab alle zur zeit bestehenden religiösen gemeinschaften Deutschlands, den katholicismus und protestantismus eingeschlossen, für sekten zu erklären, durch welche erklärung selbstverständlich den rechten des staates an die individuen, aus welchen diese sekten zur zeit gebildet werden, in nichts praejudiciert wird. alle jetzt vorhandenen religiösen gemeinschaften ohne eine einzige ausnahme stehn dem staate gegenüber auf dem aussterbeetat: je früher man sie auf denselben setzt, desto eher werden sie aussterben, denn ihr leben ist durchaus, wenn auch in verschiedener art, ein künstliches, durch die beachtung, die man ihnen widmet, und durch ihren gegensatz unter einander erhaltenes.

das wirkliche leben, welches die verschiedenen religiösen gemeinschaften etwa besitzen, wird durch eine solche maßregel nicht beeinträchtigt, im gegenteile, es wird vermehrt werden, und so der nation in ganz anderer weise zu gute kommen als jetzt. es wird sich auch, wenn die maßregel eine allgemeine und mit gleichmäßiger gerechtigkeit durchgeführte ist, niemand durch sie verletzt finden dürfen. vertreten die kirchen wirklich ideale anschauungen des lebens, so müssen sie überzeugt sein, daß sogar verfolgung — und von dieser ist nicht die rede — ihre wirksamkeit nur steigern würde: sie müssen überzeugt sein, daß sie auf eigenen füßen werden stehn und gehn können. jede klage über die lösung des jetzigen verhältnisses zwischen dem staate und den kirchen würde ein unbedingtes eingeständnis der eigenen schwäche und der unfähigkeit sein, anders als mit unterstützung der weltlichen macht zu existieren.

die sache dürfte dem noch klarer sein, welcher das vorher über katholicismus, protestantismus und christentum gesagte für richtig oder doch in seinen hauptzügen richtig hält. in diesen religionen ist, soferne sie unter vielen andern bestandteilen auch das evangelium und auch wirkungen der person Iesu enthalten, an lebenselementen kein mangel, diese lebenselemente sind aber mit so vielen todeskeimen und so vieler verwesung verbunden, daß katholicismus und protestantismus als ganze, auch abgesehen davon, daß sie als zum teile sich bekämpfend nicht zu gleicher zeit anspruch auf pflege durch den nationalen staat haben, unmöglich vom staate irgend welchen vorschub aus staatsmitteln beanspruchen können. ohne zweifel ist die luntenflinte einmal eine wertvolle waffe gewesen: aber eben so zweifellos ist, daß man einen kriegsminister, der jetzt ein heer mit luntenflinten bewaffnen wollte, in ein irrenhaus stecken würde. ohne zweifel hat Tycho Brahe und hat Ptolemäus eine bis zu einem gewissen punkte brauchbare astronomie gelehrt: aber eben so ohne zweifel wird der staat jetzt nur Copernicaner anstellen. armbrüste, luntenflinten, Galenus, Tycho Brahe und alles ähnliche ist für den gegenwärtigen staat einfach nicht vorhanden, obwohl er jedem liebhaber (vorausgesetzt, daß dadurch anderen ein nachteil nicht zugefügt wird) nicht wehren kann sie zu lieben und zu empfehlen. ganz ebenso müssen katholicismus, protestantismus, Irvingianismus, Judentum und was es sonst an ismen und tümern gibt, aus der sphäre des staates durchaus entlassen werden, weil man competenter seite völlig klar darüber sein kann und sein muß, daß wegen der inneren unmöglichkeit, welche ihnen anhaftet, nie eines dieser religionssysteme das in Deutschland herrschende werden wird. wir werden nicht zu wünschen haben, daß privatim diese gemeinschaften lange fortbestehn: tun sie es, so müssen wir verlangen, daß es in der stillen, harmlosen weise etwa der brüdergemeinde geschehe, welche zufrieden mit ihrer eigenen befriedigung dem staate gibt was dem staate gebührt, und selbst keinerlei ansprüche an den allgemeinen seckel und die allgemeine anerkennung macht.

Die gelegenheit, das verhältnis des staates zu den kirchen zu regeln, ist für Deutschland eine ausnahmsweise günstige.

als es sich jüngst um die reichskleinodien handelte, ist ausdrücklich ausgesprochen worden, daß das deutsche reich eine fortsetzung des heiligen römischen reichs deutscher nation nicht sei. und eine solche auch nicht sein wolle: kaiser Wilhelm trägt nicht die krone Karls des großen.

ebensowenig ist das deutsche reich eine fortsetzung der petrificierten revolution, welche wir bundestag nannten.

wie mit den eisenbahnen das eisenbahnrecht entstand, so entsteht mit dem neuen deutschen reiche das deutsche recht. dies deutsche recht kann früher gültig gewesene bestimmungen herübernehmen, so gut der code Napoléon die coûtumes de Paris und das obligationenrecht der Römer in sich aufgenommen hat: immer aber ist was im deutschen reiche recht ist, recht kraft des deutschen reiches und kraft der diesem reiche innewohnenden befugnis, seine angelegenheiten zu ordnen.

kommt eine solche neue person in die lage mit anderen schon bestehenden, ihr gleichwertigen juristischen personen beziehungen pflegen zu müssen, so ist sie auf die abschließung von verträgen gewiesen. bis diese verträge abgeschlossen sind, kommt beiderseits alles lediglich auf den guten willen an, ein leidliches verhältnis aufrecht zu erhalten: es wird klug sein, von keiner seite dies verhältnis zu trüben, weil begreiflicher weise der abzuschließende vertrag sich in seinem inhalte und seiner form nach dem maße von sittlicher zuverlässigkeit und zurechnungsfähigkeit richtet, welche die vertragenden bei einander wahrgenommen haben.

es würde nicht geschickt sein, statt im reiche mit der curie zu verhandeln, beziehungsweise mit ihr krieg zu führen, in den einzelnen staaten des reiches, die von der bestehenden gesetzgebung sich doch nur auf grund ihres verhältnisses zum reiche losmachen können, mit den bischöfen und den orden zu streiten. je vornehmer man diese angelegenheit abmacht, desto besser.

hat der papst ein majestätsrecht, so folgt daraus und aus dem umstande, daß der deutsche kaiser ebenfalls ein majestätsrecht besitzt, die notwendigkeit, das verhältnis zwischen kaiser und papst auf internationalem wege zu regeln. so lange das nicht geschehn ist, werden die personen, welche beiden majestäten untertan sind, auf die humanität derjenigen der beiden angewiesen sein, in deren staate sie leben, aber auf nichts mehr: sie sind geduldet.

erkennt die curie das deutsche reich nicht an, so ist dagegen nur Eine hülfe: Deutschland muß zeigen, daß es da ist, und zwar nicht negativ durch strafen und drohungen gegen die, welche von ihm nichts wissen wollen, sondern dadurch, daß es das gute in so idealer weise als möglich fördert, daß es so energisch als möglich lebt.

fürchtet sich nordAmerika vor dem vaticanischen concile?

die unfehlbarkeit des papstes hat, da sie nun einmal ausgesprochen ist, für den papst nicht mehr und nicht weniger wert, als die grundrechte der frankfurter verfassung für das deutsche volk haben. solche formeln erhalten wirkliche bedeutung erst durch die anwendung, und werden, weil greifbar, auch angreifbar nur durch sie. macht der papst von seinem lehramte einen der welt heilsamen gebrauch, so wird keine regierung ihm widerstehn können: wendet er es zum unsegen der menschheit an, so braucht keine regierung ihm entgegenzutreten: in diesem falle besorgt er seinen sturz allein. wie ein papst sein lehramt auffaßt, hängt lediglich von seiner persönlichkeit ab: der große kurfürst würde auch in der den fürsten beschränkendsten monarchie stets der leiter und die seele seines staates und seiner nation gewesen sein, Ludwig XV hätte in dem denkbar vollkommenst organisierten staate stets nur die rolle einer unterschreibenden null gespielt. der ganze handel spitzt sich mithin praktisch in eine personenfrage auf der einen, und in die frage nach einer wirklichen, das heißt idealen, bildung der völker auf der andern seite zu. die regierungen werden den unfehlbaren papst auf jeden fall am besten dadurch bekämpfen, daß sie alles gute, welches er durch seine unfehlbarkeit tun könnte, eiligst selbst tun: dann brauchen sie nicht zu besorgen, daß das, was er schädliches zu unternehmen vermöchte, ihren staaten schade.

7

Eine selbstverständliche folge davon, daß der staat die historischen kirchen zu sekten erklärt, ist es, daß er die anstalten, auf denen diese kirchen ihre priester und geistlichen für den kirchendienst vorbereiten, aufhebt, oder, was dasselbe ist, als seminare den kirchen übergibt. die jetzt bestehenden theologischen facultäten sind unhaltbar.

eine reorganisation des unterrichtswesens ist so dringend notwendig wie es unwahrscheinlich ist, daß sie in bälde werde vorgenommen werden: sie muß viel durchgreifender sein, als man sich vorzustellen pflegt, und wird, wenn sie zweckentsprechend ist, wesentlich anders ausfallen, als die öffentliche meinung sie sich denkt, also schwerlich ohne kampf durchgeführt werden können: bis auf sie mit der aufhebung der theologischen facultäten zu warten möchte, wie die sachen liegen, kaum ratsam sein, weil den massen ernst zu zeigen angebracht scheint, und darum verständliche maßregeln zu ergreifen sind.

8

Wie steht es nun aber um die frage, ob der staat darum, weil er historisch bestehende religionsgemeinschaften mit gleichgültigen augen ansieht, auch die religion an sich nicht in den kreis seiner wirksamkeit ziehen soll? aus dem oben gesagten dürfte erhellen, daß der staat sich dann um die religion zu kümmern hat, wenn die religion etwas ist, dessen die nation als solche bedarf, und das doch von ihren gliedern nicht beschafft werden kann.

Daß die religion der nation als solcher, das heißt, daß jeder nation eine nationale religion notwendig ist, ergibt sich aus folgenden erwägungen.

Nationen entstehn nicht durch physische zeugung, sondern durch historische eräugnisse: historische eräugnisse aber unterliegen dem walten der vorsehung, welche ihnen ihre wege und ziele weist. darum sind nationen göttlicher einsetzung: sie werden geschaffen. sind sie das, sind sie also nicht durch den regelmäßigen gang der natur, nicht durch zufall ins dasein getreten, so hat ihr schöpfer mit ihrer erschaffung einen zweck verbunden, und dieser zweck ist ihr lebensprincip: die anerkennung dieses zweckes eine anerkennung des göttlichen willens, welcher diesen zweck erreicht haben will: ohne sie ein leben der nation und die nation selbst nicht denkbar. immer von neuem die mission seiner nation erkennen, heißt sie in den brunnen tauchen, der ewige jugend gibt: immer dieser mission dienen, heißt höhere zwecke erwerben und mit ihnen höheres leben.

dieser sachverhalt macht die religion zu einer notwendigkeit für jedes volk.

allein es geht weiter, wenn auch nicht der sache, so doch der entfaltung der sache nach.

nationen können nur frei sein, so lange innere zusammengehörigkeit, also die idee, die teile zu gliedern macht. nur gliedern läßt man zu, sich zu bewegen, wie sie wollen, weil sie als glieder sich nie vom ganzen trennen und nie etwas wider das ganze tun.

frei ist nicht, wer tun kann, was er will, sondern wer werden kann, was er soll. frei ist, wer seinem anerschaffenen lebensprincipe zu folgen im stande ist. frei ist, wer die von gott in ihn gelegte idee erkennt und zu voller wirksamkeit verstattet und entwickelt.

überall die idee die erforderte bedingung! und von wem stammt die idee als von gott?

Ich hätte nach der folge der erörterung, nachdem gezeigt worden, daß die nation als solche der religion nicht entraten kann, hier auseinanderzusetzen, daß die einzelnen glieder der nation nicht im stande sind die nationale religion hervorzurufen. ich muß viel weiter gehn: ich muß nicht nur den einzelnen Deutschen, sondern auch dem deutschen staate diese kraft absprechen.

religion ist nie ein werk menschlicher gedanken, menschlicher sehnsucht, menschlicher tätigkeit. eben weil sie bindet, erzieht, leitet, tröstet, ist sie ihrem begriffe nach göttlichen ursprunges, oder sie ist eine einbildung übelberatener narren, herrschsüchtiger zeloten. der staat kann kenntnisse durch seine schulen verbreiten, er kann aber ideen nicht einleuchten machen. nur der genius bringt die ideen, nur der religiöse genius die religiösen ideen, und auch der staat hat es nicht in seiner gewalt den genius zu rufen.

Aber Eins kann der staat. er kann der religion den weg bereiten, und er muß es.

9

Hier bin ich an dem punkte angelangt, wo ausgesprochen werden kann und muß, was die theologie sein soll: die pfadfinderin der deutschen religion.

Theologie ist das wissen um die religion überhaupt, nicht, wie sich die meisten einbilden, die von ihr reden, ein wissen um den protestantismus oder den katholicismus. religion ist überall, wo übermenschliche, sie ist sogar schon, wo außermenschliche mächte eine einwirkung auf das gemüt von menschen haben, reale mächte eine reale einwirkung, das heißt eine einwirkung, die den beeinflußten zu gedanken und handlungen veranlaßt, welche er ohne diese einwirkung nicht gedacht und nicht getan hätte. darum ist, weil die religion dies ist, auch die theologie überall auf der erde zu hause, auf die leisen gebete der herzen lauschend und auf das besserwerden derer merkend, die so beten, weil sie daraus schließt, daß gott an dieser stelle gegenwärtig gewesen ist.

solche theologie gehört unbedingt auf die universitäten, und der staat hat für sie und ihre hülfswissenschaften lehrstühle zu errichten: denn religion ist eine realität, und alles reale fällt in den bereich der wissenschaft.

Durch die theologie lernt der forscher die religion überhaupt und lernt er die gesetze kennen, nach welchen die religion sich darlebt: er tut dies durch beobachtung aller religionen, von denen er überhaupt sichere kunde erlangen kann.

absichtlich sage ich zuerst über den zweiten dieser beiden punkte ein wort.

Was in allen religionen oder in vielen von ihnen vorkommt, muß ein erscheinungssymptom der religion an sich, kann nicht merkmal einer einzelnen religion sein. um einen punkt herauszugreifen, der am verständlichsten sein wird: zeigen viele religionen wunderglauben, so ist das wunder nicht ein beweis für die kräftigkeit und göttlichkeit der religion, welcher zu liebe die wunder erzählt werden: es ist symptom davon, daß das religiöse leben auf einer bestimmten stufe angekommen ist. jedes wunder des Buddhismus beweist dem theologen, der sein fach versteht, gegen die beweiskraft der christlichen wunder: denn daß die urkundliche bezeugung buddhistischer wunder, wie nicht besser, so auch nicht schlechter ist, als die der wunder des christentums, bedarf kaum noch der versicherung. durch dieses studium der religionen wird die theologie das deutsche volk die gesetze kennen lehren, unter denen die religion lebt, und sie wird so die abscheuliche verwechselung der symptome der sache mit der sache abschaffen, welche eine hauptveranlassung der verachtung der religion ist, und ein hauptmittel derer, welche auf diesem gebiete fälschen wollen.

theologie kann also klar erkennen lehren, was an den religionen ewig, was zeitlich ist, was inhalt und was form, und kann darum über das wesen der religion überhaupt aufklären. sie ist nicht eine philosophische, sie ist ausschließlich eine historische disciplin: sie gibt ein wissen von der religion, soferne sie eine geschichte der religionen gibt. ahne ich aber recht, so kann sie aus der bisherigen bahn dieses segensreichen sternes die curve berechnen, in welcher er weiter gehn wird. denn so frei gott waltet, er tut nichts von ungefähr, und wer ihn im schweren gefunden, der weiß, daß er nun nicht im leichteren, sondern im schwereren zu finden sein wird.

Theologie kann weiter die substanz der verschiedenen religionen, mit denen sie sich zu beschäftigen hat, klar darlegen: es ist völlig unmöglich, daß das bekanntwerden dieser substanz nicht die liebe derer nach sich ziehen sollte, die sich mit ihrer erforschung, sei es als lehrer, sei es als schüler, beschäftigen. an dieser auffassung der sache hängt ein gewisser polytheismus, die freudige anerkennung des der orthodoxie aller religionen so verhaßten factums, daß gott neidlos zu allen zeiten und bei allen völkern sich menschen offenbart hat: gütige und feinfühlige gemüter werden diese offenbarungen alle anerkennen, und reicher sein in dieser besitz vermittelnden anerkennung als diejenigen, welche nur auf Einem flecke der zeit eine solche offenbarung zugeben und ihre liebe auf diese beschränken.

ich wünsche aber hier keine unklarheit darüber bestehn zu lassen, daß mit der forderung lehrstühle für theologie zu errichten nicht verlangt wird, daß die personen, welche vorhaben geistliche bestimmter confessionen zu werden, gezwungen sein sollen die vorlesungen dieser neuen professoren der theologie zu hören. damit würde man, ganz abgesehen davon, daß es um jeden zwang ein außerordentlich garstiges ding ist, nichts ausrichten, oder nur die jetzt schon unerträglich schlimmen zustände noch verschlimmern.

um letzteres zuerst zu besprechen, so ist die unreinlichkeit der überzeugungen auf protestantischem gebiete durch das auf ihm nun schon über ein jahrhundert lang betriebene ineinandermanschen wissenschaftlicher velleitäten und confessioneller anwandelungen in einem grade gewachsen, daß grund in diese schmutzige wäsche zu bringen gar nicht mehr möglich ist, und jeder, der die verhältnisse wirklich aus dem leben kennt, ein grauen davor empfindet. das sammelsurium von standpunkten und standpünktchen, mit dem wir jetzt zu kämpfen haben, durch zumischung katholischer anschauungen noch weiter zu vermehren und noch undurchdringlicher zu machen.

katholiken, protestanten, Juden zwingen wissenschaftliche vorlesungen über theologie zu hören, heißt ihnen erklären, daß man sie zwingen will, ihren religiösen standpunkt aufzugeben.

zwischen wissenschaft und jeder historisch gewordenen religiösen gemeinschaft ist ein abgrund.

jede religiöse gemeinschaft muß im ausschließlichen besitze der wahrheit, und zwar der ganzen wahrheit, zu sein glauben: glaubt sie das nicht, so hat sie kein gutes gewissen, und ihre diener werden für heuchler auch bei denen gelten, welche über die gründe dieser ihrer anschauung sich rechenschaft abzulegen gar nicht im stande sind: diese diener werden anbrüchige waare sein, welche der nation zur unehre und zum schaden gereicht.

die theologie, wie ich sie fasse, sieht im besten falle die religion jeder der bestehenden religiösen gemeinschaften als Eine der vielen seiten der religion und als der ergänzung — und das will sagen: der berichtigung — durch die übrigen bedürftig an: diese theologie erlaubt sich eine freie kritik der entwickelung, welche die einzelnen religionen gehabt haben, und scheut sich durchaus nicht die fehler dieser entwickelung aufzudecken unter gleichzeitiger angabe der ursachen, aus denen diese fehler entsprungen sind: sie darf über alle diese dinge gar nicht schweigen. es wäre den künftigen dienern des katholicismus, des protestantismus und des Judentums in ihrem eigenen interesse sehr zu wünschen, daß sie solche theologie hörten und beherzigten, aber man soll sich, wenn man dies wünscht, nur darüber ja keinen täuschungen hingeben, daß diese leute in dem maße, in welchem sie wissenschaft in sich aufnähmen, zum dienste in ihren religiösen gemeinschaften unfähig würden. die protestantische kirche wenigstens (so weit überhaupt von ihrer existenz noch gesprochen werden kann) ist durch das aufrichtig gut gemeinte bestreben der regierungen für die wissenschaftliche ausbildung ihrer geistlichen zu sorgen, dahin gebracht, daß sie bald keine geistlichen mehr haben wird. denn so schweren bedenken die wissenschaftlichkeit der protestantischen facultäten unterliegt, das haben sie doch mit dem minimum von kritik, das in ihnen zu finden ist, bewirkt, daß eine menge junger leute, die bei ihnen eingeschrieben gewesen sind — und nicht die schlechtesten —, wenn sie vor die frage gestellt werden, ob sie das ordinationsgelübde ablegen und in den dienst einer bestimmt verfaßten und geordneten kirche treten wollen, von der theologie ganz abspringen und lieber noch philologie oder medicin studieren, um nicht vor sich selbst zu lügnern zu werden. das haben sie bewirkt, daß der talar nur ein domino ist, unter dessen schutze so viele protestantismen und christentümer in die protestantische kirche eingedrungen sind als es protestantische kanzeln gibt. ob man aber dem katho-

licismus in dieser weise wird abbruch tun können, wie man dem
protestantismus, ohne es zu beabsichtigen, abbruch getan hat, ist
sehr die frage. katholiken, welche priester werden wollen, gehn von
einer ganz bestimmten weltanschauung aus, von einer weltanschauung, wie sie in ähnlicher schärfe und folgerichtigkeit im ortho-
doxesten protestantenhause nicht gefunden wird, und solch eine
weltanschauung erschüttert man nicht durch die wissenschaft, sondern man bestärkt sie. der kern des menschen ist nicht der verstand, sondern der wille: wer nicht sehen will, sieht nicht, und
wenn alle professoren der welt auf ihn los bewiesen. selbst wenn
man einen collegienzwang mit einem examenzwange krönen wollte,
würde man nur erreichen, daß einzelne abbröckelten, und vielleicht
erst in jahrhunderten würde der auflösungsprocess so weit gediehen
sein, daß man die historische kirche als verschwunden betrachten
könnte. denn es ist ein öffentliches geheimnis, daß die examinan-
den stets das antworten, was der examinator zu hören wünscht,
und dabei ihre privatansicht ruhig in petto behalten. jeder junge
mann sieht ein examen als eine schlacht an, und im kriege ist alles erlaubt. und vollends, wie man sich die katholiken vorzustellen
liebt, muß man doch sagen, daß sie im stande sein würden, alle
examenfragen so zu beantworten, daß man sie nicht durchfallen
lassen könnte, und doch ihre eigene überzeugung im herzen zu
bewahren.

Theologische vorlesungen, wie ich sie oben skizziert habe, können durchaus nur für die bestimmt sein, welche aus eigenem antriebe
sie zu hören sich entschließen. es ist keine frage, daß diese vorlesungen, wie jetzt die sachen stehn, zunächst nur für wenige sein
werden: aber man sollte doch endlich die vorstellung aufgeben, daß
auf dem gebiete des geistes die kategorien der quantität und der
zahl irgend etwas zu suchen haben. in der idealen welt wird nicht
addiert, sondern multipliciert: ist eine geistige bewegung nur erst
im gange, so wächst ihre schnelligkeit und wucht im quadrat: es
ist daher nur nötig anzufangen, alles andere findet sich. denke
man doch, daß Schleswig-Holstein von Dänemark loszulösen zuerst
der hart angefochtene gedanke Eines mannes gewesen, daß die einheit Deutschlands von wenigen und sogar nichts weniger als klaren
köpfen gefordert, und die durchführung dieser forderung schließlich
den regierungen von der ganzen nation aufgezwungen worden ist.
und wie nur freiwillige die wahrheit suchen, so hilft auch gegen
die lüge und unwahrheit kein zwang, sondern nur einmal das ernsthafte eigene streben wahrheit zu finden, von welchem die — allein die lüge wirklich tötende — wahrheit stets gefunden wird,
und zweitens das entschlossene isolieren der unwahrheit: man muß
alle lebenselemente, welche dieser aus der allgemeinen entwickelung
zufließen und welche sie verlogener weise als aus ihr selbst entsprungen darstellt, ihr unzugänglich machen, damit sie nur auf sich selbst
angewiesen sei. das ist keine vergewaltigung, denn alle lüge be-

hauptet wahrheit zu sein und aus eigner kraft zu leben: sie darf sich also nicht beklagen, wenn man sie beim worte nimmt und auf eigenen füßen stehn heißt.

Aber der staat kann und soll für die nationale religion noch mehr tun als über die religion aufklären.

jeder arzt weiß, daß es einen unterschied macht, ob eine krankheit einen kräftigen oder einen schwachen organismus ergreift: nach der widerstandsfähigkeit, welche ein körper überhaupt besitzt, richtet sich im allgemeinen der ausgang oder wenigstens der verlauf der speciellen krankheit.

analog weiß jeder paedagoge, daß eine gesunde entwickelung nur der knabe haben kann, der in gesunden häuslichen verhältnissen lebt: daß es außerordentlich schwer ist, jemandem ein verständnis für dinge zu verschaffen, die gänzlich außer dem bereiche seiner anschauungen, seines lebens liegen: daß, wenn jemand kenntnisse über solche über seinen horizont hinausliegende, für ihn nirgends mit dem realen leben in beziehung stehende dinge erwirbt, diese meistens auf kosten seines charakters erworben werden.

es ist missionaren vielfach aufgefallen, daß negerknaben bis zu einer gewissen stufe — meistens wurde mir das vierzehnte lebensjahr genannt — sich sehr gut entwickeln, um dann völlig stehn zu bleiben. ähnlich sind jüdische schüler meist nur bis secunda ihren deutschen mitschülern voraus: später bleiben sie fast stets hinter jenen ebenso weit zurück, wie sie früher ihnen voran waren.

alle diese erscheinungen weisen darauf hin, daß bildung — der ausdruck soll einmal hier noch ohne definition gebraucht werden — abhängt von der umgebung, in welcher der zu bildende lebt, daß in gewissen kreisen bildung gar nicht oder nur in beschränkter weise verbreitet werden kann.

wenden wir dies auf die vorliegende frage an, so hat der staat sich zu sagen, daß auch religion — so unangenehm dies dem orthodoxen wie dem liberalen bewußtsein sein wird, muß es doch heraus — nicht überall gedeiht, daß sie eine ihr zusagende atmosphäre braucht. es ist daher die aufgabe des staates zu fragen, ob, wenn er die religion selbst nicht hervorrufen kann, er wenigstens die atmosphäre zu schaffen vermag, welche auf das wachstum der religion, falls diese aus andern ursachen entsprossen ist, günstigen einfluß hat.

diese frage muß bejaht werden.

der staat muß überhaupt das leben in allen fällen von der idealen seite ansehen lehren, wenn er will, daß das volk religionsfähig bleiben oder werden soll: er darf vor allen dingen nicht unter dem scheine der idealität dem gemeinen egoismus des natürlichen menschen vorschub leisten.

und das tut er jetzt, indem er den besuch seiner schulen durch auf ihn gesetzte belohnungen befördert, indem er also das beste, was er geben kann, erziehung, auf eine linie mit Cöln-Mindenern und Rumäniern stellt, welche nach dem zinsengenusse beurteilt werden.

man sehe sich den erlaß des herrn von Bethmann-Hollweg vom 6 October 1859 über die an den besuch der einzelnen realschulklassen geknüpften berechtigungen an, und bedenke, daß ähnliches für die gymnasien gilt. von den schülern der höheren lehranstalten Deutschlands besuchen drei fünftel die schule nur, um irgend einen berechtigungsschein zu erlangen: die hälfte tut es, um als einjährige freiwillige in das heer treten zu dürfen. diese zahlen beruhen auf ungefährer schätzung, da privatpersonen die amtlichen einschreibelisten der directoren nicht erhalten können: sie werden sich (alumnate wie Pforte und das Ioachimstal sind billig nicht mit in ansatz zu stellen) in völliger genauigkeit gewinnen lassen, wenn man die zahl der abiturienten einer anstalt zu der zahl der von ihr überhaupt aufgenommenen schüler in proportion stellt: zufälligkeiten schließt man dadurch am sichersten aus, daß man den durchschnitt von zehn jahren — etwa ostern 1860 bis ostern 1870 — zu erlangen sich bemüht. wer dies zu tun nicht imstande ist, der möge sich kenntnis davon verschaffen, in welchem verhältnisse die zahl der aus untersecunda abgehenden zu allen untersecundanern steht. man wird sich, wenn man diese zahlen ernstlich überlegt, eine vorstellung davon machen können, wie es mit der idealität unsres nachwuchses aussieht.

die monotonie in unsrer jugend ist schon jetzt erschreckend groß: wer mit der allgemeinen bildung in diese jungen leute hineindividiert, erhält fast nie einen rest. der universitätsunterricht muß von jahre zu jahre heruntergestimmt werden. bei der durch die berechtigungen und durch sie allein hervorgerufenen gründung von immer neuen schulen wächst das bedürfnis nach lehrern: die gemeinste mittelmäßigkeit wird in folge dieses bedürfnisses jetzt sofort angestellt, und vergiftet die schon vergifteten zustände noch mehr.

geht das so nur noch kurze zeit fort, so wird Deutschland bald jeder idealität baar sein, wenn auch der äußere schein, daß es anders stehe, noch eine weile aufrecht erhalten werden kann.

in dieser atmosphäre gedeiht religion nicht, und wenn sie ein engel vom himmel predigte. diese atmosphäre kann aber durch ein einziges reichsgesetz verbessert werden, welches alle berechtigungen ohne ausnahme aufhebt, oder — was nahezu dasselbe ist — an das abiturientenexamen der betreffenden anstalten knüpft. würde die verhängnisvollste dieser berechtigungen, die zum einjährigen dienste im heere, den abiturienten der in völlig unverantwortlicher weise hintangesetzten bürgerschulen so gut zu teil wie den abiturienten der realschulen und gymnasien, so würde damit allerdings der besuch der sämmtlichen höheren schulen auf ein viertel seiner jetzigen höhe beschränkt werden, aber wir würden, ganz abgesehen von andern vorteilen, in der wahrheit leben, während wir jetzt in der lüge sterben.

die grundlage, auf der die jetzige gesetzgebung ruht, ist eine falsche ansicht von der bildung, näher von dem werte der allgemeinen bildung. allgemeine bildung ist die specifisch deutsche gestalt der civilisation, civilisation aber ist nicht viel mehr als die anerkennung, welche die menge den momenten der cultur zu zollen sich darum gedrungen fühlt, weil sie wünscht, um den preis der äußeren anerkennung derselben von diesen momenten innerlich unberührt zu bleiben, civilisation ist mithin wesentlich schein und lüge, und darum der grimmigste feind aller religion.

dadurch, daß einerseits traurige politische verhältnisse die mehrzahl der Deutschen von der teilnahme an der geschichte ihres vaterlandes ganz ausschlossen und darum verdumpfen ließen, daß andererseits immer von neuem fremde stoffe — religion, recht, kunst — eindrangen, und nur von wenigen einigermaßen verarbeitet werden konnten, ist Deutschland dahin gekommen, unter bildung die aufnahme eines bereits fertigen bildungsstoffes, wie man zu sagen pflegt, zu verstehn, also in betreff des einzelnen menschen genau in den fehler zu verfallen, welchen das christentum mit seiner anschauung von der geschichte und dem ausschließlichen werte einmal geschehener tatsachen in betreff des ganzen menschengeschlechtes begangen hatte. daraus ergab sich, daß man bildung von oben her verbreiten konnte, daß sie sich in schulen mitteilen ließ, und daß man den menschen nach dem beurteilte was er wußte, statt ihn nach dem zu beurteilen was er war, daß mit einem worte bildung mit reichtum an kenntnissen und fertigkeiten gleichbedeutend wurde.

diese ansicht ist, obgleich sie für liberal gilt, in der widerlichsten weise junkerhaft: denn sie schließt die armen, die handwerker von der bildung aus, oder verurteilt sie zu einem papageientume, das sehr komisch wirken würde, wenn es nicht so tief traurig wäre.

jeder mensch ist einzig in seiner art, denn er ist das resultat eines nie wieder vorkommenden processes einziger art, darum ist schlechthin jeder mensch, der geboren wird, der anlage nach eine bereicherung seines geschlechtes und seiner nation, und darum gibt es für jeden menschen nur Eine bildung, die ganz speciell auf ihn berechnet und deren aufgabe sein muß, aus ihm das zu machen, was irgend aus ihm gemacht werden kann. so gefaßt ist bildung eine fortwährende vermehrung des geistigen wohlstandes der nation. auf sie hat jeder ein recht, der geboren wird: ein volk im wahren sinne des wortes ist nur denkbar als die gemeinschaft so gebildeter menschen, deren jeder an seinem platze zufrieden sein wird, weil er sein leben darauf einrichtet ihn auszufüllen, und weil er darum ihn liebt, eine gemeinschaft von menschen, welche nicht in stände zerfallen, weil sie gar nicht nach dem materiale, mit dem sie arbeiten, und dem äußerlichen ergebnisse ihrer tätigkeit, sondern nur nach der treue beurteilt werden, mit der sie an dem ihnen zuerteilten stoffe das selbst werden, was sie werden können. bildung ist jedem zugänglich, der den einzigen satz festhält, daß er jeden abend besser zu bette gehn muß, als er morgens aufgestanden ist. diese anschauung der sache setzt fortdauernde geistige arbeit voraus, und darum hat sie keine aussicht auf weitere verbreitung. aber nationen bestehn nicht — die entgegengesetzte ansicht ist freilich die herrschende — aus millionen: sie bestehn aus den menschen, welche sich der aufgabe der nation bewußt, und darum im stande sind, vor die nullen zu treten und sie zur wirkenden zahl zu machen: aus diesem grunde genügt es, wenn die besten des deutschen volkes die eben ausgesprochene ansicht von der bildung haben, und wenn der staat, der doch nur in den händen der besten sein soll, sie zur richtschnur seiner einrichtungen nimmt.

10

Der staat kann es mit aller neigung der religion vorschub zu leisten, nur bis zur mitteilung von kenntnissen darüber bringen, was die religion ist und nicht ist, er kann außerdem auf nichtreligiösem gebiete die idealität fördern, und dadurch im volke einen bestand an personen erhalten, welche religionsfähig sind. das ist viel: der einzelne Deutsche kann mehr als dies viele, und darüber mögen zum schlusse anhangsweise einige wenige worte gestattet sein.

Hier ist der ort vom evangelium zu reden und von dessen stellung zur religion. es muß versucht werden, durch eine analogie nicht-theologen klar zu machen, worauf es ankommt.

es gab eine zeit, ja sie ist sogar noch nicht allzu lange verschwunden, in der man meinte, durch mehr oder weniger heftiges nachdenken sich über die schönheit, poetische, musikalische, plastische schönheit, verständigen zu können. diesen standpunkt hat man aufgegeben, oft ohne sich über die gründe dieses aufgebens hinlänglich klar zu sein.

wir lassen jetzt diejenigen, welchen wir über das musikalisch schöne einsicht verschaffen wollen, Bach, Mozart, Beethoven hören und spielen, und gewöhnen sie so an die concrete gestalt des musikalisch schönen, überzeugt daß, wenn in dem gemüte der so behandelten eine stelle ist, welche von musikalischer schönheit getroffen werden kann, Bachs, Mozarts, Beethovens musik sie treffen und so im eigentlichsten sinne des wortes eine bekanntschaft mit dem musikalisch schönen vermittelt werden wird, das für uns stets nur als concretes, abstract — als idee — nie vorhanden ist. ähnlich verfährt man jetzt in analogen fällen überall, und es ist nur billig einzugestehn, daß diese art des unterrichts im altertume und im mittelalter, woferne man nur auf das wesen der sache sieht, die allein herrschende war, und daß wir ihr alles verdanken, was wir aus früheren zeiten zu uns herübergerettet finden. am letzten ende ist dies verfahren von der art abstrahiert, wie wir unsre muttersprache lernen. die eltern setzen sich nicht an die wiege und declinieren der vater, des vaters, sondern sie sprechen mit dem kinde, und weil das kind desselben geschlechtes wie die eltern ist, lernt es sprechen.

ganz genau ebenso wie mit dem schönen, der sprache und allem ähnlichen verhält es sich mit der religion. sie ist irgend einmal da — wie sie ins dasein getreten, ist uns ebenso unfindbar, wie uns unfindbar ist, warum Bach das „ach komm, herr Iesu, komm" oder Beethoven den allegrettosatz in der a-dur symphonie geschrieben hat —: sie ist da, und weil wir derselben art sind, wie der, bei dem sie da ist (das ist der springende punkt), erzeugt sie sich in uns durch den umgang mit dem, in welchem sie vorhanden ist, neu.*

idealer besitz ist einmal in seiner entstehung stets unerkennbar, er haftet zweitens stets an einer person, und er pflanzt sich drittens nur fort in einer lebensgemeinschaft.

das evangelium hat zuerst und zuletzt unter allen religionen die religion in inniger unzertrennbarer verbindung mit einer person gebracht, zuerst und zuletzt unter ihnen die einsicht von der notwendigkeit einer gemeinschaft, einer kirche, gehabt. am nächsten kommt ihm der Buddhismus: Zoroaster und Moses sind gesetzgeber, aber sie sind nicht was sie lehren, sie fordern: Iesus verkündet und stellt dar: das evangelium fällt in gewissem sinne mit seiner person zusammen. daraus folgt, daß ein hinausgehn über das evangelium undenkbar ist. aber es ergibt sich daraus auch, daß ein zurückgehn auf das evangelium nur möglich ist durch ein sich hinwenden zu einem träger des evangeliums, und daß wir es nur erfassen können in einem kreise, der es erfaßt hat.

dem staate und der nation fehlt Iesus als der träger des evangeliums, der allein es zu einem lebenskeime gemacht hat, fehlt die gemeinschaft evangelisch gesinnter, die evangelische kirche, welche allein das in einzelnen hier und da verstreut vorhandene leben sammeln, und durch die sammlung erhalten und wirksam machen kann.

diese mängel aber sind, wie alle mängel im menschenleben, keine veranlassung zu weinerlicher klage, sondern eine aufgabe.

es bleibt uns nichts übrig, als so gut es geht, das evangelium in uns persönlich — ich möchte noch lieber sagen: person — werden zu lassen, und so gut es geht, eine gemeinschaft mit allen gleichgesinnten herzustellen. mit dieser arbeit kann jeder in dem augenblicke anfangen, in dem ihm einleuchtet, daß sie nötig ist.

nur muß er sich dabei dreierlei klar machen.

jeder, der gott folgen und gottes leben leben will, entsagt damit der welt und allem, was sie bietet und fordert. nicht, daß irgend ein geschaffenes an sich schlecht wäre: es ist schlecht nur, soferne es sich gegen den willen seines schöpfers geltend machen will, oder an einer stelle herrscht, wo es nur zu dienen berufen ist. sclaven irgend eines geschaffenen zählt das reich gottes nicht zu seinen bürgern: wo gott herr ist, gebietet kein andrer herr. kein genuß, keine gewohnheit, kein verlangen ist für die kinder des reiches da, nichts als der dienst ihres gottes: alles, was zu diesem nicht indirect, als mittel physische und geistige leistungsfähigkeit zu erhalten, oder direct, als arbeit zur realisierung jener zwecke am eigenen herzen und an andern, in beziehung steht, ist sünde.

zweitens: jede arbeit am reiche gottes setzt voraus, daß der sie treibende alle seinen überzeugungen entgegenstehenden ansichten für falsch hält. er würde einen verrat an der wahrheit begehn, wenn er andern zugäbe, daß sie ohne das auskommen können, was er selbst als unumgänglich kennt. er würde sich selbst berauben, wenn er das, was andere an geistigem leben haben und er entbehrt, nicht in sich verpflanzen wollte. geduldete ansichten gibt es im reiche gottes so wenig wie erlaubte handlungen: es ist alles pflicht oder sünde, und alles in den eigenen gedankenkreis aufzunehmen oder auch in andern zu verwerfen. toleranz hat nur dann einen sinn, wenn man sie als die zuversicht versteht, daß das in jedem menschen als vorhanden vorauszusetzende gute sich als einen keim bewähren werde, aus welchem irgendwo und -wann auch das gute ersprießen wird, das zur zeit in diesem menschen zu vermissen nicht intoleranz, und nicht zu vermissen ein hohn auf die echtheit der eignen überzeugung ist.

drittens: wer wirken will, muß sich rechenschaft geben, ob das object, auf welches er zu wirken vorhat, überhaupt die beabsichtigte wirkung zuläßt. in morsches holz nagelt niemand: die nägel brächen aus. es ist unsinn, einen blinden vor ein mikroskop, einen einäugigen vor ein stereoskop zu stellen, einem tauben Beethoven vorzuspielen. jeder reichsgenosse hat die heilige pflicht, sich nicht auf die verbreitung der frömmigkeit zu beschränken, sondern jedes gute zu verbreiten, jedes böse zu bekämpfen: kein geistiges interesse darf ihm fremd sein, weil bei der solidarität alles guten und der nicht minder starken solidarität alles schlechten nichts auf geistigem gebiete nicht im zusammenhange mit allem übrigen ist, und seine folgen allemal früher oder später auch die sphäre erreichen, die dem frommen hauptsächlich am herzen liegt: weil er mindestens die fähigkeit zur idealität im volke erhält, wenn er Einem idealen gute anerkennung verschafft, und weil in dieser fähigkeit des volkes allein die gewähr dafür liegt, daß seine anstrengungen dem evangelium eingang zu verschaffen, erfolg haben werden.

Deutsche haben wie andere tugenden so andere fehler, als andere völker: es ist natürlich, daß, wenn eine größere anzahl Deutscher sich ernstlich darangibt, sich in dem oben auseinandergesetzten sinne zu bilden, in stetem aufblicke zu gott das gute zu tun und ihre fehler zu bekämpfen, sie allerdings eine reihe individueller gaben entwickeln und eine reihe individueller misstände abstellen, aber auch eine nicht kleinere reihe solcher tugenden zu pflegen und solcher sünden abzutun sich bemühen wird, welche aus der nationalen anlage hervorgehn. diese menschen werden dann nicht allein über die tugenden und untugenden der nation, sondern auch über die mittel, welche jene fördern, diese töten, aus eigener erfahrung von tage zu tage und von jahre zu jahre klarer werden, und das evangelium, welches bei seinem ersten auftreten ganz allgemein menschlich erscheint, wird so allmälig und durch die arbeit der deutschen nation selbst, so zu sagen zu einer deutschen ausgabe kommen, die kein buch ist, zu einer wiederholung, die das Deutschland vorzugsweise nötige hervorhebt und entwickelt, und zwar, weil sie nur in menschen vorhanden ist, mit der persönlichen wärme, der herzlichen, zutulichen eindringlichkeit hervorhebt und entwickelt, welche das hauptgeheimnis der ersten erfolge der kirche gewesen ist. jeder Deutsche, der es will, kann mehr und mehr dahin kommen, das evangelium in sich fleischgeworden erblicken zu lassen.

täusche ich mich nicht, so sind die formen, unter denen religion früher aufgetreten ist, verbraucht, und jetzt nur Eine neue möglich, die, gott im menschen zu erkennen und zu lieben, aber nur freilich nicht in dem natürlichen, sondern in dem wiedergeborenen menschen.

11

Unser unglück besteht darin, daß wir mit unsern anschauungen im conflicte sind mit der formell zu rechte bestehenden religiösen gesetzgebung: daß wir kein organ haben, diese unzweifelhaft zu rechte bestehende, aber ebenso unzweifelhaft zur plage gewordene religiöse gesetzgebung umzugestalten: daß wir diese gesetzgebung nicht vom standpunkte einer neuen religion, sondern von dem der cultur und meistenteils sogar nur von dem der civilisation aus kritisieren, und darum der kraft entraten, die auf uns lastenden religiösen satzungen anders loszuwerden, als durch den radicalismus, daß wir also den teufel durch Beelzebub auszutreiben versucht sind: daß wir religiosität, das heißt die mehr oder minder starke sehnsucht nach religion, mit religion, das heißt einer objectiven, nicht herbeigewünschten, sondern uns haltenden und bindenden, unsern willen unter umständen brechenden, jedenfalls ihm richtung gebenden, nicht nach dem zeitgeiste sich modelnden, sondern den zeitgeist neu gebärenden macht verwechseln: daß uns die formlosigkeit der vorhandenen religiosität, so wie die verschwommenheit und vielerleiheit der sich religiös nennenden anschauungen nicht beweisen, daß wir von wirklicher religion nichts besitzen.

wie wir jetzt sind, ermangeln wir des lediglich in der religion zu suchenden vermögens, die durch unsre geschichte verbrauchten und noch weiter zu verbrauchenden kräfte unsrer nation zu ersetzen: wir werden also — woferne wir nicht ein neues leben anfangen — als nation trotz aller siege und trotz alles im augenblicke noch vorhandenen, aber sich nicht ergänzenden reichtums an individuellem vermögen dem tode in dem maße verfallen, in welchem das kapital geistiger lebenskraft, welches wir von der natur mitbekommen haben, allmälig und zwar von jahre zu jahre schneller sich aufzehrt.

Unsre aufgabe ist nicht, eine nationale religion zu schaffen — religionen werden nie geschaffen, sondern stets offenbart —, wohl aber, alles zu tun, was geeignet scheint einer nationalen religion den weg zu bereiten, und die nation für die aufnahme dieser religion empfänglich zu machen, die — wesentlich unprotestantisch — nicht eine ausgebesserte alte sein kann, wenn Deutschland ein neues land sein soll, die — wesentlich unkatholisch — nur für Deutschland da sein kann, wenn sie die seele Deutschlands zu sein bestimmt ist, die — wesentlich nicht liberal — nicht sich nach dem zeitgeiste, sondern den zeitgeist nach sich bilden wird, wenn sie ist, was zu sein sie die aufgabe hat, heimatsluft in der fremde, gewähr ewigen lebens in der zeit, unzerstörbare gemeinschaft der kinder gottes mitten im hasse und der eitelkeit, ein leben auf du und du mit dem allmächtigen schöpfer und erlöser, königsherrlichkeit und herrschermacht gegenüber allem, was nicht göttlichen geschlechtes ist.

nicht human sollen wir sein, sondern kinder gottes: nicht liberal, sondern frei: nicht conservativ, sondern deutsch: nicht gläubig, sondern fromm: nicht christen, sondern evangelisch: das göttliche in jedem von uns leibhaftig lebend, und wir alle vereint zu einem sich ergänzenden kreise: keiner wie der andere und keiner nicht wie der andere: täglich wachsend in neidloser liebe, weil auf dem wege aufwärts zu gott wohl einer dem andern immer näher kommt, aber nie der eine den weg eines andern schneidet. das walte gott.

Gedichte.

1

Zum ziel führt leichtes tändeln nicht,
zum ziele nur ein ernster flug.
schön steht ein blumenkranz dir zu gesicht,
doch sind jetzt blumen schmuck genug?
der goldne tag, den zukunft bringen soll,
wohnt hinter dunkeln, wilden wettern:
das herz gestählt! die stirn gedankenvoll!
sonst wird die windsbraut dich zerschmettern.
nicht wahr zu sein bloß gilts, und nicht bloß klug:
die erde ist zum glücke nicht genug,
und nur wer strebt und denkt und ernstlich vorwärts will,
steht einst an einem ziele still.
man soll das leben nicht nach jahren zählen,
und kann das ziel sich nicht nach wunsche wählen.
nach ellen dasein wirst du nicht gemessen,
und strebst du in die zukunft nicht hinein,
wirst du für zeit und ewigkeit vergessen.

2

Die liebe sonne weiß es nicht,
daß sie den knospen helfen kann:
aus gottes herzen quoll ihr licht,
sie scheint drauf los, und denkt nicht dran.
Der atem in des menschen brust,
der winde lustig freies wehn —
das flutet, ebbet unbewußt,
und segnet, eh wirs uns versehn.
O menschenkind, so benedeit
mit mehr als hauch und luft und licht,
des innern seins notwendigkeit —
wer die nicht fühlt, der lebt noch nicht.
Naturen sind wir höhrer art,
und ziehen durch die geisterwelt,
wie licht und wärme hold gepaart
dem ird'schen segnend sich gesellt.
Und wer am wege weinend steht,
wer trotzig uns entgegentritt, —
wenn unser zug vorübergeht,
er faßt die hand wohl, und geht mit.

3
Symphonie.

Es drängen sich um mich des wohllauts wellen,

und meine seele, hoch emporgetragen,
sieht immer neue firmamente ragen,
und immer neue sonnen sie erhellen.
und aber, wie die töne mächt'ger schwellen,
ergreift mich jäh ein schwindelndes verzagen:
wer kann in jenen dunkeln glanz sich wagen,
aus dem so urweltgroß die klänge quellen?
da heißt es plötzlich: traue dich den wogen,
was einmal ist, geht nimmermehr verloren.
denn eh die tiefen unter dir gegründet,
eh oben sich gewölbt des himmels bogen,
war deines ichs gedanke schon geboren,
und deine rettung engeln schon verkündet.

4
Wie selig ists um mich bestellt,
da herzlich hassen, heißes lieben
von meinen vätern her mein erbteil blieben:
da auf dem wege durch die öde welt
sich alt-erfahrene führer mir gesellt,
die mich gelehrt, daß haben wenig frommt,
daß vom erwerben uns der segen kommt,
und daß ehrwürdig nur die rege kraft,
die arbeitselig rastlos schafft.
heil auch, daß jeder morgen dazu amen sagt,
daß es nach jeder nacht von neuem tagt.

5
Mit sonn' und sternen, blum' und blüten
hat mancher dichter unfug getrieben:
sie sind bis jetzt noch schön geblieben:
vor künftigen lobern wird sie gott behüten.
und glauben, freiheit, wissenschaft und kunst,
sie werden unsre zeiten überstehn,
wenn sie nicht an des pöbels gunst,
der sie bewundert, untergehn.

6
Gott fragt, damit du antwort gebest:
gott drückt, damit du dich erhebest.
wenn vor dir ein geheimnis schweigt,
so heißt das nur: du sollst ergründen.
wenn ecke sich auf ecke zeigt,
ists deine pflicht sie abzurunden.
was deiner zeit und deinem kreise fehlt,
ist deines amts hinzuzufügen.
nicht unglück ist es, was die menschen quält:
untätigkeit allein schafft ungenügen.

7
Versunken nicht, und doch von keiner hand gepflegt,

am wege, steht das grab, darein sie ihn gelegt.
er höret wie im traum was über ihm geschieht,
wie eine nonne trüb durch ihren schleier sieht.
er hört den hochzeitszug, hört, wie's zur kirche läutet:
ihm sagt sein wundes herz, was dieser ton bedeutet.
zum beten will die händ' er ineinander legen,
doch kann die seele nicht die toten hände regen:
die halberwachte fällt in tiefen schlaf zurücke,
und träumet tränenvoll von einem fremden glücke.

8

Ich stand auf deck in lauer nacht:
eintönig murmelte das meer.
vorüber lautlos glitt ein schiff:
nun schlummerstille wie vorher.
Es peitschte der sturm mir den schnee ins gesicht:
auf bäumten die wogen sich schwarz und schwer.
„ein Indiamann starbord halb wrack": —
wir sind schon allein mit der see wie vorher.
Beim heißen wandern im gebirg
begegnet' ich manch ernstem mann.
ein kurzer gruß: es war vorbei.
sein eigner weg verschlang ihn dann.
Und jedem schiffe auf weiter see,
und jedem manne auf ödem steg,
ich gab ihm nichts mit als den wunsch:
gott schütze dich auf deinem weg.
Doch blut von meinem blut bist du,
der gottes große straßen geht,
der einsam auf zum gipfel klimmt,
der auf dem meer im sturme steht.
Wann mir die letzte stunde schlug,
nur nicht in ein grab an des städtchens rand!
auf der alpe will ich begraben sein,
frei über dem niedren ackerland.
Die tanne grünt zu häupten mir,
und singt ihr leises lied im wind:
versunken das bemooste kreuz,
drauf sitzet sinnend des hirten kind.

9

Was ich liebe, das kenn' ich gut:
was ich hasse, das gibt mir mut:
was ich weiß, deß ist nicht viel:
der den pfeil abschoß, kennt sein ziel.

10

Wachst mit der sonne, bäume! eilt euch, büsche!
laßt himmelan die grünen flammen schlagen,
daß keines fremden neidisches auge mir

in meines gartens stillen frieden blicke.
ich will, allein mit meinem glücke nun,
allein mit meinen schmerzen, meinem sehnen,
von euch umhegt, in eurer wipfel schatten
die spanne zeit, die mir noch bleibt, verträumen.
was frommts zu schaffen? wozu nützt die sorge,
die bang um fremder menschen kümmernisse
die hülfbereiten schwachen arme schlingt?
ein jeder warte seiner eignen seele.
der heiße kuß, der herz zum herzen drängt,
er brennt auf keiner deutschen lippe mehr.
unausgesprochne, nie gestillte lust,
durch welche seele sich an seele freut,
die aus der freude neue sehnsucht saugt,
und aus der neuen sehnsucht neuste freude,
die bittre lust, der kummervolle trost
mit sterbenden zu leben und zu lieben —
ich suche durch mein ganzes deutsches land,
kein mensch in ihm hat für so ernstes zeit.
der augenblicke raschverrauschend heer,
voll tand ein jeder, ein nichts die ganze schaar,
sie fressen, wie die wog' am ufersande,
am marke des volks. drum fliehe, einsam herz,
in deines gartens engumgrenzten frieden:
wer zu dir kommt, der soll willkommen sein.
und wie die lilie, wie die rose hier,
wie nelke und veilchen friedlich platz gefunden,
so mögen menschen auch verschiedner art
nah dir, du ungestüm, begehrend herz,
mit dir, dem abend hier entgegenwarten,
und kommt er, bei der glocken klang verstehn,
was in den bäumen träumerisch der wind
von bessern tagen flüstert und rauscht und braust.
der nacht entgegen, wo gleich müdem laube
die hier gewandelt, auf die erde sinken,
die treuen augen, die so liebend schauten,
sich trauernd wie zu ew'gem abschied schließen,
in trauer sicher, daß der vater droben,
der durch den tag die spielenden kinder liebte,
auch an der schlafenden engem bette stehn,
zu neuer, näh'rer, himmlisch froher liebe
mit seinem kusse sie einst wecken wird.

11
Essener.

Ein meer von sonnenglut der rote sand:
das licht so licht, daß es als schleier sich
um palmen, felsen, berge, himmel windet:

kein lebend wesen in dem feuerdunst,
kein vogel drüber, keines lüftchens hauch:
geschmolznes erz der ganze weite raum.
wie muß es aussehn in der gotteswelt,
wenn dorthinein sich menschenherzen wagen,
nur um von ihren brüdern frei zu sein.
von Hellas tempeln und aus Roms palästen,
aus Seleucias stolzen kuppelbauten
und von des Nils gesegneten gefilden
flieht alles beste in der wüste schutz,
die gar nichts bietet was das herz erfreut,
die nur nichts hegt was herzen wehe tut.
und wenn des heißen tages warme asche
als nacht sich um den glühenden boden legt,
dann wird am quell, der wen'ge schritte weit
einsame palmen und mimosen tränkt,
der menschen stimme wach: ein heil'ger chor
dankt für die einsamkeit dem guten gott,
der seine blumen, seine freuden alle
den schlechten schuf, doch seinen kindern hier
ein ruhig plätzchen ließ, ihm treu zu sein.
hyänen und schakale schweigen still,
wenn ihre gäste den fernen vater loben.
endloser zug zielsichrer wandervögel
kreist lichtbeschwingt der sterne stille schaar,
und nacht auf nacht blickt hinter sie das herz
der flüchtlinge, die nach der heimat suchen.
wer zählt die tage, wer die nächte hier?
sie flohen die zeit, und wollten ewig leben,
und wissen schon nicht mehr was sterben heißt:
sie leschen aus wie vogellied im wald.
und wenn der abend eine leiche sah
von welken händen in den sand verscharren,
so stehn am morgen neue brüder schon
den leeren platz zu füllen vor der zelle.

12

Wohlan, mein geist: mehr als jahrtausende vorwärts jetzt,
der dinge ende zu schauen, das jedem naht,
der aus der zeiten wallendem strudel das haupt erhebt:
sterben nennt es die menge.
Die sonne ist tot: es stäubt die asche verbrannter sterne im
    weltall,
in der wogenden nacht der ungeheuren öde.
wer schwebt da, fällt da, stürzt,
in jähem sturze unbewegt, vor schrecken starr?
ziellos ist der flug, denn unten gähnt es wie ewigkeit:
kein grund, an dem das elend zerschellen könnte,

kein gestein, zerschmettert sich an ihm zu halten:
kein mund, der entsetzen kreischte:
ungeboren erstickt der angstschrei, und würgt den stummen
    schlund:
keine hand des fallenden lebendig,
um ohne hoffnung hoffnungsvoll ins leere zu greifen.
stein ist es, und ist schemen.
aber wehe! im stein', im schemen rollt ein waches auge,
sehend wie tausend adleraugen auf einmal,
wie des liebenden sehnsucht scharf, welcher der gegenliebe
    keimen ahnt,
wie der haß des verschmähten gewaltig, der den neben-
    buhler vernichten will.
tiefer und tiefer fällt, höher und höher blickts,
sieht jede schönheit der seligen welt,
allen glanz gottes, sieht des vollsten herzens warm wallendes blut
rosige glieder tränken und zurück zu seinem urquell kehren:
aber es liebt nicht.
im steine, der dort abwärts taumelt, lebt kein wille mehr,
denn er wollte nicht, als wollen pflicht war,
als er lernen konnte, wie man der seele flügel schwingt.
nur der verstand dauert und grimme wut,
die wider den feind die toten sehnen nicht spannen kann,
stark genug, den Aetna aus den wurzeln zu reißen,
ihn gegen gott zu schleudern,
wenn der weg vom hirne zur hand nicht zerrissen wäre.
Und weit davon, kundelose wüste dazwischen,
und abermals weit davon, hinter glatter felsen hohen mauern,
andre und wieder andre,
an deren wiegen einst mütter saßen,
und lichte träume spannen, und hofften.
Die dänische dogge dort, herrischen hohn im stumpfen gesichte:
der zündete Rom an, die heimat von tausenden,
um an der flammen spiel die verbrauchten nerven zu laben,
um schöner, Nerohafter, was er vernichtet neu zu bauen:
der frevle narr, der laune des augenblicks zuzumuten,
was jahrtausenden in jahrtausenden gelang.
sich suchte er, seiner eitelkeit unerfüllbare befriedigung,
in gottes welt zu sehen, nicht was der schöpfer schuf und
    ein vater duldete,
nein, was Nero wünschte, und was wie Nero war.
und nun? das eigne gesicht rund um ihn millionenfach:
sich sieht er, nur sich:
von allen seiten grinst sein ungeliebtes antlitz ihn an,
des menschen antlitz, der vorsehung gespielt,
und nun eine ewigkeit mit seiner seele spiegelbildern allein
    sein wird,

allein mit den stummen spiegelbildern seiner seufzenden seele.
Schräg niederwärts giert hier der blick,
des stoßvogels blick, der nach beute ausschaut.
so blickte er im leben, als er nach gewissen suchte,
die er mit rotem golde kaufen könnte,
für die macht kaufen könnte, die ihn selbst gekauft.
jetzt lohnt ihm moderduft, des eignen moders duft,
lohnt ihm widerlich gewürm,
das sich an ihm emporringelt, aus seinen gliedern quillt,
in ihm lebt, in dem sonst nichts lebt als ekel.
was er mit frohlocken schuf, als ihm die sonne leuchtete,
das hat er jetzt, verwesung!
Die keusche lilie knicktest du,
die duftend sterben sollte, wann der nachtigallen lied ver-
 stummen würde,
brachest sie, damit sie in staubigem gemache
dir zweckloser arbeit, geschäftigen müßigganges rasch welkender,
rasch verworfener schmuck würde.
du fiengst zu deiner lust die murmelnde quelle ein,
den kalten schweiß der lüsternen hände in ihren fluten
 abzuspülen.
der berge sänger schmachteten vor dir im käfig:
an ihres waldverlangenden herzens schmerze
letztest du dein schmerzunfähiges gehirn.
was hast du nun? die lust ist da,
die brennend in der seele wühlt,
und fort der leib, der diese lust zu büßen
das einz'ge mittel ist, und durst und hunger
sind jetzt dein erbteil ewiglich.
ein irrwisch hüpfest du von sumpf zu sumpf,
doch jeder schlamm, auf den du fällst, was ist er,
als deiner sünde leerer widerschein?
Und über all dem elend, schau, in jäher hast
ein wildes heer von grauen schatten.
aus fernem nichts kommt es dahergeflogen,
und eh noch unsre augen es gefaßt,
ist es ins nichts schon wieder fortgezogen.
ob rüdenbiß gar rehe dort zerfleischte?
wer war das wild, das durch die himmel kreischte,
und vor den zähnen, die's gepackt,
in todesangst davonstob, eh wirs sahen?
der meute ruf verhallt, die wolken wirbeln nach,
der aether schwingt noch hinter den verschwundnen hufen.
und meilen weit, dort wo ein Siriusstrahl
die ferne jäh erhellt, sieht mans von neuem, sieht die grause qual,
und hört den jäger seinen hunden rufen.
das ist kein wild, wie es durch erdenwälder strich,

eh dieser erde glanz erblich.
weh, menschen sinds, in eil'ger flucht vor wem?
der könig, auf dem haupte noch das diadem,
die priester auch in faltigen talaren —
wer wagt es solche häupter so zu hetzen?
doch keine hunde seh ich hinter jenen schaaren.
der jäger fehlt. woher dann das entsetzen,
das schrecklich sich auf den gesichtern malt?
woher die flucht, die sie von dannen reißt?
wir hörten nichts: nur unser geist
hat den geberden, die dort angstvoll flehn,
den füßen, die dort flüchtig streben,
den ton voraufgedichtet, der zum ohre kam,
hat jäger und die meute zugegeben,
um jenen jammer zu verstehn.
als sonne noch auf grüne erde heiß
und blütenlockend niederschien,
als menschen sich auf dieser erde mühten,
um sonnenwürdig, hell und rein
das von dem lieben licht beschienene zu machen,
und sonnenwürdig selbst zu sein,
da stand die feigheit abseits hinterm zaun,
und wann ein strahl in ihre nähe drang,
so beugte freilich sie den ungelenken nacken,
und log dem licht verehrung, pries den warmen glanz,
doch blieb sie selber dunkel, kalt und tot:
ja mehr als das: sie haßte jeden gar und ganz
der mutig aus dem angestammten dunkel,
aus eignen irrtums, fremder schuld umstrickung,
aus dieser, ach so gern gemiednen erde not
die flügel auf zum blauen himmel schwang:
sie knickte, wo es gieng, das was zum lichte strebte,
und schmähte alles, was im lichte lebte,
und hinderte, was nicht so rasch und werdefroh,
daß ungegriffen es der stets nur kurzen hand
des erdgebannten neids entfloh.
die geister der aus angst vor der geburt erschlagnen taten,
die herzen, die ein freund aus schnöder furcht verraten,
die seelen, welche durch ein einzig wort
vor ewigem verderben einst zu retten waren,
und die, weils ungesprochen blieb,
verzweifelnd in die tiefe mußten fahren, —
sie all' erscheinen dräuend denen, die dort ziehn.
täts not, die peitsche schwäng' ich selbst auf das gesindel.
faß, Opportunität, faß, Compromiss!
wozu hat sich mit eurer zucht des abgrunds schwarzer fürst
    geplagt,

ihr höllenhunde, wenn ihr jetzt nicht jagt?

An blauen meeres schaumgekränztem, hohem saum
dehnt sich das land, das gott den seligen bestimmt.
schnee deckt der grenzenden berge schön geschwungnen first,
ein silberschild, der jedem feinde den zutritt wehrt.
hier dichte wälder, wiesen dort im sonnenschein,
und bäume, zugleich von blüten und von früchten schwer.
auf säulen von krystall ruht golden ganz das dach,
und gottes warmer atem wehet frei durchs haus.
da liegt die flut von des tages erstem gruß bewegt,
und schaukelt ihre grünen wellen in seinem glanz.
der mittag kommt, und weißer dunst träumt auf der see,
bis sonne sinkt, ein purpurn blau das meer bespinnt,
bald nur der wogen brandung noch sein dasein lehrt.
in diesem buche liest dann täglich der sel'gen schaar
dieselbe seite, die weit da aufgeschlagen liegt,
stets neuer alter wahrheit und süßen sehnens voll.
dann gehn sie einsam, denken jenem leben nach,
das sterbend sie so viele jahre lang gelebt:
wie sie auf dunkeln wegen eine helle hand,
des guten vaters und königs hand, hierher geführt.
auch meldet einer dem andern wohl, wie wunderklar
die rätsel jetzt sich lösen, die tief verschlungen einst
mit hartem fragen und schwerem druck das herz verzehrt.
seitab ein andrer findet und singt die melodien,
die vormals, zugleich ihm glück und herbster werdeschmerz,
kaum je im traum sich von seiner seele trübem grund
losrangen, im wachen nur mit leisem fernem gruß
wie echo eines echos durch sein herz getönt,
unausgesungne, ernste, schreitende melodien.
doch stille lieber, denn was den sel'gen das sel'ge land
bescheeren wird, kann keines sterbenden menschen mund
mitsterbenden verkünden, weil es leben ist,
ein freies wachsen nach allerwärts im eignen maß,
ein du auf du mit gottes kindern allesammt,
ein atmen, leben, weben, wirken in gottes haus.

Und nun zu uns, die mit gebrochnem herzen
dem fernen streifchen licht am himmelsrand,
dem traum vom ende nach die füße schleppen:
die aufwärts wollen, und stets unten bleiben:
die vorwärts streben, und meist stille stehn:
die rein von fehl, licht wie ein edelstein
der sonne strahl durchlauchtig trinken möchten,
und die voll flecken, stumpf und undurchglänzt,
fast, wo wir wurden, an der erde liegen.

die, freiheit heischend, sklavenketten lieben,
und fester selbst alltags die ketten schmieden:
die in dem mummenschanz, der uns umspielt,
nur masken sehen, und was die maske deckt
nicht wissend, torheit stets auf narrheit häufen,
und auf die torheit haß und überdruß.
die nichts als klügste vorsicht um sich finden,
wo sie fürs beste sprechen, kämpfen, leiden,
und denen man, wann sie im heißen streit,
wo sie ihr leben in den händen tragen
und für der menschheit höchste güter ringen,
ein irrig schrittchen tun, unrichtig fechten,
und falschen hieb mit eigner wunde büßen,
voll spott und kalten, selbstzufriednen hohns
vorrücket, wie so viel zu tadel stehe:
daß unser todesmut nicht opportun,
daß unbequem die derbe ehrlichkeit,
unschön der krieg, und alles laufen lassen
wie's eben läuft, das einzig rechte sei,
da es allmälig ohne jede müh
kraft eingeborener notwendigkeit
zur endlichen vollendung reifen werde.
pfui euch, ihr optimaten Epikurs:
wir sind es herzlich satt euch nur zu sehn.
von eurem anblick werden der seele federn,
obwohl sie gott aus hartem stahl geschmiedet,
so schlaff uns, daß sie fast den dienst versagen.
ihr reutet gott aus jedem menschen aus.
wo eure faule gegenwart geschienen,
schwebt alsobald als dunst im leeren raum,
als spiel der winde, was die seelen tränkte.
den feind im herzen, und die brüder feinde,
auf deren hand und hülfe wir gewiesen,
und bergehoch die wälle gegenüber,
was wunder, daß uns müdigkeit besiegt?
drum, wenn es ja auch uns beschieden ist,
den funken geist heil durch den sturm zu retten,
so wollen wir vor dem neuen tage nacht,
und vor dem frühling einen winter haben,
um von dem leben uns im tod zu ruhn.
denn dieser tag war tag nicht und nicht nacht,
der sommer arm an sonne, frucht und lust,
und tag und sommer müssen aus dem geist
erst weggewischt uns sein und ganz verweht,
eh uns nach tag und sommer ein begehren steht.
vom himmel sinkt es weiß und dicht:
kein hauch fliegt durch das graue licht:

kein ton im himmel, auf der erde kein ton:
wir schlafen schon,
und wollen noch lange schlafen.
der glocke dröhnen drang ins ohr:
verträumtes auge blickt empor.
noch heut wie gestern sinkt hernieder der schnee,
der schnee, der schnee:
wir können noch lange schlafen.
und nun ist auch die weltuhr still,
weil gott uns ruhe gönnen will.
vergangen alles: die vergängliche zeit
liegt hinten weit:
die ewigkeit läßt uns schlafen.

13

Geduld, mein herz! der abend kommt,
und nach dem abend kommt die nacht.
doch nicht die nacht ists, was dir frommt:
dank du der sonne, die dir scheint,
die morgen früh dir neu erwacht.
Bergan geht schritt für schritt dein pfad:
mit wundem fuße klimmst du auf:
bald schwindelst du am felsengrat,
bald keuchst du elend durch morast,
und müde macht ein solcher lauf.
Die wipfel glühn im abendrot,
und moos ist da, und tannendach:
bereit das bett für die müden knie:
lege dich nieder zu rasten hie:
der traum der heimat ruft dich wach.
Geht morgen der junge tag ins land,
und stehst du auf von deiner ruh,
wie liegt tief unten schon das tal!
der gipfel schon greifbar im morgenstral!
wo ist mein stab? nur zu, nur zu!
Und auf der höchsten klippe rand —
o goldne sonne, die mirs zeigt,
das reich, nach dem die sehnsucht stand,
das reich, in dem die sehnsucht schweigt,
das wahre, ew'ge vaterland.

Ueber die gegenwärtige lage des deutschen reichs, ein bericht.

Geschrieben zu Borth vom 31 August
bis 12 September 1875.

Die einwohner Deutschlands erkennen ohne ausnahme den durch die eräugnisse von 1866 und 1870 geschaffenen zustand an, die einen willig und mit freuden, die andern durch ihren haß, noch andere in kühler überlegung der tatsache, daß eine jahrhunderte lange entwickelung jetzt abgeschlossen ist, welche gar nicht anders ausgehn konnte, als sie ausgegangen, und deren endliches ergebnis der tätigkeit eines einzelnen mannes zuzuschreiben ebenso ungehörig sein würde, als albern wäre, es rückgängig machen zu wollen.

die einwohner Deutschlands haben aber trotz dieser anerkennung zu nicht geringem teile den eindruck, daß die lage des vaterlandes durchaus nicht die ist, welche sie sein sollte. nicht ganz wenige unter uns sehen ungerne in die zukunft: gar mancher verjagt das bewußtsein der gegenwart nur durch einen rückhaltlosen glauben an die geschicklichkeit der in der regierung sitzenden männer, welche doch, im kampfe mit einem unfehlbaren über die ethischen wirkungen menschlicher unfehlbarkeit sattsam unterrichtet, selbst keine neigung haben werden, ein seitenstück zu Pius IX abzugeben.

wir sind verpflichtet den sachen klar ins gesicht zu schauen: selbst im falle einer aussichtslosen krankheit ist es besser zu wissen, woran man ist, als ins blaue zu hoffen, während nebenan etwa schon der sarg bestellt und die grube gegraben wird.

2

So lange die welt welt sein wird, das heißt, so lange die menschen nicht bewußt durch göttlichen willen geleitet, die völker nicht so organische wesen sein werden, daß sie, mit den ihnen eigenen gliedern zufrieden, nicht in das organische eigentum anderer übergreifen, so lange werden in der geschichte haß, eifersucht, geldgier, ja politischer wahnsinn eine rolle spielen. daraus folgt, daß nationen — es wird sich weiter unten ergeben, was von diesem ausdrucke zu halten ist —, daß jedenfalls staaten vor allen dingen in der lage sein müssen, sich verteidigen zu können, wenn sie aus irgend welchem anlasse angegriffen werden.

Deutschland ist nicht in der lage dies zu können.

nicht, daß grund wäre, an der tüchtigkeit seiner heere zu zweifeln. vorläufig werden diese ihren aufgaben gewachsen sein. nur allmälig dringt die zuchtlosigkeit, welche in Deutschland freiheit heißt, in dies feste gefüge ein: nur allmälig wird der nachher noch einmal zu berührende mangel an unteroffizieren seine zersetzenden wirkungen äußern: nur allmälig wird der dienst in ganzen waffengattungen, namentlich in der reiterei, für die offiziere so kostspielig werden, daß Deutsche mit einem auf deutsche art erworbenen und verwalteten vermögen ihm nicht mehr werden gewachsen sein.

die gefahr liegt, obwohl auch von den eben angeführten seiten gefahr droht, näher.

das erste, was die strategie für ein land verlangt, ist eine verteidigungsfähige grenze.

die grenze Deutschlands ist nicht verteidigungsfähig, mindestens dann nicht, wann der angriff von zwei seiten zu gleicher zeit kommen sollte.

keine nation hat genugsam bewehrte grenzen, wenn es einem nachbaren möglich ist, aus irgend einem ihm gehörigen winkel auf ihre zum angriffe ausziehenden heere vorzustoßen. die gefahr der Weißenburger linien lag für uns darin, daß von ihnen aus ein genügend vorbereiteter marsch der Franzosen Deutschland in zwei kriegstheater zerlegen, alle folgen einer solchen zerlegung einleiten und ausnutzen konnte. Napoleon III, der erbe so vieler gallischen überlieferungen, wollte aus keinem anderen grunde Mainz erwerben, als weil er eine verbesserte und vermehrte auflage von Weißenburg in händen zu haben wünschte.

steht das eben gesagte fest, so braucht man nur die karte des deutschen reiches anzusehen, um zu erkennen, wie wir daran sind. ein anderes Morea ist unser land. eine dünne spitze ragt von Danzig bis Memel, eine nicht stärkere von Glogau bis nächst Krakau: zwischen beiden russisch Polen, in größerem maßstabe gegen uns dasselbe, was die grafschaft Glaz für uns gegen Oesterreich ist. von Polen aus können ohne mühe zwei provinzen vom körper unseres reiches abgeschnitten werden: Preußen, das der ruhmvollsten monarchie Deutschlands den namen, den vorwand der größe und den in den zeiten des unglücks wie der erhebung so segensreich wirkenden kategorischen imperativ gegeben: Schlesien, an dem Preußen die erste probe auf sein exempel gemacht, und das festzuhalten schon darum erforderlich ist, weil von ihm aus der weg nach Berlin so leicht zu finden sein würde.

die Louis-Philippisten werden hier einwenden, daß von Russland keine gefahr drohe. das ist nicht einmal so weit zuzugestehn, als für den augenblick Russland kaiser Alexander II ist. es muß als ein bündiger beweis von unfähigkeit politisch zu denken gelten, wenn man den willen irgend eines monarchen für stark genug erachtet, eräugnisse aufzuhalten, deren eintreten in der natur der dinge begründet liegt. wo war der wille der deutschen fürsten zu gunsten der 1866 und 1870 durchgesetzten veränderungen? die diese herbeigeführt haben, wollten sie gar nicht herbeiführen. ganz abgesehen von ethischen motiven wirken staaten durch das gesetz der schwere, und wirkt das gesetz der schwere in ihnen. was wir zu erwarten haben, wenn Russland sein heer zu seiner zufriedenheit ausgebildet, wenn es alle seine eisenbahnen gebaut haben wird, das ist ebensowenig schwer vorauszusagen, als es schwer vorauszusagen ist, was in funfzig jahren ein dann aus dem marke Europas großgesäugtes America uns zumuten dürfte. das eine wie das andere land wird in die politischen flegeljahre, in die jahre kommen, wo das bewußtsein kräftig zu sein und die abwesenheit ernster zwecke zusammenwirken, um unverschämt zu machen. man ist nie ungestraft ein riese, weil man den maßstab der eigenen kraft nur an einer stärkeren finden könnte, und eine solche dem riesen gegenüber nicht vorhanden ist. Russland wird in einem vierteljahrhunderte gegen Europa genau in der art vorgehn, in welcher es jetzt gegen mittelAsien vorgeht, und wenn dann Alexander II noch auf dem throne sitzt, so wird er ebensogut wollen müssen, wie 1870 Napoleon III wollen mußte.

allein ganz abgesehen von dieser so zu sagen physischen gewalt, die auf Russland lasten wird, hat Russland auch politisch wirklich gründe, mit Deutschland anzubinden. wir werden nie daran denken, die sogenannten deutschen ostseeprovinzen zu unserem eigentume machen zu wollen, da diese provinzen anders denn als ausfuhrort russischen handels zu gedeihen nicht im stande sind: aber wir müssen, auch wenn strategische erwägungen nicht vorhanden wären, das russische Polen für uns nehmen, weil ost- und westPreußen ohne dies hinterland auf die dauer nicht zu leben vermögen. hingegen, wie Russland die ostsee bei Libau, Riga, Pernau, Reval zu gewinnen trachtete, weil sonst sein korn, talg, leder, hanf, flachs und holz kaum abgesetzt werden würden, so muß Polen — und das ist jetzt Russland — die küste von Danzig, Königsberg, Memel zu erwerben suchen, weil Polen durch den preußischen küstenstrich die lebensadern unterbunden werden können. es ist bekannt, daß das herzogtum Warschau uns gehört hat, daß ganz Polen 1831 uns von den Polen aufs neue angeboten worden ist, und genommen worden wäre, wenn bei uns nicht ein durch sein unglück und die ungebührliche überhebung seiner an politischer einsicht weit unter ihm stehenden umgebung ängstlich gemachter monarch, Friedrich Wilhelm III, auf dem throne gesessen hätte. umgekehrt erklärte Paulucci, als er 1813 in ostPreußen einrückte, die behörden ihrer gegen den könig von Preußen eingegangenen verpflichtungen ledig, und wies sie an, ihre berichte nach Petersburg zu erstatten, befehle nur von dort anzunehmen, und legte der freiherr vom Stein, einst preußischer minister, seinem früheren amtsgenossen ThvSchön, aus dessen nachgelassenen papieren ich schöpfe, alsbald nach seinem eintreffen in Gumbinnen die vollmacht vor, durch welche der kaiser von Russland ihn zum generalverwalter von Preußen ernannt hatte. trotz der gegenwärtig zwischen den beiden kaisern bestehenden persönlichen freundschaft ist die lage der dinge in den maßgebenden kreisen Preußens und Russlands klar erkannt. Preußen ist an der Weichsel und in deren nächster umgebung bis an die zähne gerüstet:

Russland ist es nicht minder. Thorn, Danzig, Königsberg, Pillau, Lötzen, in zweiter linie Posen, im entgegengesetzten lager Brzecz, Georgiewsk und was sonst an festungen in jenen gegenden vorhanden oder entworfen ist, sieht das nach ewigem frieden aus? und wenn Russland den handel Deutschlands mit Polen nach kräften erschwert, wenn es die bis vor kurzem in Polen deutsch redenden Juden trotz aller der jeden preises würdigen herzensgüte Alexanders II mit gewalt russificiert, wenn es den höchsten wert darauf legt, die römisch katholische kirche Polens auszurotten, so geschieht dies alles, weil man an der Newa die gefahr einer allmäligen germanisierung Polens sogar als eine nahe bevorstehende betrachtet und ihr vorbeugen will. in dem maße, in welchem die provinz Posen, deren polnische bevölkerung vorläufig der kitt des von Russland und Preußen geschlossenen bundes ist, deutsch, und in welchem die polnischen Juden und die polnischen katholiken russisch werden, in demselben maße wächst die gefahr eines zusammenstoßes zwischen Russland und Deutschland, weil in diesem maße Russland wie Preußen mit ihrer gegenwärtigen aufgabe an der Weichsel fertig sind, und in ihm sich beide daran machen müssen, eine neue aufgabe in angriff zu nehmen, welche sie vor ein entweder-oder stellt.

und ist der kampf da, so ist er für uns gefährlich, auch wenn er von unserem feinde ohne bundesgenossen unternommen wird: denn Russland hat menschen im überflusse, und wenn seine heere nicht zu schlecht geführt werden, was zu erwarten wir keinen grund haben, kann es durch seine leichten reiter das östliche Deutschland so überschwemmen, daß nur eine art sicilianischer vesper, zu der den Deutschen die neigung fehlt, uns von diesen heuschrecken würde befreien können. im falle wir unterlägen, würde das mündungsgebiet der Weichsel, des Pregels und des Niemens uns verloren gehn. wie wir, falls der krieg nicht bald beginnt, Russland angreifen wollen, ist schwer zu sagen: des ersten Napoleon schicksal wird kaum jemanden locken auf Moskau zu ziehen, und ein wünschenswerter siegespreis ist nirgends zu entdecken, wenn Polen, moskowitisch gemacht, mit dem bekannten fanatismus der renegaten der neu erkorenen, von hundert millionen hoch gehaltenen fahne folgt: wir können jeder zeit Polen, aber schwer zu Russen gewordene Polen germanisieren.

so einleuchtend das eben gesagte sein dürfte, wird man im interesse der sache gut tun, daran zu erinnern, daß der 1848 zu Berlin verstorbene preußische feldmarschall KFvdKnesebeck 1815 über die östlichen grenzen Deutschlands eine denkschrift ausgearbeitet und zur kenntnis des damals sehr einflußreichen freiherrn vom Stein gebracht hat. wer von seinem rechte gebrauch macht, in strategischen fragen dem feldmarschalle mehr zu glauben als dem theologen, wird aus jenem aufsatze Knesebecks ersehen, daß er diesmal dem theologen mit unrecht mistraut hat.

Etwas weniger schwer als der bisher besprochene ungünstige

zug unserer östlichen grenze wiegt der umstand, daß mit Belfort den Franzosen ein einfallter in Deutschland geblieben ist. zur völligen sicherung unserer westmarken ist bei der unzuverlässigkeit der belgischen neutralität — die parteilosigkeit Luxemburgs ist vollends nur durch Deutschland selbst sicher — der besitz Luxemburgs fast, der Belforts ganz unbedingt nötig. wir dürfen dem unruhigen nachbaren den kamm des gebirges nicht lassen, und müssen außerdem alle stellen in unserm besitze haben, an welchen dieser kamm durchbrochen ist. Deutschland hat nicht das mindeste interesse, etwa die freigrafschaft oder die französisch redenden striche Lothringens auf dem rechten ufer der Maas für sich zu verlangen, obwohl ja nach den pergamenten die grenze des römischen reiches deutscher nation die mittlere Maas und die westlich die Saone einschließenden höhenzüge sind: wir wollen eben kein römisches reich deutscher nation, sondern ein deutsches reich sein, und verschmähen die erbschaft Maximilians so nachdrücklich wie die Karls des großen. aber ein recht haben wir, auf unsere sicherheit bedacht zu sein, und diese sicherheit ist materiell vollständig nur durch den besitz Belforts. in Schwaben wird es niemanden geben, der die gefahr bei Bourbakis anzuge nicht gefühlt hätte: diese gefahr hat der Frankfurter frieden bestehn lassen: ich nehme an, um ein stück land zurecht zu legen, welches nach einem neuen kampfe außer Nizza, Savoyen und Corsica von Frankreich als preis würde verlangt werden können. vielleicht freilich danken wir Russland jene lücke in unserer neuen grenze. es hat im auswärtigen ministerium zu Petersburg füglich zur erwägung gestanden, daß, wenn einmal Russland einen streit mit Deutschland sollte vom zaune brechen wollen, es gut sei, ein loch in der westlichen wand Deutschlands zu haben, in welches die lieben brüder an der Seine das brecheisen einzusetzen vermöchten. der schreiber dieser zeilen ist nicht gesonnen zu vergessen, daß Russland am 31 October 1870, also während der belagerung von Paris, die auf das schwarze meer gelegten verbote abschüttelte, und damit aus reinem egoismus seinem freunde Preußen zur ungelegensten zeit einen sehr bösen streich spielte: auch an Bialystock, und an Pauluccis und Karls vom Stein oben erwähntes auftreten erinnert man sich, und hat keine neigung, übrigens auch kein recht, anzunehmen, daß die russische politik je andere als russische interessen verfolgen werde.

Es ist von unseren grenzen gegen Oesterreich noch nicht die rede gewesen, deren lauf unregelmäßig genug ist, um verdächtig zu sein. ich werde weiter unten über meine auffassung des verhältnisses von Deutschland und Oesterreich zu sprechen haben — ich verweise ausdrücklich auf das dort zu sagende, weil ich nicht um des zunächst zu erörternden willen als feind Oesterreichs angesehen werden möchte —: jetzt genügt zu zeigen, daß von Oesterreich, wenn dessen politik so bleibt, wie sie zur zeit ist, für Deutschland eine gefahr nicht droht.

Oesterreich hat 1864 von dem jetzigen kanzler des deutschen reiches den rat erhalten, seinen schwerpunkt nach Pesth zu verlegen. es sollte keiner ausdrücklichen bemerkung bedürfen, daß herr von Bismarck damals als preußischer, nicht als oesterreichischer, minister geredet und geraten: wenn herr von Beust den vorschlag seines gegners wenigstens in so weit ausgeführt hat, daß er Pesth Wien gleich gestellt, so hat auch er keine oesterreichische politik getrieben. den schwerpunkt Oesterreichs nach Pesth zu verlegen empfehlen, hieß die auflösung Oesterreichs auf die agenda setzen: den dualismus dort unten einführen, bedeutete jene auflösung in unmittelbaren angriff nehmen.

die Ungarn schmeicheln sich, ein politisch begabtes volk zu sein, und herr von Bismarck hat ihnen 1864 geglaubt, und scheint ihnen, wie die verwunderliche unterredung mit Moriz Jokay zeigt, noch 1874 geglaubt zu haben, daß sie sich mit dieser sich zugewandten guten meinung nicht täuschen. es wird erlaubt sein, dagegen das von mir bereits im November 1853 zur sprache gebrachte physische alter der ungarischen nation geltend zu machen, welches von vorne herein vermuten heißt, daß dieselbe gegenwärtig verbraucht ist. als ich im November und December 1844 mit Max Müller zusammen bei Friedrich Rückert persisch hörte, setzte uns unser meister — trotz großer schwächen der genialste sprachforscher, der mir vorgekommen — auseinander, daß die sprachen südIndiens mit den turanischen idiomen hochAsiens ideell verwandt sind, wonach dann die Indogermanen und Semiten als ein keil zwischen turanischen stämmen, Turanier und südIndier gleicher weise, so zu sagen, als Chamiten, und die Chamiten als die älteste lagerung der geschichtlichen völkerbildung gelten könnten. ist nun diese anschauung Rückerts richtig, so gehören die Turanier einem vor aller semitischen und indogermanischen entwickelung liegenden altertume an. völkerleben aber hat seine natürlichen grenzen, wie menschenleben sie hat, und lediglich durch geistige mächte können völker jung erhalten und wieder verjüngt werden. solche mächte sehen wir nun unter den Turaniern nicht am werke, und darum stehn die Ungarn mit unrecht höher im preise als Finnen, Esthen, Lappen und Türken, die nächsten vettern, die sie in Europa haben: sie werden untergehn, wie die Celten vor unseren augen untergehn: ihnen eine eigene politische rolle zuerteilen, kann in dem munde eines politikers so wenig ernsthaft gemeint sein, wie einen achtziger zum heiraten und kinderzeugen anhalten in dem munde eines arztes ernsthaft gemeint sein würde.

diese anschauung der sache ist durch alles, was wir seit 1866 erlebt haben, lediglich bestätigt worden. ein kläglicheres schauspiel als Ungarn hat kaum irgend ein land Europas geboten: denn Spanien ist durch seine arabische und jüdische einwanderung so semitisiert, daß man es nicht als europäisch kann gelten lassen. ein geradezu beleidigender mangel an staatsmännern, völlige unfähigkeit politische pflicht zu erkennen und zu tun, rasende verschwendung, größenwahnsinn, tyrannische niedertretung aller nicht magyarischen nationalitäten, und speichelleckerei gegen die in Ungarn angesiedelten, sich schleunigst aus einer nation in eine religionsgemeinschaft umwandelnden, zu allen geschäften und zu allem scheine von geschäften gebrauchten, nebenbei die ihren brüdern gehörige presse Europas zu gunsten der Magyaren beeinflussenden Juden, das ist, was die geschichte aus den letzten jahren über Ungarn zu berichten hat.

dies Ungarn hat nun außer dem beregten mangel an jugend der herrschenden nationalität den fehler, eine quartausgabe des Oesterreich in folio zu sein. dieselbe wüste anhäufung von völkerschaften hier wie dort: derselbe innige haß des einen stammes gegen den andern: dasselbe unvermögen des staates, wie er zur zeit ist, diese verwirrung zu bemeistern.

darum aber auch die völlige unmöglichkeit — jener rat des herrn von Bismarck würde, falls er zum nutzen des Donaureichs gemeint gewesen wäre, die möglichkeit vorausgesetzt haben —, mittelpunkt des oesterreichischen kaiserstaates zu werden. es wird so leicht niemandem einfallen zu glauben, daß jemals Pesth als hauptstadt der Steiermark, der lande an der Ens, von Salzburg und Tyrol sollte zu dienen im stande sein: läge der schwerpunkt der oesterreichischen politik in Pesth, so müßte dies der fall sein können. so weit wird indessen die heimat des Nibelungenliedes und der deutschen litteratur nicht gesunken sein, daß man gulasch essen und den czardas tanzen muß, um sie zu regieren. entweder wird links von der Leitha alles ungarisch, wie rechts von der Leitha angeblich alles ungarisch ist, oder der schwerpunkt des Donaureiches liegt nicht in Pesth, sondern die phrase, daß er dort liege, ist in die welt geworfen, damit zu einer zeit, welche auf Sadowa hinlebte, die öffentliche meinung mit dem benagen dieses fleischlosen knochens so lange beschäftigt sei, als es handelnden ortes nötig scheinen würde.

darum aber auch weiter die unmöglichkeit, in Franz Josephs reiche den dualismus aufrecht zu erhalten. Cisleithanien, so unglücklich es daran ist, wird immer kraft seiner Deutschen über Transleithanien hervorragen, und allein dadurch nach Transleithanien neid und haß, in das gesammtreich die zwietracht werfen, und je mehr es dies beides tut, und je mehr in folge davon der ethische verfall um sich greift, in seinen tüchtigsten bürgern landesverratsgelüste wuchern sehen.

jedenfalls ist durch die zweiteilung des Donaureiches dessen kraft mindestens halbiert: da noch dazu keine der hälften homogen, da der streit in jeder hälfte jetzt nur dem anscheine nach geringer ist, als er es in dem ungeteilten ganzen war, da keine der beiden für sich allein politisch tätig zu sein vermag, so ist diese kraft sogar schlimmer als halbiert. der politische wert jeder einzelnen nationalität des Donaureiches hat im quadrate der entfernung von dessen ideellem mittelpunkte, dem kaiser, abgenommen, der zur zeit durch den dualismus, ein paar dutzend politischer versammlungen, die selbstsucht aller in diesen versammlungen sich aufspielenden parlamentarischen streber, und die reibung der höchst künstlichen staatsmaschine gegen ihre einzelnen teile von seinen untertanen getrennt ist. gegen einen solchen staat, einen seiltänzer, dessen ganzes vermögen durch das bestreben verzehrt wird, das gleichgewicht nicht zu verlieren, eine jeden augenblick zur explosion zu bringende phiole voll latenten bürgerkrieges, gegen ihn ist jede grenze gut genug: er ist militärisch ungefährlich, und politisch, falls er nicht selbstständig die weiter unten zu skizzierende hohe politik zu treiben anfängt, wozu noch wenig aussicht ist, nur insoweit gefährlich, als er in näherer oder fernerer zukunft seinem nachbaren, dem deutschen reiche, die notwendigkeit auferlegen wird, teile von ihm mit sich zu amalgamieren. diese letzte gefahr ist allerdings um so erheblicher, je mehr die kraft Deutschlands, fremde stoffe innerlich zu überwinden, abnimmt: deutsch-oesterreichische provinzen an das deutsche reich anschließen müssen, hieße, wie die Deutschen gegenwärtig geartet sind, Deutschlands verfall beschleunigen. aber diese gefahr ist noch nicht nahe, und kann sehr wohl ganz abgewandt werden.

hoffen wir, daß es geschehen werde.

3

Eine zweite frage ist die nach der möglichkeit, die untertanen des deutschen reiches zu ernähren und zu kleiden.

ordnungsmäßig wird sein, daß in jedem lande an unumgänglichsten lebensbedürfnissen so viel hervorgebracht werde, wie seine einwohner verbrauchen. wir sind im deutschen reiche durch die natur vortrefflich mit salz und kohlen, durch die torheit der menschen mehr als ausreichend mit zucker und, falls dieser hier in betracht kommt, mit spiritus versorgt: brotkorn, schlachtvieh, rohstoffe zur bereitung von kleidern (nicht bloß baumwolle, was ja selbstverständlich ist, sondern auch wolle — leinenes zeug gibt es nur noch im mythus —), also die notwendigsten daseinserfordernisse führen wir zu nicht geringem teile aus der fremde ein: wir sind mithin in wesentlichen dingen vom auslande abhängig, das heißt, nicht unsere eigenen herren. ich muß dies, trotzdem ich dadurch in widerspruch mit der jetzt geltenden theorie gerate, für einen krankhaften zustand halten, um so mehr so, als mit in folge davon Deutschland das teuerste land Europas, als mindestens — und das läuft auf dasselbe hinaus — das, was wir für unser schweres geld bekommen, erheblich schlechter ist, als was andere länder für gleiche oder geringere summen erwerben.

ich weiß sehr wohl, daß auch andere länder Europas fremdes brot essen und mit eingeführten stoffen sich kleiden. bis auf weiteres sehe ich das aber überall als naturwidrig an. nur sind England und Frankreich bei diesem systeme immer noch günstiger daran als das deutsche reich. Engländ ist jetzt im falle einer guten ernte im stande, seine einwohner sieben monate im jahre mit cerealien zu versehen, nicht länger: aber England kann durch seinen handel sich ganz anders versorgen als Deutschland: Frankreich tauscht für seinen wein ein was es braucht. weder England noch Frankreich wird so leicht die zufuhr ganz abgeschnitten werden können, was uns begegnen dürfte, so wie einmal Frankreich und Russland wider uns einig sind.

ich habe grund zu der annahme, daß 1864 England außer wegen der bekannten liebe seiner königin für Deutschland nur darum nicht zu gunsten Dänemarks eingeschritten ist, weil im falle eines krieges mit Preußen — America vermochte damals, weil es selbst nichts hatte, nicht auszuhelfen — das für gewöhnlich aus den preußischen ostseehäfen nach großBritannien verschiffte russische korn den eisenbahnweg über Holland hätte nehmen müssen, und dadurch um einen schilling das quarter teurer geworden wäre. ich halte es nicht für wünschenswert, des vaterlandes politik je in ähnlicher weise lahm legen zu lassen.

4

Es ist ein gefährlicher, allerdings sehr verbreiteter irrtum, zu meinen, daß einige hunderttausend reiche leute einen wohlstand der nation bedeuten. schon 1853 sind für den verstorbenen könig von Preußen, der seine erste kammer umzugestalten vorhatte — die geschichte dieses versuches wird vermutlich nie geschrieben werden —, listen der männer angefertigt worden, welche etwa im stande wären, aus schon in ihren händen befindlichem oder erst zu erwerbendem grundbesitze ein einkommen von 25000 talern nachzuweisen. die zahl war erheblich größer, als der könig selbst gedacht hatte: man kann gerne zugeben, daß sie sich seitdem vermehrt hat. allein daneben steht die tatsache, daß in Preußen sechs und eine halbe million erwachsener personen eine einnahme von weniger als 140 talern im jahre haben. das ist amtlich ermittelt: der preußische finanzminister Camphausen hat es, und zwar ohne ein wort des entsetzens, ohne eine bewegung nach abhülfe hin, in der preußischen zweiten kammer im Januar 1875 in eigener person ausgesagt. es ist kaum von nöten auseinanderzusetzen, was das bedeutet, im jahre nur 140, das heißt im monate nicht volle zwölf taler. den tag etwa zwölf groschen oder einen schilling zwei pence englisch für alles zu haben, was zum leben nötig ist, und davon doch nicht ganz selten weib und kind mit erhalten zu müssen. hier kommt in betracht, daß, wo es sich um den reichtum des landes handelt, von der gesammtzahl der einwohner jene jetzt von directen steuern befreiten siebentehalbmillionen abgehn, die nach römischen begriffen proletarier sind: daß in folge des vorhandenseins jenes steuerfreien proletariats die einkommen- und grundsteuer ganz, die meisten anderen steuern zu ihrem weitaus bedeutendsten teile auf einer nur kleinen anzahl von menschen liegen: daß von einem wohlstande der nation nicht füglich die rede sein kann, wenn ein drittel ihrer glieder kläglich und kümmerlich von der hand in den mund lebt, und — unfähig für seine alten tage etwas zurückzulegen — eine von jahre zu jahre steigende last der armenhäuser, das heißt, eine stetig wachsende steuerbürde für die mehr oder weniger besitzenden klassen zu werden verspricht.

wohlhabend ist eine nation, in welcher alle oder doch die meisten menschen für ein von menschen auszuhaltendes maß arbeit so viel verdienst haben, daß sie mit ihrer familie auf eigenem grund und boden leben, die kinder erziehen und sich für ihre letzten jahre einen sparpfennig sichern können.

Ich wüßte nicht, wodurch wir reich werden sollten. unser land bringt nichts in solcher menge hervor, das wir an unsere nachbaren mit einigem vorteile verkaufen könnten, als das hinlänglich billige salz. es bleibt also, so lange die unten zu erörternde, uns wirtschaftlich auf unsere eigenen füße zu stellen geeignete ausdehnung unseres reiches nicht eingetreten sein wird, als erwerbsquelle für die nation — ich sage für die nation, und rede hier nicht von einzelnen mitgliedern der nation — der zwischenhandel, das heißt, die fähigkeit, die befriedigung fremder bedürfnisse zu vermitteln: es bleibt außerdem die möglichkeit, gewisse in unserem ursprünglichen besitze befindliche oder von uns aus dem auslande erworbene stoffe im dienste fremder völker zu verarbeiten, oder die industrie.

der deutsche handel, soweit er wirklich von wert ist, wird meistenteils in fremden ländern betrieben. ob die ergebnisse desselben in vollem umfange Deutschland zu gute kommen, ist fraglich: eine menge Deutsche verlieren in der fremde die lust in Deutschland zu leben, das ihnen nichts zu bieten hat, und in folge davon bleibt das durch ihre kaufmännische tätigkeit erworbene vermögen außerhalb Deutschlands. sicher haben wir nur die procente, welche die großen geschäfte unserer seestädte von dem vertriebe englischer waaren nach Russland, und russischer producte nach England genießen: es ist selbstverständlich, daß England wie Russland alles tun werden, den verkehr mit einander mehr und mehr ohne vermittelung zu betreiben: daß russisches korn und talg, und was sonst das moskowitische reich anbieten kann, mehr und mehr in Riga und Odessa gegen englische waaren werde ausgetauscht, also der für Deutschland vorteilhafteste teil seines handels mehr und mehr werde lahm gelegt werden. alles andere ist krämerei: es vermittelt die bedürfnisse enger kreise, und sammelt die in diesen engen kreisen für die vermittelung zu zahlenden spesen in die taschen der vermittler, das heißt, es schafft nicht dem vaterlande neues vermögen, sondern es spült im vaterlande schon vorhandenes vermögen von einem orte an den anderen.

was nun die industrie anlangt, so könnte allein der umstand, daß in ziemlich regelmäßigen zwischenräumen sogenannte krisen eintreten, zeigen, daß die industrie durchaus nicht so wertvoll ist, wie die Louis-Philippisten sie erachten. von den folgen politischer fehler, wie sie die schlesischen leineweber während des kampfes Isabellens gegen Carlos haben tragen müssen, sehe ich hier ganz ab. aber einmal schwanken die bedürfnisse, und schwankt der geschmack fremder länder, so daß leicht ein artikel, der eine zeit lang mit vorteil vertrieben ist, plötzlich in großen massen auf lager bleiben und seine fabrikanten zu grunde richten kann. sodann ist es eine große torheit, anzunehmen, daß die industrie fremder länder sich nicht der anfertigung aller der sachen widmen werde, deren anfertigung sie uns vorteilhaft zu sein weiß, und sicher, daß falls sie dies tut, unser eigener nutzen entweder ganz schwindet oder sich doch beträchtlich verringert. drittens wird zu erwägen sein, daß vielfach die industrie nichts hervorbringt, was wirklich wertvoll ist: sie schafft künstlich bedürfnisse, um sie billig zu befriedigen und an der billigen befriedigung derselben zu verdienen: es ist aber doch, so lächerlich dies den zeitgenossen klingen mag, die hoffnung nicht ganz aufzugeben, daß die menschheit einmal zu der einsicht kommen werde, das ideal menschlichen lebens sei, alle unumgänglichen bedürfnisse der menschlichen natur, das heißt, alles, was dem menschen möglich macht oder erleichtert, seinem gotte zu dienen, in vollstem umfange zu befriedigen, und andere bedürfnisse als solche unumgängliche gar nicht zu kennen. daß dann die industrie mit einem schlage auf einem ganz anderen boden stehn würde, bedarf keiner versicherung. zunehmende frömmigkeit der nationen ist der tod für einen nicht kleinen teil unserer gewerbtätigkeit: wolle man sich, um das einzusehen, nur einmal vergegenwärtigen, wie viel an kleiderstoffen und putz eine wirklich fromme frau nötig hat, und sich die frage vorlegen, ob Christus und die mode in näherem freundschaftsverhältnisse stehn, als Christus und Belial: ist diese frage sachgemäß beantwortet, so ist erwiesen, daß die gewerbtätigkeit keine passende grundlage für den wohlstand einer nation abgibt: sie ist eine grundlage, in welcher die alle fundamente ethischen lebens zerfressende weltliche gesinnung mit eingemauert ist. wirkt aber die industrie zerstörend auf den charakter derer, welche sie zu unnötigen ausgaben verleitet, so noch viel mehr auf den charakter derer, welche sie in ihre dienste nimmt. sie ruht wesentlich auf teilung der arbeit, und darum raubt sie ihren sklaven die freude an der arbeit. es ist von niemandem zu verlangen, daß er jahr aus jahr ein nichts tue, als die maschine stellen und beaufsichtigen, welche briefumschläge faltet und leimt, oder nadelöhre bohrt. an dergleichen wird das herz nicht satt: der mensch will ganzes haben. weil das gute harmonie ist, darum liegt in uns, den zum guten gotte hin geschaffenen, der trieb künstler zu sein, und eine lebhafte abneigung gegen die mechanik. die notwendige folge solcher beschäftigungen, wie sie die industrie zumutet, ist die, daß die beschäftigten einen ersatz für die dem menschen nun einmal wie licht und luft nötige, übrigens jetzt in Deutschland überall, aber namentlich in den werkstätten und fabriken, fehlende freude verlangen. die armen bandweber Schlesiens und des Wuppertales suchten diese einst da, wo man sie am besten finden kann, in gott: jetzt ist die richtung der menschenseelen nicht nach oben gekehrt. wenn aber jemand der religion enträt, die im wesentlichen sinn für realität ist, und die ihren kindern nichts so tief einprägt als den ekel vor stellvertretern des wesentlichen — du sollst keine anderen götter neben mir haben —, so greift er selbstverständlich nach surrogaten: amuser un chien hieß bei den jägern des alten Frankreichs, dem hunde fett über die muse (jetzt sagt man museau) streichen, damit er trocknes brot für butterbrot fresse: man weiß, über wie weite strecken des lebens das in diesem ausdrucke geschilderte geschäft jetzt gewalt hat. gleichgültig hinbrütende verzweiflung oder wüstes schlemmen ist die psychologisch notwendige folge der unserer industrie eigentümlichen teilung der arbeit bei allen denen, welche ihre hoffnung nicht auf ein jenseits gesetzt haben. die industrie unserer tage braucht menschen überhaupt nur da, wo sie maschinen nicht anstellen kann, und sie braucht die menschen möglichst als maschinen, das heißt, sie entkleidet sie ihres charakters als menschen. wird der mensch aber als maschine verwandt, so darf er sich zur gelegenen zeit schon einmal darauf besinnen, daß seine kamm- und triebräder den zu zerquetschen und zu zermalmen imstande sind, den sie zu fassen bekommen. und die fabrikherren? meint man in der tat, es höle das menschenherz nicht aus, hunderte von zu kindern gottes veranlagten geschöpfen in der weise zum geldverdienen zu vernutzen, wie dies in unseren industriestätten geschieht? meint man in der tat, eine nation sei glücklich, in welcher fabrikherren sich mit den rüben-, kohlen- und schnapsbaronen und den börsenfürsten in das höchste ansehen teilen? der mensch lebt hier um die ewigkeit ertragen zu lernen, aber nicht um seinen brotgebern die anschaffung von dividendenpapieren zu ermöglichen. daß allerhand geschieht, das loos der fabrikarbeiter zu verbessern, weiß ich: in einzelnen, vielleicht in vielen fällen, mögen die fabrikherren ein herz für ihre leute haben: im allgemeinen wird man überzeugt sein dürfen, daß die spinne, welche die humanen netze von kranken-, unterstützungs- und vergnügungskassen gewoben hat, egoismus heißt: man sichert sich ja gerne dadurch, daß man jährlich drei mark an eine vereinskasse zahlt, das recht, die bettler von der türe zu weisen. und auch bei eisenbahnbauten, bei den meisten lebensversicherungsgesellschaften und ähnlichem hängt stets ein patriotisches schild am hause, und ist trotz seiner der kern der sache allemal die hoffnung, mit dem patriotischen und gemeinnützigen unternehmen geld zu verdienen. gebt die hoffnung ja auf, die sociale frage aus der welt zu schaffen, was dasselbe ist, gebt die hoffnung auf,

Deutschland glücklich zu sehen, so lange ihr die industrie an der stelle des handwerks sitzen habt, es wäre denn, daß ihr die fabrikarbeiter an einen altar weisen könntet, und sie an diesem sich erinnern wollten, daß die leiden dieser zeit die uns jenseits zugedachte herrlichkeit nicht wert sind.

zu diesen gründen gegen den wert der industrie treten noch zwei hinzu, welche vielleicht nur von vorübergehender bedeutung sind: der niedrige stand deutscher arbeit, und für ein besonderes, aber ganz vorzugsweise wichtiges gebiet, das der eisenindustrie, die erfindung des Bessemerstahls.

es ist keine frage, daß seit 1870 der deutsche handwerker, diesen ausdruck im weitesten verstande gebraucht, an wert hinter den handwerkern so gut wie aller übrigen nationen Europas zurücksteht, und daß eine besserung der zustände in diesem punkte so leicht nicht erwartet werden darf. es läßt sich nicht bezweifeln, daß die leistung sich bei uns in dem maße verschlechtert, in welchem die bezahlung der leistung sich gehoben hat. es gieng kürzlich durch aller mund, daß der fürst von Pless einen nicht unbedeutenden teil der zum baue eines palastes in Berlin nötigen arbeit in Paris habe anfertigen lassen, und daß er dabei in jeder beziehung, auch im preise, besser gefahren sei, als er gefahren sein würde, wenn er seine aufträge einheimischen meistern erteilt hätte. jedermann weiß, daß in südDeutschland Italiener, in nordDeutschland Schweden und Polen als tagelöhner gebraucht werden, weil sie zuverlässiger und tüchtiger schaffen als die Deutschen. einzelne arbeitszweige sind am vertrocknen. es ist zum beispiel kein geheimnis, daß in großen städten wie Berlin der sogenannte werkdruck, der früher hunderte nährte, wenn er auch stets an güte sehr weit gegen die leistungen der Froben, Herwag, Etienne, Plantin, Elzevir zurückstand, ganz aufgehört hat, da die unverschämten forderungen der setzer und drucker in diesen städten nicht mehr zu befriedigen sind. schon weigern sich, so weit meine kunde reicht, die einzelnen meister in Deutschland, wo sie können, lehrlinge und gesellen zu nehmen, weil sich ihnen als solche fast nur brutale, anspruchsvolle, faule, ungeschickte und zum lernen unwillige bengel anbieten, mit denen nichts zu tun zu haben das einzige mittel zu einem nach seiten der berufstätigkeit erträglichen leben ist: ein erfreulicher nachwuchs ist mithin nicht vorhanden, und damit fehlt die grundlage für die zukunft. arbeiten wir aber nicht mehr besser und billiger als das ausland, so wird das ausland wahrlich nicht so dumm sein, uns für unsere producte geld in das land zu tragen.

für die deutsche eisenindustrie ist der umstand verhängnisvoll geworden, daß seit Bessemers erfindung der stahl das eisen nahezu verdrängt hat, und die deutschen eisenerze zu unrein sind, um zu einem erträglichen preise gebessemert zu werden: dadurch allein stehn wir gegen fremde völker, deren ländern gott besseres eisen in den schoß legte, zurück. die eisenindustrie kann bei uns nur durch erheblichen rückgang der löhne gehalten werden, und zu diesem ist, weil begreiflicher weise nicht Eine klasse arbeiter allein im einkommen zurückgesetzt werden kann, keine aussicht.

Ist der wohlstand der nation ein äußerst geringer, so muß es billig wunder nehmen, daß die regierungen mit der größesten seelenruhe ihn jährlich sich vermindern lassen.

großBritannien verliert wenig, wenn seine kinder auswandern, da der zug meist nach britischen colonien geht, deren kraft dem mutterlande dient, und da nach großBritannien mit dem erworbenen zurückzukehren in recht vielen fällen der ehrgeiz der englischen auswanderer ist.

die Schweiz sieht jährlich hunderte und aber hunderte ihrer bürger ihr den rücken wenden, welche so gut wie immer schließlich die heimatlichen berge, und zwar meistens als wohlhabende, ja reiche leute wieder aufsuchen.

Frankreichs und Italiens auswanderung ist unerheblich: Deutschland allein hat den wenig beneidenswerten vorzug, jahr aus jahr ein tausenden seiner söhne und töchter auf nimmerwiedersehen lebewohl zu sagen.

der grund hierfür lag früher vielfach auf politischem gebiete: der beschränkte untertanenverstand vermochte nicht, sich in Deutschland glücklich zu fühlen. nach 1866 und 1871 hat die auswanderung in folge der in einzelnen landschaften neu eingeführten wehrpflicht und der besorgnis vor neuen kriegen zugenommen: aufgehört hat sie nie, und wird, falls die regierungen nicht eine andere politik einschlagen, schwerlich je aufhören: wir werden mithin kapital, arbeitskraft, die ebenfalls kapital ist, und nicht die unenergischsten unserer mitbürger zu verlieren fortfahren.

meines erachtens hätte die preußische regierung es in der hand, mehrere aufgaben mit einem und demselben mittel zu lösen: nur müßte das mittel mit planmäßiger energie angewandt werden. wir haben mehr Polen und Cassuben in unserem staate als uns lieb sein kann: sehr brauchbare soldaten, und als solche willkommen: dankbar für gute behandlung, aber als Polen und Cassuben in unserer mitte durchaus nicht zu dulden. die germanisierung der von ihnen bewohnten, nur dünn bevölkerten landstriche ist in jeder hinsicht eine notwendigkeit: die beschränkung der auswanderung ist ebenfalls unumgänglich: und füge ich noch hinzu, auch eine principielle lösung der armen- und der unterofflzierfrage ist gar sehr an der zeit.

es liegt jedem wirklichen Germanen der wunsch im herzen, grundeigentum zu besitzen. bieten wir den auswanderungslustigen die möglichkeit solches im vaterlande zu erwerben, so werden wir sie am ehesten zum bleiben veranlassen: bieten wir diese möglichkeit den sogenannten armen, so werden wir die städte entlasten, und die armen zur anstrengung aller ihrer kräfte ermuntern: bieten wir sie als belohnung ihrer dienste den unteroffizieren, so werden wir unteroffiziere so viele erhalten, wie wir brauchen, unteroffiziere, welche sich wohl hüten dürften, ihre — der künftigen bauern — weiber unter putzmacherinnen und ladenmädchen zu wählen, und welche in folge davon auch nicht, wie sie jetzt oft tun, hoch würden hinaus wollen: wir werden in allen diesen fällen unser volk an den gedanken gewöhnen, daß der bauernstand die wirkliche grundlage des staates ist: wir werden kronbauern, und danach eigentümer erhalten, welche im echten sinne wohlhabend, das heißt, welche trotz vielleicht sehr geringer einnahme an baarem gelde alle wirklichen bedürfnisse ihres daseins zweckentsprechend zu befriedigen vermögen, und deren familien einen trefflichen nachwuchs an arbeitern, an gesunden menschen mit scharfen sinnen und starken sehnen und knochen, liefern werden. an der polnisch-russischen, an der dänischen grenze, auf den durch feste dämme mit einander zu verbindenden inseln des deutschen meeres und dem durch austrocknung des watts hinter diesen inseln zu gewinnenden lande, da liegt in Deutschland für die nächsten fünfundzwanzig oder funfzig jahre die antwort auf die arbeiter-, die armen- und die unteroffizierfrage.

Hier wird nun unser verhältnis zu Oesterreich zur sprache zu bringen sein.

geistiges leben — und politisches leben ist geistiges leben — erwacht durch die notwendigkeit des kampfes. je leichter einem kinde das lernen gemacht wird, desto weniger und oberflächlicher lernt es. je bequemer der weg eines mannes ist, desto weniger leistet er. je schwerere aufgaben einem stamme, einem volke gestellt sind, auf eine desto höhere stufe steigt dieser stamm und dies volk. ein volk erwirbt durch den krieg (dies wort im weitesten sinne genommen) die übung und volle ausbildung der ihm eingeborenen eigenschaften, und die fähigkeit, die charakteristischen eigentümlichkeiten des feindes, den es bekämpft, in sich aufzunehmen. grenzlandschaften besitzen daher, ohne daß eine mischung der zwei angrenzenden bevölkerungen statt gefunden hätte, in gewissem grade den doppelten wert der mittelländischen gegenden.

so ist es gekommen, daß in Deutschland die geschichte in den marken verlaufen ist. der ganze strich von der Wesermündung bis nach Tyrol hinab hat für unser vaterland wenig geleistet, weil er im frieden lebte: nur die Hessen hatten das glück, einen feind in ihrem eigenen fürstengeschlechte zu finden, und ragen darum über Engern, West- und Ostfalen, mittelFranken, Baiern und Tyroler an geistiger regsamkeit und zäher energie hervor. hätte Frankreich früher als es getan, krieg mit Deutschland angefangen, so wäre die Maas die durch deutsche art und deutsche liebe bewahrte und verteidigte westliche grenze unseres reiches geworden. aber die entscheidung unserer geschicke lag im osten.

ein kranz von marken, welche sich immer weiter nach sonnenaufgang schoben, omnis cellula ex cellula, brachte deutsches wesen im gegensatze zu slavischem, und dabei im gewinne des wesentlichen slavischer art, zur geltung. die Nordalbingier, Altmärker, Meißner sind die träger der geschicke Deutschlands. ihnen zur seite stand einst die avarische mark, Oesterreich, zur hut gegen die Hunnen gegründet. es mag sein, daß sie als die älteste, und von dem Baiern so feindlichen Karl dem großen mit Baiern besetzt, nicht volkskräftig genug organisiert war. das fränkische reich, getragen von nur wenigen fürsten, war in den tagen seines hellsten glanzes deutlich nur ein ephemerer bau, der niemandem als fester hintergrund und standort dienen konnte. auch sind die Baiern nicht rein deutschen, sondern aus celtischem und deutschem blute gemischten stammes, und die sesshaftigkeit der Celten schmeckt bis heute in ihnen, sehr abstechend von der unruhigen wanderlust der reinen Germanen, vor: sie drängten nicht nach in die neue mark, wie die Sachsen an der unteren und mittleren Elbe und, wenigstens bis zu einem gewissen grade, die Türinger und Franken an der Saale in die dort belegenen marken nachdrängten.

dazu kam, daß die Tschechen in einem durch seine randgebirge wohlverwahrten großen kessel saßen, in welchen hinabzusteigen niemanden lüstete, und daß in folge davon dies weite Tschechenland eine scheidemauer zwischen den Deutschen an der Ens und ihren landsleuten an der mittleren Elbe bildete, während im norden keine natürlichen wälle die flut der einwanderung hinderten, und sie ganz allmälig recht eigentlich im sande, aber weit hinauf im sande verlaufen konnte, und so bei uns oben sich helfend und aufrechterhaltend mark an mark schloß. es kam weiter dazu, daß Methodius und Cyrillus frühe die Tschechen und Mähren zum christentume bekehrten, also auch der glaubenseifer des nordens dem alten Oesterreich von vorne herein fremd sein mußte, diesem Oesterreich mithin abermals eine triebfeder zum handeln und zum ernste abgieng, welche der norden besaß.

vor allem aber, Hunnen und Avaren, ungefüges und lästiges gesindel, standen im werte weit unter den Slaven, welche man östlich von Elbe und Saale zu bekämpfen hatte, und der unwert des feindes spiegelt sich in dem unwerte der ostmärker an der Ens. Oesterreich war ein befriedetes land, als in Brandenburg, der Neumark und Pommern die schwerter noch klirrten und der deutsche pflug über immer neue fluren gieng, und darum hat Oesterreich sich nicht weiter entwickelt, während im norden der entwickelung, und darum des sieges, des fortschrittes, des rechtes zu herrschen und zu führen kein ende war.

Oesterreich hat dann noch einmal unruhige jahrhunderte gehabt: die Türken drangen an. aber die Habsburger kaiser hatten in übel beratenem wohlwollen ihre oesterreichischen erblande von der pflicht, den anprall der horden in erster linie auszuhalten, befreit: das reich mußte hülfe stellen, und Oesterreich genoß von den Türkenkriegen nichts als einen matten poetischen verklärungsschein, seine fürsten die aufrechterhaltung des rechtes der heeresfolge. bis an das ende des siebenzehnten jahrhunderts hat zum beispiel der brandenburgische adel, wie zahlreiche grabsteine in den brandenburgischen kirchen bezeugen, dem Habsburgischen kaiser gegen die Türken gedient.

Oesterreich hat längst kein existenzprincip mehr: man weiß nicht, warum es da ist. der kern des staates hatte zeitig die keimkraft verloren, und um ihn lagerten sich nicht eroberte, sondern erheiratete landschaften, welche nur mit den rosenketten Hymens an die monarchie geknüpft waren: und rosenketten sind nicht sehr haltbare fesseln.

eine klare einsicht in die politische lage des großen Donaureiches hat meines wissens kein oesterreichischer staatsmann und kein oesterreichischer fürst gehabt, weil ihnen allen die erkenntnis abgieng, daß staatsgedanke, staatsprincip und staatsaufgabe, staatspflicht ein und dasselbe sind.

einen versuch, auf richtige wege zu kommen, hat einmal prinz Eugen, als er die erbtochter der Habsburger, Maria Theresia, mit Friedrich II von Preußen zu vermählen vorschlug, hat weiterhin Joseph II gemacht, als er Baiern für Oesterreich gewinnen wollte. denn man kann ersteres für eine anerkennung der kleinen zukunftsvollen nordischen macht, letzteres als das eingeständnis ansehen, daß Oesterreich eine herrschende rasse haben müsse. keiner der beiden pläne ist verwirklicht worden: den letzteren rühmte sich Friedrich II von Preußen in deutschem interesse hintertrieben zu haben: mochte die maske seiner politik deutsch sein, das gesicht hinter der maske war altenfritzisch-preußisch.

wer Oesterreich erhalten will, muß für Oesterreich eine aufgabe finden, welche wert ist, gelöst zu werden. hundert Beust und hundert Andrassy reichen nicht aus, Oesterreich seinen platz in der geschichte zu sichern: Oesterreich muß sich ein von der weltgeschichte gewolltes ziel zu erreichen vorsetzen: dann wird dies ziel, und der unaufhaltsame, harte, dringende willen zu diesem ziele zu gelangen, Oesterreichs leben sein.

es gibt keine andere aufgabe für Oesterreich als die, der coloniestaat Deutschlands zu werden.

die völker in dem weiten reiche sind mit ausnahme der Deutschen und der südSlaven alle miteinander politisch wertlos: sie sind nur material für germanische neubildungen.

die südSlaven möge man ja mit allen germanisierungsversuchen verschonen. es ist bereits viel an ihnen verdorben worden, indem man westeuropäische staatsformen und anschauungen ihnen aufgebürdet, indem man mit russischem golde russische interessen unter sie gesäet hat, während doch nur serbisch-croatische interessen ein recht haben unter ihnen zu existieren.

alle übrigen nichtdeutschen stämme des Donaureiches, die Magyaren gar sehr mit eingeschlossen, sind lediglich eine last für Europa: je schneller sie untergehn, desto besser für uns und für sie. sie gleichen kaufmännischen geschäften, welche mit unzureichendem kapitale arbeiten. so gewiß es keine reuß-schleiz-greiz-lobensteinische politik geben kann, so gewiß ist ein königreich Lodomerien oder ein herzogtum Oszwięczym (zu deutsch Auschwitz), ein großfürstentum Ruthenien oder ein Wenzelland unmöglich. Ungarn ist ein bündel von unmöglichkeiten, und darum noch lange keine politische möglichkeit: es lebt nur von dem zusammenhange mit Cisleithanien. muß man aber dies zugeben, was gibt man damit anderes zu, als die pflicht, diesen völkern und stämmen zum verschwinden, und dadurch zum eintritte in das leben Europas behülflich zu sein? schon allein die notwendigkeit, welche auf dem Oesterreicher lastet, vier oder fünf sprachen zu sprechen und zu schreiben, hindert seine entwickelung. der mensch hat nur ein bestimmtes maß geistiger kraft: verbraucht er dies in der erlernung des magyarischen, ruthenischen, polnischen, tschechischen, windischen, serbischen, rumänischen, so behält er für wesentliches nichts übrig. er ist im stande in sechs zungen schnitzel und bier zu bestellen, aber nicht im stande an der geschichte mitzuarbeiten. ich dächte, die wahl zwischen den beiden fähigkeiten wäre eigentlich so schwer nicht: wenn nur pfaffen und junker nicht so viel interesse hätten, nicht unter menschen zu leben, welche an der geschichte mitarbeiten.

trifft es sich nun, daß Deutschland vielleicht für ein menschenalter, aber nicht länger, boden genug hat, seinen nachwuchs als colonisten anzusetzen: trifft es sich, daß deutsche colonisten völlig so stätig, arbeitsam, selbstständigkeitsfähig sind wie angelsächsische, sobald sie nur der atmosphäre der preußischen, in alles sich mischenden gensd'armes und der liberalen neudeutschjüdischen, ihren lesern das denken ersparenden und das eigene sehen unmöglich machenden zeitungsschreiber entrückt sind, so ist die aufgabe oesterreichischer politik ganz einfach die, alle deutschen auswanderer an sich zu ziehen, und in dichten schaaren bei einander, zunächst an den äußersten grenzen des staates, anzusiedeln. nicht vereinzelt, denn da geht erfahrungsmäßig ihre deutschheit verloren. die Bukowina mag den siebenbürgischen Sachsen die hand reichen: Istrien als ausgangspunkt des deutschen handels auf der Adria und nach Africa muß gesichert werden: die Jablunka darf nur noch deutsch hören, und von da aus hat die woge südwärts zu gehn, bis von allen den kläglichen nationalitätchen des kaiserstaates nichts mehr übrig ist. namen für die neuen ortschaften sind leicht zu finden: man braucht nur die listen der im dreißigjährigen kriege zerstörten oder verlassenen dörfer und weiler zur hand zu nehmen.

so etwas macht sich nicht von selbst: so etwas muß gewollt

werden. es sollte hier nicht brennen, sagst du: es sollte hier keine unordnung sein. seltsamer mensch, so gib dich ans löschen, und lege hand an, ordnung zu schaffen.

nichts da von furcht, daß dies der heimfall Oesterreichs an das deutsche reich sei. im gegenteile: wenn die sache richtig angefaßt wird, bedeutet sie den anfall des deutschen reiches an Oesterreich, die verlegung des schwerpunktes der europäischen politik von Petersburg nach Wien. denn da ist die macht, wo die arbeit ist: da die politische macht, wo die politische arbeit ist: und politische arbeit ist es nicht, was die zweitausend herren vom munde und von der fraction, die siebenzigtausend herren vom grünen tische, die zehntausend herren von der zeitungsfeder in Deutschland tun, während es ganz gewaltige politische arbeit wäre, dorf für dorf deutsch zu bauen, hof für hof das brot selbst zu schaffen, das weib und kind essen sollen, den Magyaren, Tschechen, Ruthenen, Hannaken und Slowaken zu zeigen, wer der bessere mann, und wer, als der bessere mann, berechtigt ist zu herrschen.

von selbst versteht sich, daß die kaiser von Deutschland und Oesterreich hierzu sich die hand bieten müssen, und daß durch eine erbverbrüderung festzustellen ist, daß das letzte ende dieser neidlosen entwickelung ein einziges reich sein wird, dessen grenzen im westen von Luxemburg bis Belfort, im osten von Memel bis zum alten Gotenlande am schwarzen meere zu gehn, im süden jedenfalls Triest einzuschließen haben, und das kleinAsien für künftiges bedürfnis gegen männiglich frei hält.

Oesterreich hat in verhängnisvoller unfähigkeit Preußen und die berechtigung Preußens zu existieren unterschätzt: darum war der krieg von 1866 eine unbedingte notwendigkeit: Oesterreich mußte lernen, daß ein staat ohne staatsgedanken, so alt und umfänglich er ist, durchaus keine veranlassung hat, einen staat, in dem eine idee lebt, zu verachten. aber trotzdem ist 1866 und ist das jetzige deutsche reich nur eine episode: Nikolsburg kann nicht trennen, was geographie und geschichte zum zusammensein bestimmt haben, wenn dieses zusammensein auch vielleicht noch lange nicht einheit sein wird. Oesterreich braucht unsere colonisten, und Deutschland braucht Oesterreich für seine .colonisten.

vor 1866 und 1870 pflegte man uns in aussicht zu stellen, daß die einigung Deutschlands eine herabminderung der militärlast zur folge haben werde. seitdem hat der feldmarschall Moltke im reichstage unumwunden ausgesprochen, daß die frucht unserer siege die verpflichtung sei, fünfzig jahre hindurch in steter kriegsbereitschaft zu leben. die steuern sind in fortdauerndem wachsen: ein den mittleren ständen angehörender mann zahlt in dem fast schuldenfreien Preußen an ihnen nie weniger, sondern fast stets erheblich mehr, als ein ihm an einkommen und rang gleich stehender bürger des tief verschuldeten Englands zahlt. da siebentehalb millionen Preußen von der klassensteuer frei sind, darf man, falls man nicht den leuten sand in die augen streuen will, nicht einfach die einwohnerzahl in die steuersumme dividieren, um zu erfahren, wie stark der einzelne kopf belastet ist. die sogenannte decentralisation der verwaltung — sicher nicht um der schönen augen des liberalismus willen unternommen — soll wohl in erster linie die ministerien entbürden, deren beamte sich jetzt vor arbeit kaum zu lassen wissen: sie hat aber, wenn nicht alles täuscht, nebenher auch den andern zweck, die gehässigkeit neuer geldforderungen vom staate auf die gemeinden und die provinzen abzuwälzen: daß es schon jetzt städte gibt, welche an communalsteuern das drei- oder vierfache der staatssteuern erheben, ist wohl allein ein beweis, wie schwer krank unser vaterland ist. doch wozu das? hier habe ich nur festzustellen, daß jene alten hoffnungen nicht erfüllt worden sind. daraus ergibt sich für jeden, der nachdenken kann, daß die grundlage, auf welche jene hoffnungen gebaut waren, nichts taugte. den frieden in Europa ohne dauernde belästigung seiner angehörigen zu erzwingen, ist nur ein Deutschland im stande, das von der Ems- zur Donaumündung, von Memel bis Triest, von Metz bis etwa zum Bug reicht, weil nur ein solches Deutschland sich ernähren, nur ein solches mit seinem stehenden heere sowohl Frankreich als Russland, und mit seinem heere und dessen erstem ersatze das mit Frankreich verbündete Russland niederschlagen kann. weil nun alle welt frieden will, darum muß alle welt dies Deutschland wollen, und das jetzige deutsche reich als das ansehen, was es ist, als eine étape auf dem wege zu vollkommenerem, eine étape, welche zu dem endgültigen mitteleuropäischen staate sich so verhält, wie sich der einst bestandene norddeutsche bund zum jetzigen deutschen reiche verhalten hat.

6

Die gerechtigkeit ist die grundlage der staaten: das ist ein alter spruch, dem bei uns sein recht nicht wird.

Ich halte es nicht für nötig und nicht für angebracht, alle mir bekannten fälle politischer ungerechtigkeit, wie ich sie nennen will, aufzuzählen, sondern begnüge mich, an zwei punkten klar zu machen, was ich meine.

Einmal habe ich von einer steuer zu reden.

was die besteuerung der Deutschen anlangt, so kann es mir nicht beikommen, sie im großen und ganzen einer kritik unterwerfen zu wollen: sehr empfohlen ist ja die deutsche finanzpolitik durch die art gewiß nicht, in welcher sie die französische kriegsentschädigung behandelt hat: wenn ein arzt einem körper plötzlich ein drittel mehr blut zuführen wollte, als dieser körper für gewöhnlich enthält, so würden wir ihn ohne zweifel für einen schlechten arzt halten: sollte eine finanzverwaltung eine gute sein, welche eine so ungeheuere summe, wie jene fünf milliarden francs, sich in möglichst abgekürzten terminen zahlen läßt, und innerhalb eines jahres auf den markt wirft, ohne übersättigung und, in folge dieser, stockung und fäulnis zu befürchten? von vorne herein also steht zu erwarten, daß wesentliche dinge in dem deutschen finanzsysteme zu ändern sein werden: allein man braucht technische fragen nicht zu politischen aufzublähen. hier kommt nur Eine steuer in betracht, welche bezeichnender weise der liebling der liberalen und der radicalen ist, und welche gleichwohl für ungerecht, also für den innersten kern der nation schädigend erklärt werden muß, die einkommensteuer.

für directe gegen indirecte steuern partei nehmen, erscheint jedem, der mit offenen augen in England und Frankreich gelebt hat, als ausfluß einer sehr hochgradigen unfähigkeit politisch zu denken. wir sollen freilich wohl den kelch des liberalismus bis auf die hefen auskosten, und werden schon erleben, daß dieser liberalismus, jetzt nicht im stande den umfang der staatsbedürfnisse und der privatvermögen richtig gegeneinander zu schätzen, so wie er seine an communismus grenzenden forderungen durchgesetzt haben wird, sich als partei der ordnung vom säbel gegen die folgen seiner doctrinen wird schützen lassen müssen.

in der theorie ist es freilich völlig richtig, daß reiche leute in dem maße mehr zu den allgemeinen lasten beizutragen haben, in welchem sie reicher sind als andere. die schwierigkeit ist nur immer die doppelte, daß einmal der begriff reichtum an sich schon der nötigen klarheit ermangelt, und daß zweitens die steigerungsform reicher mit einer unbekannten rechnet, welche nie gefunden werden dürfte, mit dem besitze anderer nämlich, von dem aus gesteigert wird, und daß in folge davon dies reicher für immer ebenfalls ein objectiv unbestimmbares y bleibt. verhält sich dies aber so, dann haben wir es gar nicht mit reichtum, von welchem die declamatoren reden, sondern mit einkommen zu tun, von welchem auch das gesetz allein spricht. nun steht uns, um zu einem resultate in betreff der höhe dieses einkommens zu gelangen, wenn wir an die rechtschaffenheit der einzuschätzenden glauben, ein sehr bequemer weg offen: wir brauchen sie nur selbst angeben zu lassen, wie viel sie einnehmen. es würde sich der mühe lohnen, den krümmungsradius der öffentlichen sittlichkeit einmal wenigstens für eine provinz des vaterlandes rechnungsmäßig festzustellen: Hannover schätzte sich, bis es preußisch wurde, selbst ein: es wird aufklärend und beschämend wirken zu wissen, wieviel hinter denen des jetzigen systems der zwangsveranlagung zurückbleibende erträge jenes angeblich so sittliche verfahren abgeworfen hat. die regierung kennt ihre leute praktisch zu gut, um auf die morsche brücke der selbsteinschätzung zu treten: ihre beauftragten wandeln die pfade der mutmaßung und des probierens, pfade, welche sehr nahe parallel laufen. erstere nimmt sich, wenn es sich um mark und pfennige — ganz concrete dinge — handelt, äußerst wunderlich aus: letzteres ist das verletzendste, widerwärtigste, was ein nur halbwegs fein fühlender mensch an sich erleben kann: denn nicht allein zwingt es ihn, vor fremden augen

— und zu diesen augen gehört wenigstens recht oft ein mund — dinge aufzudecken, welche niemanden etwas angehn: es zwingt ihn auch, um jämmerliches geld zu markten, nicht sowohl um der augenblicklich geforderten summe willen, als darum, weil, falls diese nicht bestritten wird, nach der fast stehenden praxis der einschätzungsbehörden im nächsten jahre eine höhere, noch ungerechtere leistung verlangt wird, und er sich schließlich doch veranlaßt sieht, das widerliche geschäft der reclamation zu treiben.

das ist aber noch nicht alles, und jedenfalls ist es nicht die hauptsache. durch eine reihe von gehässigen, unerfreulichen bloßstellungen kann ein mann vielleicht erreichen, daß er persönlich nicht mehr und nicht weniger einkommensteuer zahlt, als er zahlen muß: zum moralischen wohlbefinden eines guten menschen gehört aber nicht allein, daß er persönlich gerecht behandelt sei, sondern auch, daß alle rund um ihn herum ebenso behandelt werden. gerechtigkeit ist kein privatbesitz eines einzelnen: sie geht durchaus die gesammtheit an: sie ist gar nicht da, wo sie nicht allen zu gute kommt. und nun frage man nach der tatsächlichen lage der dinge. alle welt ist inniglich davon durchdrungen, daß weitaus die meisten bürger ungerecht eingeschätzt werden. die steuerbehörden selbst wissen, daß hunderte ihrem griffe entgehn. umgekehrt reclamieren hunderte nicht, weil sie lieber zu viel zahlen, als fremde augen in ihre innersten verhältnisse hineinblicken lassen wollen.

außer acht gelassen wird außerdem, daß wir gar nicht mehr in der epoche stehn, in welcher geld oder geldeswerte bezüge allein das einkommen ausmachen. der credit ist ebenso an die stelle des geldes getreten, wie früher einmal das geld an die stelle der naturalleistung gerückt ist: ihn beim einkommen nicht veranschlagen, heißt sich einer groben unterlassung schuldig machen. daraus aber allein ergibt sich die notwendigkeit, von einer einkommensteuer nicht mehr zu reden, da der credit äußerst schwer in mark zu schätzen ist, und jene steuer, falls sie ihn träfe, die solidität treffen, und damit einen teil unserer hoffnungen vernichten würde: darf man doch glauben, daß die creditzeit dem verruchten mammonsdienste unserer tage ein ende machen werde. es soll der regierung, wenn sie das geld braucht, kein pfennig von ihren jetzigen einnahmen entzogen werden: möge sie nur statt des einkommens den geldumlauf besteuern. möge sie von jedem gehalte pro rata nehmen, was sie für notwendig erachtet: möge sie ein gesetz einbringen, daß jede zinsquittung bei strafe ihres tausendfachen betrages nur gestempelt gültig ist, und daß keine zinszahlung, betreffe sie eisenbahn-, staats-, grundbuch- oder persönliche schulden, anders als gegen quittung geleistet werden darf — die quittungsempfänger werden von selbst als vortreffliche stempelfiscale dienen —: möge sie sich das recht erwerben, die jahresabschlüsse der hauptbücher bei kaufleuten und gewerbetreibenden einzusehen, welche ja zur buchführung verpflichtet sind, und möge sie von den abschließenden ertragssummen bestimmte procente erheben: aber verschone sie uns mit dem jetzigen, völlig willkürlichen, nie zum ziele treffenden und die nationale gerechtigkeit auf das bitterste beeinträchtigenden verfahren.

Fühlt die nation die ganze schwere des zuletzt erörterten punktes nicht, so ist ihr wenig zukunft zuzutrauen, und dann wird, was ich in diesem kapitel weiter auseinanderzusetzen habe, nur auf dem papiere stehn.

Sind wir bürger, das heißt, organisch eingefügte glieder eines gemeinwesens, so geht jeden einzelnen von uns die krankheit jedes teiles dieses gemeinwesens genau so viel an, wie das herz die krankheit des kopfes, oder die hand das übelbefinden des fußes angeht. kein glied leidet, ohne daß das ganze leidet. darum hat jedes glied das bestreben und die befugnis, jedem anderen gliede von dessen krankheit zu helfen. daraus folgt mit zwingender notwendigkeit, daß jedes im staate geschehende unrecht nicht bloß den einzelnen trifft, dem es zugefügt wird, nicht bloß das stark unpersönliche ganze, in welchem es vorkommt, sondern durchaus jeden, neben dem es geschieht. es ist schiere albernheit, nicht ans löschen zu denken, wenn des nachbaren haus brennt: denn eine wendung des windes, ein verzettelter funke kann mein eigenes dach in flammen setzen. in der moralischen welt haben wir es noch dazu nie mit einem nebeneinander, sondern stets mit organismen zu tun, deren glieder sich weit näher angehn, als die häuser von nachbaren: das gute wie das böse ist nun einmal nach Zarathustra und dem evangelium ein reich. überdies ist ein gift stets um so zerstörender, je höher der ort ist, in welchem es erzeugt wird. die aus menschen entstandenen miasmen sind auf physischem wie ethischem gebiete gefährlicher, als alle anderen miasmen, und darum unbedingt sofort, wo sie sich zeigen, zu verjagen, und, wenn es irgend angeht, zu vernichten. uns fehlt in Deutschland die möglichkeit das schlechte zu bekämpfen, wenn es uns nicht unmittelbar zu unserem in mark und pfennigen anzugebenden schaden zu nahe tritt. wenn mir buben meinen garten verwüsten, so bin ich persönlich zur klage legitimiert: treiben sie in dem anwesen des nachbaren unfug, so kann ich höchstens bei der polizei den angeber machen, und habe nicht einmal das recht, die polizei zum einschreiten zu zwingen: in größeren angelegenheiten tritt die staatsanwaltschaft an die stelle der polizei. das ist völlig unerträglich. in einem wirklichen gemeinwesen wird jeder mit beleidigt, wenn irgend wer beleidigt wird, und muß darum jeder zur klage befugt sein, der etwas schlechtes und unrechtes sieht.

dies ist jetzt um so nötiger, als einmal das nationallaster der heutigen Deutschen die liebenswürdigkeit ist, das heißt, der gute wille, unter der bedingung selbst entsprechend behandelt zu werden, einen jeden gewähren zu lassen, und als andererseits das verschwinden der religion das sinken des öffentlichen anstandes und

der öffentlichen moral — man denke nur an die börse — zur
folge gehabt hat, und zur folge hat haben müssen. es wird zur
zeit noch möglich sein, in jeder stadt und jedem städtchen einen
oder einige energische männer (an wohlmeinenden fehlt es noch
nirgends) zu finden, die nach dem rechten sehen: in zehn jahren
dürfte auch dies nicht mehr gehn, und darum ist es durchaus unumgänglich, die vorhandenen moralischen kräfte jetzt zu bewaffnen.

es ist mir auf diese von mir seit einem vierteljahrhunderte
unablässig wiederholte forderung fast stets erwidert worden, daß
ihre befriedigung der processe eine endlose zahl hervorrufen werde.
gewiß wird nötig sein, leichtfertige und böswillige klagen dadurch
zu erschweren, daß man ihren anstiftern strafen droht: aber selbst
unter diesem vorbehalte wird es zunächst allerdings der rechts-
händel eine menge geben. allein was beweist das gegen die maßregel? beweist es nicht vielmehr für ihre notwendigkeit, daß jedermann erwartet, so viel faules werde gefunden werden, daß womöglich neue richterstellen werden geschaffen werden müssen, es abzu-
urteilen? wollen wir alles gehn lassen, wie es geht, fallen lassen
wie es fällt, weil richter, deren beruf es ist zu richten, von ihrem berufe arbeit haben?

7

Was von der gerechtigkeit, gilt auch von der wahrhaftigkeit.
auch ihr geschieht in Deutschland nicht ihr recht.

mir fällt nicht ein zu behaupten, daß man sich der unwahrhaftigkeit bewußt ist, deren man sich schuldig macht: darum ist
sie aber doch vorhanden, und wirkt, natürlich zerstörend.

zwei punkte zu besprechen genügt: was weiter zu erörtern
wäre, kann man als die gesellschaft, nicht die nation angehend bei
seite lassen.

es wird angenommen, daß die nation ihre geschäfte selbst besorgen müsse: in anderer formulierung des gedankens, daß jeder
bürger seinen einfluß auf die öffentlichen angelegenheiten solle geltend machen dürfen: daß die gesetzgebung und die verwaltung des
staatseigentumes nur mit zustimmung des volkes möglich sei.

zu diesem behufe hat das volk das recht, vertreter zu wählen.

das system, welches in Preußen hierfür gilt, ist von dem gegenwärtigen reichskanzler am 28 März 1867 in einer weise cha-
rakterisiert worden, welche mich der mühe es meines teils zu kritisieren überhebt: der erste beamte Preußens behauptete, ein wider-
sinnigeres, elenderes wahlgesetz sei in keinem staate ausgedacht
worden. nichtsdestoweniger hat man keine anstalt getroffen, es
mit einem besseren zu vertauschen.

ich darf mich der arbeit entschlagen, die wahlordnungen der
anderen deutschen staaten zu beurteilen: das reichswahlgesetz hat
ihnen allen so sehr den rang abgelaufen, daß, was in diesem abschnitte zu verhandeln ist, an das reichswahlgesetz angeknüpft werden kann.

wählen heißt, wenn wir ehrlich sein wollen, die namen aufsagen, welche durch die dreistigkeit ihrer mitglieder beauftragte ausschüsse von catilinischen oder ciceronischen existenzen aufzusagen befohlen haben. abgeordnete sind urwähler, welche innerhalb der gesetzgebenden versammlungen den parteiführern selbst so blind folgen, wie die urwähler außerhalb dieser versammlungen den agenten dieser parteiführer folgen: das volk hat keinerlei innerliche, wesentliche beziehungen zu seinen sogenannten vertretern. das ganze system ist eine große unwahrheit.

zuvörderst wird man sich darüber klar zu werden haben, daß ein volk nicht aus urwählern besteht. es tut dies so wenig, wie ein bild Raphaels als bild Raphaels aus leinewand und farbenmolekülen zusammengesetzt ist. ein bild enthält allerdings auch leinewand und farben, aber soferne es diese enthält, ist es völlig wertlos: denn die leinewand ist durch die farben als leinewand, und die farben sind durch ihre zusammenstellung mit einander als farben verdorben. der wert des bildes liegt in der idee des malers, und in der kunst und kraft, mit welcher er diese idee ausgeführt hat. so hat ein volk allerdings auch eine natürliche grundlage, und besteht aus individuen: aber diese natürliche grundlage ist in der nationalität aus dem physischen ins historische übersetzt, und darum als bloß natürliches nicht mehr vorhanden: die individuen stehn als solche, das heißt, als egoismen, sogar im gegensatze zum volke. der wert eines volkes liegt in der organischen vereinigung der einer reihe von menschen eigentümlichen natürlichen kraft mit einer ihnen allen genehmen geschichtlichen aufgabe.

das volk spricht gar nicht, wann die einzelnen individuen sprechen, aus denen das volk besteht. das volk spricht nur dann, wann die volkheit — es freut mich diesen sehr passenden, aber vergessenen ausdruck Goethes zu benutzen — in den individuen zu worte kommt: das heißt, wann das bewußtsein der allen einzelnen gemeinsamen grund- und stammnatur wach, und sich über ihr verhältnis zu großen tatsachen der geschichte klar wird. in betreff von kriegen, wie die von 1866 und 1870 waren, redet das volk, auch wenn man nur die summe seiner einzelnen mitglieder befragt: es redet auch in betreff der kirchlichen fragen insoferne, als es seinen willen zu erkennen gibt, von pfaffen unbehelligt zu sein. in betreff einzelner gesetze und einzelner verwaltungsmaßregeln bleibt das volk völlig stumm, wenn man es auch mann für mann um seine meinung angeht, und von mann für mann antwort erhält. das volk denkt als ganzes nur über ganze. es kann außer über große eräugnisse auch über einzelne menschen ein urteil fällen, falls diese darauf hin zu betrachten sind, ob sie ganz oder halb, ehrlich oder streber sind. auf solche forderung gibt es ein so triftiges verdict ab, wie der schulknabe es über seinen lehrer abgibt. es läßt sich da auch nicht durch die form irre machen, in welcher ein solcher mann sich darlebt. der englische abgeordnete Plimsoll hat jüngst gewiß so grob, wie nur denkbar, gegen den brauch des hauses, in welchem er redete, und gegen den üblichen anstand verstoßen: aber weil er echt war, hat er das volk hinter sich gehabt, und das volk hat das parlament und den leitenden minister ohne zwang gezwungen, zu tun, was dieser grobe und formlose Plimsoll wollte.

bei den wahlen zu unseren öffentlichen versammlungen stehn aber nicht urteile über tatsachen der geschichte und, wie die sachen zur zeit in Deutschland liegen, auch nicht urteile über den moralischen wert oder unwert einzelner minister zur frage — die träger der kronen halten gottlob die wahl ihrer ratgeber in eigenen händen —, sondern es handelt sich darum, männer zu finden und abzuordnen, welche eine reiche fülle von problemen der gesetzgebung lösen, von aufgaben der verwaltung in die rechten geleise schieben, von finanzforderungen abwägen und nach befinden bewilligen oder verweigern sollen.

ich kann es daher nur als selbsttäuschung ansehen, wenn zustimmung des volkes zur allgemeinen richtung der herrschenden politik und zutrauen zu dem guten willen der leitenden staatsmänner als zustimmung zu den einzelnen äußerungen dieser politik und den einzelnen handlungen dieser staatsmänner ausgelegt und aufgefaßt wird.

die frage steht tatsächlich nur so: deutsche einheit, freiheit von Rom, Bismarck auf der einen, vielstaaterei, ultramontanismus, Windhorst auf der anderen seite. weiter etwas durch das volk und seine wahlen entscheidbar glauben, ist meines erachtens unzulässig.

wie aber, wenn einmal diese allgemeinen fragen nicht mehr auf der tagesordnung sind? und wir dürfen doch hoffen, daß wir aus dem ABC herauskommen werden. dann ist das allgemeine stimmrecht, ja, was ist es dann? es dann noch anwenden, so unpassend, als wollte man mit dem teleskope einer sternwarte die fliegen an der stubenwand beobachten. dann müssen notwendigerweise andere wege eingeschlagen werden, um der idee zu ihrem rechte zu verhelfen, daß das volk selbst über die es angehenden angelegenheiten mitzureden hat.

Aber selbst jetzt hilft das allgemeine stimmrecht nicht zur klarstellung der tatsächlichen verhältnisse. es ist von dem abgeordneten Reichensperger im reichstage am 4 December 1874 zur sprache gebracht worden, daß für die nationalliberalen candidaten 166440, für die katholischen 156493 stimmen abgegeben worden sind. danach müßte das verhältnis der parteien im reichstage ein ganz anderes sein, als es ist. damit ist dann gesagt, daß die minderheit bei uns gar nicht zu ihrem rechte kommt, daß also das volk in seiner vertretung gar nicht voll vertreten ist. es wird sich bei der unumgänglichen neubearbeitung des wahlgesetzes empfehlen, entweder in den einzelnen bezirken je zwei abgeordnete ernennen zu lassen, und anzuordnen, daß die beiden erkoren sind, welche die höchste und nächsthöchste stimmenzahl auf sich vereinigen, oder aber festzusetzen, daß jeder in den landtag tritt, welcher, sei es aus welchen bezirken des reichs es sei, eine bestimmte zahl voten sich erworben hat.

dies letztere verfahren möchte, den parlamentarismus überhaupt als berechtigt vorausgesetzt, aus einem ganz besonderen und sehr erheblichen grunde als das vorzugsweise geeignete erscheinen.

die quelle des fortschrittes in der geschichte ist der einzelne mensch. jeder, der energische lebenskraft genug mitbekommen hat, um in sich die anlage zu einer harmonischen existenz, zu einem lebendigen kunstwerke zu spüren, tritt eben durch dies gefühl in gegensatz zu der ihn umgebenden, das heißt ihn einengenden, hemmenden, sich selbst entfremdenden welt: er nützt der geschichte dadurch, daß er, je voller er sich aus- und freilebt, mittelpunkt für andere wird, und weiteren kreisen wenigstens einen stärkeren oder schwächeren abglanz seines inneren, nirgends als in ihm leuchtenden lichtes übergießt: jeder mensch soll eine vermehrung des besitzes der menschheit sein, und nebenbei auch eine vermehrung dieses besitzes bewirken. wer immer in der geschichte förderlich gewesen, ist zuerst ketzer und störenfried, danach eine kurze weile großer mann und schließlich trivial gewesen. es muß jedem volke daran liegen, alle irgend auftauchenden ketzereien sofort in einen brennpunkt zu sammeln: denn in diesen ketzereien, noch genauer gesprochen, in den personen der ketzer, liegt die gewähr des fortschrittes, und zwar die einzige gewähr desselben. sowie ein wahlgesetz gestattet, über ganz Deutschland hinweg stimmen zu sammeln, können wir leidlich sicher sein, in unsere land- und reichstage die träger der zukunft geschickt zu sehen, welche zu der zeit, in welcher sie am energischsten wirken können, in einem einzelnen bezirke schwerlich, im gesammten vaterlande aber fast gewiß so viele voten erhalten werden, wie das gesetz nach sehr einfacher berechnung als nötig festzustellen für gut finden wird. was damit gewonnen wäre, bedarf keiner auseinandersetzung. zu den mundstücken laufender und eben darum, weil sie siegreich sind, immer schon mehr oder weniger verbrauchter ideen, und zu den nullen, welche hinter diesen wenigen vergnügt und befriedigt einher stimmen, würden propheten treten, frisch genug, um jene der oberfläche des augenblicklichen geschichtlichen lebens entsprechende durchschnittspolitik zur aufwendung ihrer letzten kraft aufzustacheln, und hinlänglich klug, zu begreifen, daß sie in gegebenen versammlungen und gegebenen verhältnissen mit dem besten neuen nur wirken werden, wenn sie an das wirklich charakteristische des bestehenden alten anknüpfen.

Sehen wir aber auch von der art und weise ab, in welcher die abgeordneten Deutschlands gewählt werden, so bleibt immer noch der umstand von gewicht, daß das parlamentarische system das wesentlichste zu nichte macht, auf dem ein staat beruht, das gefühl der persönlichen verantwortlichkeit der in ihm handelnden personen.

eine versammlung hat an und für sich nur als gesammtheit eine verantwortung, und darum hat erfahrungsmäßig jedes einzelne mitglied dieser versammlung und die versammlung selbst nur in sehr geringem maße eine verantwortung.

verantwortlichkeit ist überall nur da, wo strafe für misbrauch der verantwortlichkeit, das heißt, da, wo klage auf schadenersatz und der schadenersatz selbst oder strafe möglich ist. wer aber will eine solche klage gegen unsere öffentlichen versammlungen und ihre auf fractionsbeschlüssen und einwirkungen der regierungen beruhenden abstimmungen für denkbar halten? wo wäre der gerichtshof für sie? wo die möglichkeit zur vollstreckung des urteils?

ein ministerium, welches verpflichtet ist, mit einer oder mehreren versammlungen zu verhandeln — und die deutsche regierung hat deren wahrlich eine genügende zahl auf dem halse — ein solches ministerium hat ebenfalls nicht die volle verantwortung für das, was es tut, und kann die verantwortlichkeit überhaupt nur in der weise tragen, wie es sie gegenwärtig trägt. aber dies gegenwärtig ruht auf zwei, jedenfalls auf wenigen augen: es kann nicht den maßstab für dauernde einrichtungen des staates abgeben, daß zur zeit der parlamentarismus tatsächlich einer durch die umstände heraufgeführten, in parlamentarischen formen ausgeübten dictatur platz gemacht hat.

wenn man meinen sollte, das zur durchführung dieser dictatur trefflich benutzbare recht der regierungen, in die ersten kammern aus allerhöchstem vertrauen mitglieder zu berufen, sei in der weise, in welcher wir es schon zweimal haben anwenden sehen, geeignet den parlamentarismus zu empfehlen, so irrt man sich: im gegenteile, es macht ihn lächerlich und verächtlich, und verhüllt nur vor sehr blöden augen die tatsache, daß mit dem parlamentarismus eben nicht zu regieren, das heißt, nicht zu leben ist. solche ernennungen sind im principe nicht verschieden von der in der Twestenschen angelegenheit mit so heißem ingrimme besprochenen ernennung nach ihrer politischen gesinnung ausgewählter beisitzer eines gerichtshofes. es zeigt, wie wenig entwickelt politisches denken, und wie selten auch nur das allergewöhnlichste gerechtigkeitsgefühl in unserem volke ist, wenn die leute, welche die zuziehung jener hülfsrichter gebilligt haben, nicht auch die ernennung der zum durchstimmen des grundsteuer- oder des schulaufsichtsgesetzes in das herrenhaus berufenen männer billigen, und wenn umgekehrt diejenigen, welche dem liberalen ministerium für die von ihm ausgegangene vermehrung der liberalen weisheit der ersten kammer zujauchzen, der conservativen regierung die befugnis absprechen, in conservativem sinne dasselbe zu tun, was sie in liberalem für gestattet erachten. unabhängige köpfe werden die eine maßregel genau so beurteilen, wie die andere, und wenn ein und derselbe mann die eine wie die andere veranlaßt oder doch mit seiner person gedeckt hat, dies gewiß nicht für einen triumph des parlamentarismus, sondern nur für einen neuen beweis des bestehens einer dictatur ansehen.

Es bleibt weiter der umstand zu erwägen, daß das parlamentarische system nichts ist, als die anwendung des priestersystems auf politische verhältnisse, eine anwendung, welche durch die widerrufbarkeit des erteilten auftrages eine erträglichere gestalt gewonnen hat, welche aber trotzdem die politische tätigkeit des volkes, welche zu verlangen und in der ordnung zu finden man so gütig ist, während der jedesmaligen dauer des erteilten mandates schlafen schickt. die außerordentlich große neigung der Deutschen für zweckessen — die zeiten des conflictes und des dänischen krieges haben sie nicht töten können, so lächerlich die politischen tafelrunden sich und die auf ihnen gefaßten resolutionen damals gemacht — diese neigung bewirkt, daß man es für eine politische tat hält, wenn der verehrte abgeordnete zwischen oder vor den gläsern einen bericht über seine, meist im unterstützen des parteihauptes, das heißt, im ja sagen bestandene sogenannte tätigkeit abstattet, und die herren wähler oder urwähler in der gehobenen stimmung des nachtischfiebers seinen bericht anhören. politisches priestertum muß auf die dauer ebenso vernichtend wirken, wie kirchliches priestertum es erfahrungsmäßig überall getan hat: es kann nichts schaden, dies schon jetzt rund heraus auszusprechen.

Sollte es vielleicht an der zeit sein, zu bestimmen, daß von jetzt ab gar nicht mehr parlamentiert wird, sondern ein nach bedarf aus den jedesmal sachverständigen berufener staatsrat die legislatorischen befugnisse unserer politischen versammlungen ausübt? einzusehen, daß wir keine — so wie so nur für wenige offenen, also ihre bestimmung gar nicht erfüllenden — sprechsääle für politik brauchen, wenn die presse wirklich frei, das heißt, wenn nicht allein das aussprechen jeder überzeugung unbedingt erlaubt, sondern die zeitungen auch gegen systematische beeinflussung, komme sie woher sie wolle, unbedingt geschützt sind? anzuordnen, daß das steuerbewilligungsrecht den provinzenweise zusammengefaßten häuptern der gemeinden in ihrer gesammtheit gehört? daß die controlle über jede handlung des staates jedem einzelnen in der weise zusteht, daß er vor einem mit voller ausführungsbefugnis ausgestatteten staatsgerichtshofe klagen darf, so wie er etwas recht- oder zweckwidriges sieht? und daß sonst die verfassung des landes in der selbstständigkeit und wohlhabenheit möglichst aller seiner bewohner und in einer vom kaiser bis zum letzten bettler reichenden nationalen religion zu bestehn habe? wir sind wirklich nachgerade mit parlamentarismus überfüttert.

Betrachten wir nach dem vorzugsweise in die augen fallenden factor unseres öffentlichen lebens, dem beweglichen, einen anderen, nicht minder wichtigen, den in sich beharrenden, nach den von drei jahren zu drei jahren wechselnden abgeordneten die bleibenden fürsten unserer heimat.

monarchie in dem sinne, in welchem der Germane sie sich unwillkürlich denkt, ist, eben weil er sie sich unwillkürlich so denkt, wie er tut, eine eigentümlich germanische einrichtung. möglich, daß die Griechen in uralten tagen etwas ähnliches gehabt: für uns ist seit der zeit, in welcher zuerst Germanen in der geschichte erscheinen, der fürst der vertrauensmann des volkes, des stammes, des gaues. eine beschränkung des fürsten ist darum undenkbar: überwacht wird, um das moderne, romanische wort zu brauchen, der staat, niemals der fürst.

darum wird recht gesprochen niemals im namen des staates, sondern stets im namen des fürsten. darum ist es oberster rechtsgrundsatz der am reinsten germanischen nation, der Engländer, daß der könig nicht sündigt.

es ist der modernsten politik Deutschlands vorbehalten geblieben, diese grundanschauung deutschen öffentlichen rechtes aus den augen zu verlieren. der staat und die staaten sind alles, und dabei ist vor den augen des lebenden geschlechtes sehr unzweideutig die höchste krone des vaterlandes von den trägern der minderen kronen, nicht von ministern, nicht vom volke und nicht vom heere verliehen worden, von denen allen könig Wilhelm sie nicht angenommen haben würde: und dabei ist das wort rechtsstaat in aller munde, und das recht entfließt, wie jedes erkenntnis zeigt, nicht dem staate, sondern dem fürsten.

ich habe zu der bestimmung des begriffes staat, welche ich früher einmal gegeben, nichts hinzuzufügen als die erklärung, daß, so viel ich sehe, eine nation um so glücklicher, weil um so lebensvoller, selbstkräftiger ist, je weniger der staat in ihr zu tun hat, der meines erachtens überall nur da eintritt, wo die tätigkeit der nation als solcher nicht ausreicht, dessen verhältnismäßige unbeschäftigtheit mithin stets die tatkraft und talenwilligkeit der nation anzeigt: ich verhehle keinen augenblick, daß der götzendienst, welcher zur zeit in Deutschland mit dem staate getrieben wird, für mich der bündigste beweis für die unentwickeltheit der deutschen nation ist.

der staat, vertreten durch die regierung, hat vertreter in den einzelnen provinzen, welche alle angelegenheiten, die nicht notwendig an die centralstelle gebracht werden müssen, nach den gesetzen des staates entscheiden. auf preußisch heißen diese vertreter oberpräsidenten.

es liegt nichts im wege, in dieser organisation von stufe zu stufe tiefer zu steigen, von der provinz zum bezirke, vom bezirke zur gemeinde zu gehn.

dem entspricht, daß auch der kaiser, der vertreter der nation, vertreter haben muß. allein diese sind nicht beamte, da auch der kaiser nicht beamter ist: sie sind fürsten, da der kaiser ein fürst ist. ihr gebiet ist nicht die provinz, sondern der stamm, obwohl selbstverständlich provinz und stamm in einer glücklichen nation zusammenfallen werden. diese fürsten sind herren, wenn anders der kaiser eine oberherrlichkeit hat.

es liegt nichts im wege, in dieser organisation von stufe zu stufe tiefer zu steigen, vom stamme zum gaue, vom gaue zum gute zu gehn.

überall stehn da herren an der spitze, und der begriff oberherr — die französische bezeichnung souverain ist gebräuchlicher, aber weniger durchsichtig — ist durchaus nur sicher, wenn als höchste macht über herren gefaßt: die monarchie nur sicher durch die fürsten, über welche sie übergreift: die fürsten nur sicher durch den altgesessenen oder neugewordenen adel, von dem berufung an die fürsten eingelegt wird. jeder hausvater ist herr: er nützt der nation nur, insoferne er herr ist. sein bürgertum, seine staatspflichten sind nur ergänzungen seiner herrlichkeit, wie der staat selbst nur ein supplement der nation ist.

irgend etwas außer dem genius für einzig in seiner art erklären, heißt es dem tode weihen. den kaiser ohne fürsten wollen, heißt die republik wollen, deren präsidenten man übereingekommen ist kaiser zu nennen.

vergleichen wir mit dieser germanischen anschauung die tatsächlich bestehenden zustände, so zeigt sich, wie wenig germanisch Deutschland jetzt ist.

sieht aber zum beispiel der könig von Würtemberg nicht bald ein, daß ein den kaiser vertretender herzog in Schwaben schwerer wiegt als ein könig von Würtemberg, der — rund herausgesagt — zu tun hat, was die gesetzgebenden gewalten des deutschen staates befehlen, und begreifen seine genossen nicht dem entsprechend ihre eigene lage: fühlen sie nicht, daß sie an der spitze organischer gebilde, nicht durch dynastischen ehrgeiz zusammengebrachter erblande stehn müssen, wenn sie ein recht haben wollen, an der spitze zu stehn: daß sie pflichten ausüben müssen, welche niemand, als nur sie, auszuüben vermag — diese ausschließlichkeit der pflichterfüllungsmöglichkeit ist der entscheidende punkt: fürsten haben, welche nichts tun, als was der kaiser und dessen beamte ebensogut oder besser zu tun im stande sind, heißt die fürsten entbehren können —, ist ihnen dies alles nicht klar, so steuern wir auf den einheitsstaat im französischen sinne dieses wortes, und damit durchaus nicht auf das zu, was wir wünschen dürfen.

denn ein volk ist nur frei, wenn es aus lauter herren besteht, da freiheit die achtung der rechte anderer zu ihrer bedingung hat, und darum das vorhandensein von rechten anderer verlangt, um selbst existieren zu können. aus herren bis in die untersten schichten der nation hinab. die haus-, lehr- und brotherren — alles gute alte deutsche wörter — sind leibliche brüder der fürsten, und stehn und fallen mit diesen, wie diese mit ihnen stehn und fallen.

Hier führt unser weg noch an einer bedenklichen stelle unseres modernen politischen lebens vorüber.

die regierung hat für notwendig erachtet, die öffentliche meinung vielfach selbst zu machen, auf welche sie sich stützen will. man kann zugeben, daß es grobe übertreibung ist zu behaupten, daß alle zinsen der unbegreiflicherweise in blanco dem ministerium überwiesenen für den sogenannten fünften (in wahrheit ersten) Georg von Hannover und den verstorbenen kurfürsten von Hessen leider ausgeworfenen abfindungssumme dazu verwendet worden sind, in der presse zu wirken: tatsache bleibt für jeden historische und philologische kritik zu üben gewohnten menschen, daß eine reihe von zeitungen, sogar englische nicht ausgenommen, unter einem und demselben einflusse stehn, und daß dieser einfluß nur von preußischen ministerien ausgehn kann. die kritik des verfahrens ist in dem oben gebrauchten ausdrucke und dem spruche bei Iohannes 8,13 gegeben.

für die nation liegt in diesem vorgehn das zeugnis der alleräußersten geistigen unfähigkeit, für unsere zustände das bekenntnis, daß sie nicht auf dem wesen unseres volkes beruhen, sondern ihm künstlich mundgerecht gemacht werden müssen. es braucht niemand für einen fisch leitartikel darüber zu leisten, daß das reine wasser für fische ein angenehmer aufenthaltsort ist.

es ist einer großen regierung durchaus und in jeder hinsicht unwürdig, in dieser weise anhänger zu gewinnen. wie soll die nation an die innere, angeborene kraft der wahrheit glauben — und dieser glaube allein ist der leitende faden durch alles irrsal —, wenn die regierung, und zwar eine so starke regierung wie die gegenwärtige, vor ihren augen sich als Thomas benimmt? mut ist ansteckend, aber unglaube ist es ebenfalls.

8

Soeben ist der ausdruck nation mehrere male gebraucht worden. das von ihm abgeleitete wort nationalität spielt in dem politischen empfinden unserer zeit eine noch größere rolle, als der ausdruck nation selbst: es wird nötig sein, an dieser stelle sich über die beiden klarheit zu verschaffen.

unzweifelhaft ist, daß worterklärungen, etymologien, uns nicht weiter führen. es ist billige weisheit, zu erzählen, daß natio von nasci stammt: niemand denkt bei einiger überlegung daran, die nationen als von je einem und demselben ahnherrn abstammend anzusehen. wäre eine solche abstammung ja vorhanden, so hätte diese tatsache auf unsere auffassung der jetzt bestehenden verhältnisse keinen einfluß. zudem ist nicht unbekannt, daß zum beispiel wir Deutsche, die wir noch dazu in dem rufe einer ursprünglichen nationalität stehn, kaum in einzelnen landschaften ungemischt germanischen blutes sind, daß Celten, Römer, Slaven, vielleicht (wie in einigen gegenden Tyrols) Hunnen ebensogut unsere vorfahren sind, wie die Hermunduren, Ingaevonen und Iscaevonen des Tacitus, daß die am reinsten germanischen striche an der Weser zu allen zeiten einen politischen wert nicht besessen haben. diese unreinheit des blutes kümmert uns auch wenig: niemand nimmt anstand, Leibnitz und Lessing für richtige Deutsche anzusehen, obwohl ihre namen ihre abstammung von Slaven erweisen. Kants vater war aus Schottland eingewandert: sollte Kant darum kein Deutscher sein?

ist die abstammung von einem und demselben stammvater nicht das merkmal der nationalität, was ist es dann? EMArndt hat auf die frage, was des Deutschen vaterland sei, bekanntlich die nicht schön stylisierte antwort gegeben: soweit die deutsche zunge klingt, und gott im himmel lieder singt. die zweite zeile dieses bescheides ist wohl nur des reimes wegen da: mindestens passt sie nicht mehr auf unsere jetzigen zustände. halten wir uns an die sprache als kennzeichen der nationalität, so möchte die Schweiz zeigen, daß die bestimmung nicht zutrifft. die Schweizer reden einen deutschen dialekt: sie schreiben amtlich und außeramtlich die deutsche schriftsprache, und dennoch wollen sie nicht allein anderer nationalität sein, als wir, sondern sie sind es auch.

da die entstehung des politischen begriffes Schweiz im vollen lichte der geschichte vor sich gegangen ist, kann die Schweiz uns zu der einsicht verhelfen, wie nationen geboren werden.

dadurch, daß ein ideal verletzt, durch seine verletzung als ideal erkannt, und siegreich verteidigt wird: daß dann um seine verteidiger alle sich schaaren, welche dasselbe heiligtum haben wie sie.

Göthe sagt in den vier jahreszeiten:
was ist heilig? das ists, was viele seelen zusammen
bindet: bänd' es auch nur leicht, wie die binse den kranz.
was ist das heiligste? das, was, heut und ewig, die geister,
tiefer und tiefer gefühlt, immer nur einiger macht.

man wird diese sätze umdrehen, und demzufolge behaupten dürfen, das menschen verbindende sei das heilige.

9

In Deutschland sind die spuren davon noch jetzt sichtbar, daß das heiligtum der mittelpunkt der stämme und nationen ist.

freilich Sachsen, Franken, Alemannen scheinen kriegsbündnissen kleinerer genossenschaften ihren ursprung zu danken: mir ist wenigstens nichts irgend sicheres von einem besonderen religiösen leben dieser stämme bekannt.

aber in der christlichen zeit gliedert und teilt sich, was wir jetzt Deutschland nennen, nach den mittelpunkten des gottesdienstes.

es ist ein sehr merklicher unterschied zwischen den landstrichen, welche Lorch und Salzburg, heimstätten vorpäpstlich und unkaiserlich römischer missionare, welche die von Celten gegründeten klöster und bistümer im südwesten, welche das angelsächsisch-römische Mainz und Fulda, welche die centren kaiserlich römischen lebens und erst in folge dieses kaiserlich römischen lebens christlichen städte Trier und Cöln zum mittelpunkte hatten. die menschen nehmen die art der heiligen an, welche sie verehren, und die heiligen haben verehrung gefunden, weil in ihrem leben oder in dem, was von ihnen berichtet wurde, etwas den ihnen anhänglichen menschen verwandtes gewesen ist.

als Adalbert von Bremen auf selbstständigkeit sann, war sein erstes, seinen sitz zur metropolitankirche machen zu wollen. die uhr der geschichte war schon zu weit vorgerückt, als daß damals das licht des christentumes sich noch in eine neue farbe hätte brechen können. haben doch schon alle die bistümer der karlingischen und ludolfingischen zeit keinen eigentümlichen charakter mehr, und ist doch darum der kranz der marken von der Eider bis zur böhmischen grenze ohne die art bestimmtheit, welche den Baiern vom Schwaben, den Main- vom Rheinfranken unterscheidet: ist doch Ansgars Hamburg sogar als bischofssitz unmöglich geworden, weil Ansgar nicht vom drange innerer poesie, sondern von priesterlichem pflichtgefühle beseelt war, welches an der mündung der Elbe so wenig wie anderswo begeisternd wirkt, obwohl wer es besitzt, begeistert wirken kann.

Deutschland ist uneinig gewesen, weil das christentum ihm in den maßgebenden zeiten auf fünf verschiedene weisen gepredigt worden.

fragen wir nach der deutschen nationalität unserer tage, so fragen wir nach dem ideale der Deutschen unserer tage.

eine antwort auf diese frage gibt es nicht, denn ein solches ideal ist nicht vorhanden. und darum gibt es auch keine deutsche nationalität.

Ich bin nachts am meere durch die dünen gewandelt: im sande knirschte und fraß die harte, kurze, ebbende flut: der seewind seufzte im ried, aus dem der schrei des aufgescheuchten seevogels emporfuhr, um sofort jäh in dem weiten schweigen zu versinken: ich habe in gluthellem mittagslichte felsigstes hochgebirge durchstreift, wo Pans schlaf die seele so ängstigte, daß unwillkürlich der mund liebe namen rief, um ihr das gefühl der verlassenheit zu nehmen: aber was ist solche einsamkeit des oceans und der Alpen gegen die einsamkeit, die jetzt mitten im gewühle der menge alle die umfängt, welche, söhne alter, versinkender zeit, bürger einer künftigen welt, mühseligen trittes und schweigenden mundes, zu besserer arbeit ungeschickt und unberufen, ähren und ährchen lesen zum gebrauche für gottes kinder im winterschnee, zur aussaat für den — ach, so fernen — neuen tag, der sich ja freilich mit seinen breiten, goldenen wogen prächtig bahn brechen, den aber des jetzt tändelnden und sich anlügenden geschlechtes nicht Einer erblicken wird. gäbe es wenigstens verschworene unter uns, einen heimlich offenen bund, der für das große morgen sänne und schaffte, und an den, wenn ihn auch in diesen umgekehrten pfingsttagen die menge nicht verstehn würde, alle sich anschließen könnten, deren unausgesprochenem sehnen er das wort böte: gäbe es dann und wann im vaterlande für ein warmes herz ein warmes herz, hände, die mit hülfen zum werke, kniee, die sich mit beugten, und augen, die mit emporblickten zu des vaters hohem hause. wir sind es müde, mit geschaffenem und gemachtem abgefunden zu werden: wir wollen geborenes, um mit ihm zu leben, du um du. aber der geist ist noch nicht über haide und halde gefahren: die keime träumen noch, und niemand weiß, an welcher stelle sie träumen: larven huschen her und hin, christlich, jüdisch, hellenisch vermummt, auf der wetterscheide des gebirges zwischen tag und nacht im ehebruche der güte mit dem bösen erzeugt, ungreifbar und greifens unwert, unheilbar und unerziehbar, weil nur schemen, die beute der sonne und der winde, wenn die sonne nur scheinen und die winde nur wehen wollten.

das prisma zeichnet in unerbittlicher wahrhaftigkeit seine bänder und linien: im fernsten sterne nichts als wasserstoff, eisen, magnesia: auch dort nichts als die in nutzlosem spiele sich gattenden elemente der erde, die uns trägt: langweilige gesellschaft, auf befehl sich verbindend, und auf befehl sich trennend. und die elemente der geschichte, die menschen, ich, du, wir alle, jeder einzelne von uns, wir wachen nicht auf, jeder ein eigenes selbst, und je eigeneres selbst ein jeder wäre, desto harmonischer einklingend in den chor der geister, der zu dem stets in weitere höhen weichenden, stets zu brünstigerem sehnen lockenden gotte des alls emporflöge.

10

Vor etwa hundert jahren fieng Wolfgang Göthe an, seinen Faust zu schreiben. die sage, welche er benutzte, reichte in die grauste vorzeit hinauf: misverständnisse ionischer philosophie, christlichen glaubens, römischer geschichte waren zusammengeknetet, um das buch zu liefern, welches dem großen dichter vorlag: er war selbst so sehr ein typus deutscher art — darum ist er auch dem jetzigen geschlechte fremd —, daß er es fertig brachte, an dieser undeutschen erzählung das wesen unseres damaligen volksgenius klar zu machen.

ein halbes jahrhundert hindurch haben alle von den fesseln der kirche nicht gebundenen Deutschen bekennen können, daß Faust und Gretchen sie selbst waren, nur befreit von allen zufälligkeiten individueller existenz, sie selbst im wesentlichen gesehen.

es wäre geradezu komisch, behaupten zu wollen, daß irgend eine nennenswerte anzahl unter der jetzigen jugend beim anblicke von Faust und Gretchen das empfindet, was wir älteren empfunden haben: jedenfalls sind die es empfinden, in der jetzigen nation ohnmächtig.

sollen wir einmal bei dem textbuche bleiben, so würde eine mischung von Mephistopheles und Wagner einerseits, so würde andererseits Valentin als typus einer gewissen klasse von deutschen zeitgenossen dienen können.

aber diejenigen, welche sich als die vorzugsweise berufenen vertreter der jetzigen deutschen politik und des jetzigen deutschen reiches ansehen und ausgeben, haben ihr ideal ausdrücklich formuliert.

aller orten hört man von einem culturkampfe. es ist mir nicht gelungen mit voller sicherheit festzustellen, wer dies jetzt von munde zu munde gehende wort zuerst gebraucht hat: ein gewinn für die sprache und die nation ist es nicht, vielmehr das gegenteil. denn niemand weiß, was es eigentlich bedeuten soll. einen kampf, der cultur ist? einen kampf, durch welchen cultur erworben wird? einen kampf für die cultur? einen kampf, der mittelst der cultur geführt wird? ungefähr analog wären die zusammensetzungen regenstrom, vogelflinte, schlaftrunk, faustkampf: letztere um so geeigneter zur vergleichung beigezogen zu werden, als sie an das faustrecht erinnert, für welches der berühmte jurist Gneist am 15 März 1873 die nachmals im Mai 1873 verkündeten gesetze erklärte: in den stenographischen berichten 1685 erscheint die äußerung etwas palmerstonisiert: man würde dann — was sinnig zu nennen sein dürfte — den culturkampf und das faustrecht schulter an schulter stehn sehen. vermutlich ist das wort culturkampf in Deutschland ungefähr desselben wertes, wie in Frankreich das wort verrat: eines der worte, von denen Mephistopheles mit dem schüler sprach: mixtura gummosa, wie sie der unerfahrene arzt gibt, wenn er über die krankheit nicht im klaren ist, und dem kranken doch den glauben beizubringen wünscht, daß das heilverfahren bereits eingeleitet sei: jedenfalls ist cultur in den augen derer, welche von culturkampf reden, das höchste was sie überhaupt kennen, so sehr das höchste, daß sie alles mögliche, sogar den patriotismus, jetzt in cultur nehmen.

die liberalen wortführer werden nichts dawider haben, wenn man die behauptung aufstellt, cultur sei der höchste schatz des deutschen volkes, und bildung die form, in welcher die cultur von den individuen besessen werde.

aber cultur ist kein ideal für einen einzelnen, und ebensowenig ein ideal für ein volk: dem einzelnen und ganzen nationen cultur als ideal empfehlen, heißt beiden gestatten ohne ideal zu sein.

der einzelne wird sein leben lang die pflicht haben, anderen zu dienen, wo er kann, und diese dienende liebe ist eins der mittel, durch welche er sich bildet: aber der zweck seines daseins ist lediglich der, dem gedanken gottes, welcher in ihm und nur in ihm liegt, zur vollen darlebung zu verhelfen, ganz er selbst zu sein, frei von aller sklaverei, so wie gott ihn wollte. alles übrige geht gott an.

cultur im höheren verstande des wortes ist dazu so gut nur mittel, wie cultur im niederen sinne nur mittel, und nicht zweck, des physischen lebens ist. die cultur als selbstzweck ansehen, heißt götzendienst treiben, heißt sklave sein.

was vom individuum, gilt auch von den nationen. denn auch nationen sind persönlichkeiten, und haben eine idee, welcher zu leben ihre alleinige pflicht ist.

cultur ist die gesammtheit des irdischen materials, des dauernd erworbenen könnens und der festgewonnenen einsicht früherer zeiten, mit welcher die menschheit, die nationen, die einzelnen arbeiten. cultur hat gar keine beziehung auf gott: mindestens hat sie eine solche nicht als fertige, sondern einmal als werdende, sodann als für neue ziele verwendete. cultur als ideal der menschheit oder eines volkes ist so passend gewählt, wie das farbenreiben und pinselauswaschen passend wäre das ideal eines malers zu sein, oder wie man den mist als ideal der landwirtschaft betrachten könnte.

cultur ist ein gut, wie individuelle begabung und persönlicher reichtum güter sind. ethisches leben besteht aber nicht im besitze der cultur, der begabung, des reichtums, sondern in etwas ganz anderem: es kommt nicht auf jene drei, sondern auf das an, was mittelst jener drei gearbeitet, geschafft und geworden wird. das wirkliche leben einer nation fängt genau da an, wo es nach der meinung der Louis-Philippisten aufhört.

wenn man bitter sein wollte, könnte man fragen, ob es denn in dem ganzen weiten Deutschland keine seele gibt, die einspruch gegen das glück erhebt, erbin von fünf und mehr jahrtausenden zu sein? keine, die fühlt, daß dieser überkommene reichtum uns arm macht, weil er uns erdrückt, weil er uns fast nötigt, nicht wir selbst zu sein? keine, die einsieht, daß etwas weniger cultur recht viel mehr geschichtliche kraft bedeuten würde? was helfen der nation diese buchhalter- und magazinaufseherexistenzen, welche wir gebildete nennen, die, unfähig den notwendigsten besitz — freiheit, einheit, religion — auch nur zu vermissen, in bewegung immer erst zu bringen sind, wenn irgend jemand an ihnen von vorne zerrt und zu gleicher zeit von hinten durch seine bedienten schieben läßt?

11

Es sagen nicht wenige, das ideal des deutschen volkes sei das christliche ideal.

ich zweifle nicht an der subjectiven wahrhaftigkeit dieser behauptung: objectiv ist diese behauptung völlig ungegründet.

Es liegt auf der hand, daß in gegenwart von zwei großen christlichen kirchen, deren eine in eine bedeutende anzahl ziemlich verschiedener sekten, deren zweite in zwei sich heftig anfeindende abteilungen zerfällt, durchaus nicht ohne weiteres fest steht, was christlich ist.

jedes christliche bekenntnis wird auf die frage nach dem wesen des christentumes eine andere antwort geben.

wollte man die christlichkeit in dem erblicken, was allen bekenntnissen gemeinsam ist, so dürfte man nicht weiter kommen.

gemeinsam ist allen eine reihe von worten, von formeln:

aber der sinn dieser worte und formeln und deren stellung im systeme wird von jeder christlichen partei verschieden bestimmt.

es kommt nun überall in der welt mehr auf den sinn als auf das wort an. ist man nicht so dumm, Stahl und Dahlmann für einig zu halten, weil der eine wie der andere etwa die notwendigkeit der monarchie betonte, so sei man doch auch so verständig, das den christlichen bekenntnissen gemeinsame nicht aus den worten zu bestimmen, welche diese bekenntnisse gemein haben.

vor allem kann man christlichen kirchen, deren wesentliches eben darin liegt, daß sie kirchen — gemeinschaften — sind, nimmermehr damit genüge leisten, daß man die worte braucht, welche sie brauchen und welche nur ein verschwindend kleiner teil ihres wesens sind, und dabei ihre eigene auslegung ihres formelstoffes, ihre organisation und ihren cultus, das innere leben ihrer angehörigen mit gott, als wäre dieses alles gar nichts, einfach bei seite liegen läßt. freilich dogmengeschichte gilt den jetzt vermeintlich sachverständigen, welche ja in Hegels anschauungen groß geworden sind, als hauptdisciplin.

Es wird nichts übrig bleiben, als sich an die wissenschaft zu wenden, um zu erfahren, was kirche und christentum und was kirchlich und christlich ist.

die ergebnisse meiner untersuchungen habe ich in knapper form in dem in seinen wesentlichen teilen vor recht langer zeit geschriebenen, im Januar 1873 herausgegebenen schriftchen über das verhältnis des deutschen staates zu theologie, kirche und religion bekannt gemacht: das stummbleiben der theologischen presse hat bewiesen, daß die richtigen gesichtspunkte getroffen sind. da nichts zu widerlegen war, schien totschweigen die beste waffe. es wird hiermit auf jene schrift bezug genommen, und nur hinzugefügt, daß ich über den Messiasnamen seitdem genaueres ermittelt, und mein neu gewonnenes wissen in einer beigabe zu meinem drucke der koptischen psalmenübersetzung niedergelegt habe. wahrheit nicht achten, ist für die nicht achtenden tötend: ich kann mich nur aufrichtig freuen, wenn die theologaster an diesen arbeiten vorübergehn: sie sterben an diesem vorübergehn, und daß sie sterben, ist für das vaterland ein gewinn.

Die sache läßt sich aber nicht allein, wie früher geschehen, negativ, sondern auch positiv behandeln: dies werde jetzt in kürze versucht.

Vor allen dingen ist jedoch auch hier wenigstens mit einigen worten der große, bereits in meiner vorerwähnten schrift bekämpfte irrtum abzuweisen, als sei christentum die ursprüngliche bezeichnung der erscheinung, welche uns beschäftigt. christentum in dem jetzt gewöhnlichen sinne des wortes — ich bitte, diese beschränkung meines satzes ja nicht zu übersehen — ist so jung, wie offenbarung in seiner jetzt gebräuchlichen bedeutung jung ist: die älteste zeit sprach nur von evangelium.

sodann wird zu beherzigen sein, daß wenn das christentum — der ausdruck mag vorläufig noch gelten — anerkanntermaßen eine die geschichte bewegende erscheinung ist, vernünftige menschen gar nicht daran denken werden, es anders als im verlaufe der geschichte erkennen zu wollen. wir wissen vom keime nur dadurch, daß ein baum aus ihm erwächst, daß er wurzeln aussendet, welche felsen sprengen können. das christentum ist augenscheinlich lange jahrhunderte hindurch lebendig gewesen: leben aber wird nicht definiert, sondern beobachtet, und auf grund der beobachtungen geschildert. wirkliches wissen über die kirche (es hilft nichts, mit diesem worte zurückzuhalten, welches das allein zulässige ist) rührt immer aus der erfahrung, niemals aus der theorie her. was uns allenfalls theorie scheinen kann, ist weiter nichts, als das aussprechen der in der entwickelung selbst meistens nicht ausgesprochenen voraussetzungen, durch welche das leben der kirche bedingt ist. die sogenannte bibel vollends hat mit der feststellung des begriffes kirche gar nichts zu tun. der versuch, aus der bibel über die kirche zu lernen, ist so einfältig, wie es einfältig sein würde, wenn jemand aus Ciceros reden gegen Catilina einen einblick in Ciceros häuslichkeit oder gar in sein gesammtes leben gewinnen wollte: ein symptom eines lebens kann nicht ausreichen dieses leben selbst zu erkennen, und mehr als ein symptom ist die sogenannte bibel nicht. wer aus der theorie, und wäre diese theorie eine biblische, die kirche kennt, kennt seine vorstellung von einem lebendigen, nicht dieses lebendige selbst, und wenn er nach dieser vorstellung handeln will, wird er höchstens durch zufall einmal das rechte treffen.

Die kirche ist nach der anschauung ihrer ältesten mitglieder das geistige Israel, das heißt, sie ist, ohne daß wer ihr angehört von Israel leiblich abzustammen braucht, berufen, in der geschichte das zu leisten, was das von Israel leiblich abstammende volk nicht geleistet hatte. die anschauung, daß Israel eine bedeutung für die geschichte habe, ist nicht mosaisch: sie ist von den propheten aufgebracht, von den schriftgelehrten nach Esdras verteidigt, und in der zeit der letzten Maccabäer und des Herodes von den Pharisäern zum gemeingut des ganzen volkes der Juden, soweit dasselbe noch vorhanden war, gemacht worden. der cardinalglaube war bei den Pharisäern wie in der kirche der an die eigene erwählung aus der welt, nur daß die kirche diese erwählung nicht an die abstammung von Iacob knüpfte. die cardinalforderung war bei den Pharisäern wie in der kirche die heiligkeit, und zwar priesterliche heiligkeit, nur daß die kirche diese heiligkeit nicht in der beobachtung willkürlicher und darum göttlich genannter gesetze über speise, trank und ähnliches, sondern in der reinheit des herzens sah, und daß die kirche in folge davon, daß ihre aus dem volke hervorgegangenen ältesten bekenner auch an vorpharisäischen, altjüdischen vorstellungen hiengen, sich nach hohem priester, opfer und altare umtat, und dies alles dreies in Iesu fand. die cardinalhoffnung war bei den Pharisäern wie in der kirche die überzeugung, daß 'gott Israel und die sich ihm anschließenden, aber auch nur diese, retten werde, nur daß in den augen der kirche der anschluß auf ethischem, in denen der Pharisäer auf physischem oder politischem gebiete gesucht werden mußte. es erhellt, daß die kirche von hause aus ansprüche erhob, welche sie in kampf mit aller welt bringen mußten. allerdings stand die türe zum frieden für die gegner weit offen, aber der preis, um den man durch sie hindurchgieng, war die völlige aufgabe der eigenen person. gott und welt, reich gottes und reich des fürsten dieser welt, gerettet (nicht: selig) werden und verloren gehn: wage doch jemand, der auch nur das neue testament gelesen hat, zu leugnen, daß dies die gedanken sind, um welche das leben der ältesten christen, das heißt, der ältesten kirche sich dreht.

über diese anschauungen schichten sich andere. hieng die kirche in ihrer ältesten gestalt von dem durch die Pharisäer entwickelten glauben der propheten an die bedeutung eines erwählten volkes ab, so schließt sich ihre zweite epoche, wohl in folge von vorgängen in der synagoge, an die betrachtung der pseudomosaischen tora. das christentum ist — so sah die zeit Hadrians und der Antonine die sache an — nichts als ein gesetz, nur ein für alle menschen gültiges, während das erste nur für die Israeliten verbindlich gewesen war. die lehre von den zwei testamenten kam auf, und der christliche canon wurde wohl mit deshalb gesammelt, weil man dem jüdischen bundesbuche ein christliches gegenüber und zur seite zu stellen haben wollte. auch hier steht die kirche im gegensatze zur welt, soferne sie unbedingt gültige, weil von gott ausgegangene, verfügungen über die ordnung aller angelegenheiten des lebens zu besitzen behauptet. diesem gesetze gegenüber gibt es nur gehorsam, und zwar einen gehorsam, der jeden compromiss mit einem anderen gehorsame unbedingt und principiell ausschließt.

dazu trat allmälig ein drittes moment, das übergewicht des bischofs von Rom über die bischöfe der provinzen. dies übergewicht war in der politischen bedeutung der ewigen stadt begründet. nach dem untergange des weströmischen kaiserreiches wurde der bischof von Rom durch die politische lage fast gezwungen politisch tätig zu sein, da er vielfach die einzige anerkannte, und auf jeden fall die natürlich gegebene auctorität inmitten wüstester anarchie war. man lese Gregor von Tours, Paul den diacon oder die kärglichen reste der ältesten historischen litteratur Spaniens: den da geschilderten zuständen gegenüber nötigte der name Rom den jetzt ersten mann der alten kaiserstadt einzugreifen.

aus der verquickung dieser drei standpunkte gieng das hervor, was wir römisch-katholische kirche nennen, in der allein das christentum in Europa historisch, das heißt, real existent gewesen ist. die beimischung des dritten elementes, welches zu der noch in vollem kochen befindlichen masse hinzukam, hinderte kraft dessen irdischer natur die weitere entwickelung, und brachte das ganze zu allmäligem erstarren.

Der protestantismus war so unlebendig naiv, nicht die römisch-katholische kirche, sondern das, was er für römisch-katholische kirche hielt (vergleiche, was unten gesagt werden wird), jedenfalls ein durch die chemie der geschichte zu einem ganz eigenartigen stoffe zusammengeschmelztes und also nur durch chemie zu zersetzendes gemenge durch subtraction in einen den gefühlen der reformatoren entsprechenden urzustand eines seiner teile überführen zu wollen. jeder dieser männer subtrahierte natürlich andere summen, und konnte seinen nachfolgern bis auf den heutigen tag nicht wehren, dies septimanergeschäft so lange fortzusetzen, als noch etwas da war, von dem man abziehen konnte. dies abziehen nennt man jetzt freie forschung. jeder vom parteigeiste nicht verblendete mensch wird eingestehn, daß der protestantismus alle seine anhänger unbedingt hindert, dem verständnisse der christlichen kirche gerecht zu werden: jeder, der die sache sich recht überlegt, wird zugeben, daß die christliche kirche einmal dadurch, daß sie in conflict mit den europäischen staaten, dem europäischen bürgertume und der durch die erfindung der buchdruckerkunst neu belebten wissenschaft geraten, in folge des gesetzes vom parallelogramme der kräfte in der diagonale ihrer alten richtung und des auf sie geführten stoßes abgeflogen, das heißt, zum Iesuitismus geworden, andererseits dadurch geradezu negiert worden ist, daß das protestantische princip der subjectivität sie, die nur als unversehrtes ganze wert hatte, zu einem trümmerhaufen machte, aus welchem ohne rücksicht auf beeinträchtigung des alten planes moderne menschen sich je nach bedarf bausteine holten, die allerdings aus der christlichen kirche stammen, aber nicht christliche kirche sind.

aus dem gesagten folgt beiläufig, daß, so gewiß das oben genannte gesetz der mechanik ein überall gültiges gesetz ist, so gewiß den Iesuitismus zum katholicismus zurückzuwandeln (falls dies ja erwünscht sein sollte) nicht durch den auf den pfaden des protestantismus wandelnden altkatholicismus, sondern nur sehr allmälig dadurch möglich wäre, daß man in der durch jenes gesetz gebotenen linie auf den Iesuitismus, dann auf die daraus sich ergebende entwickelung, und so fort in so langer fortsetzung dieses geschäftes stieße, bis man die ursprüngliche flugbahn wieder erreicht hätte: es folgt für unsere untersuchung, daß der begriff christlich in einfacher formel überhaupt gar nicht zu bestimmen ist: weiter, daß das christentum aus erfahrung kein mensch kennt, da selbst die form des christentumes, in der allein es in der europäischen geschichte auftritt, als römisch-katholische kirche, bereits seit drei bis vier jahrhunderten aus der europäischen geschichte verschwunden heißen muß. nur nachklang des christentums in einzelnen ist noch vorhanden, die überwältigende wirkung der architectur der kirche auch auf solche romantiker, welche nicht in ihr leben.

das aber ist mir im höchsten grade unwahrscheinlich, daß auch nur die gedanken, welche ich oben als den anfangspunkt der christlichen entwickelung bezeichnete, und welche zunächst anspruch haben, christlich zu heißen, die sind, welche die leitenden, lebendigsten Deutschen unserer zeit bewegen, mag man auch erweitern was sich in diesem gedankenkreise irgend, ohne ihn ganz zu zerstören, erweitern läßt, mag man auch bei seite lassen, was — so schwer es fallen wird derartiges zu finden — irgend nicht wesentliches glied des gedanken- und empfindungssystemes ist.

es ist sogar noch mehr unwahrscheinlich als dies. ausnahmelos jede lebendige religion ist ausschließend. indem ich auf früher gesagtes verweise, bemerke ich nur, daß religion nicht wahrheit geben will — es ist ein krankheitszustand, die religion als offenbarung von glaubens- oder lehrsätzen, von dogmen anzusehen: allenfalls könnte dann zu einem bestimmten vorrate im laufe der zeiten ein neuer vorrat treten —: es steht erfahrungsmäßig fest, daß religion den weg zu gott, in ihrer höchsten gestalt den weg zum leben mit gott zeigen zu können beansprucht, und daß sie sich selbst aufheben würde, wenn sie für möglich erklärte, auf einem anderen als dem von ihr empfohlenen wege zu gott und dem leben mit ihm zu gelangen. das christentum ist nun nach dem oben gegebenen berichte im höchsten grade ausschließend, und erklärt jeden, der sich der kirche nicht einfügt, für verloren. damit allein ist erhärtet, daß das christentum, ja sogar, daß jede lebendige religion in dem Deutschland unserer tage keine stelle hat: welcher fanatismus entzündet sich nicht sofort, wenn jemand bestreitet, daß wir alle, Irvingianer, Darwinianer und Juden, an denselben gott glauben und alle selig werden!

Wenn wir nun dem angeblichen christlichen ideale der jetzt lebenden Deutschen weiter nachspüren, so begegnen uns zwei nicht eben weit von einander getrennte parteien, deren eine dies ideal in dem glauben an eine sittliche weltordnung, deren andere es in der humanität, der allgemeinen menschenliebe, sieht. es ist schwer, diesen leuten gegenüber nicht die geduld zu verlieren. die urkunden des christentumes, die wenigen ursprünglichen berichte über das dem christentume zur veranlassung dienende evangelium wissen von sittlicher weltordnung und von humanität nicht ein wort.

in den anfängen der kirche handelt es sich vielfach um die vorsehung, das heißt, um den glauben daran, daß die geschicke jedes einzelnen menschen in gottes händen liegen, und von gott zum segen gelenkt werden: der bekannte roman des Clemens von Rom, in welchem ich die grundzüge unserer Faustsage nachgewiesen habe, ist dessen beweis genug. aber welt ist damals gleichbedeutend mit unordnung: der glaube an sittliche weltordnung in einer zeit, in welcher man das gericht der welt erwartete und auf mittel sann, der welt und dem gerichte über sie zu entgehn, ja, wie soll ich mich höflicher weise ausdrücken, um den vielverehrten menschen, welche in der kirche die alten bekenntnisse nicht bekennen, sondern vorlesen, nicht zu nahe zu treten? rühmen wir die feine methodik des arztes, der seinem kranken, um ihn herzustellen, den kopf abschneidet, so können wir auch den glauben an eine sittliche weltordnung als den wesentlichen glauben einer epoche ansehen, welche die vernichtung der weltunordnung als einziges heil ersehnte. die gnostiker, deren befugnis das christentum zu vertreten bekanntlich etwas bedenklich ist, haben eine metaphysische, Augustin hat in weit späterer zeit eine ethische philosophie der geschichte vom christlichen standpunkte aus zu geben versucht: aber philosophie der geschichte und glaube an sittliche weltordnung scheint mir nicht dasselbe zu sein, jene sogar in gewissem sinne womöglich ausdrücklichen mangel an diesem vorauszusetzen.

über die menschenliebe sind wir so glücklich, eine ausdrückliche, bei Matthäus 5, 43—48 erhaltene erklärung Iesu zu haben, welche jeden zweifel darüber benimmt, daß die moderne humanität nicht christlich, mindestens nicht evangelisch ist. Iesus heißt uns unsere feinde lieben, um kinder unseres himmlischen vaters zu sein, der seine sonne über gute und böse aufgehn lasse. es kommt ihm mithin nicht auf die menschenliebe an sich, sondern auf das streben nach gottähnlichkeit, nach vollkommenheit an: wobei er nicht so töricht gewesen sein wird, seine ihm in folge seiner religiösen genialität unmittelbar gewisse forderung der gottähnlichkeit auf ein pergament zu begründen: am allerwenigsten wird er dabei an den von jüdischer nationaleitelkeit und kirchlicher beschränktheit beigezogenen, wie das 33 kapitel des zweiten gesetzbuches, die mahlzeit Jahwes bei Abraham I 18 und der ältesten bei Jahwe II 24, 11 zeigt, grob sinnlich gemeinten, erst in folge platonischer einflüsse umgedeuteten spruch der schöpfungssage 1, 26 gedacht haben. Iesus ist sich dann weiter dessen völlig bewußt, daß er selbst und jeder seiner jünger — man vergleiche Matthäus 10, 40 bis 42 — eine besondere stellung in der geschichte einnimmt: man tut um seinet und seiner jünger willen gutes, wie man es um gottes willen tut. das ethische handeln erwächst aus dem dankgefühle für die durch gott und dessen boten zu teil gewordene, über das physische dasein hinaus hebende förderung des vor der berührung mit gottes aposteln nur im keime vorhanden gewesenen geistigen lebens: dies dankgefühl macht milde, weil auf seinem grunde das bewußtsein ruht, daß der mensch ohne jene förderung gar nichts sein würde: man schenkt aus überströmendem herzen, weil man dem tode entronnen ist. wohingegen das gemeinhin humanität genannte aus dem physischen mitleiden mit gleichgeschaffenen wesen, aus der sorge, einmal selbst in die lage kommen zu können, in welcher jene jetzt schmachten, vielleicht auch aus dem dunkeln bewußtsein entspringt, gelegentlich als entgelt für die gewährte hülfe der unterstützten nachsicht in anspruch nehmen zu müssen. im evangelium liebt man die menschen, weil man in tiefster bescheidenheit mehr ist als sie: im liberalismus, weil man denselben geringen wert hat wie sie. im evangelium stammt die menschenliebe von oben, aus der freude und der demut: im liberalismus von unten, aus der furcht und dem schuldbewußtsein. dort liebt man, weil man lebt: hier, weil man sterben wird.

wenn dem allen aber auch nicht so wäre, was hat der glaube an eine sittliche weltordnung und die forderung, alle menschen zu lieben mit der deutschen nation zu tun? wie kann ein glaube, der allen menschen eignen soll und kann, eine forderung, welche so weit die sonne scheint, erfüllt werden muß, passend sein, als nationales ideal der Deutschen zu dienen?

12

Man könnte die einzelnen gewähren lassen, welche durch die behauptung, das deutsche volk als solches habe ein ideal, und zwar ein christliches ideal, sich und die große menge ihrer mitbürger über die wirkliche lage der dinge verblenden, wenn nicht die meinung des mächtigsten deutschen staates eine der ihrigen ähnliche zu sein schiene.

es würde jetzt zu nichts führen die maßregeln im einzelnen zu kritisieren, welche die preußische und die deutsche regierung zur ordnung der kirchlichen angelegenheiten unseres vaterlandes für nötig erachtet haben. diese maßregeln sind jetzt nicht mehr durch eine einzelkritik, sondern nur durch beseitigung der anschauungen rückgängig zu machen, auf denen sie beruhen.

jetzt scheint getan, was irgend von dem standpunkte der gegenwärtigen regierung zu tun möglich war, und es ist denkbar, das verfahren im ganzen zu beurteilen.

wolle man zuvörderst die Eine frage beantworten: wie ständen die dinge, wenn die römische kirche so klug gewesen wäre, die im Mai 1873 verkündeten gesetze nicht zu bekämpfen? offenbar so, daß alle die in späteren gesetzen berücksichtigten schäden gar nie zur sprache gekommen sein würden. das heißt in ehrliches deutsch übersetzt: die regierungen sind sich über einen so wichtigen punkt, wie das kirchliche leben des vaterlandes ist, ursprünglich gar nicht klar gewesen: sie sind erst durch ihre gegner zu größerer klarheit gebracht worden.

die preußische, beziehungsweise die deutsche regierung ist in der regelung der kirchlichen angelegenheiten durchaus ohne sachverständigen beirat vorgegangen. sie hat in ihrer mitte anerkannter maßen niemanden, dem ein urteil über theologische fragen zustünde: denn in ihr sitzen nur soldaten und juristen. consistorien und ähnliche körperschaften mögen von ihr gehört worden sein: man mag wenigstens einzelne mitglieder solcher behörden gefragt haben: es hilft nichts mit der erklärung hinter dem berge zu halten, daß consistorien und consistorialräte, weil partei, — das wird unbefangenen einleuchten — gar nicht im stande wären, einen sachgemäßen rat in kirchlichen angelegenheiten zu erteilen. da man dort, falls man angeklopft hat, nicht nach bedarf beschieden worden, so hat man die regelung der angelegenheit den rechtsgelehrten in die hände gegeben. in folge davon hat sie einen juristischen und doctrinären charakter gewonnen, der gewiß nicht der von der sachlage geforderte ist.

nur um festzustellen, wie unsicher das urteil sogar des gegenwärtigen reichskanzlers in diesen dingen schwankt, erinnere ich daran, daß graf Ledochowsky auf betrieb des herrn von Bismarck auf den erzbischöflichen stuhl von Gnesen trotzdem erhoben worden, daß man die vergangenheit des gedachten grafen kannte: daß der leiter der deutschen politik 1871 des papstes vermittelung bei dem sehr unpäpstlichen Gambetta nachgesucht, und damit dem papste einen rang angewiesen hat, welcher meines erachtens eine andere behandlung der in rede stehenden geschäfte erheischte, als sie nachmals beliebt wurde: daß fürst Bismarck am 4 November 1874 geld zur besoldung eines beim papste zu beglaubigenden botschafters ausgeworfen, um bereits am 4 December desselben jahres die forderung zurückzuziehen und jenen botschafterposten eingehn zu lassen: daß er am 14 April 1875 im preußischen herrenhause den papst einen feind des evangeliums genannt, und erklärt hat, derselbe sei notwendig ein feind des preußischen staates, die katholische kirche sei der papst, und unmittelbar danach geleugnet ein gegner der katholischen kirche zu sein, bald darauf im reichstage die hoffnung ausgesprochen hat, nach dem tode Pius IX werde ein vernünftigerer papst gewählt werden, mit dem sich werde leben lassen.

unter so bewandten umständen wird es einem gelernten theologen gestattet sein, möglichst schlicht darzulegen, was die theologische ethik über den vorliegenden handel denkt. um so mehr so, als die römische kirche, wie das eingehn der bischöfe auf das zuletzt erlassene, die verwaltung des kirchenvermögens regelnde gesetz zeigt, gegenwärtig ihren fehler einsieht, die brücke zur anerkennung der früheren gesetze sicher finden, und dann, weil der staat in ganz anderer weise als je zuvor ihr seinen arm leihen muß, fester als vordem stehn wird. die not des vaterlandes verlangt gebieterisch, die im laufe des kampfes gewonnene größere klarheit der regierung zur vollen klarheit zu machen. ich fasse die thesen kurz zusammen:

für jeden staat wohnt im Vaticane nicht papst Pius IX, sondern graf Giovanni Maria Mastai Ferretti.

ultramontanismus und — dies bitte ich nicht zu übersehen — protestantismus müssen vernichtet werden: nicht durch gewalt, sondern lediglich dadurch, daß man einmal ihnen jede, namentlich jede klingende, anerkennung entzieht, daß man zweitens etwas positives neues gibt, welches die menschen jene beiden vergessen und nicht vermissen lehrt.

wenn der staat die nebenregierung des Iesuitengenerals und des von diesem generale als werkzeug benutzten papstes glaubt durch mehr als durch die ebengenannten mittel bekämpfen zu sollen, so muß er auch die nebenregierung der presse, der börse, der arbeiterverbände, der auflohungsgenossenschaften, der provincialenverbrüderungen — man denke an das clanwesen der Schleswig-Holsteiner, der Schwaben und der Schlesier — durch andere als ideale mittel zu brechen sich anschicken, und wenn er dieses nicht kann noch will, auch jenes unterlassen, oder doch zugeben, daß es mit seiner eifersucht auf fremde gebieter nicht so arg weit her ist.

den sogenannten katholicismus nicht im principe bekämpfen, das heißt, ihn nicht töten wollen, setzt uns der gefahr aus, nach einem kurzen waffenstillstande, welchen ein klügerer papst zu bewilligen für gut befinden mag, den krieg von neuem, und vielleicht zu einer zeit aufnehmen zu müssen, in welcher der staat für ihn weniger gerüstet sein wird als er es jetzt ist.

entsagt die nation ihrem rechte und ihrer pflicht, in ordnung ihrer religiösen angelegenheiten selbst tätig zu sein, überläßt sie, statt mann für mann in person eine neue kirche zu leben, ihrem diener, dem staate, sich mit klerikalen ansprüchen als ein stärkerer mit einem schwächeren, als ein mehr berechtigter mit 'einem minder berechtigten abzufinden, so setzt sie die gewalt, welche einst schwäche werden kann, deren erfolg den sieger nicht ehrt und den überwundenen nicht gewinnt, an die stelle des geistes, der so ewig wie sein gott ist, dessen triumphe allemal neue aufgaben und in diesen höheres leben schenken, dessen kränze keine tränen kosten als die freudentränen des besiegten: so dankt sie als nation ab, und unterzeichnet selbst ihren totenschein.

da die religion unbedingt ausschließlich zu herrschen beansprucht, und das vaterland — nicht der staat — das gleiche recht für sich fordern darf, so ist einem conflicte der religion mit dem vaterlande nur dadurch aus dem wege zu gehn, daß man mit allen kräften des gebetes und der zucht eine nationale religion zu erringen trachtet, in welcher die interessen der religion und des vaterlandes vermählt sind.

daß was die wissenschaft zu fordern lehrt, praktisch unausführbar sei, läßt sich niemand einreden, der baumeister nach ihren auf mathematische theorie basierten anschlägen dauerhaft bauen sieht, und der sich überzeugt hält, daß, so schwere wirrungen die phantasien der kranken seele in der geschichte hervorbringen können, gerade vor der reinen idee alle wogen sich so gewiß legen, wie vor der nur einen einzigen ton angehenden posaune des jüngsten tages alle gräber sich öffnen, welche den chören der himmlischen schaaren und den lauten menschlicher klage und irdischen grämens gegenüber allerdings in der trägen ruhe des moders beharren.

ich nehme meinen faden wieder auf.

zu grunde liegt der einschlägigen gesetzgebung Preußens und

Deutschlands der gedanke, daß die katholische und ebenmäßig die protestantische kirche berechtigte, dem vaterlande heilsame formen des religiösen lebens, daß das an ihnen misfällige nur auswüchse seien, welche sich durch eine kräftige regierung zum segen der kirchen und des reiches abschneiden ließen.

zu grunde liegt ihr weiter die voraussetzung, daß das deutsche volk in seiner großen mehrheit am katholicismus und protestantismus festzuhalten entschlossen sei. ein solches festhalten würde sich immer noch von dem festhalten an dem allgemein christlichen ideale, von welchem im vorigen abschnitte die rede war, unterscheiden.

was zunächst diese voraussetzung anlangt, so ist sie völlig hinfällig. es ist die gewohnheit zu gunsten der beiden kirchen auf dem plane, ein gewaltiger verbündeter, der namentlich unter einem der initiative so sehr entbehrenden volke, wie die Deutschen es sind, ganz unglaublich mächtig, dessen wirkung aber nicht auf rechnung derer zu setzen ist, denen er zu hülfe kommt. es ist weiter der Lessingsche satz in kraft, daß man schmutziges wasser nicht eher ausschütten solle, als bis man reines habe: denn männiglich gilt für gewiß, daß ein positives neues auf religiösem gebiete nirgends in sicht ist. der geschmack freilich wird bei verschiedenen verschieden sein, und es dürfte leute geben, welche lieber dursten und sich nicht waschen, als zum trinken und waschen schmutziges wasser benutzen wollen. eine auf klarer einsicht in den wert der beiden gemeinschaften, auf voller kenntnis ihrer eigentümlichkeiten, auf vollem leben mit und in ihnen beruhende liebe für dieselben besteht nirgends. das ist für jeden einleuchtend, der überlegt, daß das sogenannte martyrium der katholischen kirche — die ältere schwester habe den vortritt — nichts von dem bewirkt hat, was jedes martyrium bewirkt, teilnahme und begeisterung. kaum etwas läßt den innersten kern einer persönlichkeit so erkennen, kaum etwas zeigt diese persönlichkeit so ursprünglich und darum so liebenswert, als ihr mutiges ausdauern in unbill und gefahr. lebte die katholische kirche, so würde ihr die not proselyten zuführen, wie sie in den ersten jahrhunderten ihrer geschichte dies getan: man weiß, daß vom gewinnen neuer angehöriger für sie jetzt nie die rede gewesen. somit hat entweder gar keine verfolgung der kirche statt gefunden — dann klage man auch nicht weiter über eine solche —, oder aber die verfolgung leistet jetzt der kirche nicht mehr die dienste, welche sie früher geleistet hat, und gemäß der natur der zu bedrängten sich hingezogen fühlenden menschen leisten muß — dann bequeme man sich zu der einsicht, daß, falls man nicht die menschen entartet und unedel geworden schelten mag, die kirche soweit hinter der zeit zurückgeblieben ist, wie etwa ein bestreiter des eisens oder auch nur der dampfmaschinen hinter ihr zurückstünde, und daß in folge dieser schlechthinigen unverständlichkeit des von der kirche eingenommenen standpunkts für die, welche in seiner verteidigung eine ihnen

unbequeme behandlung erfahren, nur noch spott oder langeweile
oder das von wissenschaftlich reifen menschen allen pathologischen
erscheinungen zugewandte interesse der beobachtung übrig sein
kann. auch innerhalb der kirche ist zum beweise wie tot sie ist,
niemand durch die kämpfe besser geworden: von einer erweckung
verlautet so wenig etwas, wie von dem mute mit seinem leben
für seine sache einzustehn. man hat die oft herzlich ungeschickten
und plumpen maßregeln der preußischen beamten — vergleiche
zum beispiel die anklage der weißgekleideten schulmädchen in
Dipperz — mit heißen worten verurteilt, und ist mit kühlem herzen an dem eigentlich schweren vorbeigegangen, ganz wie es sich
für fanatiker vom fache schickt: eine auflehnung gegen die regierung
zu versuchen hätte man allen anlaß gehabt, wenn die klagen,
welche vorzubringen man nicht müde wurde, wirklich begründet
waren: man hat aber gewalt sorgfältig vermieden, und mag sich
nun seiner gesetzlichkeit rühmen so viel man lust hat: man macht
dadurch den marasmus der gestalt nicht vergessen, aus deren munde
jene klagen und dieser ruhm ertönen.

es ergibt sich dieselbe teilnamlosigkeit für die kirche aus
den bettelhaft geringen summen, welche für die ihrer stellen beraubten geistlichen eingegangen sind. keinem zweifel unterliegt,
daß wenn die sogenannte protestantische kirche in Deutschland
aus freiwilligen beiträgen unterhalten werden sollte — die synagoge gedeiht an dieser quelle äußerlich ganz gut — in zehn jahren keine protestantische kirche mehr vorhanden sein würde. ich
wünsche lebhaft, daß der versuch angestellt werde.

die richtigkeit meiner behauptung erhellt weiter daraus, daß
die angeblich katholischen und protestantischen christen nicht das
mindeste bedenken tragen, ihren katholicismus und protestantismus mit der gesammten modernen cultur für verträglich zu
halten. diese leute meinen den kirchen anzugehören, aus denen
Roberts von Frankreich veni creator spiritus, Palestrinas messen
und Bachs motetten hervorgegangen sind, und genießen dabei
ohne scheu Offenbachs opern, Meyerbeers nachgemachte musik,
Auerbachs dorfgeschichten und was weiß ich noch sonst für un-
christlichen und widerchristlichen unrat. es ist kein trost, daß
auch der carillon von Brügge melodien aus Robert dem teufel hören läßt, daß auch auf dem Montmartre bei der legung des grund-
steines für die dem allerheiligsten herzen Jesu geweihte kirche eine
ouvertüre Boieldieus und Beethovens C-moll symphonie gespielt
wurden, daß auch im Crystal-palace zu Sydenham hintereinander
die lieder tyroler bergsänger, eine orgelfuge, eine oper Gounods
und ein feuerwerk verarbeitet werden. solche vorgänge zeigen außer
einer ganz beispiellosen rohheit des geschmackes doch wohl deutlich genug, daß die historischen religionen nicht bloß in Deutschland, sondern in ganz Europa verbraucht sind, daß kirchliche gesinnung in weitaus den meisten fällen nur den zweck einer auf

einem vergnügungszuge genommenen versicherungskarte hat: man will sich durch seine orthodoxie einen schutz gegen die folgen möglicher, aber wenig wahrscheinlicher unfälle verschaffen.

weil jetzt katholicismus, protestantismus, Judentum nicht verschiedene gesittung der menschen hervorrufen, wird niemandem das recht zu versagen sein, sie für gleichwertig, das heißt, für gleich wertlos zu halten, und von dieser anschauung aus sie zu behandeln und überhaupt zu handeln: nur sollte man freilich diesen zustand nicht für einen glücklichen erachten. haben katholiken, protestanten, Juden genau dieselben bedürfnisse — zu den schon so großen unserer irdischen natur noch stets neue, möglichst unnütze dazu —: haben sie alle gleichmäßig die gleiche bedürfnislosigkeit geistigen gütern gegenüber: nähren sie sich alle von den trabern der phrase, und beugen sie sich unter die tyrannei des conventionellen und der liebenswürdigkeit, so ist auch kein unterschied zwischen der katholischen, protestantischen, jüdischen religion, oder vielmehr diese religionen sind gar nicht mehr da: denn eine nicht wirkende religion ist tot.

es erhellt die verbrauchtheit der beiden kirchen christlichen bekenntnisses ferner aus dem kampfe selbst, welcher, aus politischen und nicht aus religiösen gründen entsprungen, jetzt in Deutschland seine opfer fordert. nachdem Frankreich aufgehört hatte leitende macht zu sein, versuchte die curie das neue deutsche reich so in ihren dienst zu nehmen, wie Frankreich in ihrem dienste gewesen war. als dieser versuch fehlschlug, setzte sich der schmerz über die verlorene liebesmühe selbstverständlich in heißen haß und in das verlangen um, allen feinden Deutschlands hülfreiche hand zu bieten. die curie liebt nie ein land als wann sie es brauchen kann. erlaubter haß ist angewandte liebe, verboten jede liebe, die irgend welchen haß maskiert, und einer solchen liebe ist der Vatican jetzt Frankreich gegenüber schuldig. von religion ist hüben und drüben gewaltig viel die rede: die eingeweihten kämpfer und die verständigeren unter den nicht eingeweihten zuschauern wissen ganz genau, daß es sich um religion in dieser angelegenheit gar nicht handelt, daß zur frage nur steht, ob der Jesuitengeneral — der papst ist nur dessen puppe — oder Deutschland in Deutschland herr sein soll. zu bedauern sind die vielen ehrlichen seelen, welche gutgläubig für eine sache, die sie nicht kennen, ins feuer gehn: zu schelten die, welche diesen gutgläubigen zutrauen, trotz ihrer geringen einsicht und ihres stumpfen empfindens ein wertvoller besitz des vaterlandes zu sein. denn wenn, wie ich bereits aussprach, religion sinn für realität ist, haben diejenigen gewiß keine religion, sondern nur religiosität, welche die sogenannte katholische, lutherische, unierte kirche für eine realität halten, sie müßten denn alles real nennen, woran man sich die schienbeine stoßen kann. noch warme schlackenhaufen sind doch immer keine kohlen, und jeder luftzug macht sie kühler und damit wertloser.

wäre in Deutschland statt einer stark ausgeblichenen religiosität religion vorhanden, so würde niemand daran gedacht haben, bestimmungen wie die jetzt alle welt beschäftigenden zu treffen: denn diese bestimmungen wären vollständig unnötig gewesen, und wenn man um der theorie willen paragraphen hätte formulieren wollen, welche die angelegenheiten der religion zum gegenstande hätten, so würden sie anders ausgefallen sein als diese preußischen. wo wäre es einem Gauß gegenüber jemandem beigekommen zu erweisen, daß die wurzel aus neun nicht zwei ist? wo hätte man je für einen in sich sicheren mann maßregeln treffen müssen, ihn von der beteiligung an den schwindelhaften speculationen irgend eines gauners zurückzuhalten? lebten in Deutschland menschen, welche wirklich katholisch, wirklich luthersch — ich sage nicht lutherisch — wären, so hätte der staat nur den verrotteten kirchen seine delegata potestas zu nehmen brauchen, und alles übrige hätte sich aus dem katholischen und lutherschen empfinden, denken und wollen jener menschen völlig von selbst gemacht. katholisch und luthersch verträgt sich ja doch wohl mit dem vaticanum nicht?

noch vor dreißig jahren meinte der staat, der wissenschaft ganz ebenso schranken ziehen zu müssen, wie er sie jetzt der religion zieht. als aber die wissenschaft ernstlich zu leben begann, brach sie die schranken, und zwar ohne schaden anzurichten. denn sie trägt ihr correctiv in sich, und wer die wahrheit sucht, weiß sie zu finden, und weiß den irrtum los zu werden. jetzt wieder eine censur einführen zu wollen, würde lächerlich, weil unnütz, sein. wäre religion wirklich vorhanden, so würde sie alles in ihrer entwickelung kranke und unechte aus sich und durch sich abstoßen. ihre kinder würden gott suchen, und daran, daß sie nicht besser, nicht opferwilliger, nicht entsagender und stiller würden, leicht merken, wo sie von ihm fort statt zu ihm hin gehn, und würden ohne vom staate gesetzte wegweiser und ohne vom gesetze gezogene drahtgitter wissen, wo sie auf dem bisherigen wege nicht weiter dürfen. wirklich lebender religion gegenüber wären die preußischen gesetze genau so unangebracht und genau so unmöglich, wie wirklich lebender wissenschaft gegenüber die censur unangebracht und unmöglich ist. die tatsache, daß der staat die regelung der religiösen angelegenheiten in seine hand genommen, genügt allein zu erweisen, daß diese angelegenheiten nur noch in das gebiet der polizei gehören, daß sie wirklich religiöse angelegenheiten gar nicht sind. wir stehn vor dem nichts. wer meint, der abgrund sei weniger abgrund, weil nebel ihn verhüllt, der mag seine meinung haben.

wie die sachen in dem protestantischen Deutschland liegen, beweist schon allein der umstand, daß wir das fremde wort religion an die stelle der deutschen wörter frömmigkeit und glauben haben treten lassen. über die religiosität kommen die meisten von uns nicht hinaus. religiosität aber ist keine kraft, am wenigsten eine beseelende, schaffende kraft. für den frommen liegt der schwerpunkt seines daseins in dem leben nach dem tode. er kann die erde verachten und kann sie besiegen, denn er weiß, daß sie mit aller ihrer lust und mit allem ihrem schmerze vergehn wird. der fromme kann an sich arbeiten ohne müde zu werden, denn er weiß, was ihn erwartet und wofür er arbeitet. für den frommen ist jedes begegnis seines lebens ein wort gottes, das nur an ihn gerichtet ist, das von ihm allein verstanden werden muß und von ihm allein verstanden werden kann. wo ist uns die gewißheit des ewigen lebens hingeschwunden? wohin der herbe zug der weltentsagung in diesem zeitalter des hastigen, freudelosen, narkotisierenden genießens? wo sind die herzen für das wort, daß es dem menschen nichts hilft die ganze welt zu gewinnen, wenn er dabei schaden an seiner seele nimmt? und müssen wir nicht jetzt in betreff der göttlichen weltregierung ganz dieselben zweifel hören und unglaubhaft beantworten, welche zur zeit der ältesten kirche umgiengen?

wer die religion auf das heiligtum des gemütes beschränken zu können meint — die heiligtümer, in denen diese gemütliche religion wohnt, heißen mitunter nur sehr uneigentlich heiligtümer —, der hat nie weder an sich noch an anderen religion erlebt. wirkliche religion nimmt sich stets die freiheit, das ganze leben zu durchdringen. sie ist nicht nur sonntags von neun bis eilf, bei einsegnungen und begräbnissen zu finden, sondern überall oder nirgends. denn sie ist nicht eine vorübergehende aufregung des nervensystemes, sondern das leider oft von der sünde, aber nie von etwas ihr als gleichberechtigtes nebengeordnetem gestörte leben unter den augen des allgegenwärtigen gottes. sie ist das horchen des schülers auf die nur flüsternde, aber nie schweigende stimme dieses gottes, der in allem, in kleinstem und in größestem, redet, und dessen sprache nicht auf die paragraphen einer für alle gültigen grammatik abgezogen, aber von jedem gehört und verstanden werden kann, der sie hören und verstehn will. sie ist das stille, aber unaufhaltsame harmonische auswachsen des eigensten wesens, das, weil von gott geschaffen zu sein gewiß, auch überzeugt ist, daß gerade seine vollste und eigentümlichste entwickelung mit der vollsten und eigentümlichsten entwickelung des ebenfalls von gott gedachten nächsten stets nur einen richtigen accord geben wird. sie ist heimweh, die bittersüße, wie eines atems steigen und fallen rastlos durch die seele webende sehnsucht des kindes nach hause zu kommen.

auf die lehre von der unsichtbaren kirche folgt ganz folgerichtig die lehre von der unsichtbaren religion, und auf diese ganz notwendig das verschwinden der religion.

und auch katholiken, wie ferne sind sie doch von dem hohen gute. denen papst, unfehlbarkeit des papstes und so viel anderes um seiner selbst willen wert ist, da dies alles doch für fromme seelen, selbst wenn es etwas wert wäre, nur mittel zum zwecke, nur werkzeug sein, und unweigerlich nur als solches, also nicht mit dem giftigen fanatismus behandelt werden würde, welchen wir jetzt täglich mit ansehen müssen. wer so wie die jetzigen katholiken den nachdruck auf dinge legt, auf die es in wahrheit gar nicht ankommt, der weiß um die religion recht schlecht bescheid. dem frommen leuchtet fast kein wort Iesu so ein, wie das an die Martha gerichtete, daß nur Eins not tut.

ist aber das genus nicht vorhanden, wie viel weniger die species? gibt es keine religion, wie viel weniger, wenn man es mit den worten so genau nimmt, wie man es nehmen soll, katholische oder protestantische religion?

in betreff der sogenannten protestantischen kirche gilt unbedingt, was höchst wahrscheinlich auch in betreff der katholischen gelten wird, daß sie auf alle politisch einigermaßen wertvollen bürger des deutschen staates gar keinen einfluß hat, falls nicht einzelne achtbare geistliche und priester, in denen sie subjective wahrheit geworden, und denen zur bestreitung ihres pfarramtlichen dienstes außer diesem rufe persönlicher ehrenhaftigkeit und menschlichen wohlwollens einige dem evangelium entnommene goldstücke zur verfügung stehn, sie mit ihrem persönlichen werte empfehlen. und auch das ist nur ein succès d'estime. freilich wird die idee von der stellvertretenden genugtuung — von den Juden in der weise benutzt, daß um der Bernhard Ehrenthal und Spinoza willen deren ganze nation hoch gehalten werden soll — von den christlichen kirchen in großem maßstabe sich dienstbar gemacht: man soll sogar jeden frommen mann der christlichen urzeit als bürgen für die güte der gänzlich umgeänderten gemeinschaft annehmen, welche es vorteilhaft findet, sich jetzt zu ihm zu rechnen. als ob man nicht Macarius, Albert den großen, Tauler unendlich viel lieber haben könnte, als die meisten liberalen und radicalen unserer tage, ohne darum gezwungen zu sein, den cardinal Bilio und den vater Schrader zu lieben, welche sich für jener alten heroen glaubensverwandte ausgeben. zudem ist für ruhige beobachter nicht ersichtlich, was, um nur heimgegangene zu erwähnen, Oberlin, Jänicke, Goßner, Diepenbrock, Ruland für den wert der kirche beweisen, der sie angehören, wenn es auch umgekehrt jedem freisteht, das, was an jenen frommen männern nicht zusagt, ihrer kirche in rechnung zu stellen und das gefallende der persönlichkeit an sich zuzuschreiben.

Was sodann jenen gedanken der regierung betrifft, so ist er ein durch und durch unrichtiger. ich verweise auf das in meiner früheren schrift auseinandergesetzte, vor allem auf den dort geführten nachweis, daß der protestantismus nichts positives, sondern nur die negierung des katholicismus war, daß er als solche nützlich gewesen ist, weil er die geister vom banne der kirche befreite, daß er aber das volk ganz auf seinem natürlichen boden gelassen, mithin die wirkung der gesetze natürlichen lebens, also das verbrauchtwerden der kräfte, mit nichten ausgeschlossen hat, und bemerke als für meine erörterung genügend hier nur folgendes.

erstens ist was die kirchen über ihre anfänge berichten — und aus der art der anfänge schließen sie ja hauptsächlich — durchweg falsch. das katholische system reicht allerdings bis hart an das evangelium hinan, viel näher hinan, als die sogenannte wissenschaft und der protestantismus zugeben: aber es ist nicht aus ihm hervorgegangen. die zeugungsepoche ist nicht identisch mit der ersten kindheit: sie folgt anderen gesetzen als diese, und andere kräfte sind hier tätig als dort. die historischen kirchen haben, wenn sie gleich unter der völlig im hellen tage der geschichte verlaufenden regierung des Augustus entstanden sind, weil dem genius ihr dasein dankend, einen überhistorischen ursprung: darin liegt ihr wert und ihre kraft. so wie sie aber behaupten, daß auch ihre urgeschichte mehr als historisch ist, stehn sie nicht in der wahrheit, und darum darf der staat und darf die nation nichts mit ihnen zu schaffen haben wollen. ihre theologen und gebildeten wissen auch, wie die sache liegt. kommt doch einmal mann für mann heran, ihr apologeten groß und klein, ihr gläubigen aller schattierungen, ihr vermittler und auffassungskünstler, und gebt klare antwort, ob ihr das ohne zweifel uralte apostolische glaubensbekenntnis ganz, oder ob ihr auch nur die mehrzahl seiner sätze für wahr haltet? versteht mich aber recht, für wahr, das heißt, für wirklich vorgegangenen tatsachen entsprechend. die auferstehung Iesu für ein telegramm des in höherer existenzform im himmel fortlebenden erlösers erklären und ähnliche feinheiten, wer sie auftischt, mit dem ist nicht zu verhandeln: er gehört in die abteilung eines zoologischen gartens, in welcher purzelbäume schießen für eine lebensaufgabe erachtet wird. der staat würde sich ohne frage lächerlich machen, wenn er heute physik nach Aristoteles lehren ließe: in welcher lage ist er denn, wenn er auf seine kosten und an seinen anstalten eine geschichte als heilsgeschichte anpreisen läßt, welche von denen, die sie anpreisen, nur unter wer weiß wie vielen vorbehalten, bemäntelungen und umdeutungen angepriesen wird? kein patriot kann wünschen, daß der staat etwas lehre und empfehle, das objectiv so unmöglich ist wie das — vom evangelium wohl zu unterscheidende — christentum, und darum muß der staat durchaus dazu gebracht werden, die verbindung mit kirchen zu lösen, welche nicht mehr wahrheit haben, als der Hellenismus unter Iulian dem abtrünnigen hatte. überlasse man doch ohne besorgnis solche absterbende gebilde ihrem schicksale: ihnen kommt nie der frühling wieder. man macht sie erst dadurch stark, daß man sie bekämpft: der staat ist so mächtig, daß er nur mit mächtigen kämpfen darf, und daß jeder, den er angreift, die voraussetzung für sich hat, mächtig, wie jeder, den er zu erziehen unternimmt, die voraussetzung für sich hat, erziehbar und der erziehung wert zu sein, und durch diese voraussetzungen

selbst dann, wann er eigentlich schwach ist, mächtig, selbst dann,
wann er unerziehbar ist, ein gegenstand der achtung oder doch
der aufmerksamkeit wird. die neueste politik Preußens erschwert
nur den kirchen das sterben und der deutschen nation das leben:
leider ist weit sicherer, daß jene sterben müssen, als daß diese
leben wird.

zweitens aber ist das ideal des katholicismus und protestantismus falsch.

der katholicismus, den der protestantismus hierin völlig unangetastet läßt, operiert überall nur mit den begriffen gott und menschheit, mit allgemein menschlicher sünde und der erlösung der menschheit. die katholische kirche will die von gott eingerichtete anstalt sein, welche allen menschen gleichmäßig die in Christo einmal endgültig vollbrachte versöhnung gottes und der menschheit vermittelt.

niemals ist dem katholicismus der gedanke gekommen, so wenig dieser gedanke dem liberalismus kommt, daß eine einzelne nation höher steht als die menschheit, und jedes einzelne mitglied einer nation mehr ist — das heißt, mehr sein soll —, als nur national, mehr als nur das, was jeder nationsgenosse als solcher ist: daß in der nationalität zur menschheit ein sehr wertvolles x, und in der einzelpersönlichkeit zu diesem wertvollen x ein noch viel wertvolleres y hinzutritt: daß humanität, nationalität, stammeseigentümlichkeit, familiencharakter, individualität eine pyramide sind, deren spitze näher an den himmel reicht als ihre basis: daß aus dieser tatsache folgt, daß die religion entweder das beste und wesentlichste der nationen und der einzelmenschen, das anonyme in ihnen, unberücksichtigt lassen (was ein widersinn ist) oder aber sich so gestalten muß, daß sie auf allgemein menschlicher grundlage zuerst national und dann individuell, und dies in der art wird, daß sie nationale und individuelle fähigkeiten zu nationalen und individuellen tugenden aus-, und nationale und individuelle beschränktheiten und fehlerhaftigkeiten zu nationalen und individuellen charakterzügen guter art umbildet.

die sogenannten gläubigen gefallen sich ja im ausmalen der sündhaftigkeit der menschlichen natur. sind sie denn so in grund und boden verlogen, kennen sie ihr eigenes und ihrer nächsten angehörigen wesen so wenig, daß sie nicht wissen, wie verschieden die sündhaftigkeit in den einzelnen menschen und in den einzelnen nationen auftritt? bedenken sie nicht, daß ein guter arzt seine tränkchen und pulver nach der artung der leiber abmißt, welche er heilen will, und sagen sie sich da nicht gerade auf ihrem standpunkte, daß, so gewiß nicht jedem eisen und nicht jedem valeriana taugt, so gewiß auch nicht jedem sünder jede religion zuträglich ist, sondern einem jeden sein teil nach seiner art bemessen werden muß? daß also der katholicismus und in allem wesentlichen auch der protestantismus dieser individuellen sündhaftigkeit gegenüber nicht anders dastehn, als ein medicinisches system vor individuellen krankheiten steht mit der allgemeinen forderung an den patienten gesund zu werden, gut zu verdauen und gut zu schlafen?

aus dem gesagten erhellt, daß so wenig eine erziehung durch und zur humanität — welche in Deutschland (wo sie als die einzig berechtigte angesehen wird) an ihren früchten längst als eine erziehung zur homunculität hätte erkannt sein sollen —, ebensowenig eine erziehung durch und zum katholicismus statthaft ist, welche zum analogon jener homunculität, dem Iesuitismus, nicht zufällig führt, sondern dem wesen der sache nach führen muß. es erhellt, daß der begriff katholicismus als auf einer ungenügenden kenntnis der ethischen forderungen ruhend nicht allein angetastet, sondern beseitigt werden muß, aber zu gleicher zeit erhellt auch, daß er vom standpunkte der humanität, welche selbst nur eine katholicität in anderer schattierung ist, mit erfolg nicht einmal angegriffen, geschweige denn beseitigt werden kann. der haß zwischen katholicismus und liberalismus ist der brotneid zweier concurrenten, welche alle beide zum hause hinaus gewiesen werden müssen.

wenn ich von beseitigen rede, meine ich natürlich nicht durch gewalt beseitigen.

Sodann muß gegen die meinung, auswüchse der historischen kirchen ließen sich mechanisch wegschaffen, geltend gemacht werden, daß die päpstliche gewalt und was am leibe der kirche mit ihr zusammenhängt, nicht mit einem stücke harter haut an einem menschlichen körper gleich zu stellen ist, das wegschneidend man dem behafteten nicht nur keinen schaden tut, sondern etwas angenehmes erzeigt. will man einem lebendigen wesen ein neues herz oder hirn einsetzen? und ist die päpstliche macht und das ganze falsche dogmatische system der kirche nicht einem herzen oder hirne ähnlicher als einem leichdorne?

Gänzlich irrig ist es weiter, als criterium, nach welchem über die ausmerzung gewisser teile (denn von teilen muß man auf diesem standpunkte sprechen) des christentumes oder des katholicismus entschieden werden soll, die neigung der jeweiligen zeitgenossen anzusehen. die öffentliche meinung ist überzeugt, wunder was gesagt zu haben, wenn sie dies und das für nicht mehr zeitgemäß erklärt. man müßte eigentlich, wenn man das recht in diesen fragen mitzusprechen für sich in anspruch nimmt, aus der geschichte wissen, daß noch nie irgend etwas großes in übereinstimmung mit der oberfläche der geschichte ins leben getreten ist. weil das große neu ist, darum ist es fremd; weil fordernd und fördernd, unbequem; weil es altes beseitigt und lieb gewordene krankheiten — oft schmerzhaft — zu heilen unternimmt, darum ist es verhaßt. vollends die religion wächst nicht auf reformbanketten: das gefängnis, das kreuz, der scheiterhaufen sind die stationen, über welche sie zieht: mit henkern und bütteln sind ihre diener und propheten weit bekannter als mit kellnern. erst wenn sie gezähmt, das heißt, zum spielzeuge geworden ist, findet sie duldung in der welt. gewiß ist es nicht ohne weiteres ein beweis für den göttlichen ursprung einer religion, daß sie allem widerspricht, was in der welt gilt: aber ebenso gewiß wird, wer die wahrheit sucht, sehr bedenklich gegen den wert eines glaubens sein, welcher alles, was den mitlebenden behagt, unangetastet läßt. man müßte aus der geschichte zweitens wissen, daß die religion wenn nicht allein, so doch vorzugsweise durch ihre abweichung von den landesüblichen anschauungen eingang findet — hat man nie die erfolglose langeweile des protestantenvereins genossen, der doch ohne frage zeitgemäß ist? —, und man müßte sich darum sagen, daß eine zeitgemäße religion empfehlen eine unwirksame religion empfehlen heißt. die erfahrung lehrt ja, daß religionen nahezu ihren ganzen einfluß verlieren, sobald sie herrschende religionen werden: sie wirken als solche nur mechanisch, als last, aber nicht chemisch, als agens.

Was soll man schließlich dazu sagen, daß nicht von ferne den gesetzgebern der gedanke an eine nationale religion gekommen ist? ich will nicht wiederholen, was ich schon früher (und noch ganz vor kurzem) über diese bemerkt habe. war es so schwer einzusehen, daß der begriff organismus auch auf die nation anwendung leidet? daß eine seele für diesen organismus da sein muß? daß diese seele nur eine einzige sein kann? daß es ein unglück ist, wenn Deutschland nach wie vor in zwei und mehr lager geteilt bleibt? man kann nicht deutlicher zeigen, wie gering man von der religion denkt, als wenn man sie in einem und demselben ganzen mehrfach vorhanden denken kann. also wie in einer wohlhabenden wirtschaft leinene, baumwollene und wollene hemden vorhanden sind, so kann Deutschland drei oder, wenn das glück gut will, noch mehr religionen im hause haben, und nach bedarf und geschmack hervorholen: ein innerliches verhältnis hat die religion nicht zur nation?

das wesen der kirchlichen gesetzgebung der letzten jahre ist, aus der legislatorischen sprache in die historische übersetzt, daß einem kranken volke leichname aufgeschmiedet worden sind, welche in die grube zu verscharren, welche mindestens an einem abgelegenen orte der verwesung ruhig zu überlassen die aufgabe der regierung gewesen wäre: die folge derselben, daß wir jetzt mit der katholischen kirche, welche wir auf einmal los werden konnten, dasselbe trostlose experiment stückweiser, jahrhunderte dauernder beseitigung vor uns sehen, welches wir mit dem protestantismus durchzumachen gehabt haben, und daß vermutlich diese uns bevorstehende innige beziehung unseres staates mit dem Iesuitismus — das sprödetun der kirche wird nicht lange mehr dauern — unser politisches leben ebenso jesuitisieren wird, wie das abfaulen des protestantismus es protestantisiert hat. der staat ist kein lebendiges wesen, sondern eine maschine, welche freilich mitunter so aussieht als lebe sie, welche aber trotz dieses aussehens dem rosten unterworfen bleibt. eine maschine muß in anderer weise in acht genommen werden als ein lebendiges.

13

Eng mit der ganzen anschauung der regierung hangen die zwei maßregeln zusammen, welche als die einzigen positiven des ganzen feldzuges bezeichnet werden können, die unterstützung des sogenannten altkatholicismus und das gesetz vom 11 Mai 1873.

Die gunst, in welcher der altkatholicismus zur zeit bei der öffentlichen meinung steht, ist nicht maßgebend, da die öffentliche meinung in diesem falle, wie in den meisten anderen, nur der trübe bodensatz einer vergangenen und abgetanen epoche ist.

der protestantismus hat den versuch gemacht, einen kranken organismus durch subtraction zu heilen: der altkatholicismus wiederholt diesen versuch, und wird kein besseres glück mit ihm haben, als sein vorgänger. kann man von politisch gebildeten männern verlangen, daß sie aus der geschichte die erfolglosigkeit dieser heilmethode erfahrungsmäßig kennen, daß sie wissen, daß man nie durch nein, sondern immer nur durch ja erfolgreich verneint, so muß man von allen, denen über dem hastigen treiben unserer tage noch nicht die fähigkeit abhanden gekommen ist, das theoretisch auch von ihnen angenommene evangelium ruhig reden zu lassen und seinen worten nachzudenken, fordern, daß sie den großen satz Iesu von der wiedergeburt nicht bezweifeln, welche allein im stande sei, in das reich gottes zu bringen. dieser satz ist gläubigen wie ungläubigen, die seine wahrheit nicht an sich selbst erfahren haben, heute noch eben so unverständlich, wie er es vor fast zweitausend jahren dem Nicodemus war: nichtsdestoweniger ist er vollständig richtig. nur daß ein neues leben angefangen wird — ich sage nicht: daß man ein neues leben anfängt —, nur darin liegt die heilung der krankheit, nicht darin, daß man ein angeblich allein krankes glied abschneidet, und ein anderes, das nur beim mechanicus zu beschaffen sein würde, dafür einsetzt. geistige leiden sind niemals chirurgischer natur. das, was Deutschland braucht, ist nicht ein katholicismus minus des papstes und einiger anderen, dem katholicismus eigenen dinge, nicht ein christentum minus einer bald höher bald niedriger gegriffenen zahl von dogmen, sondern ein neues leben, welches die absterbenden reste alten, kranken lebens totlebt: was wir bedürfen, ist ein frühling, der frisches laub und junge blüten treibt, nicht ein borstwisch zum abkehren der vorjährigen blätter, welche vor jenem frühlinge von selbst fallen würden.

sollte der altkatholicismus nicht zugeben wollen, daß er subtrahiert, was tut er dann? er will aus dem neunzehnten jahrhunderte in das zweite zurück. kein gott kann den tag, der am mittage steht, zum morgen zurückschaffen: kein gott einen sechzigjährigen wieder zum zehnjährigen machen. solche versuche gelingen in Flick und Flock, aber nicht in der geschichte. wie wir neue menschen werden, aber nicht unser altes leben von einem bestimmten zeitpunkte an von neuem beginnen können, so kann eine neue kirche erstehn, aber nicht eine alte, die physiognomie Gregor XVI oder Pius IX tragende, auf den standort zurückgeschraubt werden, auf welchem sie sich etwa unter dem papste Pius I befunden hat.

meine man nicht, aus dem von mir bereitwillig zugegebenen in jeder beziehung ehrenwerten charakter einzelner altkatholiken ein argument gegen mich und für den altkatholicismus hernehmen zu dürfen. jene männer ziehen, was sie an ethischer und religiöser kraft besitzen, aus ihrer in der katholischen kirche verlebten jugend: die lebenssäfte des organismus, dem sie den rücken gewendet haben, nähren sie. möge man ja nicht übersehen, daß diese säfte bei abgeschnittenen gliedern früher oder später einmal vertrocknen, daß also diese glieder nur material für das beinhaus auf dem kirchhofe, nicht aber lebensvolle stützen nationaler entwickelung werden: möge man nicht übersehen, daß man organismen nicht in der retorte kocht — selbst dann, wann der staat das feuer in den heerd einschürt und die phiole liefert, ist das unmöglich —, und nicht übersehen, daß daraus, daß es jetzt altkatholiken gibt, noch lange nicht die existenz einer altkatholischen kirche erwiesen ist. der nachwuchs dieser altkatholiken, der unter der zucht- und schrankenlosen masse der zeitgenossen — wesentlich ohne kirche — groß und gebildet werden wird, muß notwendiger weise ein ganz anderes gesicht tragen als diese altkatholiken selbst. denn geistiges leben wächst, wenn wir von den im voranschlage politischen haushaltes nie erscheinenden genien absehen, nur in organismen, mögen diese auch niederer natur sein: wo kein geistiger organismus da ist, ist auch kein geistiges leben da, sondern nur der schein oder der nachklang eines solchen.

Das gesetz über die bildung der geistlichen soll dem anscheine nach anordnungen treffen, welche von innen heraus die kirche umzugestalten bestimmt sind.

paragraph vier des gesetzes vom 11 Mai 1873 lautet: zur bekleidung eines geistlichen amts ist die ablegung der entlassungsprüfung auf einem deutschen gymnasium, die zurücklegung eines dreijährigen theologischen studiums auf einer deutschen staatsuniversität, sowie die ablegung einer wissenschaftlichen staatsprüfung erforderlich.

es klingt nicht schön: zur bekleidung ist die ablegung, die zurücklegung, sowie die ablegung erforderlich. sowie ist kein ausdruck, der in ein gesetz gehört: er ist zu subjectiv für ein gesetz. ablegung und zurücklegung sind infinitive der gegenwart — man denke nur an das englische —: es handelt sich aber offenbar hier nicht um das ablegen, nicht einmal — wenigstens ist dies sicher nicht die absicht des wohlmeinenden gesetzgebers — um das abgelegt haben, sondern um die auf dem gymnasium und der universität erworbenen fertigkeiten und kenntnisse. beliebe man sich zu fragen, ob zu feldmäßiger ausrüstung eines geschützes die beschaffung eines ersatzrades oder dies rad selbst erforderlich ist. es gibt nur noch so wenig deutsches in Deutschland (ich erinnere an IGrimms schon 1819 ausgesprochene klage), daß wir mit dem, was wir an unzweifelhaft echt deutschem besitzen, der deutschen sprache, wirklich etwas behutsamer und sorglicher umgehn sollten, als hier und in vielen anderen fällen geschehen ist. der mann, welcher diesen paragraphen formuliert hat — dem vernehmen nach ist er professor der rechte — würde allen anlaß haben das selbst zu tun, was er den geistlichen zu tun aufgibt, bei unsern classikern in die schule zu gehn: doch schon Gaius und Ulpian werden hinreichen, diesen styl verurteilen zu lehren. der paragraph hätte vielleicht besser anders gelautet: ein geistliches amt in einer der christlichen kirchen darf von jetzt ab von den kirchlichen behörden nur solchen personen übertragen werden, welche die entlassungsprüfung auf einem deutschen gymnasium bestanden, danach drei jahre auf einer deutschen staatsuniversität theologie studirt, und schließlich vor einer vom staate eingesetzten commission nachgewiesen haben, daß sie die für ihren beruf erforderliche allgemeinwissenschaftliche bildung besitzen.

Vor allem verkennt dieser paragraph, welch ungeheurer unterschied zwischen wissenschaft und jeder historisch gewordenen kirche ist.

die wissenschaft sucht, die kirche hat. die wissenschaft ermittelt die gesetze, welche in der welt der erscheinungen gelten, und stellt sie in dem zusammenhange dar, den sie in der natur der dinge haben: die kirche lehrt gesetze kennen, welche im gegensatze zur welt der erscheinungen gelten sollen, und führt sie in dem zusammenhange vor, den sie nach der überzeugung der kirche im willen gottes haben. was die kirche unter gesetz versteht, ist etwas völlig anderes als das, was die wissenschaft gesetz nennt: dort das, was sein sollte, hier das, was ist. hinwiederum was der kirche als fortschritt gilt, ist etwas durchaus von dem verschiedenes, was bei der wissenschaft den namen fortschritt trägt. dort ist fortschritt das wachsen der einzelnen in einer lebensgemeinschaft, deren forderungen feststehn, welche ideell alles bereits besitzt, was ihre glieder erwerben: hier ist fortschritt das wachsen der gesammtheit, deren besitz durch die arbeit der einzelnen erweitert wird. in der kirche ist die idee da, und gibt den einzelnen, in der wissenschaft wird die idee gesucht und gefunden durch die einzelnen.

weil dem so ist, darum werden katholische, lutherische, reformierte, unierte theologen auf katholischen, lutherischen, reformierten, unierten seminarien, theologen auf universitäten gebildet. der theologe tötet stets den katholischen, lutherischen, reformierten, unierten theologen. theologischen in die universitates litterarum eingefügten facultäten abverlangen, was seit jahrhunderten und jetzt auch von der neuesten gesetzgebung ihnen abverlangt wird, daß sie ein material bilden sollen, welches in einer bestimmten kirche verwendbar sein, den anforderungen dieser kirche entsprechen soll, heißt unmögliches, weil einen widerspruch verlangen. die folge kann nur die sein, daß sowohl die wissenschaft als die kirche zu grunde geht. wie sollen studierende in demselben augenblicke der kirche, welcher zu dienen sie sich vorbereiten, glauben, daß alles zur seligkeit notwendige in ihr vorhanden ist und nur der aneigenung bedarf, und der wissenschaft glauben, daß nichts wahr als was bewiesen ist, und daß alles in frage steht, was nicht bewiesen ist? seid ihr Lutheraner, reformierte, katholiken, so könnt ihr schuhe machen, schneidern und viele andere dinge lernen, ihr braucht aber die wahrheit nach eurer meinung nicht mehr zu suchen: hingegen sucht ihr die wahrheit noch, so seid ihr keine Lutheraner, reformierte, katholiken, denn die haben die wahrheit.

ich will mir die gelegenheit nicht entgehn lassen, auf die belehrende macht des zornes hinzuweisen — schade freilich um das gute wort zorn —, der unsere theologen bei der zumutung erfaßt, statt auf universitäten gebildet in seminarien erzogen zu werden. angenommen es stünde zur wahl, Andromache oder Penelope zum weibe, Pylades oder Phintias zum freunde zu bekommen, oder aber die fähigkeit zu erwerben, vorlesungen über das wesen der ehe und über die vorstellungen zu halten, welche die alten von der freundschaft gehabt — ich wüßte wohl, welche schale der wage tiefer hienge, und nach welcher meine hand greifen würde. dienst der kirche halb ablehnen, und dienst der wissenschaft halb wählen, wer das tut, dem ist die kirche sicher nicht eine himmlisch milde mutter, welche ihre kinder an die türe der ewigkeit führen wird, dem die wissenschaft sicher keine göttin. wie soll ich aber dann die erregtheit deuten, mit der man neben seiner wissenschaftlichkeit auch seine zugehörigkeit zur kirche, neben dieser auch jene beteuert?

Es wird den juristen, welche dieses gesetz ausgearbeitet, den juristen, welche es in den kammern vorzugsweise zu verteidigen gehabt haben, und der öffentlichen meinung, welche von vorne herein zu gunsten unseres erziehungswesens eingenommen ist, nicht so sehr verübelt werden dürfen, daß sie das, was jetzt gymnasium und universität heißt, für geeignet erachten, schädliche einflüsse der kirche zu brechen. nachher wird gelegenheit sein, über unser schulwesen ein wort zu sagen. hier nur die Eine bemerkung, daß meines wissens alle preußischen bischöfe, ich glaube sogar sagen zu können, alle deutschen bischöfe, daß weiter ein recht erheblicher teil der katholischen priester, und daß ohne ausnahme alle protestantischen geistlichen Deutschlands das abiturientenexamen eines gymnasiums bestanden und drei jahre auf staatsuniversitäten studiert haben. damit wäre bewiesen, daß gymnasien und universitäten wenigstens bisher den finstern geist Loyolas und des protestantischen zelotismus — ich muß doch in diesem sehr unmodernen buche auch einmal ein paar moderne ausdrücke brauchen — zu bannen außer stande gewesen sind: was in aller welt soll sie jetzt mit einem male befähigen es zu tun? sind sie seit dem 11 Mai 1873 andere geworden? hat man sie umgestaltet? ist ein neuer geist in sie gefahren? nicht daß ich wüßte. aber dann wird die auf dies gesetz gegründete hoffnung, däucht mich, ein übel angelegtes kapital sein.

ich verspare, was ich über die gymnasien zu sagen habe, auf den schluß meiner schrift: die theologischen facultäten unserer hochschulen muß ich hier besprechen.

man nimmt an, die theologischen facultäten unserer universitäten seien wissenschaftliche anstalten. ich habe aber schon vor drei jahren nachgewiesen, daß dies nicht der fall ist. man nimmt weiter an, daß die sich für das geistliche amt bestimmenden jungen leute mit der wissenschaft in berührung zu bringen, den kirchen zum segen gereichen müsse, in deren dienste jene dereinst verwendung finden würden. ich habe aber schon vor drei jahren dargetan, daß die wissenschaft die grundanschauungen der christlichen theologie als irrig bezeichnen muß, daß also jede beschäftigung mit der wissenschaft die christliche theologie auflöst: daß in dem maße, in welchem jemand ein wissen um die christliche religion erwirbt, er unfähig wird ein diener dieser religion zu sein: daß die zur zeit bestehende verbindung der facultäten der protestantischen theologie mit der protestantischen kirche für beide tötlich ist, weil sie beiden die unbefangenheit, den glauben an sich und darum den mut nimmt: daß diese facultäten mit der kirche nur in so weit zusammengehn können, als sie unwissenschaftlich sind, und die kirche nur so lange ernst machende facultäten der theologie zu ertragen vermag, als sie aufgehört hat kirche zu sein. ich bin nicht gesonnen, den vierten abschnitt meiner schrift über das verhältnis des deutschen staates zu theologie, kirche und religion hier auszuziehen: der wahrheitsuchende leser mag ihn selbst nachschlagen. ich bemerke, daß ich kein anderes oder kenne, als das, welches entweder mit vornamen heißt, will aber um derer willen, denen meine beweisführung zu schwer oder zu herbe ist, noch einige punkte zur sprache bringen, welche für die richtige beantwortung der uns beschäftigenden frage von belang sein möchten, ohne daß einem laien durch ihre behandlung zu viel nachdenken zugemutet würde. obwohl mein ganzes leben und das vorliegende buch von einem ende zum andern beweisen, daß es mir nur um die sache zu tun ist, daß persönlichkeiten mir durchweg ferne liegen, gebe ich doch auch ausdrücklich jedem mitgliede einer theologischen facultät, das sich von dem nun auseinanderzusetzenden nicht getroffen fühlt, das recht, sich als ausnahme von der regel und als von mir nicht gemeint anzusehen.

Das was heut zu tage im protestantischen Deutschland theologie genannt wird, läßt sich gefallen nach dogmatischen richtungen eingeteilt zu werden, und erlaubt sich, die ihm vor die augen kommenden bücher nach den löblichen oder nicht löblichen dogmatischen intentionen der verfasser zu beurteilen. die vielheit der theologischen zeitschriften ruht auf der vielheit der in der sogenannten theologie vorhandenen richtungen. es wird niemandem beikommen einen aufsatz, der sogenannte negative resultate darlegt, an ein gläubiges, eine abhandlung, welche einen lehrsatz der angeblichen wissenschaft umstößt, an ein kritisches blatt zu senden. damit aber gesteht man ein, daß das, was man als theologie etikettiert, eine wissenschaft nicht ist. es gibt keine conservative, liberale, vermittelnde, kritische, wissenschaftliche wissenschaft, sondern nur eine wissenschaft. denke man sich nur einmal die eben genannten eigenschaftsworte zu den substantiven physik, chemie, mathematik, botanik, zoologie, philologie statt zu theologie gestellt: man wird der torheit gewahr werden. mit gesinnung, mag diese mild gläubig oder confessionell lutherisch oder kritisch vermittelnd oder (was jetzt das modernste ist) national liberal sein, richtet man sogar eine volle echte wissenschaft zu grunde, wie viel mehr die schon so anbrüchige christliche theologie unserer theologischen facultäten. mit gesinnung mordet man aber auch die gewissen derer, welchen man sie einzwingt. der staat hatte mithin nicht eher ein recht, irgend wen an die bestehenden facultäten der theologie zu adressieren, als bis er aus diesen facultäten den richtungsunfug ausgerottet hätte: vorausgesetzt wird dabei, daß er nicht Einer richtung auf kosten der übrigen, sondern der keuschen, herben, ungeschminkten wahrheitsliebe auf kosten aller richtungen zur herrschaft helfe.

Wenn man die ergebnisse betrachtet, welche das übermaß an ephemerer, advocatischer arbeit der theologen zu tage gefördert hat, so sind sie gleich null. denn das, was von einzelnen etwa gewonnen wird, darf nicht ergebnis heißen, da trotz seiner alles beim alten bleibt, die richtungen unbekümmert selbst um die schönsten entdeckungen ihr widerliches geschäft mit wahrhaft eherner stirne fortsetzen. im alten testamente ist, um nur zwei leicht zu beurteilende tatsachen herauszugreifen, gestattet, in der beantwortung der frage nach der abfassungszeit des pentateuchs um anderthalb jahrtausende, in der beantwortung der frage nach dem alter der psalmen um ein jahrtausend auseinandergehende ansichten zu haben, ohne daß der eine ansehende bei dem andern an ansehen verlöre. denke man sich beispielsweise, jemand wollte den Otfrid zum zeitgenossen Geibels machen, die Sappho unter Iustinian leben lassen, und Manuel Philes einen freund des Lucian nennen: wie würde das wirken? und wie schnell wäre beseitigt wer sich dergleichen unsinns unterfienge? was das neue testament angeht, so steht da eigentlich doch wohl nichts fest, nicht einmal der text, und es wird leichter sein, die sich widersprechenden evangelien, als die über die evangelien meinenden theologen unter Einen hut zu bringen. davon, daß kirchengeschichte die biographie der kirche ist, keine ahnung. und die dogmatik! es ist nur in ganz einzelnen fällen möglich zu vergessen, daß dogma seinem ursinne nach das gutdünkende, nicht das wahre, bedeutet. kurz: wie die theologen nicht an die heilstatsachen und nicht an die lehren ihrer kirche, sondern an ihren glauben an diese tatsachen und lehren glauben, so wissen sie auch nicht geschichte und glaubenslehre, sondern sie wissen, was über geschichte und glaubenslehre von andern gewußt worden ist oder gewußt wird. ergebnisse wie ein Gauß, Leverrier, Wöhler und so viele andere sie vorzulegen haben, jedem genügend vorbereiteten einleuchtende oder beweisbare ergebnisse, kennt man auf diesem felde gar nicht.

Eigentlich sollte wohl niemand in abrede stellen, daß die christliche theologie eine unterabteilung der geschichtswissenschaft ist. das christentum ist nicht etwas, das jeder jeden augenblick sich von frischem zu erfinden hat und zu erfinden vermag: es ist ein geschichtliches factum. christliche theologie ist das wissen um dies factum, um seine vorbedingungen und folgen, und um das verhalten der gemüter und gedanken der menschen zu ihm. will man ein wissen um tatsachen der geschichte erwerben, so hat man zuvörderst die urkunden zu sammeln, welche über diese tatsachen zeugnis ablegen. man hat diese urkunden in die gestalt zurückzuführen, in der sie ursprünglich ausgestellt sind: man hat dann das verhältnis der urkunden zu einander zu ermitteln, und nachdem man die hauptzeugen von den nebenzeugen und den nachbetern geschieden hat, nach den aussagen der zeugen sich ein bild von dem vorgange oder den vorgängen zu machen, über welchen oder über welche sie reden. nun haben wir noch nicht einmal eine kritische ausgabe der bibel, ja noch nicht einmal eine solche des neuen testamentes. material für die bearbeitung der letzteren ist in fülle vorhanden: sie selbst fehlt: denn es ist unerlaubt das für eine solche zu halten, was sich für sie ausgibt, und von den freunden ihres veranstalters in allen möglichen zeitungen und zeitschriften als non plus ultra kritischen scharfsinnes ausposaunt wird: wir haben für das neue testament nichts, als eine ohne grundsätze äußerst leichtfertig ausgeführte und sehr unvollständige inventur des kritischen stoffes. nach Scriveners mühseliger zählung hat CvTischendorf die 1849 erschienene auflage seines neuen testamentes 1859 in der sogenannten siebenten an 1296, diese siebente in der achten an 3359 stellen geändert: da redet man von textkritik und kritischer größe natürlich nur, wenn man sich lächerlich machen will. der text des alten testamentes ist noch genau in demselben zustande, in welchem er seit seiner feststellung oder anerkennung durch die auctoritäten der synagoge gewesen ist, also sehr weit davon entfernt das zu bieten, was die heiligen schriftsteller selbst geschrieben haben. Russland läßt Eine wichtige handschrift des jüdischen canons lithographieren: alle übrigen liegen unbenutzt. zwei jüdische gelehrte haben viel arbeit an die massora gewandt, können aber von ihren im überflusse sitzenden volksgenossen die mittel nicht erhalten, um ihr so dringend nötiges werk herauszugeben. ich selbst habe vor langer zeit den arbeitsplan in betreff der alten übersetzungen des jüdischen canons skizziert, allein niemand sah sich veranlaßt, mir zur ausführung des planes die hand zu reichen. die alten ausgaben der bücher der kirchenväter und der beiden Juden, welche mit den kirchenvätern in reihe stehn, sind im besten falle abdrücke von handschriften zufälligen wertes, nicht selten — man denke an Mangeys Philo — durch falsche wissenschaft systematisch entstellt, oft — ich erinnere an Montfaucons Chrysostomus — durch nachlässigkeit und unkritik zugleich verderbt: gerade die in dem jetzigen stadium der theologie wichtigsten stücke können so, wie sie vorliegen, nur völlig unwissenden dilettanten benutzbar erscheinen: kenner sehen, daß ich außer auf jenen Philo auf Iosephus, Origenes und Hieronymus ziele. einer reihe von wichtigen werken, zum beispiel der Alberts des großen und der des Duns Scotus, wird man in Deutschland nur noch in öffentlichen bibliotheken habhaft, und vermag sie darum eigentlich nicht zu studieren: man darf die nötigen correcturen und notizen ja natürlich in fremdes eigentum nicht eintragen. mit Einem worte, fast die ganze patristische litteratur harrt noch der bearbeiter.

man kann in der theologie so wenig wie in der politik das haus vom dache aus bauen: ehe man sich nicht überzeugt, daß man erst die urkunden haben und in ihrer echten gestalt haben und studiert haben muß, bevor man über das mitsprechen darf, was durch jene urkunden bezeugt wird, eher wird man in der theologie nicht auf einen grünen zweig kommen. es sollte vollends keiner erinnerung bedürfen, daß man die zur benutzung dieser urkunden nötigen sprachkenntnisse ebenfalls besitzen muß. wer nicht griechisch fließend vom blatte liest, und nicht die noch ungeschriebene innere geschichte der hebräischen sprache wenigstens in den grundzügen durch eigene — wahrlich schwere — arbeit kennen gelernt hat, der wird wohl tun, die pflege der christlichen theologie besser vorbereiteten zu überlassen.

aber noch eine andere sprache als griechisch und hebräisch hat ein theologe zu verstehn, die der geschichtsepochen: auch aus ihr muß er übersetzen können. große historische erscheinungen gehn allemal auf eine überirdische kraft zurück — die maulesel der Aspasia und das glas wasser spielen bei ernsthaften leuten keine rolle —: aber jene geschichte bewegende kraft wirkt auf menschen, spiegelt sich in menschen, und deshalb ist als quellenkritik nicht bloß das nötig, was man gemeinhin so nennt: auch darauf hin ist jede zeitepoche zu betrachten, ob sie denn hören und sehen kann, was der genius ihr sagt: welches siechtum ihr ohren und augen getrübt hat, dessen wirkungen man erst wegdenken müßte, um die reine tatsache zu erhalten. ihr berichtigt compass und chronometer: wollt ihr euch nicht vielleicht auch erinnern, daß Iesus und das evangelium, wenn sie Hellenen gegenüber standen, von diesen in mythologischer, wenn sie mit sadducäisch und pharisäisch geschulten Juden kämpften, von diesen in hierarchischer sprache, wenn sie es mit leuten aus dem niedersten volke zu tun hatten, von diesen in den vielgestaltigen idiomen des aberglaubens beschrieben, bekämpft, verteidigt, gefeiert werden mußten? und wollt ihr nicht verlangen, daß aus diesen zungen allen in das original zurückübersetzt werde, das allein für die übertragung in unsere rede dienen darf? nicht begreifen, daß derartige declinationen und deviationen der gotteskraft wissenschaftlich zu behandeln derer pflicht ist, welche theologie als wissenschaft treiben?

es heißt die wirkliche lage der dinge verkennen, wenn man die kirchen dadurch verjüngen zu können hofft, daß man die ihrem dienste sich widmen wollenden jünglinge an facultäten weist, denen die methodelosigkeit zur anderen natur geworden ist, welche gar keinen maßstab besitzen, um wissen und nichtwissen zu messen, und welche schon allein darum bewiesene und beweisbare resultate nicht aufzuzeigen haben.

dazu kommt dann noch, daß keine oder so gut wie keine theologische facultät homogen ist. da lehren männer, welche von Eichhorn berufen sind, neben solchen, welche herr von Raumer oder herr von Bethmann oder herr von Mühler in das amt gebracht. und wer ernstlich sucht was wahr ist, und mutig ausspricht was für wahr zu halten er grund zu haben glaubt, der mag sich auf das loos Ismaels gefaßt machen, daß jedermanns hand wider ihn und seine hand wider jedermann ist. kann man sich aber einen ärgeren hohn auf die wissenschaftlichkeit einer facultät denken, als daß sie so viele wissenschaftlichkeiten in sich birgt als sie mitglieder hat? kein studierender braucht zu fühlen, wie unwissenschaftlich er arbeitet, wenn er für seine unwissenschaftlichkeit stets bei irgend einem professor der theologie die zusicherung erhalten kann, daß seine art die allein wissenschaftliche sei.

Will der staat wirkliche kenntnis der christlichen theologie verbreiten, oder, um dasselbe mit anderen worten zu sagen, will er, daß über die entstehung und geschichte der christlichen kirche etwas gewußt werde — wenn ich von wissen spreche, meine ich wissen —, so hat er sich das verfahren zum muster zu nehmen, welches der freiherr vom Stein anwandte, als es wirkliche kenntnis der deutschen geschichte zu ermöglichen galt: er hat sich zugleich freilich klar zu machen, daß eine rasche wirkung von seinen in diesem sinne etwa getroffenen maßregeln selbst dann nicht erwartet werden darf, wann er den richtigen mann für die leitung jenes urkundenstudiums finden sollte. auf die wichtigsten fragen der christlichen theologie wird es auf lange hinaus noch keine antwort geben, welche anspruch darauf machen dürfte, eine wissenschaftliche zu heißen. wenn die christliche theologie zwanzig jahre lang mit allen kräften urkundenforschungen getrieben haben wird, erst dann wird sie die fähigkeit erworben haben, die wahrheit auch in betreff der fragen zu suchen und zu sehen, um deren beantwortung es ihr eigentlich zu tun ist: erst dann wird sie aufhören, dogmaturienten für die allein wahrhaften theologen zu halten, erst dann wird sie sich in folge langer übung in unbedeutenden fällen auch für die wichtigeren angelegenheiten zu dem altmodischen, aber allein richtigen grundsatze bekennen, daß mit den worten eines mannes und einer gemeinschaft nur der sinn zu verbinden sei, den jene selbst mit ihnen verbunden wissen wollen.

sowie die christliche theologie nicht in der theorie (an dieser fehlt es auch jetzt nicht), sondern tatsächlich dem grundsatze huldigen wird, daß sie genau dieselben principien der erkenntnis und dieselben methoden der untersuchung hat, welche auf den übrigen gebieten der geschichtswissenschaft gelten, so wird sie anerkannte resultate haben, und in folge davon als wissenschaft anerkannt werden. dann, aber auch nur dann, wird der staat von dem studium der christlichen theologie für die nation einen nutzen zu erwarten berechtigt sein: dann wird er aber nicht mehr ein gesetz brauchen, um diesem studium, das ja dann keine chronische unwahrhaftigkeit mehr nötig macht, anhänger zu verschaffen: man wird sich diesem studium so freudig von selbst widmen, wie man sich anderen studien widmet. dem glauben aber entsage man doch ja, daß solche mit dem suchen nach wahrheit rücksichtslos ernst machende theologie jemals geistliche für eine der jetzt bestehenden kirchen liefern werde. wir haben allerdings erlebt, daß ein führer des protestantenvereins auf die frage der behörde, wie er jeden sonntag vor dem altare das apostolische glaubensbekenntnis bekennen könne, wenn er es nicht glaube, ohne irgend welchen anstoß zu erregen die armselige antwort geben durfte, er bekenne es auch nicht, er lese es nur vor (man sollte meinen, wenn so etwas gestattet sei, dürfe auch ein meineidiger sagen, er habe den bemängelten eid gar nicht geschworen, sondern nur nachgesprochen): allein niemand, der je mit wirklicher wissenschaft in berührung gestanden hat, wirft sich zu solchem benehmen weg: darum wird aber auch ein wirklicher theologe nie geistlicher der jetzt bestehenden, auf bestimmten, auch in der stärksten abschwächung unhaltbaren bekenntnissen beruhenden kirchen werden.

das versteht sich von selbst, soll aber doch ja auch ausdrücklich ausgesprochen werden, daß, wenn ich die theologie eine geschichtliche disciplin, und urkundenforschung ihre grundlage nenne, ich damit nicht gesagt haben will, daß die theologie das pedantische handwerkergesicht tragen und die hochmütig-banausischen manieren haben soll, welche in folge eines sehr in die augen fallenden und sich närrischer weise für höchste gesundheit ausgebenden krankheitszustandes auf einzelnen gebieten der historie zur zeit zum studium der geschichte zu gehören scheinen. es wird stets auf die ideen ankommen. wer irgend einem tüchtigen meister die grimasse der arbeit abgesehen hat, ist darum noch kein arbeiter, und über den mitteln, durch welche einsicht erworben wird, und der eitelen freude an dem gebrauche dieser mittel darf die einsicht selbst nicht vergessen werden: nur bei den wärtern der laboratorien haben mikroskope, wagen und reagenzgläser einen höheren wert, als die mit hülfe jener gefundenen gesetze.

Auch das hat die gesetzgebung sich nicht klar gemacht, daß mit drei jahren selbst dem gegenüber, was man gewöhnlich unter theologie versteht, nichts zu machen ist.

um etwas wissen heißt es so kennen, daß man es stets nur als ganzes denkt, daß man jeden seiner teile als glied dieses ganzen, und jede seiner äußerungen als den ausdruck seines wesens empfindet. wissen ist eine art umgang. danach sieht jeder, daß christliche theologie sich nur wissen läßt, soferne sie als ganzes aufgefaßt werden kann, und als ganzes kann sie nur aufgefaßt werden, wenn man sie nicht als wissen um die nur in einer vielheit von individuen existierende christliche religion, sondern als wissen um die christliche kirche ansieht: man wird dabei anerkennen dürfen, daß diese kirche auch krankheiten durchgemacht hat.

die jetzt lebenden protestanten stehn nicht in mitten einer vom ersten auftreten des evangeliums bis in unsere zeit herabreichenden bewegung: der faden der entwickelung ist abgerissen, und darum ein gemeindebewußtsein, das ein, sei es noch so entstellter, nachklang der christlichen urzeit wäre, und das wenigstens in großen zügen über das christentum zu orientieren vermöchte, nicht vorhanden. was man so gütig ist gemeindebewußtsein zu nennen, ist eine durch die zeitungen dem publicum — publicum ist bei den liberalen surrogat für volk — zugetragene und aufgeredete einbildung, deren wertlosigkeit — ich halte es für pflicht, stets von neuem diesen punkt hervorzuheben — schon dadurch erwiesen wird, daß sie die sie hegenden über die schlaffe molluskenexistenz deutscher gebildeter hinauszuheben nicht im stande ist. der protestantenverein hat am 10 October 1873 die erklärung abgegeben, und diese erklärung am 16 November 1873 wiederholt, protestantisch-kirchliche gesinnung werde schon dadurch betätigt, daß jemand seine kinder taufen und einsegnen läßt und mit ihnen nach ihrer einsegnung zum abendmahle geht: eine genügsamkeit, welche man fast lasterhaft nennen darf. es bleibt sonach, wie die sachen liegen, für diejenigen, welche von der christlichen religion wirklich etwas wissen wollen — es wird ratsamer sein, sich gleich zu dieser, nicht zum protestantismus zu wenden —, eigentlich nichts übrig, als die aus den quellen studierte geschichte der kirche in sich selbst nachzuleben. ich verstehe unter quellen nicht die gedruckten urkunden, mit denen bekannt zu sein registratorendienst, kein studium ist: ich meine die menschen, aus deren herzen und leiden das leben der kirche hervorgesprudelt, und welche nicht ganz so einfache organismen sind, wie die nur aus magen, mastdarm, bewunderungs- und entrüstungsdrüse bestehenden urwähler des neunzehnten jahrhunderts: ich meine die institutionen, welche das religiöse leben der einzelnen christen gezeugt, erzogen, erhalten haben: ich meine den cultus, dessen fehlen den protestantismus zu grunde gerichtet, dessen heiliger mittelpunkt den katholicismus nährt, und den man nur vorfinden, nie anordnen kann. solches studium wird reiche menschen geben: ob aber auch nur ein kleiner ausschnitt der geschichte des evangeliums in der spanne flüchtiger zeit, welche wir triennium academicum nennen, nachgerungen, nachempfunden, nachgedacht werden kann? ich bezweifle es.

wünschte man nun gar noch, daß die studierenden das sogenannte alte testament kennen lernen — in der wissenschaft würde man freilich nicht vom alten testamente, sondern von der hebräischen, israelitischen, jüdischen religion reden —, so würde das triennium erst recht nicht ausreichen. ich sehe davon ab, daß eine wirkliche kenntnis der hebräischen sprache unbedingt nötig ist, um die heiligen schriften der Juden wirklich verstehn zu können, und daß eine solche kenntnis dermalen nur durch eigene, sehr langwierige entdeckungsreisen gewonnen werden kann, da eine vergleichende grammatik der semitischen sprachen, eine hebräische grammatik, ein hebräisches wörterbuch, eine hebräische stylistik und synonymik, eine geschichte der inneren entwickelung des jüdischen idioms zur zeit nur von dem benutzt werden können, der sie sich selbst geschrieben hat: es ist trotz aller hochmütigen versicherungen der zünftigen an hülfsmitteln auf diesem gebiete nichts genügendes vorhanden, und die lehrer des hebräischen, ins amt gelassen von examinatoren, welche so gut wie sämmtlich einen unvocalisierten hebräischen text zu lesen außer stande sind, das heißt, welche höchstens eine mittelmäßige kenntnis des idioms besitzen, in welchem sie prüfen, diese lehrer verstehn nicht einmal eine anleitung zum suchen zu geben. wer vom alten testamente nicht einsieht, daß das beste in ihm hinter und zwischen den zeilen steht, also nicht im fluge erfaßt werden kann, der hat nie ein blatt von ihm verstanden. die großen erwerbungen des frommen gemüts, welche in den worten heilig, gerecht, demütig und ähnlichen ihren ausdruck gefunden haben: die einsicht, daß die gott suchenden menschen in einem gottesdienste sich vereinigen müssen: dieser gottesdienst selbst, der die anbetenden auf die grenze zwischen zeit und ewigkeit stellt, der sie zu fremdlingen auf der erde und zu genossen eines in dunklen todeswolken verhüllten hellen lebens macht: das bewußtsein, daß jeder augenblick menschlichen daseins unter dem einflusse göttlichen willens stehn soll, das ist es, worin die bedeutung des alten testamentes gelegen hat und noch liegt. gehe man mir doch mit der fratze einer erfüllung des alten bundes im

neuen: verhielte sich das neue testament zum alten wie erfüllung
zur weißagung, so könnte man das neue sparen: denn es wäre
tatsächlich im alten schon vorhanden gewesen. gehe man mir
doch mit der einbildung, daß irgend eine religion studium verdient,
welche nicht heute noch gilt: können wir nicht trotz unseres nicht-
jüdischen blutes noch 1875 Juden in dem sinne sein, in welchem
Ieremias und die männer der großen synagoge Juden waren, nur
freilich, daß wir nicht bloß Juden, sondern auch Zoroastrianer,
Buddhisten, evangelisch und was sonst gutes lebt, daneben sind
— es gibt jetzt gar keine andere religion als polytheismus —,
dann lohnt es nicht, an das studium der hebräischen, israelitischen, jüdischen frömmigkeit auch nur eine einzige minute zu
wenden. aber alles das, was in jenen alten zeiten Israels wirklich wertvoll war, das ist in den uns erhaltenen heiligen büchern
der Juden schon schlacke geworden: jene bücher wirklich studieren
heißt mithin, die aller orten uns aus ihnen entgegengrinsende phrase
zur menschen durchleuchtenden idee zurückleben, und das geht
nicht so rasch: man muß ganz allmälig sich auf die höhe empor-
ringen und emporbeten, auf welcher jene lange vor dem canon die
jüdische frömmigkeit begründenden männer gelebt haben. freilich
wenn der ganze inhalt jener nation nichts als der monotheismus
oder ein allgemeines lauern auf eine art großen louses wäre — das
wort sehnsucht würde hier nicht angebracht sein, da man ersehntes in
gewissem sinne schon hat —, dann wäre das alte testament im
handumdrehen begriffen. der monotheismus hat aber in wahrheit
mit der religion nicht mehr zu tun, als das wissen um die einwohnerzahl Deutschlands mit dem deutschen patriotismus zu tun
hat: und Maria war nichts weiter als eine Jüdin, so gewiß als Iudas
Ischarioth ein Jude war, das heißt, im alten testamente war etwas,
das im neuen nicht erfüllt, sondern das der mutterboden des neuen
ist, wie in ihm etwas war, und in seinen anhängern noch heute ist,
das nahe an das evangelium hinan reicht, das aber das evangelium
verrät und das darum vernichtet werden muß.

wollen wir aber auch von jenem eigentlich allein ein wissen
über die theologie verschaffenden theologie-leben absehen, und
das studium der theologie auf ein einsammeln von kenntnissen beschränken, welche sich ohne mittelpunkt behelfen, so reichen selbst
dann die üblichen drei jahre nicht aus. ich nehme an, daß die
theologischen facultäten so gut sind wie sie sein können, und
keine als einander homogene elemente, also nichts enthalten, was
schon von vorne herein die behauptung ihrer wissenschaftlichkeit
als einen schlechten witz erscheinen läßt. ich nehme weiter an,
daß die studierenden nicht, wie sie meistens tun, das erste drittel
ihres trienniums durch umhertasten oder zur erholung von der
schulplage vergeuden. es mag ja vorkommen, daß wirklich die drei
jahre ernstlich benutzt werden. trotzdem wird es unmöglich sein,
sich in so kurzer zeit auch nur einigermaßen genügend auf dem ge-

biete der christlichen theologie zu orientieren. weil die juristen sich durch repetitoren und wie sonst diese leute heißen, nach einer fröhlich auf der kneipe verlebten zeit für den priesterdienst im rechtsstaate abrichten lassen, darum ist dressiert werden noch lange nicht studieren. studium heißt in unserem falle — genügende sprachkenntnisse werden vorausgesetzt, wie beim naturforscher der besitz eines mikroskops —, studium heißt, die bibel alten und neuen testamentes (ein nicht zu dünnes buch) durchforschen, das heißt, ihren durch die landläufige dogmatik lange nicht erschöpften gedankeninhalt sich bekannt machen, und sich über alle kritischen fragen rechenschaft geben. studium heißt, die kirchengeschichte aus den quellen kennen lernen: die politische geschichte wie die geschichte der philosophie und der kunst kann dabei nur von halb tierischen menschen unberücksichtigt gelassen werden. studium heißt, die wichtigsten dogmatiken der alten kirche, des mittelalters, der reformationsgemeinden und der neueren zeit vollständig und so durchdenken, daß man über gedankengang und beweisführung jeden augenblick auskunft erteilen kann. studium heißt, sich mit der neueren philosophie und den naturwissenschaften auf irgend eine weise innerlich abfinden, um nicht allen zweifeln der gemeindeglieder nur als declamator oder als zelot entgegenzutreten genötigt zu sein. daß selbst ein solches studium sogar bei den professoren der theologie selten vorkommt, weiß ich reichlich so gut wie irgend wer: daß es für jeden theologen unumgänglich ist, wird niemand in abrede stellen, dem man es einmal in der angegebenen weise skizziert hat. aber daß es in drei jahren abgemacht werden könne, halte ich für völlig unmöglich, und darum hätte ein gesetz besser die nennung des trienniums unterlassen.

Und an das wichtigste, das im besten sinne moderne, rührt diese gesetzgebung gar nicht an. seitdem die zoologie und unabhängig von ihr die linguistik mit dem vergleichen den anfang gemacht, und beide durch dasselbe die überraschendsten aufschlüsse gewonnen haben, heißt das losungswort in allen wissenschaften vergleichung. wer heutzutage in dem althergebrachten sinne theologie, das heißt, christliche theologie studiert haben will, der weiß nicht, was es an der zeit ist. comparative religionswissenschaft gilt es zu treiben: der staat wenigstens, und vor allem der preußische staat, darf gar nichts anderes verlangen als diese. denn nur durch vergleichung einer religion mit anderen, mit wenigstens Einer anderen, ist es möglich einzusehen, daß die christliche religion nicht die gattung, sondern nur ein exemplar einer art ist, und nur durch diese einsicht ist es möglich, ein wirklich freies und sachgemäßes urteil zu gewinnen. freilich ist es dann auch mit der anschauung vorbei, welche dem liberalismus und den verfassern dieser gesetze als die allein denkbare gilt, daß das, nur von allen schlacken gereinigte, das heißt, von allem, was dem jedesmal opinierenden individuum nicht behagt, befreite christentum die vollkommene religion ist.

Ich wende mich zu der durch das gesetz vom 11 Mai 1873 angeordneten wissenschaftlichen staatsprüfung der candidaten des geistlichen amtes. das ist ihr amtlicher name, welchen Lessing nicht gewählt haben würde. eine wissenschaftliche staatsprüfung würde einer unwissenschaftlichen gegenüber stehn, die in Preußen doch wohl undenkbar ist. soll aber mit dem ausdrucke eine prüfung in der wissenschaft bezeichnet sein (man redet freilich nicht von einer lateinischen prüfung, sondern von einer prüfung im lateinischen), so würde durch ihn die theologie, in welcher jene candidaten doch auch geprüft werden, als nichtwissenschaft, und philosophie, geschichte und litteratur würden überdies als alleinige objecte der wissenschaft bezeichnet werden.

in dem erlasse vom 26 Juli 1873 wird bestimmt:

philosophie.

der candidat muß von dem begriff der philosophie und ihren [so] verschiedenen disciplinen eine deutliche erkenntnis haben, und mit der geschichte der philosophie so weit bekannt sein, daß er das charakteristische der epochemachenden systeme, sowie ihr gegenseitiges verhältnis in ihrer aufeinanderfolge anzugeben im stande ist. er muß ferner eine nähere bekanntschaft mit den grundlehren [so] der psychologie und der logik, sowie mit denjenigen systemen wissenschaftlicher pädagogik nachzuweisen vermögen, welche in den letzten zwei jahrhunderten einen nachhaltigen einfluß auf erziehung und unterricht gehabt haben.

geschichte.

die anforderung auf diesem gebiet ist, daß der candidat einen sicheren überblick über die allgemeine entwickelung der weltgeschichte besitze, und mit der geschichte der drei letzten jahrhunderte, vornehmlich aber mit der vaterländischen geschichte, im weiteren und engeren sinne des worts genauer bekannt sei. ein besonderes augenmerk ist darauf zu richten, ob der candidat von den die verschiedenen zeiträume bewegenden und beherrschenden ideen, sowohl nach der politischen seite, wie nach der der culturentwickelung, eine klare vorstellung hat. der künftige beruf des candidaten legt es nahe, dabei auch das gebiet der kirchengeschichte zu betreten, und den einfluß zur sprache zu bringen, welchen die religion [so] und die kirche sowohl auf das staatsleben wie auf die cultur der völker gehabt hat.

deutsche litteratur.

auch bei diesem gegenstande ist die prüfung hauptsächlich darauf zu richten, ob den candidaten der innere entwickelungsgang und diejenigen geschichtlichen momente bekannt sind, welche auf denselben fördernd oder hemmend eingewirkt haben. auf jahreszahlen und dergleichen ist dabei, wie bei allen geschichtlichen teilen der prüfung, kein unverhältnismäßiger wert zu legen.

die hervorragenden [so] schriftsteller der deutschen nationallitteratur, vornehmlich aus den beiden letzten jahrhunderten, dürfen keinem candidaten unbekannt sein, und die eingehendere beschäftigung mit einigen der bedeutendsten classischen werke muß von jedem nachgewiesen werden können. die prüfung hat den candidaten gelegenheit zu geben, sich in dieser beziehung über die nach freier wahl getriebenen studien auszusprechen.

daß hier bald von dem, bald von den candidaten die rede ist, nimmt wunder: ich habe aus dem centralblatte für die gesammte unterrichtsverwaltung in Preußen 1873, 514 515 abdrucken lassen.

ich denke nicht zu den hervorragend unwissenden menschen zu gehören, und daß ich arbeiten kann, hat mir noch nie jemand streitig gemacht: ich muß aber bekennen, daß, nachdem ich dreißig jahre und länger nie etwas anderes getan habe als studieren, also wohl ungefähr mit dem studieren bescheid zu wissen glauben darf: nachdem ich an universität, gymnasium, real- und mädchenschule zwanzig jahre lang in den verschiedensten fächern unterrichtet, und mich ernsthaft bemüht habe, was ich zum unterrichten brauchte, auch wirklich zu lernen, ich, falls um meine anstellungsfähigkeit zu erproben jetzt von mir verlangt würde, dies examen zu bestehn, lieber als tagelöhner mein brot verdienen, als mich einem solchen risico aussetzen wollte, einem risico, welches durch die für einen öffentlichen erlaß wohl wenig passende dehnbarkeit der gewählten ausdrücke ins unerträgliche gesteigert werden kann. drei wissenschaften, für deren vertretung an einer ausreichend besetzten universität sechs oder sieben ordinarien nötig und tätig sind, so beizu noch einzuschlachten, wenn schon die theologie, freilich nur die christliche theologie, in der durchaus unzulänglichen frist von drei jahren abgetan werden muß, das geht über menschliches vermögen hinaus. jede dieser disciplinen — theologie, geschichte, philosophie, litteratur — fordert den ganzen menschen, und ein volles langes leben, und nun kommt das gesetz, und heischt von einem candidaten der theologie (warum nicht auch von medicinern und juristen, die doch auch allgemein gebildet sein müssen?), von einem theologen, der fast immer unbegabt und höchstens drei und zwanzig jahre alt ist, eine kenntnis dieser vier disciplinen auf einmal. verlangt man so ungeheures, so gibt man jedem das recht, mit den rechenpfennigen zu zahlen, die in den würfelbuden der tagespresse und bei den fabrikanten der öffentlichen meinung in umlauf sind. und was hat der staat, was die nation gewonnen, wenn die träger und leiter des idealen lebens Deutschlands an solchen betrug amtlich gewöhnt worden sind? sie sollen sein, und man richtet sie ab zu scheinen! für die theologie haben wir bereits tabellen zum auswendiglernen, lehrbücher, welche, wörtlich hergesagt, vortreffliche examennummern und sehr schlechte pastoren machen: wir haben extemporierbare predigtentwürfe: wir bedanken uns dafür, auch noch für geschichte, philosophie und deutsche litteratur ähnliches zu erwerben, und völlig auf den standpunkt französischer, das heißt, jesuitischer pädagogik hinunterzusinken. und trotzdem hat bisher

keine universität, kein professor hiergegen den mund aufgetan.
sollte es spott sein, als einzelne stimmen außer der prüfung in
den durch das gesetz bestimmten disciplinen auch noch eine prüfung in
den alten sprachen und der naturkunde vorschlugen? oder war man
wirklich über den umfang der verlangten leistung so wenig im
klaren, daß man an ihr noch nicht genug zu haben meinen konnte?
sah man so wenig ein, was lernen ist, daß man das kammerdiener-
mäßige bescheidwissen über dinge, welche man nie selbst benutzt, für
eine lebensförderung hielt? ich vermag von der durchführung des
in dieser instruction gebotenen etwas im sinne der regierung gutes
nicht zu erwarten: denn ich bin sicher, daß wenigstens die protestantischen theologen in folge derselben noch bleichsüchtiger,
oberflächlicher, unwahrhaftiger werden werden, als sie jetzt schon
sind. wer die reste der christlichen kirchen zu beseitigen für geboten erachtet, kann, falls er pessimist sein sollte, das gesetz vom
11 Mai 1873 und die dasselbe ergänzende verordnung nur billigen:
werden doch durch dasselbe für die zukunft alle tüchtigeren kräfte
abgeschreckt werden, sich zu christlichen geistlichen auszubilden,
und wird doch in folge davon der hungertod noch schneller über die
kirchen hereinbrechen, als er ohne diese bestimmungen es getan
hätte. es ist ein tragisches loos, jemandem das beste gönnen und
geben wollen, und dabei durch die eigenen maßregeln ihm den
gnadenstoß versetzen.

übrigens stehn examina in den kreisen derer, welche sie abzuhalten haben, in sehr schlechtem credite. es ist wohl untunlich,
in diesen an theoretischen auseinandersetzungen so schon über-
reichen blättern die gründe für diesen übeln ruf der prüfungen
darzulegen. nur darauf soll aufmerksam gemacht werden, daß ein
wirkliches urteil über einen menschen nur dem zusteht, der ihn
im leben, das heißt beim arbeiten, beobachtet hat. es ist völlig
gleichgültig, was ein candidat seinen lehrern oder einem buche
über weltbewegende ideen oder über Herders und Lessings bedeutung nachspricht — nach einem halben jahre kennt er die phrasen
doch nicht mehr —: er muß ein stückchen Herder und Lessing
geworden sein, wenn er taugen soll, und ob er das geworden ist,
sieht niemand durch ein examen.

Wollte der staat die candidaten des geistlichen amtes mit der
wissenschaft in berührung bringen, so stand ihm auch auf seinem
jetzigen, an sich unhaltbaren standpunkte ein weg offen, der etwas
weiter geführt haben würde, als paragraph vier des gesetzes vom
11 Mai 1873. der staat brauchte diese candidaten nur zu nötigen,
einige jahre ihres lebens an öffentlichen schulen zu unterrichten,
natürlich je nach der ohne prüfung durch ein zeugnis ihrer meister
— dies wort ist absichtlich gewählt — festgestellten und praktisch leicht zu erprobenden verschiedenheit der begabung und der
kenntnisse an verschieden gearteten schulen. dadurch würden
jene jungen männer nicht mit einem abstracten, auswendig zu ler-

nenden schematismus, sondern mit der arbeitenden idee selbst in berührung kommen, und fänden — angenommen, daß sie selbst gewissen und pflichtgefühl hätten, und daß sie in collegien von arbeitenden und lebenden männern kämen — täglich und stündlich gelegenheit, durch die pflicht zu lehren zu lernen, durch das erziehen erzogen zu werden, durch studium und die innere ruhelose sorge, genüge zu tun, gott näher zu kommen. nebenbei würde der staat durch eingehn auf diesen vorschlag die last vermindern, welche durch die von mir als unumgänglich angesehene berechtigung und verpflichtung, unbrauchbare lehrer jeder zeit zu emeritieren, seinen finanzen über kurz oder lang auferlegt werden wird: denn diese jungen männer würden nie so lange an den schulen zu dienen haben, daß sie, falls sie sich untauglich erwiesen, ein ruhegehalt beanspruchen könnten, und würden doch einen erheblichen teil der schularbeit auf ihre schultern nehmen.

14

Was nun weiter?

religion entsteht überall da, wo menschenherzen fähig sind, eine seite des lebens gottes zu erfassen. gott wird nicht offenbart, sondern seines daseins irgend welcher strahl leuchtet ein, und er tut das, weil die menschen gerade nach der richtung gewendet sind, in welcher stehend man ihn fassen kann. der fromme freut sich an welt und geschichte, weil er in beiden etwas erblickt, was nicht welt und geschichte ist.

religion entsteht weiter da, wo menschenherzen von irgend welchem sie ängstigenden und quälenden frei werden wollen. gott wird nicht offenbart, sondern irgend etwas ungöttliches in der welt treibt, nach dem gegenteile des ungöttlichen zu greifen, und das ist gott. der mensch flüchtet vor welt und geschichte zu gott, weil er in beiden etwas erblickt, was nicht zu ihm selbst stimmt.

so ist religion einmal freude an gott und seinem tun, so ist sie zweitens der vollendetste ausdruck des freiheitsbedürfnisses des menschen.

armer Schleiermacher, wo bleibt der erste paragraph deiner dogmatik?

verhält sich die sache, wie ich behauptet, so wird religion bei uns einmal aus der anerkennung irgend welchen göttlichen lebens, so wird sie zweitens aus der flucht und dem ekel vor ungöttlichem erwachsen können.

ich denke, die beiden seiten der sache fallen in unseren tagen so nahe zusammen wie nur möglich.

wenn irgend etwas für unsere zeit charakteristisch ist, so ist es die brutale tyrannei des allgemeinen, dessen, was die alte kirche welt nennt, mag diese welt sich als gewohnheit, mode, sitte, cultur, gesellschaft, staat, kirche verkleiden. alle anderen leiden sind verschwindend gering gegen den schmerz ein Helot zu sein, nie im leben auch nur eine halbe minute lang sich selbst gehören zu dürfen.

wenn irgend etwas in unserer zeit erquickend und befreiend wirkt, so ist es das dasein — selten genug ist dies dasein — origineller, ganz ihren eigenen weg gehender, von grund ihres herzens mutiger und frommer menschen, welche nur um gottes willen handeln und leben. wo sonst heutzutage in Deutschland freude zu finden wäre, wüßte ich nicht.

die natur ist ein gegenstand der wissenschaft geworden: die götter und gott sind aus ihr gewichen, und haben ihr reich an die gesetze abgetreten.

niemand glaubt noch, daß das höchste wesen befehle vom himmel gesandt, anweisungen gegeben habe, wie das leben einzurichten sei, wenn es gott wohlgefällig sein solle.

die schönheit gilt nicht mehr, seit der häßliche Socrates zeigte, daß der mensch wertvoller ist als der schöne mensch: seit das evangelium das harte wort sünde in die welt warf, und von wiedergeburt und dem reiche gottes geredet wurde.

eines ist noch da. der wiedergeborene, welcher um gottes willen schande und elend trägt, ehre und wohlleben verachtet, den tod nicht fürchtet, und zuversichtlich genug ist, ein ewiges leben ertragen zu wollen.

in ihm ist gott: an ihm ist freude und befreiung. er ist der lebendige unter uns wandelnde beweis des daseins der ewigkeit, des wirkens der mächte der ewigkeit, und zwar, wie das jedem stille lauschenden herzen klar werdende walten einer die einzelnen menschen völlig individuell erziehenden liebe der einzige beweis für die unsterblichkeit der seele, so ist das dasein des wiedergeborenen, dieser persönlichen erziehung sich hingebenden menschen der allereinzigste beweis für das dasein eines persönlichen gottes. nehmet diese menschen aus der welt, so ist alles dunkel in ihr.

wie die sachen weiter sich entwickeln werden, wer will es sagen? das ist unumstößlich gewiß, daß die zukunft der irdischen geschichte, die zukunft Deutschlands an den einzelnen menschen hängt, nicht an der schulung der massen, welche schließlich ja doch nur aus einzelnen menschen bestehn, nicht am staate, nicht an der verfassung, nicht am papste, nicht an irgend etwas, was nicht unmittelbar aus gottes hand gekommen ist. alles liegt an den menschen, und an nichts hat Deutschland so großen mangel wie an menschen, und keinem dinge ist Deutschland mit seiner anbetung des staats, der öffentlichen meinung, der cultur, des erfolges so feindlich wie dem, wodurch allein es leben und ehre erlangen kann, dem einzelnen menschen.

15

Damit ist Eines gefordert: den einzelnen menschen wo und soweit irgend möglich in seine rechte gegenüber der welt einzusetzen, möge diese welt formen haben welche sie wolle: alles zu tun, was den menschen als einzelnen zur vollkommenheit bringen kann.

und dies führt uns noch einmal auf die cultur und auf deren

subjective aneignung, die bildung: es führt uns mit anderen worten auf die schule.

Vielleicht darf daran erinnert werden, daß die großen männer des altertumes und des mittelalters, daß die großen wohltäter des menschengeschlechtes mit der schule nichts oder äußerst wenig zu schaffen gehabt haben, daß sie im modernen sinne des wortes durchaus ungebildet waren.

weiter vergegenwärtige man sich, daß in den kräftigen zeiten, von deren erwerbe wir noch heute zu nicht geringem teile zehren, die vorhandenen schulen alle miteinander fachschulen waren.

sie waren es auch in Preußen, bis unter dem ministerium des herrn von Altenstein durch Iohannes Schulze die hegelsche sintflut hereinbrach. Hegel zu nennen ist um so nötiger, als die rechtsphilosophie dieses mannes es ist, welche gegenwärtig in die praxis übersetzt wird: er ist es, der die staatsallgewalt zuerst mundgerecht gemacht hat: da er außer vielem andern unhaltbaren — das schlimmste findet sich in der religionsphilosophie — auch erwiesen, daß es nur sieben planeten geben könne, wird seine unfehlbarkeit gewiß auf das beste empfohlen sein.

man könnte nachgerade darüber sich verständigt haben, daß Hegel nichts weiter — indessen dies nichts weiter ist an und für sich ziemlich viel —, daß er nichts weiter getan hat, als das in der letzten classischen epoche unserer litteratur gewonnene geistige gut zu inventarisieren und zu registrieren.

hat er dabei die einbildung gehegt, erfinder zu sein, wo er nur ein zu gelegener zeit aufgetretener, noch dazu mitunter gewaltsamer handlanger war, so braucht uns das hier nicht zu kümmern. hat er aber weiter dafür gehalten, daß mit ihm und seiner arbeit die weltgeschichte ihren gipfelpunkt erreicht, so geht uns das gar sehr an: denn das preußische, auf grund hegelscher principien entworfene und von ganz verschiedenartigen nachfolgern Altensteins im wesentlichen unangetastet gelassene unterrichtssystem ruht geradezu auf der anschauung, daß nichts mehr zu leisten sei, als das in reicher und vollständiger fülle vorhandene gut anzuzeigen.

was den zweiten punkt anlangt, so darf man wohl einige zweifel daran verlautbaren, daß eine Lessing-Winkelmann-Herder-Goethe-Schillersche liberale orthodoxie als orthodoxie um ein haar besser ist, als eine katholische, protestantische, islamische oder buddhistische, und darf geltend machen, daß nach mancher leute dafürhalten jeder tag seine eigene arbeit, seine eigene last und lust hat, also die periode von 1765 bis 1800 für die folgenden vierteljahrhunderte freilich wohl einen vielleicht großen rest an erwerb lassen konnte, jedenfalls aber einen sehr großen rest an arbeit gelassen hat, so gut jeder dienstag für einen folgenden mittwoch oder donnerstag jenes tun kann, und dieses tut: daß mit ihr die arbeit und das erwerben durchaus nicht ein für alle mal abgetan worden ist.

die epigonen, von denen man sich unter den Hegelingen zu reden gefiel, haben ganz hübsch neu geschaffen: philologie, vergleichende sprachforschung, chemie, physik, die bei Hegel so äußerst mangelhafte, gänzlich unreale und sophistische psychologie, um von sehr vielem anderen zu schweigen, sind durch sie auf eine ganz andere stufe gekommen, als die der classischen periode oder der periode des markthelfers und maklers dieser classischen periode war: nach den epigonen haben auch noch leute gelebt, welche sich sehen lassen konnten — Moltke, Bismarck und so weiter —: man wird sogar das vorhandensein von progonen nicht in abrede stellen können, und es wird daher in der theorie niemandem einfallen, jenen hegelschen anschauungen beizupflichten.

warum aber ist man dann in der praxis so grundhegelsch, daß man eine encyclopädische kenntnis alles wißbaren — als ob eine solche bei dem stetigen anwachsen des stoffes und der unmöglichkeit irgend welchen stoff anders, als durch nachfinden des schon gefundenen, nacharbeiten des schon gearbeiteten wirklich zu gewinnen überhaupt möglich wäre — für das non plus ultra von menschenglück hält, und alle jugenderziehung tatsächlich darauf abzwecken läßt, eine solche möglichst aller welt — und zwar im principe aller welt, von der krämerjungfrau bis zum thronfolger des reiches, gleich — beizubringen, als bildungsstoff, wie man zu sagen pflegt?

als wäre es moralisch, ererbte reichtümer höher zu schätzen, als erworbene? als wäre der erarbeiter nicht mehr wert, als das erarbeitete, und als wäre nicht auch im gefühle dem gesunden menschen das täglich neu gewinnen auch alt besessenen gutes angenehmer als das überwintern auf der urväter schätzen?

die aus der cultur unserer zur zeit letzten classischen periode abgeleitete bildung in alle schichten des volkes zu verbreiten, (wenn anders sie in alle schichten verbreitet ist), war nur durch besondere maßnahmen möglich. es wäre wohl der mühe wert zu schildern, wie langsam die großen männer des achtzehnten jahrhunderts für ihre ideen eingang fanden, wie es noch zu den zeiten der beiden Schlegel einer förmlichen propaganda bedurfte, ihnen anerkennung zu verschaffen, und wie erst Johannes Schulzen, der es verstand, den preußischen staat für sie in bewegung zu bringen, gelungen ist, nicht jene großen männer — davor hütete er sich als sehr kleiner mann wohl —, sondern die von Hegel in zusammenfassung der gedanken, nicht des persönlichen seins, jener männer formulierte neue rechtgläubigkeit als solche durchzusetzen.

dies geschah früher nur durch regelmäßige zurückschiebung aller derer, die sich weigerten das hegelsche glaubensbekenntnis abzulegen, und durch begünstigung der anhänger Hegels, für welche ein eigenes organ, die jahrbücher für wissenschaftliche kritik, gegründet und vom staate unterstützt wurde. später, als man seiner versicherung nach ganz andere grundanschauungen als die Altensteins und Schulzes hatte, wandte man, um sogenannte bildung zu fördern, ein mittel an, welches leider noch heute angewandt wird, obwohl jeder die tatsächlichen verhältnisse kennende mann nicht worte genug findet es zu verdammen, das berechtigungswesen, eine einrichtung, durch welche Preußen — und das ist wahrlich nicht wenig gesagt — alles wett gemacht, was es auf anderen gebieten gutes geschaffen. es wurden prämien für diejenigen ausgeschrieben, welche im verschlingen des bildungsstoffes es bis zu einer gewissen fertigkeit gebracht hatten. nach ausweis des buches von L.Wiese über das höhere schulwesen in Preußen I 618—621 sind die jetzt auf diesem gebiete geltenden bestimmungen sammt und sonders von dem 1852 in sein ministerialamt getretenen geheimen regierungsrate L.Wiese formuliert worden.

ich werde nicht müde werden zu wiederholen, daß alles gute, das dem menschen zu teil wird, ihm nur vom menschen kommt. auch der trieb zum ersten lernen scheint mir lediglich aus der liebe der kinder zu ihren lehrern herzuleiten zu sein. das kind findet sich wohltätig dadurch berührt, daß ihm aufmerksamkeit geschenkt wird. ist diese aufmerksamkeit eine regelmäßige, tag für tag wiederkehrende, so faßt es vertrauen und zuneigung, und durch diese allein wird es zum lernen gebracht. daß das lernen förderlich ist, daß es fertigkeiten verschafft — von kenntnissen ist zunächst gar nicht die rede —, fertigkeiten, welche man früher nicht besessen, das kommt erst in zweiter linie zum bewußtsein. das erste ist stets das gefühl hingebenden vertrauens gegen den mann oder die frau welche auf die den teuren eltern oft so gründlich lästigen abgesetzten spielzeuge — denn das werden kinder bei unfrommen menschen sehr bald — zeit, mühe, liebe verwenden.

bei längerer dauer des verhältnisses zwischen lehrer und schüler wird eine gemeinschaft hergestellt, welche dem lehrer oft rechte weit über vaterrechte hinaus gibt, und diese gemeinschaft, das bewußtsein zusammen zu gehören, bewirkt die förderung der jungen seelen, die an ihr teil haben: ich darf hinzufügen, auch die förderung des lehrers, welcher ihr mittelpunkt ist.

die vorstellung von einem zwecke dieses zustandes hat der knabe nicht. es hat sie anders als in theoretisierenden augenblicken auch der gute lehrer nicht, der trauert, wenn seine jugend ihm entwächst, und der durch diese trauer zu erkennen gibt, wie wenig sein herz sich dessen bewußt war, daß sie ihm zu entwachsen bestimmt ist, daß er sie von sich weg erziehen, zu den dingen und den harten pflichten des lebens hin erziehen soll. jede klasse ist ein ganzes, dessen herz und haupt der lehrer ist, und das durch den zusammenhang mit diesem herzen und haupte wächst, wird, gedeiht, und das nur als wachsendes, werdendes, gedeihendes lernt, weil ja irgend welcher gedankenstoff als mittel des wachsens, werdens, gedeihens verwandt werden muß.

mögen hunderte von guten lehrern sich nicht klar über den sachverhalt sein, er ist so, wie ich ihn dargestellt habe.

nun kommt aber der preußische staat, und wirft in diesen grünen stillen garten den begriff vorteil.

er verspricht — ich ziehe aus dem programme einer Berliner realschule aus, was dies aus der verordnung vom 6 October 1859 mitteilt: für den styl bin ich nicht verantwortlich: daß mir die vielen in dem stücke ohne not angewandten fremdwörter ein greuel sind, brauche ich wohl nicht erst zu versichern: vollständig ist die liste auch nicht: aus dem vorhin genannten buche Wieses kann man sie ergänzen —: a. ein zeugnis der absolvierten tertia befähigt zur aufnahme in die obere abteilung der königlichen gärtner-lehranstalt zu Potsdam. b. ein zeugnis über einen halbjährigen aufenthalt in secunda befähigt zur annahme für den einjährigen freiwilligen militärdienst, jedoch nur unter der bedingung, daß die betreffenden schüler an dem unterricht in allen gegenständen teil genommen, sich das pensum der klasse gut angeeignet [ist das möglich? das pensum der klasse ist ja zweijährig] und sich gut betragen haben. ein secundanerzeugnis befähigt zur aufnahme in das königliche musikinstitut in Berlin. c. ein zeugnis der reife für prima befähigt die abgehenden schüler 1) zum civilsupernumerariat bei den provinzialcivilverwaltungsbehörden, 2) desgleichen zur annahme als civilaspiranten bei den proviantämtern, 3) als civileleven der königlichen tierarzeneischule in Berlin, 4) zum bureaudienst bei der bergwerksverwaltung. d. ein zeugnis aus prima ist erforderlich 1) zur zulassung zum civilsupernumerariat bei den gerichtsbehörden, 2) zum studium der oekonomie auf den königlichen landwirtschaftlichen lehranstalten zu Poppelsdorf und Eldena. e. ein zeugnis über einen mindestens halbjährigen aufenthalt in prima ist bedingung der annahme 1) zum supernumerariat bei der verwaltung der indirekten steuern und 2) zum militärintendanturdienst. f. ein zeugnis über einen einjährigen aufenthalt in prima berechtigt zur zulassung zur abiturientenprüfung bei einer provinzialgewerbeschule. g. die mit dem zeugnis der reife versehenen abiturienten der realschule erster ordnung werden zu den höheren studien 1) für den staatsbaudienst und 2) das bergfach zugelassen, und wenn sie mit aussicht auf avancement in die armee eintreten wollen, 3) von ablegung der porteepéefähnrichsprüfung dispensiert. sie werden außerdem zugelassen 4) zur elevenprüfung für die technischen ämter der berg-, hütten- und salinenverwaltung, 5) zum eintritt in den postdienst mit aussicht auf beförderung in die höheren dienststellen, und sind befähigt zur aufnahme 6) in die königliche forstlehranstalt in Neustadt-Eberswalde, 7) in das reitende feldjägercorps, 8) in das königliche gewerbeinstitut.

e quindi uscimmo a riveder le stelle.

die speisekarte der bildung ist lang: jede börse kann befriedigt werden, und das quantum der sättigung. das quale des zu genießenden vorteiles wird wie auf dem jahrmarkte vorgewiesen.

das verhältnis zwischen lehrer und schüler ist sofort getrübt, so wie die berechnung auf den nutzen des zu lernenden in die junge seele tritt.

damit ist die lern- und werdefähigkeit des schülers ebenso beeinträchtigt, wie die lehr- und werdelust des lehrers.

die behandelten gegenstände werden aus material zum gemeinsamen leben von lehrer und schüler zu den stufen einer treppe, welche tatsächlich gar nirgends andershin münden kann, als in die ekelhafte plutokratie unserer tage.

latein, griechisch, englisch, französisch, mathematik, geschichte haben von nun an in Preußen geldwert — ein rechner mag austifteln, wieviel es der familie bringt, wenn der sohn nur Ein jahr zu dienen braucht —: haben aber latein, griechisch, englisch, französisch, mathematik, geschichte geldwert, so haben sie für den geist gar keinen wert: denn der geist trägt kein porte-monnaie.

und was hat nun der grüne tisch für den zweck erreicht, der ihm vorzugsweise am herzen lag, die popularisierung des inhaltes unserer letzten classischen litteraturperiode?

es liegt in folge der getroffenen maßregeln über unserem vaterlande ein zäher, widerlicher schleim von bildungsbarbarei, der gottes licht und luft von uns abhält, der abgetan werden muß, ehe von einer gesundheit und selbstentwickelung der nation (bislang ist die nation subject eines passiven satzes gewesen) die rede sein darf: hingegen das wesentliche jener oft genannten litteraturperiode wirkt auf das volk gar nicht: wirkte es, so würde das volk anders aussehen, als es aussieht.

nehmen wir das höchste, was wir auf diesem gebiete der theorie nach nehmen können, nehmen wir die universitäten. man müßte, falls das jetzige erziehungssystem richtig wäre, erwarten, daß wenigstens die studierenden diese hegelsch-bundestagspreußische bildung sich anzueignen suchen würden. aber es geschieht nicht.

so weit meine kunde reicht, wird auf allen deutschen universitäten philosophie unter der herrschaft einer auf den philosophen Hegel zurückgehenden unterrichtsverfassung nur von den sogenannten theologen studiert, welche formeln brauchen, an denen sie über die dogmatik ihrer kirche hinwegturnen können, von philologen, welche das examen für die berechtigung zum unterrichte in der philosophischen propaedeutik machen wollen, allenfalls von einzelnen mathematikern, nie von medicinern, chemikern, physikern, naturforschern, fast nie von juristen.

man sollte weiter erwarten, daß geschichte locken werde. es ist doch nach Hegel alles entwickelung auf ihn hin, also die geschichte eine vorbereitung auf die in dem erhabenen Stuttgarter endlich offenbar gewordene volle wahrheit. aber eben darum. man hat ja, was vor augen ist, das resultat: was kümmert da der weg zum resultate? ich weiß nur von Einer universität, an welcher andere als historiker von fach historische vorlesungen gehört hätten.

oder litteratur? zum mindesten deutsche litteratur? es gibt nur wenige professuren für sie, und wo es sie gibt, kommt es vor, daß die sie bekleidenden in der mitte des semesters, weil sie die dem behandelten gegenstande gebührende teilnahme nicht finden, ihre zuhörer entlassen.

Homer, Sophocles, Demosthenes, wer liest sie, nachdem er dem gymnasium entronnen? die kenntnis der deutschen classiker ist auf die bekanntschaft mit den geflügelten worten beschränkt, deren fundorte man ohne Büchmanns hülfe gar nicht anzugeben wüßte.

was sonst durch das system erreicht worden, ist folgendes.

es haben viele neue schulen gegründet werden müssen, weil man aller orten, wenn auch nicht, wie man glauben machen möchte, die bildung, so doch die vorteile erwerben will, welche deren angeblicher besitz mit sich bringt.

daß es nicht die bildung selbst ist, die gesucht wird, erhellt aus dem umstande, daß die oberen klassen der realschulen, welche zum erwerbe der berechtigung für die schwarzweißen achselschnüre nicht nötig sind, fast leer stehn: es erhellt weiter daraus, daß so viele hunderte den gymnasien den rücken kehren, sobald sie die gleiche berechtigung ersessen haben.

die menge neuer schulen macht eine große anzahl lehrer nötig: jeder, der sich dem lehrerberufe widmet, kommt in folge hiervon rasch zu brote, und zu leidlich gutem brote. ich weiß von mehr als Einem falle, in welchem studierende zusicherung fester anstellung erhalten haben, wenn sie sich nur verpflichten wollten zu kommen, und das nötige examen in einer bestimmten frist zu bestehn. alle prüfungen sind leichter geworden, weil man doch leute haben muß, die vorhandenen stellen zu besetzen und die berechtigungsbedürftigen zu befriedigen: je weniger man aber fordert, desto weniger erhält man.

dadurch ist selbstverständlich der objective wert der lehrer und des lehrerstandes sehr herabgedrückt worden. die schüler dieser nicht vollwichtigen lehrer sind natürlich von erheblich geringerer schwere, als die schüler wirklicher männer sein würden. der universitätsunterricht muß notgedrungen sich der vorbildung derer anpassen, die er vor sich hat, und so gehn wir von jahre zu jahre weiter bergab.

dies sinken ist so reißend schnell eingetreten, daß die jungen leute schon gar kein bewußtsein mehr davon haben, auf einer wie niedrigen stufe sie sich befinden.

da nun noch dazu die unterrichtsanstalten trotz ihrer großen zahl sehr überfüllt sind, können selbst geborene lehrer die massen nicht, oder nur so lange ihre kräfte noch völlig frisch sind, durchdringen. alles individualisieren beim unterrichte hört auf, und damit das eigentliche unterrichten selbst: man individualisiert in jedem aquarium und jedem zoologischen garten, aber nicht in einer preußischen schule, welche in berechtigungen macht. alle versuche, einen klassen- und schulgeist hervorzurufen, müssen scheitern, wenn die größere hälfte der in der klasse und schule vorhandenen schüler von vorne herein unverwandt nach der ausgangstüre blickt. lehrer sein, und in die schule gehn, ist jetzt ein geschäft.

drittens. der staat wird einzugestehn gezwungen sein, daß sein schulsystem nicht klar gedacht ist. jede schule soll eine idee haben, welche nur in der ganzen schule zum ausdrucke kommt. erlaubt der staat einem teile der schüler aus tertia, einem anderen aus secunda abzugehn, so erklärt er, daß seine schulen eine idee nicht haben: und ich meine doch, daß ein staat wie der preußische nicht wünschen dürfe, so etwas sich sagen lassen zu müssen.

Ich sehe nur Einen weg der rettung. der staat und die nation müssen aus allen den so eben aufgeführten erwägungen ausdrücklich und mit vollem bewußtsein aufgeben, dem phantome einer allgemeinen bildung, noch dazu dem phantome einer verlebten epochen angehörigen bildung nachzujagen, und sie müssen den mut haben, den öffentlichen unterricht, so weit er nicht lediglich auf persönlicher liebe ruhender elementarunterricht ist, auf das princip zu gründen, auf dem allein alles öffentliche leben ruht, auf das princip der pflicht.

unsere jetzigen gymnasiasten und realschüler haben keine pflicht. mit der redensart, es sei ihre pflicht allgemeine bildung zu erwerben, zwingt man sie nicht, und die tagesaufgaben werden, wo nicht die person eines lehrers höher weist, gegenwärtig nur nach ihrem verhältnisse zu dem erstrebten zwecke des schulbesuches beurteilt.

der künftige lebensberuf dieser jungen leute steht mit dem, was sie auf der schule zu treiben haben, direct in gar keiner beziehung.

vergesse man nicht, daß es der magister Wagner ist, den Goethe von sich rühmen läßt, zwar wisse er viel, doch möchte er alles wissen: daß hingegen Faust am wissen nicht satt wird, und überlege man sich, wem von den beiden man seine söhne nachartend wünschen will.

richtet man fachschulen ein, so stellt man die jugend ohne weiteres in die perspective ihrer dereinstigen lebensaufgabe, und so gewiß im leben nicht am wenigsten der lebensberuf erzieht, so gewiß erzieht auch die ernst genommene aussicht auf ihn. so gewiß die idee überhaupt erzieht, so gewiß erzieht die idee des standes, welchem man ein leben lang anzugehören vor hat. wenn man ihr den platz anweist, den sie verdient, wird das volk in einiger zeit aufhören aus urwählern zu bestehn, und damit wird alles gewonnen sein: denn nur in leichen herrscht gleichheit aller teile: in lebendigen wesen ist auge, hirn und herz mehr wert als ein kleiner zeh. es wird die grauenhafte überhebung der unteren und mittleren klassen, und bei den höheren das bestreben ein ende nehmen, dem jedesmal üppigsten miturwähler auch dann nachzutun, wann darüber weib und kind zu grunde gehn: man wird den stolz seines standes wieder finden, der im politischen leben ebenso nötig ist wie der persönliche stolz.

fachschulen haben einen mittelpunkt, und durch diesen eine

sicherheit der entscheidung darüber, was sie treiben, und wieviel sie fordern müssen. zur zeit ist nicht zu begreifen, warum namentlich in den oberen klassen eines gymnasiums und einer realschule nicht noch mehr gelehrt wird, als schon geschieht. nachdem man die naturwissenschaften, juristische und philosophische propaedeutik, an manchen anstalten die anfangsgründe der integral- und differenzialrechnung in den lehrplan aufgenommen, nachdem die familie sich angewöhnt hat, clavierspielen als unumgänglich zu betrachten, ist die jugend allerdings bereits so überbürdet, daß man von rechts wegen schon einen heilsamen schrecken vor der allgemeinen bildung hätte bekommen können, die, von allem anderen abgesehen, gesundheitswidrig ist, und die jedenfalls die meisten jünglinge dahin bringt, so wie sie die schule hinter sich haben, je nach ihrem temperamente entweder das ihnen angeklebte wissen in stummer verachtung trocken werden und abfallen zu lassen, oder sich geflissentlich seiner zu entledigen. aber die cultur hat in ihren geräumigen speichern noch mehr bildungsstoff, aus welchem man die kunstgeschichte und was weiß ich noch sonst, mit vergnügen zu weiterer abtötung der individualitäten hervorholen dürfte, so wie einmal irgend ein phrasenmacher die öffentliche meinung beredet haben wird, dies nötig zu finden. man wird sich vergegenwärtigen müssen, daß der mittelpunkt des menschlichen lebens die berufspflicht ist, und daß darum die schulen auf diese berufspflicht vorbereiten, und selbst das leckerste bei seite lassen sollen, wenn es mit dieser dereinstigen hauptsache des lebens ihrer schüler nicht in unmittelbarem, deutlich erkennbarem zusammenhange steht.

dies verfahren ist sehr verschieden von dem zur zeit angewandten. gegenwärtig entbindet man die jungen leute von der verpflichtung, sich über ihre geschicklichkeit zu ihrem berufe besonders und ausdrücklich auszuweisen: nach meinem vorschlage richtet man ihre ganze unterweisung und erziehung von vorne herein darauf ein, sie zu ihrem berufe tauglich zu machen. jetzt bietet man ihnen für den schein gewisser leistungen eine erleichterung an: nach meinem vorschlage weist man schon die knaben darauf hin, daß sie männer werden, und daß sie pflichten haben werden, für deren erfüllung sie bei zeiten sich üben müssen.

berechtigungen dürfen, wenn sie überhaupt geduldet werden können, nur an der wirklichen beendigung des cursus einer solchen fachschule hangen, nie an dem erreichen irgend welcher mittleren stufe derselben. ich habe diesen satz von jeher, und 1872 auch öffentlich verfochten: ein mitglied der 1873 im unterrichtsministerium tagenden versammlung von sachverständigen hat ihn dort vorgebracht, und ich will die zuversicht aussprechen, daß er über kurz oder lang gesetz werden wird. welche berechtigungen welchen schulen zustehn, kann der staat ohne mühe feststellen.

das gesundeste was wir in Deutschland haben, das heer, wird so zu sagen nur in fachschulen erzogen. es lernt, was es braucht, ohne irgend welche allgemeine redensarten: und es muß lernen, was es braucht: wer in ihm das nicht leisten will, was er zum besten des vaterlandes leisten muß, wird rücksichtslos beseitigt.

wir erhalten dadurch allerdings einseitige menschen, die aber wirkliche menschen, nicht ständer sind, an denen man den trödel früherer jahrhunderte aufgehängt hat, und die, falls sie einmal irgend warum das bedürfnis nach weiterer bildung und die fähigkeit sie zu erwerben fühlen, diese bildung sich schon zu verschaffen pflegen, und sie sich leicht verschaffen können, da sie auf eigenen füßen stehn und in eigenen schuhen gehn, und darum zum ziele zu kommen wissen.

sind doch auch unsere universitäten, so weit sie überhaupt noch eine wirksamkeit haben, tatsächlich nur fachschulen.

ist auf diese weise durch ein entschlossenes rückwärtsgehn zu vorAltensteinischen grundsätzen die möglichkeit einer gesundung unserer zustände angebahnt, dann wird in den gesunden menschen, die es dann wieder geben kann, auch die idealität wieder erwachen, welche jetzt fehlt, die idealität, welche nicht über den dingen schwebt, sondern in den dingen ist: mit ihr wird uns ein nationales ideal aufgehn, das wir jetzt nicht haben, und irgend wie im zusammenhange damit eine nationale religion, die wir noch nicht schmerzlich genug vermissen, zu der wir die vorbedingungen noch gar nicht besitzen, und die wir darum entbehren, ja deren notwendigkeit nur erst ganz einzelne unter uns begreifen.

Die politische reformation von 1866 und 1871 verhält sich zu den politischen bedürfnissen der deutschen nation in umgekehrter weise ähnlich, wie die kirchliche reformation von 1518 sich zu den kirchlichen bedürfnissen dieser nation verhalten hat.

im jahre 1518 subtrahierte man von einem organismus, den man töten, wiedergebären oder bei seite liegen lassen mußte, und behielt als schließlichen rest den nackten, durch nichts gebundenen subjectivismus. in den jahren 1866 und 1871 addierte man zu den vorhandenen organismen und subjectivismen, die man unangetastet ließ, und ist auf dem besten wege durch das, was man addiert, alles individuelle leben zu erdrücken.

in gewissem sinne ist die jetzt im verlaufe begriffene politische reformation eine einseitige ausgleichung des von der kirchlichen reformation vor dreihundert jahren verdorbenen: natürlich kommt jetzt der einzelne ebenso zu kurz, wie er in folge jener zu sehr in den vordergrund getreten ist.

diese verhält sich zu jener aber auch direct ähnlich.

im jahre 1518 bibel, im jahre 1871 staat: das eine wie das andere im besten falle ein willkürlich aus einer fülle ebenso berechtigter mächte und dinge herausgenommenes einzelne: das eine wie das andere nicht um seiner selbst, sondern gleich dem sabbat nach Iesu worte um des menschen willen da, und nur wegen des nutzens, den es für den menschen hat, schätzbar.

Frankreich hat gezeigt, was es bedeuten will, wenn Ludwig dem XVIII bei seiner rückkehr nach Paris die worte in den mund gelegt werden konnten: rien n'est changé si ce n'est qu'il y a un Français de plus: der Eine Franzose, den es mehr gab, stand sehr bald vor der wahl, alles seit 1789 gewordene umzuwerfen oder selbst über die grenze zu gehn.

Frankreich hat gezeigt, was der absolutismus wirkt: die ganze nation fällt auf nimmerwiederaufstehn mit dem, welcher absolutes recht für sich in anspruch genommen.

muß es denn immer ein könig sein, der absolut herrscht? kann nicht auch von einem absolutismus des staates geredet werden?

möge Deutschland nie seine größe und sein glück auf anderen grundlagen erbauen wollen, als auf der gesammtheit aller seiner zur vollsten ausbildung der in jedes einzelne von ihnen gelegten anlagen und kräfte erzogenen kinder, also auf so vielen grundlagen, als es söhne und töchter hat.

möge Deutschland nie glauben, daß man in eine neue periode des lebens treten könne ohne ein neues ideal. möge es bedenken, daß wirkliches leben von unten auf, nicht von oben her wächst, daß es erworben, nicht gegeben wird.

diejenige politische partei, welche sich mit dem allen auf einer schiefen ebene stehenden eigenen zelotismus für die allein reichstreue und patriotische auszugeben liebt, diejenige, auf welche die gegenwärtige regierung sich als auf ihre partei stützt, sie hat anerkanntermaßen den wahlspruch: durch einheit zur freiheit. fürst von Bismarck hat wiederholt in abrede gestellt, je macht über recht haben setzen zu wollen: allein jenes motto seiner anhänger ist nichts als eine für einen ausschnitt der geschichte formulierte umschreibung des von ihm abgelehnten satzes. ist freiheit ein ideales gut, so wird sie von evangelisch gesinnten zum reiche gottes gerechnet. aber die evangelisch gesinnten vergessen nie das wort ihres meisters, der mensch müsse zuerst nach dem reiche gottes trachten, alles andere werde als zugabe zu diesem kommen. jeder, der es selbst ernst mit dem besserwerden meint, hat das recht seinen brüdern vorzuhalten wo sie irren: nur muß wer einen fehl gehenden zurechtweisen möchte, nicht das gehn überhaupt verbieten wollen. die freiheit wird auf falschem wege, sie wird nicht ernstlich gesucht sein, wenn sie nicht zum besitze der nach dem evangelium am reiche gottes, also auch an ihr hangenden güter geführt hat. dies zu sagen war nicht nur erlaubt, sondern geboten, und wäre auch gesagt worden, wenn die freiheit richtig als das recht gefaßt worden wäre, das zu werden, was zu werden man von gott bestimmt ist. aus der nutzlosigkeit ihres surrogats, des liberalismus, folgt nicht, daß man die wahre freiheit erst nach der einheit erstreben dürfe. es ist mit dem tiefsten danke gegen die vorsehung anzuerkennen, daß wir in Deutschland gegenwärtig eine größere sicherheit gegen unsere feinde haben als früher: aber in allem wesentlichen stehn wir jetzt noch genau auf derselben stufe wie vordem. unsere einheit, vorbereitet durch eine nur in den personen einzelner ihrer träger, aber nicht durch ihr inneres wesen deutsche litteraturperiode, durch gemeinsames, aber nicht genügend benutztes unglück, durch die vom zollvereine angebahnte verschmelzung egoistischer interessen — das sind zum teil recht bedenkliche factoren —, sie ist noch keineswegs da. schlimme folgen einer uneinheit sind nach außen hin nicht mehr zu befürchten: die einheit selbst soll erst noch kommen, und sie kann nur von innen heraus kommen. das jetzt gegründete reich schützt die möglichkeit sie aus unseren herzen hervorwachsen zu lassen sicherer, als vor ihm Preußen oder der deutsche bund sie geschützt: die einheit selbst ist das reich nicht.

alles liegt daran, dies einzusehen. man tritt dem manne, welcher die äußeren bedingungen der existenz Deutschlands mit so viel selbstverleugnung und energie auf den punkt gebracht hat, auf welchem sie jetzt stehn, gewiß nicht zu nahe, wenn man endlich selbst anfängt das eigentlich notwendige zu tun: sich selbst an die arbeit machen, wie wenn jener nie das ruder geführt, das ist ein wahrhaftigerer und ernsthafterer dank, als mit worten bewundern. was hilft es, unverdrossen auf des jetzigen reichskanzlers weisheit schwören, und dabei ganz so erbärmlich tatenlos bleiben, wie man unter dem bundestage gewesen? Deutschland ist kein geographischer, aber auch kein in dem gewöhnlichen sinne des wortes politisch politischer begriff. ein vaterland gehört in die zahl der ethischen mächte, und darum können seine angelegenheiten nicht vom regierungstische aus, sondern nur durch das ethische pathos aller seiner kinder besorgt werden. Deutschland ist die gesammtheit aller deutsch empfindenden, deutsch denkenden, deutsch wollenden Deutschen: jeder einzelne von uns ein landesverräter, wenn er nicht in dieser einsicht sich für die existenz, das glück, die zukunft des vaterlandes in jedem augenblicke seines lebens persönlich verantwortlich erachtet, jeder einzelne ein held und ein befreier, wenn er es tut.

Zum unterrichtsgesetze.

Einem manne, der zwölf jahre an gymnasien, real- und mädchenschulen und eilf jahre an universitäten gelehrt hat, liegt es nahe, in betreff des zu erwartenden unterrichtsgesetzes einige wünsche zu formulieren, welche zu ihrer empfehlung anführen dürfen, daß sie mitten aus dem tatsächlichen leben herausgewachsen sind.   nur die ersten abschnitte des im September 1877 niedergeschriebenen und in den folgenden monaten nach und nach durchgebesserten aufsatzes schreiten regelrecht vor: das band der anderen hälfte ist mit absicht ein loses.   unsere zeitgenossen sind so ungewohnt und ungeneigt, ganze als ganze zu fassen, daß ich für zweckmäßig erachtete, diesmal, um was ich zu sagen hatte leichter verständlich zu machen, von vorne herein auf eine den regeln der stylistik entsprechende darstellung zu verzichten.   es soll den lesern, vorausgesetzt daß sie das vorgelegte ernstlich durchdenken, unbenommen bleiben über unvollkommenheit der form zu schmählen.

um ansichten handelt es sich bei mir niemals, am allerwenigsten um, meine eigenen.   die frage ist: sind die tatsachen wirklich vorhanden, deren vorhandensein ich behauptet habe?   ergeben sich die gestellten forderungen mit notwendigkeit aus den mitgeteilten tatsachen?   das wesentliche meiner anschauung liegt im letzten paragraphen vor: ich hielt für dienlich es dorthin zu stellen, und nicht mehr darüber zu sagen als was dort steht.   durchführen was da verlangt wird, kann nur die krone: so lohnt für jetzt nicht mehr als eine andeutung.

paßt dem leser der aufsatz nicht sofort, so möge er ihn auf künftig zurücklegen.   ins leben gerufen wird das von mir geforderte werden, weil sonst Deutschland zu grunde geht.

Goettingen 27 März 1878.

Für einen sehr hohen wert der preußischen höheren schulen sprechen gewiß nicht wenigen die themen, welche in den oberen klassen dieser anstalten von vierzehn bis achtzehn jahre alten knaben und jünglingen bearbeitet werden.   ich gebe aus den gedruckten programmen vorzugsweise von Berliner anstalten eine kleine, sehr leicht beträchtlich zu vermehrende liste solcher themen: die Berliner schulen stehn unter der unmittelbaren controlle eines am orte selbst befindlichen regierungscollegiums, des naturgemäß über alles in Berlin vorgehende sofort durch autopsie orientierten unterrichtsministers, und der öffentlichen meinung einer an gescheuten menschen durchaus nicht armen stadt: auch der Berliner magistrat hat für einige dieser schulen eigene organe der überwachung. was an diesen gymnasien und realinstituten geschieht, darf mit vollem fuge für correct preußisch angesehen werden.

unter welchen verhältnissen erwuchs bei den Griechen der heldengesang? einwirkung der reformation auf die deutsche litteratur. vergleichende charakteristik der Griechen und Römer. über den humor und seine berechtigung in der dichtkunst. über den einfluß großer nationaler erhebungen auf das geistige und sittliche wohl eines volkes. bedeutung der litteratur unsres volks und ihrer kenntnis für unsre bildung. über den sittlichen gehalt der mythologischen vorstellungen der Germanen. welche gründe verhinderten im zeitalter der reformation eine blüte unserer litteratur? über die segensreichen folgen der reformation. verdienste des hauses Tudor um die wohlfahrt und die bildung des englischen volks. weltgeschichte gottesgeschichte (für untersecundaner einer realschule). welches waren die ursachen des verfalls des weströmischen reiches? (desgleichen). wodurch ist die königsmacht in Deutschland geschwächt worden? was ist der inhalt der geschichte, und durch welche taten des menschengeschlechts hat sich bis jetzt jeder fortschritt in cultur und humanität vollendet? über die vorstellung der verschiedenen völker des altertums und der neueren zeit vom eide. über die kunstreiche anlage der Odyssee. über den einfluß des schicksals auf die sittlichkeit. über völkerwanderungen. über das höchste moralprincip. über den begriff der praedestination. kann das böse in der künstlerischen darstellung den eindruck des schönen machen?

hierzu kann ich noch eines fügen, welches ich in den heften der von mir 1854 in der alten geschichte und im deutschen unterrichteten obersecundaner des Werderschen gymnasiums bearbeitet gefunden habe: in wie weit ist die entwickelung der römischen verfassung eine correcte gewesen, und in wie weit ist sie im stande für die entwickelung moderner verfassungen als muster zu dienen?

es unterliegt für mich keinem zweifel, daß ein unterrichtswesen, welches knaben und unbärtigen jünglingen arbeiten wie die eben verzeichneten zumutet, nichts anderes bewirken kann, als daß die jugend unserer höheren stände sich gewöhnt anmut und würde, naive und sentimentale poesie, und alle übrigen ihr zum beschwatzen vorgeworfenen guten und bösen dinge nur als rechenpfennige anzusehen, deren sie nach nicht allzulanger zeit müde wird: ich bin der ansicht, daß es mehr tauge, aus der kenntnis der sachen das wort für die sachen zu finden, als durch die kenntnis des worts das verständnis der sache einzubüßen.

Auf den preußischen universitäten wird sehr viel dictiert: es kommt natürlich nicht in betracht, daß für dictieren synonyme ausdrücke einzusetzen nicht selten vorsichtig scheint, wie dictando sprechen, so sprechen, daß die zuhörer bequem nachschreiben können, und was man sonst etwa noch zu wählen pflegt.

es ist zuzugestehn: unser armes land hat nicht geld genug, um seine söhne so lange studieren zu lassen, daß sie muße fänden, eine vorlesung abends nach rasch hingeworfenen notizen aus dem kopfe auszuarbeiten: die nicht von dem aufnehmen des dictando sprechens ausgefüllten stunden müssen gleich zu weiteren nützlichen dingen verwendet werden.

allein gescheute professoren begründen die notwendigkeit des dictierens nicht mit der rücksicht auf die armut und den aus ihr sich ergebenden zeitmangel ihrer schüler, sondern damit, daß die studierenden nicht im stande seien, einem wenn auch noch so richtig geordneten vortrage zu folgen. sie wollen, so erklären diese professoren, ihren guten ruf nicht dadurch aufs spiel setzen, daß unter ihrem namen hefte umlaufen, welche ihre gedanken in der auffassung ihrer zuhörer geben: den Dogberry und Verges trage man nicht vor, die lasse man nachschreiben.

ich schließe aus dem auf den universitäten vorkommenden dictieren, mehr noch aus der häufigkeit dieses dictierens eben darauf, worauf ich aus der aufstellung der vorhin verzeichneten themen geschlossen habe, darauf, daß die gymnasien, von denen die universitäten ihre leute empfangen, nichts taugen. der junge mensch muß zuerst gehorchen, danach sprechen, und drittens hören und sehen lernen, und wenn er anerkanntermaßen zu hören in seinem achtzehnten jahre noch nicht gelernt hat, so muß man nicht auf den fehler mit schwerem oder leichtem herzen eingehn, und ihm dictate nachschreiben lassen wo er vorträge hören sollte, sondern man muß am passenden orte geltend machen, daß die auf die universitäten vorbereitenden schulen nicht zweckmäßig eingerichtet sind, weil sie nicht zu hören gelehrt haben. kein junger mann würde die demütigung dulden, sich philosophie, dogmatik, geschichte, exegese sogar in die feder gesagt zu finden, wenn er sich im stande fühlte, das ihm klar vorgetragene — und recht vieles wird auf den universitäten musterhaft klar vorgetragen — sofort aufzufassen. kein professor würde sich so tief wegwerfen — und mancher professor tut es auch trotz der vorhandenen nötigung nicht —, wie ein die anfertigung von bibelabschriften besorgender diacon Constantins oder wie der obersclave des Pomponius Atticus auf dem katheder zu sitzen, wenn er auf einem anderen wege zu einer art von ziele zu gelangen hoffen dürfte: denn daß die lehrer lediglich aus faulheit dictieren, kann wohl behauptet, aber schwer bewiesen werden. das wird in der theorie niemand leugnen, daß von den lehrstühlen der universitäten zu eigener arbeit ermunternde und anleitende berichte über die erwerbungen der einzelnen wissenschaften erstattet werden, aber nicht gleich gesetzparagraphen oder wechselprotesten überlegte perioden in die federn schleichen sollen, und daß, wenn man dictiert, wo man vortragen sollte, unser höheres unterrichtswesen sehr bedenklich krank ist.

Steht die sache aber wie ich auseinandergesetzt, tun unsere gymnasien eine ihrer hauptschuldigkeiten nicht, die nicht, ihre zöglinge hören, auflassen zu lehren, dann können auch unsere universitäten das nicht erzielen, was sie erzielen sollen, ihre jungen mitglieder mit einem jederzeit gegenwärtigen überblicke über ganze fächer der wissenschaft zu versehen, sie zum geschickten fragen zu veranlassen, sie zu selbstständigem studieren anzuweisen: dann wird mindestens eine große anzahl junger männer die universität verlassen, ohne das auf ihr erreicht zu haben, was sie auf ihr erreichen sollte: dann werden diejenigen, welche vorwärts gekommen sind, ihr gedeihen mindestens nicht ausschließlich den universitäten verdanken.

je länger zustände dauern, wie wir sie jetzt in schule und universität haben, desto schwerer sind sie zu beseitigen. vernunft wird unsinn, wohltat plage: gewiß. aber noch viel häufiger wird unfug ersessenes recht, erbärmlichkeit normaler pegelstand des nationalen geistes. man hat schon viel zu lange geduldet was auszurotten war: man hat allenfalls darüber den kopf geschüttelt und die achseln gezuckt: fromme hoffnung auf bessere zukunft war billiger und bequemer als nachdenken über den grund der erscheinung, jedenfalls gefahrloser und liebenswürdiger als deutliche angabe der krankheit und ihrer ursache. es wird sich empfehlen zu begreifen, daß den grund des verfalls kennen etwas ist, daß aber alles darauf ankommt die quelle zu verstopfen, aus welcher so bitteres wasser sprudelt.

des übels grund liegt zunächst darin, daß man von unsern schulen zu viel und zu viel auf einmal verlangt, und daß man darum auch das nicht erreicht, was man unbedingt erreichen muß, und, von der überfülle des rohen materials erdrückt, sogar leider nicht selten in falscher wertung dieses materials gar nicht einmal anstrebt. unsre schulen haben für ihre pflichten kein inneres maß: ihnen sind die grenzen ihres tuns lediglich durch den umfang des bürgerlichen tages gezogen.

2

Ein unterrichtsgesetz ordnet die verhältnisse von unterrichtsanstalten, unterrichtsanstalten aber sind da, damit auf ihnen unterrichtet werde, zu nichts anderem. der erste paragraph des über kurz oder lang in Preußen zu erwartenden unterrichtsgesetzes hat zu lauten: schulen und universitäten sind unterrichtsanstalten.

3

Schulen (denn auf diese kommt es vor den universitäten an) sind vor allen dingen keine bildungsanstalten, vorausgesetzt, daß man bei dem worte bilden etwas bestimmtes denkt. ich verstehe unter bildung mindestens das nicht, was die gebildeten darunter verstehn, von allem möglichen einmal gehört haben.

allerdings dürften schulen bildungsanstalten in dem sinne sein, in welchem man von militärbildungsanstalten redet. so wie das zeitwort bilden ein bestimmtes object bei sich hat, ist die von ihm bezeichnete handlung menschlichen einrichtungen zu erreichen möglich. man kann offiziere bilden, das heißt, man kann menschen in den zustand bringen, daß sie als offiziere verwendet werden können. so vermöchten schulen kaufleute, seemänner, landwirte, mechaniker und manches andere zu bilden.

man kann nicht menschen bilden, denn nur das leben bildet, und braucht zu seinem bildungsgeschäfte nicht den Cornel und den Sophocles, nicht die mathematik und sonstige schulwissenschaften, sondern die lebendigen menschen, welche es dem zu bildenden in den weg wirft, meinethalben auch lehrer, falls diese lebendige menschen sind: es braucht krankheit und tod, glück, amt, alles was dem menschen begegnet, und das ihm, wenn er es als gymnasiast erlebt, nicht als gymnasiasten begegnet. dem leben in das handwerk zu pfuschen wird ein weiser gesetzgeber schon deshalb unterlassen, weil ihm die zeit nicht zu gebote steht, über welche das leben verfügt — wer wird fertig gebildet, da selbst in der ewigkeit die bildung fort geht? —, weil er die bildungsmittel, welche ich oben aufzuzählen angefangen, nicht einmal auf den lectionsplan setzen, geschweige denn beschaffen kann, am allerwenigsten für knaben beschaffen kann, denen krankheit und tod meistens eine unverständliche sprache reden, denen gegenüber amt, ehre, glück und unglück und vieles andere, was älteren menschen gegenüber laut spricht, kaum zum worte kommen werden —, endlich drittens, weil er gar nicht zu ermessen versteht, welches bild denn als das gottgewollte in jeder der ihm überwiesenen seelen liegt, und er doch, wenn er wirklich bilden will, nicht zufrieden sein darf, daß männiglich sein Sedanfest feiert, sein gutgesinntes blättchen liest und sich genau wie sein nachbar benimmt.

4

Schulen sind nicht erziehungsanstalten, wenigstens öffentliche schulen der zur zeit beliebten und allein bekannten art sind dies nicht.

allerdings darf man das nur unter vorbehalt behaupten. der unterricht — und unterrichten sollen ja die schulen auf alle fälle — erzieht diejenigen, an welche er sich wendet. niemand kann zu irgend welcher fertigkeit zugerüstet werden, ohne wenigstens tatsächlich eine reihe von ethischen eigenschaften nebenher zu gewinnen. er wird methode, gründlichkeit, regelrechtes fortschreiten würdigen lernen: er wird am ende seiner lernzeit auf jeden fall in dem fache, in welchem er unterwiesen worden, das echte vom unechten, sicherheit von unsicherheit, vollendetes von unvollendetem zu unterscheiden verstehn, und dadurch praktisch die kategorien in einzelnem vorkommnisse kennen gelernt haben, mit denen ein wirklich erzogener mensch überall, nicht bloß in seinem eigentlichen engsten berufe arbeitet. in soferne also sind alle schulen erziehungsanstalten.

nicht aber sind sie erziehungsanstalten in dem sinne, daß sie die aufgabe hätten, die herrschaft eines bestimmten ideales sittlicher vollkommenheit in den ihnen anvertrauten jungen menschen anzubahnen, nicht einmal in dem sinne sind sie es, daß sie verpflichtet wären, ein solches ideal theoretisch ihrer jugend bekannt zu machen.

wäre Deutschland einig, während es nur in seiner größeren hälfte politisch geeint ist, so würde möglich sein, ein solches ideal in den schulen aufzustellen und zu empfehlen. denn jenes ideal wäre eben das, wodurch Deutschland einig wäre: jeder vater, jede mutter, jeder lehrer würde es im herzen tragen: es flösse wie sonnenglanz und laue luft belebend und erfreuend durch alle herzen.

Deutschland ist aber nicht einig: es hat ein solches ideal nicht, und darum ist die aufstellung eines solchen — wäre dasselbe objectiv das denkbar reinste und richtigste — in staatsanstalten — man verstehe mich recht, in öffentlichen, aus dem allgemeinen seckel erhaltenen schulen — eine unmöglichkeit, weil eine vergewaltigung der gewissen. was ich vor zwanzig jahren gesagt, muß ich trotz 1866 und 1870 wiederholen: wir leben mitten im bürgerkriege. schmach der blöden einsicht derer, welche krieg nur da finden, wo es nach pulver riecht, und wo kugeln fliegen. unser bürgerkrieg wird nur giftiger, wenn man ihn durch die als schulzwang auftretende gewalt ersticken will: er ist ein kampf der geister, und auf geistigem gebiete, durch die familie und die kirche, muß er ausgetragen werden.

überall in der civilisierten welt dürfen heut zu tage die menschen das recht ausüben, für ihre ideen und anschauungen, vorausgesetzt, daß diese sich nicht selbst mit dem ihren herren gegenüber zuständigen strafrechte in widerspruch befinden, um anerkennung zu werben, aber nur in ihren eignen familien, das heißt, bei ihren leiblichen kindern und bei denen, für welche sie auf ordnungsmäßigem wege die volle sorge übernommen haben, dürfen sie diese ideen und anschauungen durch die erziehung verbreiten: überall sonst stehn ihnen keine anderen mittel der propaganda zu gebote, als erstens die beweisführung durch schlüsse, und zweitens ihr durch jene ideen und anschauungen zu dem verstande einleuchtender und die herzen gewinnender vollendung ausgearbeitetes leben. der preußische staat besitzt nicht einmal so weit gehende befugnis wie jedes ihm angehörende individuum: denn die kinder, welche er etwa ganz zu versorgen sich anschickte, würde er aus den mitteln aller versorgen, und darum nur dann in dem sinne einzelner erziehen dürfen, wenn ihm jene zahlenden alle ausdrückliche vollmacht dazu erteilt hätten dies zu tun, ganz abgesehen davon, daß die durch das naturrecht legitimierten vertreter so zu versorgender kinder auch ihrerseits den staat geflissentlich beauftragen müßten, ihre pflegebefohlenen in eine bestimmte willensrichtung und in einen bestimmten gedanken- und anschauungskreis hineinzugewöhnen. wenn der preußische staat vermeint, die seinen augenblicklichen leitern genehmen grundsätze allen preußischen kindern, auch den kindern oppositionell denkender eltern, durch einen im sinne dieser leiter erteilten unterricht einflößen zu dürfen, so will ich zunächst an die ungeheuerliche, freilich dem protestantischen cuius regio, eius religio völlig gemäße folge dieser lehre erinnern, kraft welcher Wöllner, Altenstein, Eichhorn, Ladenberg, Raumer, Bethmann, Mühler, Falk jeder in seinem sinne erziehen — ich sage: erziehen — dürfen, und kraft welcher dann je mit dem wechseln des ministeriums auch die ideale wechseln und die gewissen umlernen: die unfehlbarkeit des staates und sein göttliches recht kann nicht schlimmer lächerlich gemacht werden, als durch vorführung der sprünge, in welchen die curve der staatstätigkeit Preußens seit 1790 die abscissen und ordinaten durchsetzt hat. ich bitte zweitens zu erwägen, daß mit einem erziehungszwange der preußische staat sich nur dem grade nach vom kirchenstaate unterscheiden würde, welcher den Judenknaben Mortara wider den willen von dessen eltern taufen ließ, nur dem grade nach von dem Russland, welches die von schurkischen popen en passant gechrysamten knaben und mädchen baltischer Lutheraner griechisch-katholisch zu bleiben zwang. in allen diesen fällen hängt das ideal an der säbelkoppel der polizeidiener: und an der soll und kann es doch ganz gewiß nicht hangen.

christentum und protestantenverein, vaticanismus und katholicismus, Thomas von Aquino und Theodor Keim oder Iulius Pfleiderer, DFStraußens neuer glaube, Haeckels pithekoidenentwickelung und die vermittelungstheologie irgend eines hochamtlichen Byzantinismus, die urwüchsige Palaestinenserschaft, welche, weil zu gut dafür, nicht mit uns ißt und nicht mit uns betet, das neue Judentum, das stolz ist Judentum zu sein und es übel nimmt, so wie es als Judentum behandelt wird — das alles hat seine vertreter unter den vätern und müttern der jugend, welche da vor uns sitzt, und welcher vom ideale nur sprechen kann wer sich darauf gefaßt hält, von hundert familien, in welche er durch verkündigung des ideals den kampf hineinwirft, als friedensbrecher zerrissen zu werden, da die götzendiener wohl sich unter einander, aber nie den anbeter gottes zu dulden im stande sind.

unter den collegen des erziehers derselbe zwiespalt: Hinz tadelnd was Kunz lobt, eine erziehung nur möglich um den preis des hochmuts und des unfriedens, weil nur möglich, wenn man zu nichte macht, was von hundert amtsgenossen neunundneunzig, jeder in seiner art, aufbauen, wenn man aufbaut, was der allerdings nicht einstimmige, sondern polyphone, aber in dieser polyphonie rücksichtslos energische chor der nächsten mitarbeiter auf alle fälle am boden liegen haben will.

und nun wir selbst, denen die aufgabe zufallen würde zu erziehen. gezwungen modern zu sein, auch wenn wir nicht wollen, auch wenn wir hassen modern zu sein. geboren dann und dann, aber jetzt schon meistens nach dem unseligen 1848, beim standesamte angemeldet, geimpft, schulpflichtig, revacciniert, einjährig freiwillige beim 790 regimente, vicefeldwebel da und da, noch nicht bestraft, aber der reichsfeindschaft verdächtig, weil wir Woden lieber haben als Jahwe, Siegfried lieber als David, Gudrun lieber als Rebecca, Erwin lieber als Schinkel, durch alle möglichen listen geschleppt, landwehrlisten, steuerlisten, statistische listen, nie wir selbst, nie einfluß nehmend auf die welt um uns, sondern beeinflußt von ihr, und darum außer stande auf diese welt zu wirken: denn wer am hebel drücken, oder wer als hebelunterlage dienen will, muß von dem zu bewegenden gegenstande verschieden sein.

eine sprache, welche schon nicht mehr spricht, sondern schreit, welche nicht schön sagt, sondern reizend, nicht groß, sondern colossal: welche das rechte wort nicht mehr findet, weil das wort nicht mehr die bezeichnung der sache, sondern das echo irgend welchen geredes über die sache ist: welche nicht darstellen kann, weil der geist der sie redenden nicht mehr beobachtet und aus dem beobachteten schlüsse zieht, sondern in aller hast nicht für hörende, sondern für aus höflichkeit stille haltende seine eindrücke andeutet, eindrücke, zu deren hervorbringung die doch zu solchem geschäfte allein berechtigten dinge sich mit den neigungen des sprechenden und den mienen seiner umgebung vereinigen.

dabei der raum unbegrenzt, in welchen hinein zu reden ist. die wohnungen der familien alljährlich gewechselt, damit ja keine beobachtung sittlicher verhältnisse die junge seele reif mache, ein jene verhältnisse auslegendes wort zu verstehn. der horizont der echolose graue dunst einer bierhöhle, in welche die familie allabendlich untertaucht, oder die schwüle gasheiße atmosphäre eines theaters, in welchem der Münchener-bilderbogenstyl von Girofle-Girofla noch eine erquickung, Iphigenie eine anomalie, und Victorien Sardou oder gar Offenbach das paradigma ist, nach welchem alles abgewandelt wird. und was mit zagender stimme im angesichte gottes der mensch beschämt darüber bezeugen soll, daß er, der arme staub, so großes in den mund nehmen darf, das mit der grellen stimme einer signaltrompete hinausgeschmettert in eine welt, welche nur trompeten noch hört, und in dem trompeteten ideale nur die trompete vernimmt, weil die trompete das ideal tot geblasen hat. was wie der widerschein einer ahnungsvoll langsam heraufdämmernden ewigen welt die höchsten spitzen der jungen seelen leise röten müßte, um mählig mählig sie in vollem tage zu baden, das in electrischem lichte so grell und eilig den aus dem nichts auftauchenden augen zugeworfen, daß sie geblendet und voll schmerz für immer sich abwenden.

wenn es sich endlich sogar um ein speciell deutsches ideal handelt, was ist denn deutsch im deutschen reiche? was ist denn das ideal der mehrzahl der gebildeten Deutschen als jene unbestimmbare gemütlichkeit, welche als motto in manchen fällen ein paar bekannte zeilen aus dem liede in Auerbachs keller hat, und welcher mit ekel jeder den rücken kehrt, der Deutschland, das alte Deutschland lieb hat, ein Alpenland voll ewigen schnees und tiefer abgründe, voll grüner matten und dunkler wälder und gletscherbäche?

wir können in den schulen Deutschlands nicht erziehen, weil die eltern der vor uns sitzenden kinder nicht erzogen sind, und weil darum jeder versuch diese kinder zu erziehen, sie in conflict mit ihren eltern und angehörigen und dadurch mit uns lehrern setzen würde: weil erziehen nichts ist als den menschen gewöhnen sich in das übermächtige und kein verhandeln, kein compromiss duldende gute willig und mit dem bewußtsein zu fügen, daß dadurch das beste der eigenen natur nur gewinnen kann, und die eltern ein solches gute schlechterdings nicht anerkennen. wir können nicht erziehen, weil alle erziehung auf die ewigkeit gehn muß, und die eltern der vor uns sitzenden jugend nicht die ewigkeit wollen, sondern ganz ausdrücklich das, was zeitgemäß ist.

5

Die schulen und universitäten sind auch nicht versorgungsanstalten.

Sie sind dies nicht für leute, welche ihre prüfungen bestanden haben, und in folge irgend welcher zufälligkeiten angestellt sind, ohne lehren zu können. das heer entledigt sich der ihren pflichten nicht gewachsenen offiziere: es zwingt sie sogar dann dem dienste lebewohl zu sagen, wenn sie dem nächst höheren posten nicht genüge leisten würden. ich sehe schlechthin keinen grund, weshalb ein schullehrer oder ein universitätsprofessor berechtigt sein soll, auf den lorbeeren eines guten examens und dem polster irgend eines misverständnisses ein halbes jahrhundert lang zu faulen, wenn er das zu leisten nicht im stande ist, wofür er bezahlt wird. es wird bei den von mir geforderten beseitigungen kein ruhegehalt setzen, wenn der zu beseitigende noch nicht lange genug im amte war, um ein solches verdient zu haben: es wird ein kleines ruhegehalt geben, wenn er wenige jahre gedient hat, und es wird gestattet sein, um die einnahme des zu beseitigenden zu erhöhen, ihn in andern zweigen des staatsdienstes zu beschäftigen — die standesämter bieten ja jetzt ein vortreffliches auskunftsmittel, wie vordem für die offiziere die postmeisterstellen ein solches boten —, wenn er sich dafür eignet so beschäftigt zu werden. das alles ist, so lebhafte entrüstung die forderung in den beteiligten kreisen hervorrufen dürfte, so einfach, daß kein unbefangener es bestreiten wird. ganz genau wie jemand ein paar stiefel nicht bezahlt, welche ihm nicht passen, ganz genau so wenig bezahlt der staat einen lehrer oder professor, der das nicht leistet oder nicht mehr leistet, wofür er angestellt worden: tut er es gleichwohl, so beeinträchtigt er seine auftraggeber, aus deren besitztume und erwerbe die lehrer und professoren erhalten werden. selbstverständlich müßte die beseitigung so sachgemäß vorgenommen werden, wie sie mit ausnahmen, welche unter dem monde stets vorkommen, im heere vorgenommen wird. dazu würde aber das unterrichtsministerium, welches bisher vielfach ein politisches ministerium gewesen ist, unwiderruflich zu einem rein technischen ministerium umzugestalten sein. gestatten die finanzen des staats nicht, derartige ruhegehälter für lehrer und professoren zu zahlen, so kann die einsicht, daß dies unmöglich, verschiedene folgen haben, welche aber alle jedenfalls nur nützliche folgen sein werden. entweder man wird begreifen, daß trotz der burggrafen von Gotha und der staatsmänner, welche deren programm durchgeführt haben, das jetzige deutsche reich finanziell nicht lebensfähig ist, oder man wird die prüfungsbehörden zwingen nicht jedem ersten besten die anstellungsfähigkeit zuzusprechen, und man wird die kamaraderien, die verschiedenen auflobungsgenossenschaften und recensentenclubs mit der verachtung ansehen lernen, welche sie verdienen, oder man kann öffentliche meinung nach der richtung hin machen lassen, daß wir zu viel höhere schulen und zu viel universitäten haben. oder man wird alles dreies tun, und auch das wird dem vaterlande nicht schaden.

Weiter sind schulen und universitäten nicht dazu da, um gelehrte zu ernähren. lehrer an schulen und universitäten sollen lehren, gelehrte sollen material für wissenschaftliche untersuchungen zusammentragen, und wissenschaftliche untersuchungen selbst in die hand nehmen. lehrer und professoren stellen die ergebnisse der wissenschaft für diejenigen zusammen, welche sie kennen zu lernen wünschen: gelehrte gewinnen diese ergebnisse. nun soll sicherlich — ich bin durchaus bereit dies anzuerkennen — derjenige, welcher lehren will, in irgend einer weise selbst wissenschaftlich tätig sein. er wird dies aber nur in ganz beschränkter weise vermögen, wenn er nebenbei das gesammte gebiet seiner wissenschaft so überschauen will, daß er andere in dasselbe einzuführen vermag — man hat nicht bloß in den hauptstraßen, sondern auch in nebenwegen zu orientieren, und diese nebenwege oder jene hauptstraßen (je nachdem) betritt ein gelehrter nicht —, er wird es erst recht nicht vermögen, wenn er schüler zu ziehen, das heißt mit ihnen umzugehn und sie zu üben für seine pflicht ansieht. stelle man sich um alles in der welt die sache nur einmal praktisch vor. ich nehme an, der vortrag der geschichte sei unter drei professoren geteilt, was eine günstige lage der dinge ist, welche aber dem bedürfnisse noch nicht genügt: dem einen ist die alte geschichte zugewiesen, der zweite besorgt das mittelalter, der dritte die neuere zeit. und nun mache man sich klar, was an quellenschriften, was an büchern über die quellen, was an zusammenfassenden darstellungen vorliegt. dies zu lesen und die sichern ergebnisse der forschungen sauber herauszuschälen kostet für jedes der drei gebiete ein menschenleben, da die geschichte nicht aus facten, sondern aus dem erwerben von facten besteht, also mehr enthält als nur notizen und rechnungsabschlüsse. wer eine solche übersicht erarbeitet, ist gewiß berechtigt an einer universität zu lehren, aber anders als in ganz nebensächlichen punkten als selbstständiger arbeiter und forscher aufzutreten wird er nicht im stande sein. ebenso steht es mit der griechischen und römischen philologie, und eigentlich mit allem anderen. es mag vorkommen, daß große gelehrte auch gute lehrer sind: rechnen wird kein staatsmann auf so außerordentliche fälle, und darum werden einrichtungen getroffen werden müssen, um gelehrte, welche die wissenschaft weiter führen, anderswo zu erhalten, als bei schulen und universitäten, deren angestellte die bis zum laufenden augenblicke ermittelten ergebnisse der wissenschaft ihren schülern mitteilen sollen.

Es ist mir stets wunderbar erschienen, wie praktisch bei den fürsten des sechszehnten jahrhunderts die liebe zum reinen worte gottes und der lauteren lehre des evangeliums aufgetreten ist. der spruch hat recht: trachtet zuerst nach dem reiche gottes, so wird euch das andere alles als beilage zufallen. wo sind die besitzungen der bistümer Brandenburg, Havelberg, Lebus, Halberstadt, Magdeburg, Cammin und so weiter und so weiter geblieben? einige, im vergleiche zu dem, was verschwunden ist, kärgliche, aber noch immer ganz erhebliche reste dienen dazu, adlige herren ganz zu erhalten, oder aber generalen und hohen civilbeamten, unter der bedingung, daß sie die nötigen ahnen haben, einen beitrag zu den kosten der tafelfreuden zu gewähren. juristisch wird das gewiß durchaus correct sein, moralisch ist es nicht einmal erträglich. die lange zur ruhe gegangenen fürsten und edeln, welche jene bistümer und domstifte mit ihrem gute ausstatteten, haben geistige zwecke fördern wollen. man ist berechtigt, diese idealen zwecke jetzt anders zu fassen als sie im zehnten oder einem nächstspäteren jahrhunderte gefaßt worden sind, aber man ist durchaus nicht berechtigt — ich meine moralisch nicht berechtigt, denn an der juristischen legitimation zweifle ich vorläufig nicht —, jenes gut dem dienste idealer zwecke überhaupt zu entfremden.

ich schlage daher vor, den besitz sämmtlicher bistümer und domstifte, soweit er nicht noch heute für den dienst der kirche verwendet wird, zusammenzuwerfen, und auf seinen, unter umständen durch gewährung eines zuschußkapitals zu erhöhenden ertrag unter aufhebung der bisherigen anstalten dieses namens akademien zu gründen, deren glieder zu nichts verpflichtet sind, als die wissenschaft nach kräften zu fördern, welche leben können, wo sie es für ihre studien ersprießlich erachten, es sei im reiche oder im auslande, und welche nicht der wahl von zunftgenossen, sondern der krone ihre ernennung verdanken. es muß dem volke frei stehn, durch vermachung von kapitalien, vorausgesetzt, daß der gewinn dieser kapitalien nicht an bedingungen geknüpft ist, welche dem von der krone festgestellten begriffe dieser akademien widerstreben, neue stellen in diesen anstalten zu begründen. ich zweifle nicht daran, daß das deutsche volk, welches im kriege sich so herrlich selbstlos und groß zeigen kann, so wie die sache erst im gange ist, eine ehre darein setzen wird, solche kapitalien in dem maße reichlich zu schenken, in welchem jene akademien sich als wirklich unabhängige und rücksichtslose dienerinnen einer uninteressierten, den einflüssen der lkamaraderie und der politischen parteien gänzlich entrückten wissenschaft erweisen werden.

6

Schulen sind nicht da, um den sie besuchenden äußerliche vorteile zu verschaffen. in kapitel neun einer 1873 ausgegebenen schrift und in kapitel funfzehn meines 1875 erschienenen berichts habe ich mich über das berechtigungswesen so unumwunden ausgesprochen, daß ich mich über dasselbe hier kurz fassen kann. wir haben in folge des berechtigungswesens gar keine gymnasien mehr: alle, welche gegen die classische bildung als eine unnütze sich ereifern, fechten gegen windmülen, da von schulen, deren inhalt zu neun zehnteln, in großen städten zu sechs siebenteln den zweck der schule nicht erreicht, gar nicht behauptet werden darf, daß sie das gewähren, was unterrichtete und ihre worte in acht nehmende männer classische bildung nennen. meine zahlen beruhen auf zwei amtlichen mitteilungen. der verstorbene director EBonnell gibt in seinem programme von 1875 seite 20 an, daß er 7536 schüler in das von ihm geleitete gymnasium aufgenommen, und 1041 abiturienten aus demselben entlassen hat. nach den ermittelungen des statistischen amts werden die primen der gymnasien von rund einem zehntel, die primen der realschulen von etwas mehr als einem zwanzigstel der schüler erreicht. ich finde kein in guter gesellschaft zulässiges wort stark genug, eine derartige zustände duldende regierung zu characterisieren. also, um bei den gymnasien und bei den zahlen des statistischen amts stehn zu bleiben, neun zehntel ihrer schüler haben die lehrer der klassen von sexta bis secunda als ballast an den schulen, und die lehrer der prima haben lauter durch ihre bisherigen mitschüler gehemmte jünglinge vor sich, und dann traut man sich noch, von ihnen leistungen zu verlangen? man kann es über sich gewinnen, die öffentliche meinung gegen classische bildung declamieren zu hören, nachdem man selbst durch ertragen dieses berechtigungswesens unmöglich gemacht hat, classische bildung zu verbreiten? das kriegsministerium hat mich durch die mitteilung verpflichtet, daß an einjährig freiwilligen im preußischen heere in den fünf jahren von 1872 bis 1876 je 2639, 3009, 3875, 3997, 4266 mann gedient haben — die zunahme ist eine bedenkenerregend schnelle und große —: ich vermag nicht festzustellen, wie viele der hier genannten als abiturienten, wie viele als untersecundaner die schwarzweißen schnüre getragen haben: die so außerordentlich verständige bestimmung, daß auch handwerker wegen vorzüglicher leistungen in ihrem fache als einjährig freiwillige zugelassen werden dürfen (89, 6 der ersatzordnung), hat leider wohl dem heere wenige begünstigte zugeführt. nach meiner schätzung ist in den ersten der angeführten jahre die hälfte, in den letzten zwei drittel aller vorhandenen einjährig freiwilligen aus untersecunda abgegangen, und um dieser etwa 3000 menschen willen verwüstet man das ganze schulwesen unseres landes? stellt man die zukunft unseres volkes, der wissenschaft und der gesittung auf das spiel? denn diese schnur-aspiranten allein bewirken, daß unsere gymnasien als mädchen für alles benutzt werden, daß sie bürgerschulen, realschulen, gymnasien auf einmal sein müssen, und darum nichts ganz und nichts wirklich sind. gebe man die regelung dieser angelegenheit einmal einem manne in die hand, der selbst die Sisyphusarbeit, in mittleren klassen eines in einer großen stadt belegenen gymnasiums zu unterrichten, ein jahrzehnt getragen hat, der weiß, daß in diesen klassen liebenswürdige, gute, aber, in dem maße, in welchem sie der schnurberechtigung näher kommen, träger werdende knaben sitzen, bei denen vieles zu erreichen ist, aber sicher nicht förderung classischer bildung: man wird erleben, daß ein solcher mann von hundert gymnasien neunzig zum eingehn verdammt: daß er durch diese verordnung ermöglicht, lehrer zur besetzung der an den erhaltenen anstalten vorhandenen stellen zu finden, da für hundert gymnasien wohl personen, welche ihre prüfung bestanden, aber nicht lehrer zu haben sind: daß er in folge dieser reorganisation Preußen in die lage bringt, den teil seiner jugend, welcher später einmal zu regieren berufen ist, mit einer wirklich gediegenen bildung auszustatten. man wird erleben, daß er bürgerschulen über bürgerschulen errichtet, an denen keine alte, wohl aber gründlich Eine moderne sprache gelehrt wird, am liebsten die weit über das englische hinaus erziehende französische, und deren abiturienten die beliebten berechtigungen seinethalben genießen mögen, wenn der kriegsminister ein interesse hat, sie ihnen zuzubilligen. daß nicht jede stadt ein gymnasium haben kann, ist selbstverständlich: es hat auch nicht jedes Krähwinkel eine universität: ich werde am ende dieses aufsatzes meine meinung über die gymnasien sehr unumwunden aussprechen. eltern mögen ihre kinder wie auf universitäten und kadettenhäuser, so auch auf gymnasien von sich fort schicken: wenn die notwendigerweise einzurichtenden internate der gymnasien so verständig geleitet werden, wie gegenwärtig die kadettenhäuser es zu sein scheinen, dann wird die nation von der neuen einrichtung nur segen haben: denn daran wird man doch nicht zweifeln, daß die weitaus meisten eltern des jetzigen geschlechts durchaus nicht im stande sind, ihren kindern den sittlichen halt zu geben, welchen diese kinder bedürfen. gleichmäßig feste und liebevolle behandlung ist der jungen menschenpflanze nötig: niemand, der unser leben kennt, wird in abrede stellen, daß unsere familien von nichts weiter ab sind, als von der möglichkeit einer solchen erziehung ihres nachwuchses. jene internate werden nicht im höchsten sinne des wortes erziehen, aber doch ebensoweit wie die kadettenhäuser die wirkliche erziehung ersetzen können.

ich weiß, um zu guter letzt einen einwurf abzuschneiden, so wohl wie viele andere, daß von zeit zu zeit höheren orts den schulen die verpflichtung eingeschärft wird, die berechtigung zum dienste als einjährig freiwilliger nur denen zu erteilen, welche das pensum der mit jener berechtigung behafteten klasse wirklich inne haben. ich für mein teil bin von vorne herein und nach meinen erfahrungen nicht so naiv, von derartigen einschärfungen etwas zu erwarten, so wenig mir die versicherung eindruck macht, daß studenten ja volle freiheit haben, auch bei nichtexaminatoren zu hören: staatsmänner sollten doch das praktische leben zu gut kennen, um sich von derartigen ermahnungen einen erfolg zu versprechen. schon um zu räumen leisten die secunda die berechtigung, wie schon um der sicherheit willen die studenten nur mitglieder der prüfungsbehörde hören.

7

Endlich noch eins. schulen sind keine brutstätten für sogenannten patriotismus. Solon hat kein gesetz gegen den elternmord gegeben, weil er elternmord für undenkbar erklärte, und wenn er ja vorkommen sollte, ihn mit ewiger nacht bedeckt zu sehen wünschte. sich um erzeugung patriotischer gesinnung bemühen, heißt annehmen, daß es überhaupt möglich sei, nicht patriotisch zu sein. sollte man aber meinen (und man meint es fast durchgängig), daß patriotismus mit der billigung bestimmter parteigrundsätze und historischer anschauungen identisch sei, dann ist es brutale gewalt, knaben und mädchen in diese, von den eltern durchaus nicht immer geteilten anschauungen hineinzuzwängen: man erinnere sich nur, daß nationalliberale und ultramontane wähler der zahl nach gleich sind, und gestatte die bemerkung, daß ein volk, welches vor 1866 eilf vertreter Bismarckscher farbe im landtage hatte, und nach 1866 dorthinein so viele anhänger der noch eben verdammten politik sandte, daß der gefeierte sich vor der ihm entgegengebrachten liebe nicht zu lassen wußte, daß ein solches volk gut tun wird, seine dermaligen ansichten nicht für unabänderlich anzusehen, also seine parteiliebhabereien der jugend schon darum ersparen sollte, um sich im laufe der jahre oder gar monate nicht selbst vor ihr als wetterwendisch bloßzustellen. was die eine partei zu fordern berechtigt ist, darf auch die andere beanspruchen. da eine änderung des regierungssystems jetzt von niemandem eifriger als unabsichtlich von den gerade regierenden herbeigeführt wird, möchte es gut sein sich bei zeiten zu erinnern, daß man besser von allem Learmäßigen patriotismus sich ferne hält, welchen Regan und Goneril liefern könnten, Cordelia verweigern würde. der jetzt unter dem namen patriotismus gepflegte vertrieb gewisser politischer und historischer ansichten ist geradezu vergiftung der jungen seelen, da alles parteiwesen giltig ist, weil es die fähigkeit wahr und gewissenhaft zu sein ertötet, und sclaven-, wenn man lieber will, bedientensinn erzeugt. zu bedenken wird auch sein, was ich 1873 über den wert der historischen erinnerung auseinandergesetzt habe, zu bedenken außerdem, daß knaben für patriotismus gar nicht fähig sind, weil sie mit dem worte vaterland einen begriff, eine empfindung, eine anschauung zu verbinden nicht vermögen.

8

Die möglichkeit zu unterrichten muß den lehrern sowohl der gymnasien wie der universitäten gegeben werden.

es läßt sich über diese forderung, welche ja an sich selbstverständlich genug ist, viel sagen, denn sie umfaßt vieles: ich beschränke mich auf wenige punkte, und stelle fest, daß wenigstens mir von einer einsicht der verwaltungsbehörden in das, was hier not tut, nichts bekannt ist.

Was zunächst die gymnasien angeht, so ist vor allem das vielerlei von ihrem lectionsplane zu entfernen.

unterrichten, das heißt einzelnheiten als teile einer erschöpfenden kenntnis ganzer gebiete zur kenntnis bringen, kann man nur, wenn man von vorne herein in der lage ist, selbst das ganze gebiet zu beherrschen, und systematisch alle tatsachen mit rücksicht auf ihre stellung im ganzen zu behandeln. perspectivisch zeichnen heißt körper auf eine fläche projicieren: unterrichten ist ein analogon dieses zeichnens: es bedeutet kenntnisse so mitteilen, daß ihre schätzung im geiste des die mitteilung empfangenden dem werte entspricht, welchen sie in der natur der dinge besitzen. im altertume und im mittelalter war es möglich, den unterricht ganz in Eines mannes hand zu legen: denn des gewußten war nicht so viel, daß nicht Ein kopf es zu bewältigen vermocht hätte, und jeder lehrer hatte von vorne herein die richtung auf universalität, auf encyclopädisches umfassen der gesammtwissenschaft, auf eine weltanschauung: es gab gar keine specialisten, und in folge davon war das unterrichten leicht, da das, was man einordnete, ebenso bequem zu überschauen war, wie das nicht erschlossene oder erahnte, sondern erphantasierte und construierte ganze, in welches man einordnete. in unserm jahrhunderte ist etwas ähnliches unmöglich, nachdem sich aus der wissenschaft längst wissenschaften, aus den wissenschaften zahlreiche einzelne zweige von wissenschaften entwickelt haben. weder hat ein mathematiker oder chemiker eine ahnung davon, warum das von dem philologen oder historiker zur lebensaufgabe gemachte objectiven wert hat, noch umgekehrt, und darum können die beiden nur unter ganz ungewöhnlich günstigen umständen an einer nicht nach dem in meinem letzten paragraphen anzugebenden gesichtspunkte als einheit organisierten schule neben einander unterrichten: in hundert fällen wird aus dem nebeneinander ein widereinander oder eine neutralisation, das heißt, gar nichts. weil wir diesen zustand des wissenschaftlichen materials nicht ändern können, da wir die entwickelung der wissenschaft nicht ändern wollen, sind wir noch lange nicht berechtigt, den unterricht selbst für etwas anderes als das zu erklären, wofür ich ihn oben erklärt habe. das gymnasium tut jetzt als ganzes, was früher ein einzelner mann tat: zerfällt seine einheit durch die jetzigen lectionspläne, so kann es nicht unterrichten. aus dieser not kommen wir nur auf Einem wege heraus: wir müssen begreifen, daß eine universalbildung nicht mehr möglich, und daß sie auch nicht nötig ist, weil die teile des weltganzen die gesetze des ganzen in sich wiederholen, und es für den unterricht nicht sowohl darauf ankommt, eine reisebeschreibung durch das universum zu liefern, als darauf, die werkzeuge der orientierung an einem teile des universums kennen, brauchen und schätzen zu lehren, mit welchen der unterrichtete sich, falls es einmal nötig oder wünschenswert sein sollte weiter zu gehn, auch auf andern feldern zurecht zu finden vermag als dem, auf welchem er seine lehrlingszeit durchgemacht hat. wenn jeder des lebens kundige zugeben wird, daß bildung sogar ohne gymnasium erworben werden kann, daß männer wie der general Wrangel, obwohl dieser nicht einmal seine muttersprache richtig zu reden verstand, wie Borsig, neben welchem graf Eberhard Stolberg 1853 in einem herrenhause zusammenzusitzen sich weigerte, weil der von Friedrich Wilhelm IV für einen solchen sitz bestimmte industrielle in einer tischlerwerkstätte geboren war, daß viele nicht am wenigsten verehrte häupter trotz des mangels an belesenheit in Sophocles und Goethe gebildete, das heißt, das leben richtig anfassende menschen gewesen sind und sind, so wird wohl auch von denen, welche meine grundanschauung von der schule nicht billigen, nichts gegen den satz einzuwenden sein, daß, wenn die schulen sich in verschiedene kategorien teilten, von denen die eine etwa die classischen, die andere die neueren sprachen trieben, und so weiter, vorausgesetzt, daß auf jeder der beiden mit dem getriebenen herzlich und gründlich ernst gemacht würde, der nation ein schaden nicht erwüchse. wir müssen aufhören, dem von Hegel und dem provisor alles giftes im deutschen unterrichtswesen, Iohannes Schulze, in die luft gemalten phantome einer allgemeinen, das heißt, alles wissenswerte umfassenden und in jedem gleichmäßig vorhandenen bildung nachzulaufen. unterrichtet in dem oben angegebenen sinne kann nur in schulen werden, welche sich auf ideell zusammenhangende materien beschränken: das gegengewicht gegen einseitigkeit liegt nicht in der allseitigkeit des wissens, nicht in einer horizontalen ausbreitung, welche stets verflachung wird und werden muß, sondern in der auf das ewige zustrebenden richtung des willens, welche den menschen befähigt, von oben her die landkarte zu betrachten, und das ganze darum zu übersehen, weil er über dasselbe innerlich hinaus ist, weil er es eben übersieht.

wie abzugrenzen ist, will ich hier nicht untersuchen: es genügt mir vorläufig, den gedanken als princip ausgesprochen zu haben. doch möchte ich schon jetzt vorschlagen, geschichte und litteratur auf alle fälle der universität zu überweisen, da gymnasiasten für ein auch nur annäherndes verständnis der einen wie der anderen nicht lange genug gelebt haben: wenn durch eine vernünftige, auf bereicherung des landes ausgehende politik der regierung mehr wohlstand nach Deutschland gebracht, und in folge davon der in den letzten semestern stehende student in die lage gesetzt sein wird, statt mit einpaukern und memorierzetteln mit Dante, Shakespeare, Goethe, mit den heroen und den erwerbungen der geschichte umzugehn, werden wir weiter kommen, als durch das jetzt auf den schulen vorgenommene einfüllen der sägespäne, wann Crossen brandenburgisch wurde, und was Semiramis zu mittag zu essen pflegte.

Nur auf Einen bestandteil der lectionspläne unserer schulen will ich näher eingehn, die religion. ich behandele diese hier nicht von den vorhin angedeuteten allgemeinen gesichtspunkten aus, sondern gehe ins specielle.

ich will annehmen, daß der gäng und gäbe ausdruck religionsunterricht nichts als eine gedankenlose abkürzung ist. man kann in der religion nicht unterrichten, da religion weder ein wissen noch eine fertigkeit ist. was man kann? den katechismus einer bestimmten religion wiederholen, oder aber die katechismen, die dogmatischen und ethischen vorstellungen bestimmter religionen, mit einander vergleichen, oder endlich man kann eine geschichte aller oder etlicher religionen geben. diese aufgaben könnte man auf der schule so zu verteilen meinen, daß den unteren klassen das erste, den oberen das zweite und dritte des eben aufgezählten zu lernen zufiele.

hierfür würde es nun zunächst keine lehrer, und für alle jahrhunderte keine zeit geben.

ich bestreite, daß die männer, welche heutzutage als lehrer zu haben sind, objectivität und wissen genug besitzen, um sich zu den lutherschen religionsbüchern oder dem heidelberger katechismus richtig zu stellen. die genannten drei schriften sind nicht verfaßt, um ad referendum genommen zu werden: sie beanspruchen das mitzuteilen, ohne welches kein heil im leben und im sterben ist: wer ihnen diesen anspruch nicht abhört, versteht sie schon nicht. hört ihn aber jemand aus den worten der alten bücher heraus, so bekämpft er ihn, wenn nicht durchweg, so doch in sehr wesentlichen teilen: denn kein sohn der zweiten hälfte des neunzehnten jahrhunderts kann die weltanschauung dieser katechismen sich aneignen, weil sie die fragmente von ganz unvereinbaren weltanschauungen, deren nebeneinandergelagertsein jetzt bildung heißt, nicht allein aufhebt — das würde nichts bedeuten, da an unfolgerichtigkeit des denkens und empfindens ja das menschenmögliche geleistet wird —, sondern in einer reihe von einzelnen fällen so reizt, daß selbst der schlaffste der schlaffen eine wenn auch im verhältnisse zu seiner jämmerlichkeit stehende opposition machen wird. es wird also in der schule nicht gelehrt, sondern kritisiert und gelehrt, oder bloß kritisiert, oder geheuchelt und gelogen werden. je energischer ein solcher katechismusunterricht auftritt, desto mehr wird sich die familie und schließlich die parteipresse hineinmischen, und der lehrer, mag er seinem thema kritisch oder nicht kritisch gegenüber getreten sein, selbst gegenstand der kritik, also in seiner eigenschaft als lehrer vernichtet werden. die sache wird weiter in dem maße sich verschlimmern, in welchem der lehrer ernstlich bescheid weiß. jene bekenntnisschriften sind nicht vom himmel gefallen, sondern das ergebnis wie der ausgangspunkt langer entwickelungsreihen. es gibt motive zu jedem gesetze, es gibt eine vorgeschichte von früheren gesetzen, von misbräuchen, welche das gesetz hervorgerufen haben, von bräuchen und anschauungen, welche in dem gesetze paragraphiert sind. sollte der lehrer, der über die katechismen ein begründetes urteil hat, die kraft, welche er auf bewältigung und sichtung dieses stoffes zu verwenden genötigt gewesen ist, nicht besser anderweitig verwertet haben? nutzen stiftet er mit der verbreitung seiner einsichten nicht, da niemand um dieser willen handelt, da niemand von jenen urkunden sich abwendet, weil er ihre unhaltbarkeit begreift, sondern weil sie seinen empfindungen zuwider sind. man könnte ja das opfer des intellects niemandem abverlangen, wenn der intellect die erste kraft der menschen wäre, welche in wirklichkeit nicht vom verstande und von schlüssen, sondern von der phantasie und von eindrücken regiert werden. und den fressenden kummer in diesen sachen bescheid zu wissen, und darüber öffentlich in wesentlich zustimmendem sinne oder doch mit dem bemühen reden zu sollen, möglichst viel zu haltbarem umzudeuten, den trägt niemand länger als über die zeit des ersten versuches hinaus: wer ihn nicht fühlt, der ist sicher ein gift für jede schule.

gehe ich weiter und bedenke die symbolik — die vergleichende übersicht verschiedener lehrmeinungen —, so kommt mir das unternehmen darum hoffnungslos vor, weil ich durchaus nicht an die möglichkeit glaube, daß andere als ganz einzelne, schon in der ewigkeit lebende menschen so rein und so weit sehen können, daß sie verschiedene systeme eines aus empfindungen und erlebnissen erwachsenen denkens nebeneinander nachzudenken vermöchten, weil sie soviel hundert male mensch sein müßten, als hunderte an jenen systemen mit dem vollen herzen gehangen haben.

nun gar eine geschichte der religion. es gibt ja leute, welche meinen sie zu kennen, und sogar solche, welche sie öffentlich lehren. ich bin der ansicht, daß wer letzteres unternimmt, sich von seinen meistern sein lehrgeld kann wiedergeben lassen. das material ist schon jetzt so ungeheuer, daß es vollständig zu bewältigen über die kraft eines einzelnen menschen hinausgeht. nun reicht es aber trotz des jetzt schon erzielten umfanges nicht im entferntesten aus, um dem, der es beherrscht, ein urteil zu ermöglichen: zum beispiel die religion der alten Perser, der Hebräer, die entwickelung des ältesten christentumes ist so wenig sicher erkannt, daß im unterrichte alle augenblicke eine weite lücke klaffen gelassen oder geschwindelt werden müßte: denn nicht beiläufiges steht noch zurück, sondern das für die gesammtauffassung allerwesentlichste.

und nun die zeit. ich pflege es kurz zu machen, aber wie ich in den oberen klassen eines gymnasiums in zwei stunden die woche auch nur das mitteilen sollte, was ich über das hier in rede stehende thema wirklich weiß, ist mir nicht deutlich. man muß entschieden sehr kenntnislos sein, um sich mit so weniger zeit zu begnügen.

Wollte man in erwägung der vielen der ausführung des oben skizzierten planes entgegenstehenden schwierigkeiten moderne versuche, das ganze der religion zusammenzufassen, dem unterrichte zu grunde legen, so würde man ein wünschenswertes ziel nicht erreichen. jene versuche sind sammt und sonders fälschungen, weil sie unternehmen, standpunkte, welche ein für alle mal als standpunkte überwunden sind, mit modernen meinereien auszugleichen, welche zwar noch eine reale macht, aber eine usurpierte macht besitzen. jene versuche irren, indem sie die notwendigkeit annehmen jenes alte zu halten, was in wahrheit gänzlich tot ist, und die andere notwendigkeit das neue nicht zu verletzen, welches den fußtritt doch schon bekommen hat, der es nach der türe befördert: sie impfen einer leiche eine krankheit ein, und freuen sich in dem präparate den stammvater eines neuen geschlechts vor sich zu haben.

dazu kommt, daß religion stets der ausdruck des lebens einer gemeinde ist, und jene versuche, ganz abgesehen davon, daß sie aus dem verstande und dem bedürfnisse, nicht aus dem herzen und dem besitze hervorgehn, stets durchaus individuell bleiben, höchstens in einer — wohl zu merken, nicht geschlossenen — gesellschaft von freunden ihrer urheber beifall finden. man würde mithin, wenn man sie dem unterrichte zu grunde legte, nichts zu grunde legen als die auseinandersetzung einer einzelnen religionsbedürftigkeit mit der religionslosigkeit unserer tage, einer religionsbedürftigkeit, welche das material ihrer träume und gedanken eklektisch aus älteren vorstellungen bezieht, und welche in allen ihren tausend verschiedenen exemplaren nur das eine gemeinsame hat, daß sie sich zu der wirklichen religion der zukunft jedenfalls so verhält, wie die schüchternen schwärmereien des jungen menschen von der liebe zu der ehe des mannes, welche glücklicherweise stets anders aussieht als jene ausgesehen hatten.

Bleibt also die jetzige praxis bestehn, für die volksschule und die niederen klassen der gymnasien biblische geschichte, für die mittleren klassen bibelkunde, für die oberen glaubens- und sittenlehre mit kirchengeschichte? mit nichten.

vergegenwärtigen wir uns doch einmal, was biblische geschichte, zunächst des alten testamentes, heißt.

wir empfinden gewiß mit dem sabbatliede, und sehen mit andacht den siebenarmigen leuchter Freitag abends am fenster stehn, wenn wir auch gerade mit hinblick auf diesen leuchter und das ihm im jüdischen cultus analoge nicht begreifen, wie eine nation so töricht sein kann, sich als vertreterin der humanität aufzuspielen, welche einen schatz von nationaler poesie um sich hat, und welche, die identischste, nationalste von allen, die es gibt, durch ihr reden von humanität mehr als selbst durch ihre äußere erscheinung jeden augenblick daran erinnert, daß sie eine nation ist, und nicht human, eine nation, deren wesen kraft genug besitzt, nach mischheiraten von einem jahrhunderte noch in urenkeln wieder durchzuschlagen. wir misachten auch nicht, was in den kärglichen resten der hebräischen litteratur an äußerungen vorjüdischer religion erhalten ist.

aber was ist uns Adam und Eva? was Abraham, Isaac, Iacob? was Moses und David? fremde sind sie uns: sie gehn unser empfinden nichts an.

sie sind schlimmeres als nur gleichgültig. an Adam und Eva hängt die erbsünde, hängt die versöhnungslehre, an Abraham der glaube, an Moses das gesetz, an David der Messias und das erfüllungssystem, welches alle wissenschaft vom alten und neuen testamente bisher unmöglich gemacht hat. wollt ihr die orthodoxen satzungen und anschauungen nicht, ihr deutschen väter, so schafft euch zunächst die biblische geschichte des alten testaments vom halse, aber so gründlich, daß ihre namen in gegenwart eurer kinder nie genannt werden dürfen.

um so mehr so, als was an sage — denn an die geschichtlichkeit der darstellungen wird doch kein mensch mehr denken — als was an sage an Abraham und dessen genossen hängt, mit verschwindenden ausnahmen die jugend nicht anders erzieht, als indem es sie mit widerwillen erfüllt. denke man die erzählungen von den hebräischen patriarchen und von David ohne vorgefaßte meinungen durch, man wird gestehn, daß man sich freuen muß, wenn die kinder sich daran ärgern. Abraham, der dem könige von Aegypten sein eheweib als schwester vorstellt, und Jahwe, der den arglos jene schwester zur frau begehrenden für dies nach unsern begriffen völlig erlaubte begehren züchtigt. Isaac dies spiel des vaters wiederholend. Iacob und Rebecca gemeinsam den blinden Isaac betrügend. Iacob vor Esau. David mit dem brautgeschenke für Michal (nach jüdisch-protestantischer citierungsweise erste Samuelis kapitel 18). und so vieles andere. in den sagen des alten testaments, in der biblischen geschichte des alten testaments ist von der noch heute als geltend anzuerkennenden seite der israelitischen religion äußerst wenig zu spüren.

die biblische geschichte des neuen testaments ist nur genießbar unter der voraussetzung, daß der Iesus, um welchen es sich in ihr handelt, der sohn gottes sei, für welchen ihn die kirche ausgibt: der rabbiner von Nazareth ist des höchsten langweilig. teilt die mehrzahl der bei uns zur gesetzgebung berufenen, sowohl der in der regierung wie der im landtage sitzenden männer den glauben der kirche in betreff Iesu nicht, so wird sie nur wohl tun, wenn sie die biblische geschichte des neuen testaments aus den schulen entfernt. es ist verständiger leute doch kaum würdig, in kinder das hinein lehren zu lassen, was sie von knaben bereits mit mistrauen angesehen, von jünglingen so verworfen wissen wollen, wie sie selbst es verwerfen.

das wird man nicht behaupten mögen, daß jene geschichte für kinder gut sei, und nur für erwachsene den reiz und die verbindlichkeit verliere. so wenig ein kerfe fressender vogel in höheren jahren zu einem körner fressenden wird, so wenig darf ein knabe als knabe mit wesentlich anderer geistiger kost genährt werden als mit der, welche er — in weiterem umfange — als mann genießen wird.

Unter bibelkunde kann man sehr verschiedenes verstehn.

man kann damit das wissen darum meinen, aus wie vielen büchern die bibel sich zusammensetzt, wie diese auf einander folgen, wo in ihnen diese und jene tatsache, dieser und jener spruch zu finden ist. gewiß wäre das nützlich in einer zeit, in welcher die orthodoxen das sogenannte wort gottes als ganzes nicht mehr kennen, und die liberalen über so viele fragen mitsprechen, welche sie, wenn in der bibel bescheid wissend, vermutlich anders beantworten würden als sie tun.

eine solche bibelkunde wäre aber nur um den preis zu erreichen, daß die knaben veranlaßt würden die bibel wirklich zu lesen. ich gebe anheim einige stellen nachzuschlagen — sogenanntes erstes buch Mosis 12 19 34 38, zweites buch 33, viertes buch 25, buch der richter 19, erstes buch Samuelis 25, zweites buch Samuelis 13 23, Osee (auf protestantisch Hoseas) 1, Ezechiel (nach Luthers verballhornung Hesekiel) 23 und dergleichen mehr —, und frage den, der diese kapitel nachgeschlagen hat, ob er wünscht, daß seine söhne bibelkunde gewinnen, da unzweifelhaft sicher ist, daß wenigstens bei manchen naturen jene stellen fester haften werden als die unverfänglichen.

denkt man aber bei bibelkunde an etwas, was wie die auf universitäten vorgetragene sogenannte einleitung in das alte und neue testament aussähe, so werden sich zwei misstände ergeben.

einmal fehlt, trotz des über alle maßen dreisten auftretens unserer gedruckten werke über die disciplin, der sogenannten einleitung noch alle wissenschaftliche sicherheit, weil alle methode: dieser vorwurf kann nur sachkennern, und darum an dieser stelle nicht, begründet werden.

andererseits ist in dieser wissenschaft soviel alle katholische und protestantische orthodoxie, und alle vermittelungstheologie der synhedrien umwerfendes festgestellt, daß, wenn ein lehrer es mitteilte — und er würde es doch wohl mitteilen müssen —, des gezeters der gläubigen familien kein ende sein dürfte. die einleitungswissenschaft, falls sie als beantwortung der fragen nach echtheit, zeitalter und wert der biblischen bücher aufgefaßt wird, stürzt in den händen eines sachverständigen und ehrlichen lehrers den protestantismus über den haufen. lese man etwa des bischofs Colenso aufsatz über den auszug der Israeliten aus Aegypten: man wird dann schwerlich noch den jungen vorerzählen, daß der im sogenannten zweiten buche Mosis vorliegende bericht über jenen auszug nicht allein von einem augenzeugen, sondern von dem leiter des auszugs verfaßt sei: kein feldwebel eines hinterpommerschen regiments läßt sich das aufbinden, wenn er einmal von jenem bischofe oder sonst wem veranlaßt worden ist, darüber nachzudenken. und nun soll die schule etwa gerade zu der zeit aufklären, wo die ihr überwiesenen knaben vor dem altare ihr protestantisches taufgelübde erneuern? ich erachte es für durchaus ungehörig, halben kindern, welche, wenn in sachgemäßer weise über den tatbestand unterrichtet, in weitaus den meisten fällen, gerade weil sie kinder, also zufahrend und des lebens unkundig sind, mit der schale auch den kern wegwerfen werden, den wurmfraß in jener zu zeigen: ich erachte es für noch viel unzulässiger, diesen halben kindern, welche eben als solche noch ein sehr unmittelbares gefühl für wahrheit und wahrhaftigkeit besitzen, den wurmfraß apologetisch zu vergolden, und sie so ausdrücklich zum mistrauen gegen lehrer und religion anzuleiten. darum will ich von bibelkunde in dem gedachten sinne für die gymnasien nichts wissen.

ich will dies auch deshalb nicht, weil einem knaben kaum klar zu machen ist, auf welchem wege die ihm vorgetragenen ergebnisse der isagogik gewonnen sind: eine menge von gesichtspunkten ist ja noch den studenten unverständlich, welche die jetzigen gymnasien als reife früchte ihrer arbeit uns zusenden. es ist paedagogisch unrichtig, irgend etwas zu lehren, für das man nicht entweder einen beweis gibt, oder das man nicht durch eine fülle von beobachteten analogien als richtig erhärten kann. beweise versteht der schüler auf diesem gebiete so gut wie nie, und meistenteils versteht sie auch der lehrer nicht: induction aber ist nicht anzuwenden, weil auf dem hier bekämpften standpunkte die bibel als einziges gilt, und selbst wenn man sich auf den standpunkt der vergleichenden religionswissenschaft stellen wollte, wozu man in zehntausend fällen Einmal befähigt sein wird, den schülern das material (veda, avesta, koran) fehlen würde, aus welchem die induction zu machen wäre.

Was nun die glaubens- und sittenlehre und die kirchengeschichte anlangt, mit denen die schüler der obersten klassen in den sogenannten religionsstunden beträuft werden, so wird, wenn man unter vier augen ist, sehr selten ein zweifel an der tatsache aufkommen, daß der gedachte unterricht durchschnittlich (es mag ausnahmen geben) zu dem allerelendesten gehört, was auf gymnasien und realschulen geboten wird. über die glaubens- und sittenlehre ist kaum nötig, in diesem zusammenhange noch ein wort zu verlieren. die kirchengeschichte wird auf den schulen noch erheblich schlimmer behandelt als man meistenteils die weltgeschichte behandelt, und kann deshalb niemandem etwas helfen. der lehrer der geschichte muß zwei dinge zur anschauung bringen: menschen und ideen. er muß eines ahnen können: die gründe, aus denen gott mittelst der ideen und der menschen bestimmte tatsachen entstehn läßt. nun kann man andern nur das anschaulich machen was man selbst angeschaut, und man kann die treibenden principien der geschichte nur ahnen, wenn man die treibenden principien des eignen lebens in demut und dank zu verstehn sich bemüht hat. darum vermag nur ein sehr gelehrter und ein sehr menschlicher mann geschichte zu lehren. die religiöse seite der sache muß hier natürlich bei seite liegen bleiben. ich bin meiner speciellen studien wegen eine reihe von älteren kirchenschriftstellern zeile für zeile mit der feder in der hand durchgegangen, und traue mir allenfalls ein urteil darüber zu, was die meisten lehrer der kirchengeschichte an universitäten in dem von ihnen vertretenen fache wissen, und was sie wissen können, da sie die texte, auf welche es ankommt, gar nicht besitzen, da sie griechisch (die größere hälfte dieser texte ist griechisch geschrieben) nicht lesen, da sie mit der energie, mit welcher hier gearbeitet werden muß, niemals arbeiten. nun gehört das ganze mittelalter auch noch zu der zeit, welche eine kirchengeschichte gehabt hat, und verfassungs-, verbesserungs-, liturgische fragen werden in ihr in großem umfange aufgeworfen und zu beantworten versucht: die dogmatik ringt erst mit Plato, dann mit Aristoteles und den Arabern, so daß man Plato, Aristoteles, die Araber kennen muß, um die entwickelung der dogmatik zu begreifen: alle ausgaben sind schlecht, die bearbeitungen der epoche, so weit ich mitsprechen darf, gänzlich ungenügend, weil methodelos. kommt die zeit der reformation und was ihr folgt. ich weiß, daß für manche (vor allem für solche, die kein griechisch verstehn) das interesse an der kirchengeschichte erst mit 1518 beginnt — es ist das, als wollte jemand das interesse für die preußische geschichte mit dem 18 März 1848 anheben lassen —: jedenfalls trübt für diese letzten jahrhunderte nicht unwissenheit, sondern parteilichkeit und der mangel an einsicht den blick auch der forscher, der mangel an der einsicht, daß es sich in dieser epoche gar nicht um weiterentwickelung der kirche, sondern um surrogate jener und um anbahnung von neuem handelt, welches zu schwächlich ist, um anders als in anlehnung an das vergangene alte auftreten zu dürfen. wenn es nun auf den universitäten mit der kirchengeschichte meistens schlecht bestellt ist, was kann dann ein religionslehrer, der in oberSchlesien oder ostPreußen oder sonst

wo ferne von einer großen bibliothek wohnt, selbst wenn er die
fähigkeit und den willen hätte eine bibliothek zu benutzen, auf
diesem gebiete leisten? was von dem etwa gelernten kann er in
zwei wöchentlichen stunden mitteilen? für gewöhnlich wird ein
handbuch wiedergekäut: es kribbelt von namen, welche als wesen-
lose schemen vor den ohren der schüler vorüberfliegen, von gleichgültigen zahlen: es spritzt dem hörenden überall der weiche schlamm
liberaler oder gläubiger gesinnungstüchtigkeit ins gesicht, vor welcher jeder diener der wissenschaft den allergründlichsten ekel
empfindet.

Das zweite, was not tut, um die gymnasien zu unterrichtsanstalten, das heißt zu anstalten zu machen, an welchen unterrichtet
wird und unterrichtet werden kann, ist die beschränkung ihrer
frequenz, oder aber die teilung der schüler in möglichst kleine genossenschaften.

Die klassen der gymnasien müssen so wenige schüler haben,
daß jeder knabe in der stunde mehrere male gefragt werden und
antworten kann. denn die aufmerksamkeit junger menschen ist
nur dadurch zu erhalten, daß sie selbst tätig sind. darum darf
man höchstens dreißig schüler in einem und demselben raume
unterrichten wollen. von den sechzig minuten der stunde gehn
zehn durch die unerläßliche pause zwischen zwei lectionen verloren,
so daß fünfzig minuten übrig bleiben, welche, auf den vortrag des
lehrers, dessen fragen, die antworten der schüler und die bitten
dieser schüler um erläuterung des unverstandenen verteilt, gewiß
für die einzelnen vorzunehmenden tätigkeiten der gemeinschaft nicht
zu viel zeit gewähren. vorausgesetzt wird dabei noch, daß nicht
häusliche arbeiten der knaben in der schule controliert, nicht un-
dringliche disciplinarsachen in ihr abgemacht werden.

Tatsächlich wird dieser forderung der gesunden vernunft fast
nie nachgekommen, und wo es kleine klassen gibt, ist dies zufall,
nicht die folge überlegter willensäußerung. es gibt verordnungen
über die zahl der schüler, aber diese verordnungen sind ein wert-
loses stück papier. diejenigen, welche die schulen zu erhalten haben, wünschen ihre auslagen tunlichst zu verringern, und schenken
sich die erwägung, daß schulen mit überfüllten klassen nur dem
scheine nach unterrichtsanstalten sind: diese behörden bedenken nicht,
welche gefühle sie gerade bei den besten lehrern hervorrufen, wenn
sie den von ihnen angestellten das doppelte und dreifache des von
gesetz und vernunft gestatteten maßes an arbeit unter eröffnung der
aussicht aufbürden, entweder in einigen jahren zu physisch ausge-
brannten schlacken zu werden, oder von vorne herein mit bewußtsein und absicht nichts zu leisten, also gewissenlos zu verfahren.
wolle man sich einmal das gesicht eines postbeamten vorstellen,
dem für einen königlich preußischen groschen zwei zehnpfennig-
marken abverlangt würden: und ist es so wesentlich anders ein
solches gesuch zu stellen, als einem lehrer doppelt so viele schüler

zuzumuten als er zu unterrichten im 'stande ist? doch ich irre mich, es ist wesentlich anders. wenn jener postbeamte dem ansinnen entspräche, würde er dem befriedigten urwähler die möglichkeit geben, zwei briefe statt Eines zu frankieren, während der paedagoge, welcher sechzig dulden muß, wo er nur dreißig bewältigen kann, den sechzigen kaum etwas wesentliches nützt.

auf das engste mit dem eben besprochenen zusammen hängt was über die correcturverpflichtung der lehrer zu sagen ist. ich kann nicht nachdrücklich genug betonen, daß die schule selbst lehren soll, und daß eine große fülle häuslicher arbeiten in der regel nichts sicherer beweist, als daß die lehrer, welche sie aufgaben, entweder ihr geschäft nicht verstehn oder ihre pflicht nicht tun. gewisse häusliche arbeiten werden immer nötig sein: praeparationen, exercitien, aufsätze, mathematische expositionen und versuche. von diesen werden die ersten und zum teil die letzten in der schule selbst erledigt: wer seinen Caesar, Cicero, Xenophon, Homer übersetzen und seinem standpunkte gemäß erklären kann, der hat sich praepariert, wie es sich ziemte, mag er es schriftlich oder nicht schriftlich, mit benutzung vieler oder weniger hülfsmittel getan haben: wer dem mathematischen vortrage am Mittwoch zu folgen vermag (und davon, daß ein schüler es vermag, überzeugt sich ein guter lehrer in der stunde), der hat die mathematischen aufgaben des Mondtags gelöst. bei exercitien, aufsätzen und ähnlichem liegt die sache anders, und es sei grundregel, keine schriftliche arbeit dieser art zu verlangen, welche nicht ganz genau corrigiert, nicht bloß durchblättert und ancorrigiert wird. daß extemporalien die sorgfältigste prüfung erfordern, ist selbstverständlich. gibt man das zu, und ich glaube jeder erfahrene lehrer wird es zugeben, so folgt mit unbedingter notwendigkeit, daß die klassen nicht zahlreicher sein dürfen, als daß ihre lehrer die arbeiten des gedachten charakters wirklich zu corrigieren im stande sind, und zwar so häufig, wie es von der natur der sache erfordert wird, das heißt, in der woche allermindestens je einmal. und nun frage man sich, wie die sachen wirklich liegen. da ich nicht weiß, ob es meinen früheren collegen angenehm sein würde, wenn ich ihre angelegenheiten an die öffentlichkeit bringe, exemplificiere ich von mir selbst. ich hatte, als ich an der luisenstädtischen realschule angestellt war, in prima, untersecunda, oberquinta im lateinischen, in quarta im französischen, in oberquinta im deutschen, als ich am realgymnasium zu Berlin lehrte, im winter 1856 auf 1857 in untersecunda im deutschen und französischen, in obertertia im griechischen und englischen, in untertertia im französischen, in sexta im lateinischen zu unterrichten, an jener schule mithin 212, an dieser 239 häusliche arbeiten oder klassenextemporalien in der woche zu verbessern, vorausgesetzt, daß ich nur je Eine arbeit aus jeder klasse mit mir nach hause nahm. am Werderschen gymnasium sind die zahlen für mich etwas günstiger gewesen. ich habe für einen teil jener correcturen hülfe in meinem hause gehabt, ich habe im letzten jahre meiner schultätigkeit zum corrigieren eines teiles meiner hefte auf meine kosten einen studenten gedungen, ich habe lange nicht so viel getan als ich nach meiner überzeugung tun mußte, aber auch was ich getan, hätte ich nicht noch ein einziges semester ertragen, als ich ostern 1866 mein schulamt niederlegte. ich muß dabei zu bedenken bitten, daß das gymnasium mich nicht nährte, sondern ich, um nur notdürftig existieren zu können, noch ebensoviel arbeit wie in dem gymnasium und für dasselbe, außerhalb desselben zu liefern hatte. derartige zustände ist der staat verpflichtet, für die zukunft durchaus unmöglich zu machen.

Das dritte, was erfordert wird, um die schulen zu unterrichtsanstalten zu machen, ist fortwährendes weiterarbeiten der lehrer. niemand vermag andere zu unterrichten, als wer unermüdlich sich selbst unterrichtet: ich meine nicht, daß die lehrer bücher schreiben, sondern daß sie bücher lesen sollen. kein acker bleibt tragefähig, wenn ihm nicht die durch die ernten entzogenen stoffe wieder zugeführt werden. die protestantische kirche ist durch nichts so verwüstet worden als dadurch, daß ihre geistlichkeit, welche ohne unterlaß geistige güter austeilen sollte, weder durch das leben noch durch das studium geistige güter einzunehmen pflegte. jeder lehrer muß erheblich mehr wissen als das, was er lehrt. da man nur durch zulernen dasjenige festhält, was man gelernt hat, muß man vorwärts streben, wenn man nicht rückwärts gleiten will. das arbeiten ist an und für sich dem arbeiter ein gewinn, auch wenn es keinen ertrag für die welt abwirft. aus allen diesen gründen vermag nur diejenige schule zu gedeihen, deren lehrer unablässig studieren: denn wenn sie dies nicht tun, wird ihnen die wissenschaft zum handwerke, und handwerker können lehrlinge haben, aber sie haben keine schüler: sie drillen und dressieren vielleicht, aber sie unterrichten nicht. darum muß der staat erstens die lehrer nicht so überbürden, daß sie nicht reichlich muße zu diesem studieren fänden — zur unbedingten verfügung seiner anstalt darf kein lehrer stehn —, und darum muß der staat zweitens es als einen sehr erheblichen teil der amtspflicht der directoren betrachten, die lehrer zu solchem studium anzuhalten und anzuleiten: wo die directoren für diese aufgabe nicht ausreichen, müssen mitglieder der collegien neben jenen beauftragt werden. einzelne angestellte lehrer arbeiten schon jetzt fort, und bedürfen weder der aufsicht noch der unterweisung: der staat muß durchsetzen, daß alle fortarbeiten. äußerlicher zwang verschlägt gar nichts: sorgsame auswahl der anzustellenden wird das beste tun müssen: denn sind der arbeitenden sechs an jedem gymnasium, so brennt das feuer aus sich selbst, und frißt noch um sich. auch ein häufiger wechsel des unterrichts dürfte von nutzen sein. schicke man alle zwei jahre andere lehrer in die oberen klassen, so wird man bald mehr zug und geist an den gymnasien spüren, als jetzt, wo man einen das gute wollenden und nicht ununterrichteten jungen mann ohne abwechselung zwanzig semester Phaedrus in quarta und irgend welche bejahrte respectsperson ebenfalls ohne abwechselung zwanzig semester Cicero in prima lesen heißt. wird die prüfung der schulamtscandidaten so eingerichtet, wie ich unten vorschlagen werde, so dürfte die aussicht auf beteiligung an ihr ein recht wirksamer antrieb zum ernsthaften systematischen studieren für die lehrer der gymnasien sein. jedenfalls sind die faulen rücksichtslos zu beseitigen, stünde selbst zu befürchten, daß gewesene oberlehrer wegen der geringfügigkeit des zu gewährenden ruhegehalts einen für studierte nicht erwünschten nebenerwerb suchen müßten. nimmt der staat denn darauf rücksicht, wie gescheiterte offiziere ihr leben fristen? und hat nicht jeder lehrer es in der hand, weiter zu arbeiten, und darum gehalten zu werden?

Was die universitäten anlangt, so muß man die möglichkeit zu unterrichten auf alle an ihnen vertretenen fächer ausdehnen. unterrichtet kann jetzt an den hohen schulen in den naturwissenschaften und sonst überall da werden, wo es seminarien gibt: ob es wirklich geschieht, hängt von den männern ab, in deren hände dieser unterricht gelegt ist. nicht unterrichtet wird überall, wo der professor nur vorträgt, und wo dies geschieht, wird nichts oder nichts der rede wertes erreicht.

niemand ist im stande zu unterrichten, der nicht erstens seine worte dem bedürfnisse und vermögen seiner schüler anzupassen, der nicht zweitens zu controlieren vermag, ob seine lehre verstanden worden, und der nicht drittens, wenn sie es nicht ist, feststellen kann, welche gründe das nicht-verstehn veranlaßten: jedermann wird mühe haben zu unterrichten, der nicht homogene schüler vor sich hat.

ich beginne mit dem letzten punkte.

worin liegt das geheimnis des erfolges der politischen und kirchlichen parteien als eben in dem, was ihre gemeinschädlichkeit ausmacht, in dem umstande, daß die führer nichts sagen, was die geführten nicht schon wüßten? weil von jenen nie etwas geäußert wird, als was von vorne herein schon zugestanden war, weil alle vorschläge nur anwendungen bekannter maximen und grundanschauungen sind, darum ist die parteiwirtschaft so langweilig, so entsittlichend, aber auch so wirksam.

worin liegt das geheimnis einer irgendwie gearteten cultur als darin, daß der redende und der hörende gemeinsame voraussetzungen haben, und jener mit seiner melodie ohne weiteres polyphone sätze liefert, da die untertöne dieser melodie sich sofort von selbst ergänzen? ein Jude des mittelalters war geistreich, weil alle welt bibel und talmud so gegenwärtig hatte, daß jedes an diese beiden erinnernde wort ein witz oder ein beweis oder eine ermahnung wurde. der Franzose hatte vor 1789 eine fülle von feststehenden ausdrücken und anschauungen, deren echo zu wecken leicht war, und welche so den einzelnen redner nie als einzelnen, sondern in steter wechselwirkung mit der gesammtheit seiner nation zeigte, also in der liebenswürdigsten weise, welche denkbar ist.

hingegen der universitätslehrer Deutschlands arbeitet in einem lande, welches eine einige meinung, eine nationalität nicht besitzt. er hat leute vor sich, von denen der eine im ersten, der andere im letzten semester steht, der eine ein des deutschen nicht vollständig mächtiger ausländer ohne vorbildung, der andere ein meißnischer fürstenschüler ist, der eine aus der grimmigsten not armer, jeder culturelemente ermangelnder kreise, der andere aus dem hause eines höchsten beamten, eines vielgefeierten künstlers stammt. was dieser jüngling in dem vortrage des lehrers mit entzücken genießt, versteht jener gar nicht: was der eine als fast notwendigen schmuck der darstellung erachtet, dünkt dem andern unnütz: während hier die folgerichtige entwickelung des gedankens, die gewandung der ideen, die verteilung von licht und schatten erfreut, hört man dort nichts als eine rasche folge zusammenhangsloser und unverständlicher worte.

zwischen universitätslehrer und studenten pflegt überall, wo der erstere nur vorträgt, nicht auch praktische übungen in einem seminare oder einem institute leitet, ein verkehr nicht statt zu finden. die folgen dieses zustandes sind für die wirksamkeit des unterrichts so nachteilig wie möglich.

wenn wir eine vorlesung anfangen, gehn wir auf das katheder und reden eine gesellschaft an, von deren gliedern wir in vielen fällen kaum ein paar namen, fast nie eine individualität, niemals einen charakter kennen. unsere pädagogische tätigkeit beim unterrichten besteht in einem analogon dessen, was ein hysterisches frauenzimmer treibt: der ausdruck der gesichter, die kleinen beschäftigungen der vor uns sitzenden, die malereien, welche sie auf ihre papiere niederlegen, die austeilung der fingernägel, mit welcher sie sich beschäftigen, das ist unser leitfaden. wir müssen den instinct für die masse haben, statt die leitung von personen in der hand zu halten.

was aus dem von uns vorgetragenen wird, wissen wir nicht. vielleicht ein heft, stets gegenwärtiges wissen in den allerseltensten fällen. jedes kind in Pianopolis wird angehalten die tonleiter so oft zu wiederholen, bis sie ihm mechanisch in den fingern liegt: die gedanken der universitätsprofessoren soll ein student behalten, wenn sie ihm ein einziges mal vorgetragen sind. je glänzender dies geschehen, desto weniger hat es genützt. vielleicht ist der eindruck von etwas bedeutendem geblieben: das bedeutende selbst ist mit dem glockenschlage vorüber, welcher die stunde endet.

um so mehr, als dem einen eindrucke sofort ein anderer folgt. das menu der studierenden ist oft ohne sinn und verstand zusammengesetzt: auf einen becher Carlsbader sprudel folgt unmittelbar ein hummersalat: was wunder, daß die magen verdorben werden, und der diätarius, den die sterblichen menschen einpauker nennen, für ganze gebiete des universitätsunterrichts die aufgabe übernehmen muß, durch homoeopathisch bemessene portionen die jungen invaliden in den stand zu setzen, im leben ohne zu große schande sich sehen zu lassen.

auf die ausländer brauchen wir keine rücksicht zu nehmen: die inländer kann der staat leiten.

zunächst verbitten wir uns realschüler in allen fächern, in denen es auf geist, ich möchte sagen, auf die sensorischen, nicht auf die motorischen nerven der psyche ankommt. so bedenklichen wertes unsere gymnasien sind, die alten sprachen, die Antigone und der Phaedon, sogar des Cicero und des Livius bücher wirken auch auf ihnen immer noch, und günstiger als orthonitrobenzoesäure, electricität und cosinus a auf realschulen. wir wollen empfindende, nicht wissende oder zu wissen glaubende schüler haben, denn wie alles gute, kommt auch die erkenntnis durch den willen, und dessen flügel heißen empfindung und phantasie, seine schwungkraft liebe.

sodann wünschen wir obligatorische reihefolge der collegien für alle zweige der wissenschaft. kein mediciner fängt mit der physiologie, kein jurist mit dem strafrechte an: sollten nicht auch die mitglieder der ersten und der letzten facultät sich gewöhnen dürfen, nicht bloß zu hören was gerade gelesen wird und für das examen testiert, also abgemacht sein muß, sondern was paßt?

endlich müssen repetitorien eingerichtet werden. wenn der professor für diese nicht zeit findet, so wird es candidaten und privatdocenten in recht vielen fällen gar nicht schaden, wenn sie auf ihre alten tage vorlesungen noch einmal hören, welche sie vor ganzen drei jahren schon gehört haben, und wenn sie dann von amtes wegen das so wieder empfangene mit denen, welche es neben ihnen neu empfiengen, durchsprechen. der hochmut wird das haupthindernis, ein großer gewinn für die gründlichkeit des wissens und für die pietät würde die folge dieser einrichtung sein. die professoren lesen um so sorgfältiger, je tüchtiger ihre zuhörer sind: vor docenten und repetenten besser als vor füchsen.

es darf auf der universität nicht vorgetragen und nachgeschrieben, sondern muß gelehrt und unter den augen, der anweisung und der freude des professors gelernt werden: sonst fehlt dem akademischen leben das ethos und der ethische wert, und damit das, wodurch hauptsächlich das akademische leben für das vaterland wertvoll ist.

sehr wesentlich würde der unterricht gewinnen, wenn der staat sich entschließen und durch feierlichen öffentlichen akt verpflichten möchte, stellen leer stehn zu lassen, sobald er keine in jeder beziehung passenden leute zu ihrer besetzung hätte. jeder student weiß jetzt, daß er mindestens als lehrer und geistlicher selbst dann zu brote kommt, wenn er nur ein minimum von schein des wissens über sich glänzen zu lassen versteht: es ist aber viel besser, daß Lalenburg eine weile ohne schule, Vergnüglingen ohne geistlichen herrn bleibt, als daß die vielen mikroskopischen sporen von unfähigkeit und niedriger gesinnung über das land verstreut werden, welche durch das kurzsichtige bedürfnis, alle plätze nur ja voll zu setzen, für keimfähige saamenkörner der tüchtigkeit und edler denkungsart erklärt worden sind. Deutschland wird gute lehrer und prediger haben, wenn es sie ernstlich haben will, das heißt, wenn es — nicht in der weise des gesetzes vom 11 Mai 1873, sondern in verständigem maße — anforderungen macht und unerbittlich aufrecht erhält, nicht aber, wenn es in seinen anforderungen nachläßt. diese anforderungen dürfen nicht in der sphäre des wissens, sondern müssen in der des ethischen vermögens liegen: alles wissen darf durchaus nur als kennzeichen dieses vermögens, muß aber als ein unumgänglich notwendiges kennzeichen dieses vermögens betrachtet und behandelt werden.

9

Daraus, daß man mit dem gedanken, daß die universitäten unterrichtsanstalten sind, ernst macht, folgt die nötigung, in zwei punkten die bestehenden einrichtungen zu ändern. es mag auch anderswo eine beseitigung des üblichen geboten sein, aber ich will mich damit hier nicht beschäftigen, wo es mir nur auf die hauptsachen ankommt.

Es müssen die promotionen entweder ganz aufhören oder doch auf ein geringstes maß beschränkt werden, so daß wer promoviert, damit zu erkennen gibt, daß er die gelehrtenlaufbahn einzuschlagen beabsichtigt: es dürfen die professoren der universitäten fortan nicht mehr in den prüfungsbehörden des staates sitzen.

Das promotionswesen ruht in seinen wesentlichen teilen auf der verfassung der universitäten des mittelalters, und durchweg auf den anschauungen einer völlig und unwiederbringlich vergangenen zeit.

von vorne herein wird man gegen eine einrichtung mistrauisch sein, welche einer uns so gänzlich fremden und durch weite, unübersteigbare klüfte von uns getrennten epoche angehört, wie das mittelalter.

wenn man weiter bedenkt, daß der grundzug unseres politischen empfindens der ist, nirgends rechte anzuerkennen, wo nicht entsprechende pflichten da sind, so wird man von unsren promotionen sehr ungünstig denken müssen. das recht sich doctor zu nennen legt gar keine pflicht auf.

freilich ist auch jenes recht selbst nahezu wertlos. in England verleiht der theologische doctorhut den rang unter der gentry, ich weiß nicht, ob nicht vielleicht noch mehr. in Deutschland hat das philosophische doctorbarett lange zeit von der verpflichtung entbunden, in dem sogenannten oberlehrerexamen schriftliche arbeiten zu liefern. in Oesterreich besteht wie in England noch heute das recht der promovierten, auf die angelegenheiten der universität einen bald höheren bald geringeren einfluß zu üben. in Deutschland haben wir für unsere doctoren an rechten geradezu nichts. sogar die ein gewisses recht der graduierten ausdrückende verpflichtung der universitätslehrer, promoviert zu haben, ist tatsächlich beseitigt. man erinnert sich, wie noch 1846 FrBleek in Bonn aufgetreten ist, als das preußische ministerium einen würtemberger landpfarrer, der keinen akademischen grad besaß, zum professor der theologie ernannt hatte: unter herrn von Mühler haben wir erlebt, daß ein gewisser Iacobi ohne weiteres als ordinarius nach Königsberg geschickt worden ist, und licentiaten der theologie sind, was ebenfalls nicht in der ordnung, als ordentliche mitglieder in theologische facultäten eingerückt. wie vor der türe des preußischen ministeriums für das graue kloster zu Berlin mit dem schwarzen barette umgesprungen wird, habe ich in den Symmicta 132 berührt: ich lege so großen wert darauf, dies barett selbst tragen zu dürfen, daß ich nicht ohne scham und zorn daran denken kann, wie gemein es in diesem falle in den kot getreten wird.

der wert der promotion beschränkt sich darauf, personen, welche leiter von chemischen fabriken werden wollen, den zutritt zum vertrauen der kapitalisten zu erleichtern, und den frauen der promovierten den in kleinen städten so dringend gewünschten titel zu verschaffen. eine wirkliche ehre könnte der doctortitel nur dann heißen, wenn alle welt überzeugt wäre, daß er durchaus nur wirklichen gelehrten verliehen wird, während jetzt alle welt behauptet, daß er wenigstens an ein paar universitäten jedem zufällt, der einige formalitäten über sich nimmt und das leistet, was man auf finanziellem gebiete von ihm verlangt. ein Berliner oder sonst nach seiner herkunft bezeichneter doctor der philosophie gilt: doctor der philosophie ohne commentar ist fast eine beleidigung, weil jedem bei diesen worten der gedanke an Simonie oder geradezu an fälschung kommen darf.

eine notwendigkeit für das leben der nation scheint mir danach das promotionsrecht der universitäten nicht zu sein.

für die beseitigung desselben spricht mancherlei. eines unter diesem mancherlei, die nach dem Ischariotismus unserer zeit hin liegende seite der sache, berühre ich gar nicht, da ich mir die finger nicht besudeln mag.

zunächst steht dies recht mit dem zwecke der universitäten, zu unterrichten, in durchaus gar keinem zusammenhange. verhielte sich — was ich von jetzt ab sagen werde, nimmt nur auf die verhältnisse der philosophischen facultäten rücksicht — verhielte sich die promotionsprüfung zu den universitätsstudien wie die abiturientenprüfung sich zu dem lernen auf den gymnasien verhält, so könnte man die promotionen dulden. dann würde aber jeder der studiert hat, sich ihr zu unterwerfen haben. dies geschieht nicht, und tatsächlich empfängt eine nicht kleine anzahl junger leute den doctortitel, welche ganz erheblich weniger wissen, als manche, welche sich gar nicht um ihn bemühen.

sodann ist die promotionsprüfung mit dem, was ihr an arbeit und zeitverlust vorhergeht, fast nie ein gewinn für den sich ihr unterziehenden. ohne ausnahme jede wissenschaft ist jetzt so umfänglich, daß zwei jahre (denn das dritte jahr des trienniums pflegt durch den dienst im heere völlig verloren zu gehn) eigentlich zu nichts als zum anfangen zureichen. der studierende muß mithin zum triennium zulegen. ich frage, ob es bei unsern vermögensverhältnissen vernünftig ist, um der erwerbung eines titels willen zuzulegen? ob man die der börse der eltern abgerungenen mittel, ob man geborgtes geld (nicht ganz selten leiht jetzt ein junger mann die zum studieren nötigen summen) nicht weit besser dazu anwendete, sich eine gründliche übersicht über seine wissenschaft zu verschaffen, als dazu, eine abhandlung zu schreiben, welche, wenn unter beistand oder anleitung des lehrers verfaßt, ihren urheber zwingt zu lügen (denn das ehrenwort, sie allein gemacht zu haben, kann doch der nicht abgeben, welcher nicht allein gearbeitet hat), wenn ohne solche hülfe zu stande gekommen, in achtzig von hundert fällen so ausgefallen sein wird, daß ihr autor nach wenigen jahren sie ins pfefferland wünscht, oder doch wenigstens, gerade wenn er etwas taugt, in jeder zeile besserungen und zusätze zu machen hat? es ist in dieser hinsicht eine offenbare grausamkeit gegen unsere jungen leute, ihnen das recht geben sich promovieren zu lassen. es ist auch noch darum eine grausamkeit, weil in nicht ganz wenigen fällen die promotionsarbeit ihren verfasser noch einseitiger macht, als er so schon durch die ganze richtung unserer zeit werden muß. wie viele gibt es nicht, welche sich auf einen unendlich kleinen ausschnitt einer wissenschaft werfen, um eine gute dissertation zu liefern, und welche nachher ihr leben lang nie etwas anderes wirklich kennen als diesen winzigen ausschnitt, und welche andere menschen und deren kenntnisse nur nach ihrem verhältnisse zu dieser ihrer ersten und letzten leistung beurteilen.

eine grausamkeit aber ist es auch, eine facultät mit der beurteilung von dissertationen zu behelligen. es ist bezeichnend, daß über die zahl der an den einzelnen deutschen universitäten promovierten nichts bekannt ist, oder doch so wenig, daß man einigermaßen sichere schlüsse aus dem vorgelegten materiale nicht ziehen kann. auch die nachrichten von der königlichen gesellschaft der wissenschaften und der Georg-Augusts-universität schweigen über juristische und medicinische promotionen in Goettingen fast ganz, über die philosophischen geben sie nicht in allen jahrgängen etwas, ein mangel, welchem abzuhelfen ich, obwohl mitglied der philosophischen facultät, nicht oder kaum in der lage bin. ich kann daher hier nur feststellen, daß, bevor Goettingen preußisch wurde, im jahre rund vierzig promotionen zu doctoren der philosophie statt hatten, daß die zahl stetig wuchs, unter dem letzten decanate

HLotzes auf einhundert und eins gestiegen war, um danach, seit dem ersten Juli 1875, etwas zu sinken. der durchschnitt möchte, auf zehn jahre berechnet, in der philosophischen facultät zu Goettingen jetzt siebenzig betragen.

glaubt man in der tat, daß ein diener der wissenschaft, der sich auf der höhe der forschung erhalten will und soll, der mitunter vorsteher eines instituts, eines chemischen, physikalischen, zoologischen, geologischen laboratoriums, der in nicht seltenen fällen auch als schriftsteller tätig zu sein geradezu verpflichtet ist, zeit und lust haben darf, sich im jahre siebenzig abende stehlen zu lassen, zu keinem anderen zwecke, als damit herr Müller, welcher eine fabrik von ich weiß nicht was anzulegen vorhat, sich dem in mitleidenschaft für seine erwerbebedürftigkeit zu setzenden geldmanne gegenüber als sachverständiger ausweisen, damit frau Alwine Schulz von ihrer köchin frau doctor genannt werden könne? dazu sind wir professoren doch sammt und sonders zu gut. und die siebenzig prüfungsabende sind es noch nicht allein. ihnen vorweg gehn die schweren stunden, in denen der referent sich durch die krähenfüße einer unendlichen dissertation, gelegentlich durch ein latein durchzuwinden hat, das, auch wenn es von philologen herrührt, oft mehr an Ortwinus als an Cicero erinnert.

ich verrede nicht, daß den facultäten das recht bleiben kann, ehrendoctoren zu ernennen, nur sei es ein ganz beschränktes. es gehe, wenn man will, fünfzig doctorbarette honoris causa in einer philosophischen facultät — so lange sie in ihrer jetzigen unförmlichen gestalt belassen wird, auf die verschiedenen abteilungen statutarisch verteilt —, und darüber hinaus nicht eines. ich sehe, um dies beiläufig zu bemerken, nicht ein, warum, falls ehrenpromotionen fernerhin gestattet sein sollen, nicht derselbe gelehrte von verschiedenen hohen schulen in die zahl ihrer doctoren soll aufgenommen werden dürfen, wie das in England zur ehre der promovierenden und der promovierten geschehen darf.

will man aber durchaus seine conservative gesinnung betätigen und das promotionsrecht im wesentlichen in seiner jetzigen form erhalten, so bitte ich um zwei bestimmungen.

einmal muß der streuungskegel der promotionsmitrailleuse möglichst klein bemessen werden. woher nimmt ein mann, der in Jena oder Breslau studierte, mit einem male das recht in anspruch, an einer universität doctor zu werden, welche er nicht als student besucht hat? ich gestehe, daß ich solchen mann allemal mit noch mehr mistrauen ansehe als sonst einen doctoranden, und ich stelle zur erwägung, ob es sich nicht für den fall, daß man überhaupt weiter auf prüfung promovieren will, zu bestimmen empfiehlt, daß eine facultät nur diejenigen behufs der promotion prüfen darf, welche bei ihr als hörer eingeschrieben gewesen sind.

zweitens mache man mit der philosophie in unserm philosophischen jahrhunderte bei den leuten, welche doctoren der philosophie heißen wollen, wenigstens in einem gewissen grade ernst, verlange man von ihnen allen, daß sie etwa Kants kritik der reinen vernunft oder Spinozas hauptschriften oder Platos Theaetet und Phaedon wirklich ganz gelesen und verstanden haben —: oder aber schmücke man sie mit einem andern etikett, als dem eines doctor philosophiae. da wird jemand in chemie und physik oder in arabisch und archaeologie oder in talmud und nationaloeconomie geprüft: es gelingt ihm den prüfenden die überzeugung beizubringen, ja wovon doch? und das ende ist eine visitenkarte mit doctor der philosophie vor dem namen. ich bin leider so grob, zwischen paranitrobromtoluol, der sure von der roten kuh, dem Apollo Stroganoff, der feldgraswirtschaft auf der einen, und Kant oder Plato, ohne deren kenntnis man doch wohl von philosophie nicht zu viel versteht, auf der andern seite gar keine verbindung zu erblicken, und möchte daher vorschlagen, daß, falls man nicht für einen doctor der philosophie wenigstens eine minimale, aber in dem gewählten gebiete ganz gründliche und völlig selbstständige bekanntschaft mit einem ausschnitte der geschichte der philosophie verlangen will, hinfort die jungen gelehrten, welche promovieren, stets mit dem doctortitel des faches belegt werden müssen, in welchem sie vorzugsweise examiniert worden sind. vielleicht würde das volk, wenn wir nur erst mit doctoren der krystallographie, der dioptrik, und ähnlichem aufwarteten, inne werden, daß es noch andere wege gibt, um zur erkenntnis des wissenschaftlichen wertes eines menschen zu gelangen als den, daß er sich anderthalb stunden von vollen zwei professoren hat über einige von ihm selbst bezeichnete dinge fragen lassen: ich glaube nicht, daß ein vater seine tochter, ein schulrat eine stelle einem manne darum geben würde, weil dieser das recht besäße, sich doctor der bei Reimer verlegten einleitung ins alte testament oder doctor von drei seiten Ueberweg zu schreiben.

jedenfalls würde, falls promotionsprüfungen beibehalten werden müssen, jedem examinator das recht beizulegen sein, durch seine stimme die promotion zu hindern, meinethalben mit der maßgabe, daß der candidat, wenn er sonst bestanden hat, sich in dem fache, in welchem er nicht genügte, innerhalb dreier monate kostenfrei noch einmal dürfe prüfen lassen. körperschaften haben keine verantwortung, nur personen haben eine verantwortung, und darum darf in allen fällen, wo der gute ruf einer facultät oder gar universität auf dem spiele steht, nicht per maiora abgestimmt werden, da das nur den in dem einzelnen falle nicht wissenden über die wissenden die oberhand geben würde, sondern ist das entscheidende wort in die gewalt des mannes zu legen, der in der gegebenen lage als sachverständiger jenen ruf im namen aller zu wahren hat.

man wird die promotionen — immer vorausgesetzt, daß man sie überhaupt in einer der jetzt üblichen ähnlichen gestalt erhalten will — in eben dem maße wertvoll machen, in welchem man sie zu einer charakteristischen leistung der einzelnen universitäten macht, und darum wird man, um auch ein äußeres merkzeichen zu gewinnen, gut tun zu verordnen, daß die gedruckten dissertationen bei den einzelnen hohen schulen mit fortlaufender nummer und alle in dem gleichen formate gedruckt werden. es wird zu tüchtigen leistungen verpflichten, wenn man in einen stets sofort als zusammengehörig erkennbaren kreis tüchtiger arbeiten zu treten hat. ich weiß, was der annahme dieses vorschlags entgegengehalten werden wird: die armut mancher promovenden, welche ihre dissertation in zeitschriften drucken, und auf eigene kosten nur die pflichtexemplare von den auf anderer kosten gesetzten formen abziehen zu lassen wünschen. ich erwidere, daß wenn man promovieren will, man auch die kosten des drucks der dissertation beschaffen können muß: das interesse, welches die allgemeinheit hat, die an einer universität zugelassenen abhandlungen stets sofort in einem und demselben bande überblicken zu können, um aus dem gesammteindrucke derselben einen schluß auf den stand der gelehrten erziehung an dieser universität machen zu können, dies interesse ist höher als das andere, dann und wann einem unbemittelten ein almosen zuzuweisen in der lage zu sein: die prüfenden brauchten ja übrigens nur allesammt einmal auf ihre spesen zu verzichten, so hätte man die druckkosten, welche ein armer teufel zu erschwingen außer stande wäre.

Sodann werden auch wohl in betreff der als probearbeiten einzureichenden dissertationen einige bestimmungen zu treffen sein, welche unannehmlichkeiten verhüten dürften.

es kommt häufig vor, daß den facultäten abhandlungen für die promotion vorgelegt werden, welche entweder den zur prüfung der lehramtscandidaten eingesetzten commissionen oder consistorien oder gar andern facultäten, namentlich theologischen, bereits vorgelegen haben. das muß unbedingt verboten, und übertretung des verbots als betrug unter strafrechtliche ahndung gestellt werden.

zunächst wird kaum zu bestreiten sein, daß jene commissionen und die consistorien ganz etwas anderes verlangen müssen als facultäten, welche promovieren sollen. für jene kommt es überwiegend darauf an, daß ihnen der nachweis der herrschaft über ein bestimmtes gebiet geführt werde: ihre prüflinge haben zu zeigen, daß sie wissen was gewußt wird, daß sie die methoden kennen, mit denen man wissen sucht, daß sie darzustellen verstehn, daß sie soviel gelernt haben, um lehren zu dürfen. facultäten hingegen sind berechtigt von doctoranden eine selbstständige leistung zu verlangen, welche in irgend einem, sei es noch so kleinen und nebensächlichen punkte die wissenschaft fördert, und dadurch tatsächlich zeigt, daß der zu promovierende einen anspruch auf die ehre hat in den stand der gelehrten aufgenommen zu werden. was also sollen uns arbeiten, welche drüben an ihrem platze waren?

glaubt man, daß, wie jetzt die menschen sind, ein sachgemäßes urteil über solche arbeiten leicht sei? da in recht vielen fällen in der arbeit des promovierenden die commission, das consistorium, die facultät zu kritisieren steht, woselbst sie angenommen oder abgewiesen worden ist: da man nicht allein (das wäre noch begreiflich zu machen) verwerfen muß, was drüben mit vollem rechte nicht verworfen, sondern auch gelegentlich zu brandmarken hat, was drüben mit unrecht gelobt wurde. ich erinnere nur daran, daß jenes von mir in den Symmicta 108 behandelte product eines gewissen Lehmann von einer philosophischen facultät Deutschlands seinem vermutlich niemals geprüften verfasser einen doctorhut eingetragen hat, weil die theologische facultät zu Königsberg es, trotzdem es ein plagiat von oben bis unten war, mit einem preise und vielem lobe bedacht hatte. ich könnte noch andere beispiele als dies sattsam bekannte geben, unterlasse es aber, weil ich die erörterung sich nicht in persönlichkeiten verlieren lassen will. vielfach wird um des lieben friedens willen, um jene behörden nicht zu verletzen, durchgelassen werden, was wir auf unserm standpunkte schlechterdings nicht anerkennen dürfen.

und dann: soll einmal promoviert werden, so stelle man sich doch nicht selbst das zeugnis der armut aus. solche en-tout-cas-abhandlungen, welche zuerst für das examen pro venia concionandi, dann für eine oberlehrerprüfung in der religion, danach zur erwerbung der licentiatur, schließlich zur beschaffung des philosophischen doctorhuts dienen, sie sind wirklich zu zeitgemäß, um einer hohen schule, welche über der zeit steht, angenehm zu sein. muß man dasselbe stück zeug als bettlaken, handtuch und tischdecke benutzen, so bleibe man in seiner hütte verborgen: die universitäten haben es nur mit leuten zu tun, welche auf dem gebiete des geistes einkommensteuerpflichtig sind, und haben die aufgabe nicht, ihre würden jedem ersten besten anzuhängen, der um einen henkel zu beschaffen, bei dem man ihn auf bibliothek oder gymnasium oder in einer fabrik anfassen kann, sich ein doctor vor seinen namen wünscht.

was die facultäten durch annahme der von mir vorgeschlagenen bestimmung an doctoranden verlören, würden sie und würden ihre doctoren an ehre und ansehen gewinnen. ein wahrhaft bedeutender mann, GAvMünchhausen, schrieb 1733 in einem in ERößlers buche über die gründung der universität Goettingen 33 abgedruckten gutachten „ich finde bedenklich viele leute zu veranlassen gradus academicos anzunehmen, vielmehr sollte ich glauben, es würde die göttingsche academie mehr für andere distinguieren, wenn man die doctorwürde auf selbiger keinen als wohlverdienten leuten mitteilete, als wenn daselbst viele promotiones geschehen, mithin viele stümper honores academicos erlangen". ich glaube auf allgemeine zustimmung rechnen zu dürfen, wenn ich fordere, daß die gesetzgebung mittel und wege finden muß, dieser anschauung zur allgemeinen geltung im leben zu verhelfen.

das zweite, was in betreff der dissertationen zu verfügen wäre, würde sein, daß ein durch die dissertation verübter betrug von amtes wegen durch den decan dem staatsanwalte zu weiterer veranlassung zu übergeben ist. es sind einige fälle in die öffentlichkeit gedrungen, in denen promovenden arbeiten anderer als ihre eigenen eingereicht haben: ich könnte noch betrügereien nennen, welche nicht in größeren kreisen bekannt geworden sind: der unfug auf diesem gebiete ist vermutlich erheblicher, als man gemeinhin annimmt, namentlich überall da, wo kein zwang besteht, die dissertationen drucken zu lassen.

ich mache mich anheischig, sämmtliche philosophische facultäten Deutschlands jahre lang mit abgeschriebenen dissertationen zu täuschen, wenn es einmal erlaubt sein soll, die probe darüber anzustellen was möglich ist: ich will hinzusetzen, daß ich mich für nicht im entferntesten gesichert halte, auch auf meinem eigensten gebiete selbst getäuscht zu werden. ich sage gleich wie so.

weil das jetzige Deutschland durchweg unhistorisch ist, kümmert es sich um die geschichte der wissenschaft so gut wie gar nicht. es haben aber wirklich vor uns auch schon leute gelebt, und größere bibliotheken älterer stiftung bewahren eine fülle von abhandlungen, von beiträgen zu periodischen blättern, von büchern auf, welche nahezu unbekannt sind, und welche keine philosophische facultät Deutschlands zurückweisen dürfte, wenn sie ihr nach vornahme einiger unbedeutender änderungen als promotionsarbeiten vorgelegt würden. England veröffentlicht in den dem buchhandel gar nicht oder schwer zugänglichen schriften von wissenschaftlichen clubs, in den berichten, welche dem parlamente erstattet werden, in gelehrten zeitschriften — wer kennt zum beispiel bei uns die Dubliner Hermathena? — sehr viel was wir mit kusshand nehmen würden, und was zur zeit abschreiben kann, wer pfiffig genug ist es zu tun.

hier muß ein riegel vorgeschoben werden. sehr haltbar ist der nicht, den ich anbiete, aber die furcht vor dem richter als betrüger zu erscheinen ist doch immer besser als nichts: sie wird mehr helfen als die jetzige praxis, welche einen täuschungsversuch, wenn er entdeckt wird, innerhalb der gelehrten, rasch vergessenden kreise verbleiben läßt.

Ich komme jetzt auf die beteiligung der professoren an staatsprüfungen zu sprechen. eine solche findet statt einmal, soferne je ein mitglied der theologischen facultäten an dem im consistorium der provinz abgehaltenen examen der künftigen protestantischen geistlichen teil nimmt, sodann, soferne das tentamen physicum der dereinstigen ärzte von professoren der medicinischen und philosophischen facultät angestellt wird, drittens soferne die candidaten des höheren schulamts professoren zur prüfung überwiesen werden. andere fälle sind von untergeordneter bedeutung.

mich beschäftigt nur die dritte kategorie, da mir über die beiden ersten ein urteil nicht zusteht.

vorab spreche ich ausdrücklich aus, daß die commissionen dieser kategorie von der regierung stets sorgfältig ausgewählt werden, und daß mit ausnahme der zeit, in welcher EWHengstenberg in Berlin in einer solchen saß, meines wissens nie ein vorwurf irgend welcher art gegen die männer erhoben worden ist, aus welchen diese commissionen bestanden: daß ich eine reihe von jetzt beschäftigten beisitzern dieser behörden persönlich kenne, und weiß, daß sie ihr amt mit großer sachkenntnis und aufopferung verwalten, und daß ich von allen, welche ich nicht kenne, überzeugt bin, daß sie denen, welche ich kenne, völlig gleichwertig sind.

nichtsdestoweniger trage ich auf abschaffung der einrichtung an.

schon oben habe ich auf die ungeheuere arbeitslast verwiesen, welche einen universitätsprofessor drückt. wer diese in abrede stellt, dem bestreite ich das recht mitzusprechen, und wenn ein universitätsprofessor sie in abrede stellen sollte, so bestreite ich ihm sein recht auf eine professur.

nun nimmt die mitgliedschaft einer solchen commission meines wissens den vollbeschäftigten beisitzern nur für die abhaltung der prüfungen selbst mindestens einen halben tag in jeder woche des semesters fort: dem vorsitzenden außer diesem mindestens noch zwei andere halbe tage. dazu kommt die censur der schriftlichen arbeiten der prüflinge: diese censur mag jeder sich so unbequem denken wie er will, ich vermute, sie wird immer noch unbequemer sein. jedenfalls raubt sie zeit, und zeit kann ein professor nicht missen. er kann die zeit, welche er einer solchen commission opfert, höchstens daran geben, wenn er mit einem ungewöhnlich gesunden leibe ausgestattet ist, und auf vieles verzichten will, auf das zu verzichten er meines erachtens kein recht hat.

vor allem aber, die studierenden misverstehn den auftrag jener commission in dem maße mehr, in welchem es die signatur der zeit ist, rasch zu brote zu streben. tatsächlich werden nur die professoren gehört, welche in dem prüfungsausschusse sitzen: die tüchtigsten, welche aus ihm austreten, nehmen ohne weiteres einen kleineren hörsaal. alles bleibt unberührt, was nicht in den studienkreis, besser gesagt in den vortragskreis der examinatoren fällt. auch der bedeutendste gelehrte vermag nicht sein ganzes fach zu umspannen — nicht beispielsweise Plato neben Homer, Aristoteles neben Lucian, Pindar neben den rednern, Sophocles neben den Byzantinern zu beherrschen —: umspannte er es, so würde er es nicht vollständig in vorlesungen erörtern, und was er bringt, wird allewege von seiner individualität gefärbt sein. es ist daher für studenten gebieterische notwendigkeit, mehr als Einen lehrer zu hören, und dies wird nicht durch das gegenwärtig geltende system, wohl aber dadurch unmöglich gemacht, daß dies system einem geschlechte gegenüber gilt, welches, arm an geld, zeit und energie, mit heißhunger sich auf alles stürzt, was brot gibt, zeit spart und die möglichkeit gewährt, ohne inneres tun nur durch mechanisches aufnehmen zum scheine der sache zu gelangen. die jetzige zusammensetzung der sogenannten oberlehrerprüfungsausschüsse befördert die gemeinheit in einem grade, von dem man an maßgebender stelle gar keine ahnung hat. ich will, um ja niemandem zu nahe zu treten, auf ein beispiel aus den vierziger jahren zurück greifen. zwei sogenannte theologen unterhielten sich über die von ihnen im alten testamente abzulegende prüfung und den pentateuch. wenn, lautete die anweisung des erfahreneren, Twesten fragt, ist der schwamm unecht mit einigen echtmosaischen bestandteilen: wenn Gerlach an der reihe ist, muß er durchaus echt sein. von dieser unterredung und ähnlichen bin ich ohrenzeuge gewesen. scheinbar weniger schlimm, im grunde aber ebenso verächtlich ist das eingehn auf bekannte liebhabereien der examinatoren, und ich will abwarten, ob das gewissen des jetzt lebenden geschlechts sich nicht regen wird, wenn ich behaupte, daß die vorlesungshefte — lieber sollte ich dictate sagen — der examinatoren von hand zu hand wandern, und hoch im preise stehn. aber ganz abgesehen davon, ist in folge des jetzt beliebten systems die monotonie der gelehrsamkeit in den in das bereich der prüfungscommissionen fallenden fächern erstaunlich groß. die arbeiten, welche auf dem gebiete der philologie und geschichte veröffentlicht werden, gehn nach dem paradigma der verschiedenen examinatoren oder seminardirectoren.

und noch eins. wenn der staat für die in jener prüfungsbehörde vertretenen fächer extraordinarien ernennt, welche er nicht gleichzeitig zu examinatoren macht, so wirft er das jenen extraordinarien zugebilligte gehalt, falls er es nicht von vorne herein lediglich als almosen betrachtet, einfach fort. für die universitäten sind solche extraordinarien wertlos, denn sie kommen so gut wie nie zu einer vorlesung: sich selbst sind sie eine schwere last, weil sie unweigerlich das gefühl haben, ihr brot mit sünden zu essen. die privatdocenten der geschichte, der litteratur, der classischen, romanischen, deutschen philologie, der mathematik sind nur pro forma docenten, da sie, falls nicht ein examinator irgend welche gründe hat sie hören zu heißen, auf eine wirkung gegen die prüfungsausschüsse und neben ihnen nicht rechnen dürfen. die zustände sind auf diesem gebiete geradezu grauenerregend: es spricht nicht für die oberste leitung des preußischen unterrichtswesens, daß sie noch niemals angetastet worden sind. wäre es möglich, ohne persönlich zu werden, näher in die sache einzugehn, es würden dinge fast so haarsträubend zu tage kommen, wie die weithin bekannten und amtlich stets totgeschwiegenen oder mit königskerzenthee behandelten promotionscalamitäten.

Man wird fragen, wer denn prüfen solle, wenn es universitätsprofessoren nicht sollen. ich denke, besonders ausgewählte lehrer der gymnasien. EBonnell verzeichnet mit einem gewissen stolze in seinem letzten programme die namen der mitglieder des von ihm geleiteten collegiums, welche an universitäten berufen worden sind. es bleibt mir dunkel, warum die philologen Keil, Jordan und Martin, die mathematiker LFuchs und Paul Dubois-Reymond, der historiker Schirrmacher, der physiker Clausius, der philosoph Schuppe, welche als universitätsprofessoren sofort die fähigkeit besessen haben, mitglieder einer prüfungscommission zu sein, diese fähigkeit nicht auch einige wochen und monate vor ihrer ernennung zu hochlehrern (wie die Holländer uns nennen) besessen haben sollten, als sie nur oberlehrer oder collaboratoren oder schulamtscandidaten hießen. das ministerium wird in der lage sein, eine stattliche reihe von männern zusammenzubringen, welche an gymnasien unterrichten, und ganz gut verstehn, themen für die prüfung ihrer künftigen collegen zu finden, die eingegangenen arbeiten der candidaten zu beurteilen, und das mündliche examen abzuhalten. schon jetzt sind ja hier und da die commissionen nicht bloß aus angehörigen der universitäten zusammengesetzt. man beurlaube solche lehrer auf ein jahr, indem man sie durch candidaten vertreten läßt, und man wird verschiedenes gute erreichen. man wird einmal die universitätsprofessoren entlasten, sodann die geradezu unsittliche manier der studenten, nur examinatoren zu hören, beseitigen, jene lehrer zum ernstesten studium ermuntern, erkunden lernen, wo sich geeignetes material für die besetzung akademischer stellen findet, das innerlich reifer ist als so viele docenten, welche jetzt aus not rasch zu professoren gemacht werden, man wird endlich die candidaten verpflichten, antreiben und erkennen, welche auf diesem wege, als zeitweilige vertreter von hauptlehrern, schon im anfange ihrer laufbahn zu einem wirklich verantwortlichen unterrichten kämen, statt sich mit zwei stunden französisch in quinta und zwei stunden Phädrus in quarta den guten willen gründlich zu verderben. man wird — und darauf kommt es in dem einer ganz ungesunden centralisation entgegensteuernden Deutschland wahrlich an — neue und stets wechselnde mittelpunkte geistigen strebens und lebens schaffen, ohne die alten, die universitäten, im mindesten zu beeinträchtigen, und man wird fluß in die lehrer- und candidatenwelt bringen, welche jetzt wie ein stellwagen in denselben straßen und gleisen gelangweilt zwischen denselben punkten hin und her karrt. auch diese schullehrer werden, wie die professoren, nur einen ausschnitt der wissenschaft beherrschen, und ihr examen wird individuell gefärbt sein: aber die unzulänglichkeiten, welche nach brot streben, werden den ausschnitt der wissenschaft und die individualität nicht vorherkennen, denen sie gegenüberzustehn haben, und darum ihre berechnungen nicht auf eine bestimmte schwäche des prüfenden richten können, sich weiter umsehen, und in folge der weiteren umschau sich mit ideen, nicht bloß mit dem mäusedreck der notizen bekannt machen, oder ihr vorhaben lehrer zu werden aufgeben müssen. die kosten des verfahrens würden sich auf die diäten beschränken, welche die examinatoren acht mal im jahre erhielten, um in der hauptstadt der provinz zusammenzukommen, und auf die geringen summen, welche den sie vertretenden schulamtscandidaten zuzubilligen wären.

10

Hiermit hätte ich die darlegung der gedanken erledigt, welche sich an den paragraphen Schulen und universitäten sind unterrichtsanstalten knüpfen. ich gestatte mir in einem anhange noch einige punkte zu erörtern, welche mir von wichtigkeit zu sein scheinen. ich stelle vielleicht am besten thesen auf.

die universitäten gehn in den besitz und die pflege der provinz über, in welcher sie liegen: die kapitalien, auf welche die universitäten gegründet sind, beziehungsweise so viel kapital, daß die zinsen desselben zur erhaltung der universitäten hinreichen, werden als abgesonderte zu verwaltende masse den ständen dieser provinz übergeben.

die einzelnen professoren erhalten feststehendes gehalt, welches nur durch landesgesetz erhöht oder erniedrigt werden kann.

im falle der erledigung einer professur hat die facultät, in welcher die erledigung statt gefunden hat, drei candidaten vorzuschlagen. der minister des unterrichts soll das recht besitzen, die ihm nicht genehmen unter angabe von gründen abzulehnen. aus der so zwischen facultät und minister festgestellten liste, und nur aus ihr, wählen die stände der provinz, in welcher die universität liegt, beziehungsweise die von den ständen beauftragten verwaltungsbeamten den nachfolger des gestorbenen oder verzogenen professors. die protocolle der in der facultät gepflogenen verhandlungen, und zwar sowohl derjenigen, welche über den und in dem für die vorbereitung der vorschläge zu ernennenden ausschuß geführt sind, als derjenigen, welche über die vorschläge selbst statt gehabt haben, sind dem minister und den ständen vollständig einzuschicken, und muß jedesmal die zahl der votierenden angegeben, und müssen deren namen aufgeführt werden: der jedesmalige decan hat amtlich zu bescheinigen, daß das eingereichte protocoll einen wahrheitsgetreuen und vollständigen überblick über die verhandlungen gewähre.

Die gründe für diese vorschläge sind die folgenden.

War es schon vor 1866 für einen in Berlin wohnenden minister schwer, die universitäten richtig zu leiten und zu verwalten, so ist es gegenwärtig nahezu unmöglich, und wird über kurz oder lang völlig unmöglich werden. denn es sind zu den alten hohen schulen Preußens drei neue hinzugetreten: die geschäftslast hat sich überhaupt sehr vergrößert: die verhältnisse sind weniger einfach und sind schwieriger geworden: eine kenntnis der personen, auf welche es doch hier wie beim diplomatischen dienste vorzugsweise ankommt, möchte in der tiefe und in dem umfange, in welchem sie erforderlich ist, für einen minister kaum zu erwerben sein.

Berlin ist nicht der ort, der auf einen höchsten beamten ohne einfluß bleiben könnte. nicht die stadt an sich, wohl aber der ort, in welchem reichstag und landtag ihren sitz haben, in welchem alle streber Deutschlands, und nicht zum wenigsten litterarische streber zusammenfließen.

zahlreiche versammlungen erzeugen stets miasmen, namentlich wenn das einzige ventilationsmittel für sie, die presse, in den händen der parteien ist, aus welchen jene versammlungen sich zusammensetzen. an solchen miasmen ist der einzelne unschuldig, der gleichwohl zu ihrem entstehn beiträgt: das miasma ist ein kind der versammlung als solcher. die leute, welche ich streber genannt habe, sind schon jetzt der schrecken aller ehrlichen männer in Deutschland, weil man ihnen gegenüber auf kampf von vorne herein verzichten muß. kampf ist nur denkbar, wenn menschen ein und dasselbe als höchstes oder hohes gut ansehen. wo auf der einen seite die macht, auf der andern die wahrheit als der wertvollste besitz des menschen gilt, lassen die diener der letzteren das feld ohne weiteres dem gegner, weil sie sich der vermutung nicht aussetzen mögen, daß auch sie nur die herrschaft im auge haben. den strebern geht ein anständiger mann ebenso aus dem wege, wie ein gut gekleideter einem schornsteinfeger oder einem müllerburschen: daher haben die streber so breites gebiet, das nur ein vollständig unterrichteter und die menschen sehr genau kennender minister, nicht irgend welcher gelehrter, zu beschränken vermag. die bestimmung, daß der sitz des höchsten deutschen gerichtshofes nicht in Berlin sein dürfe, ist von nicht ganz wenigen derer, welche sie empfohlen haben, aus keinem andern grunde als dem getroffen worden, daß die geistige atmosphäre Berlins zu unrein scheint, um irgend welchen notwendigen besitz der nation in sie zu pflanzen. die universitäten sind mindestens ebensoviel wert wie ein obertribunal, und deshalb ist darauf zu denken, die universitäten, nicht der krone und nicht dem unterrichtsminister, wohl aber dem einflusse zu entziehen, welchen litterarische bruderschaften und politische parteien in dem maße mehr auf diesen minister zu gewinnen trachten werden, in welchem es in Deutschland mit dem versammlungsrechte in die höhe, und in folge davon mit Deutschland selbst bergab geht. derartige potenzen sollen uns, wenn sie einmal weiteres als vorübergehende irrungen und einzelne misgriffe hervorzurufen verstehn — auch solche sind unter umständen empfindlich und folgenreich genug —, über Eine hohe schule, die von Berlin selbst, nicht hinausreichen dürfen. es ist ja bei gesetzen oft ernster an eine mehr oder weniger nahe zukunft zu denken, als an die gegenwart. wenn man bei öffentlichen bauten wohl den fehler gemacht hat, sie zu klein anzulegen, so soll man daraus lernen, organisationsgesetze so zu geben, daß sie nicht in zehn jahren durch novellen bis zur vernichtung des ursprünglichen textes umzugestalten sind. ich wiederhole hier, was ich schon einmal gesagt: niemand hat triftigeren grund als ein staatsmann, die vierte bitte in der echten gestalt zu beten Unser brot für morgen gib uns heute.

außerdem werden die interessen der einzelnen universitäten

kaum genügend von einem manne vertreten werden können, der die interessen aller zu vertreten hat, der zum beispiel Königsberg nicht wird nehmen wollen, was Bonn verlangt und Bonn haben muß, und der Marburg etwas zu verweigern für recht halten wird, weil es auch Greifswald fordern könnte, für welches er keine mittel besitzt.

drittens werden dadurch, daß die universitäten in das eigentum der provinz übergehn, denselben vermutlich geldmittel zufließen, deren sie, auch wenn ihnen im augenblicke große kapitalien zu gebote stünden, bei dem wachsen der wissenschaft und der abnahme des geldwertes bald benötigt sein dürften. der mensch interessiert sich einmal trotz alles durch die luft schwirrenden liberalismus nur für individuelles leben. je eigentümlicher brandenburgisch, sächsisch, meißnisch, schlesisch eine hohe schule ist, desto eher werden Brandenburger, Sachsen, Meißner, Schlesier sich veranlaßt sehen ihr zuwendungen zu machen, zumal für eine einzige anstalt summen groß und wirksam sind, welche auf eilf verteilt zu nichts wesentlichem helfen können.

durch die von mir empfohlene einrichtung wird auch ein erheblicher nachteil beseitigt werden, welchen die neuere geschichte Deutschlands den universitäten gebracht hat: und zwar wird er so beseitigt werden, daß das neue mehr taugen muß als das alte getaugt hat. es war vordem zwischen den regierungen von Hessen Holstein Hannover und Preußen in betreff der hohen schulen eine gewisse sehr heilsame rivalität, welche ermöglichte, daß hier geächtete männer dort angestellt wurden und umgekehrt. je mehr universitäten von Einer hand verwaltet werden, desto größer ist die gefahr, daß diese Eine hand alles mit einem einzigen schlage verderbe. denke man sich herrn von Raumer und LWiese freie verfügung über das jetzige Preußen habend: auf jahrzehnte hinaus wäre nicht nur Preußen, sondern, da Jena und Gießen kaum in betracht kommen, Leipzig sehr eigner natur ist, ganz nordDeutschland in banden geschlagen: wir entsinnen uns deutlich genug, wie es in dem alten Preußen unter herrn von Raumer ausgesehen hat. wie unsre politische entwicklung weiter gehn wird, weiß niemand: es ist daher, selbst wenn man hoffnungsreicher in die zukunft blickt als der schreiber dieser zeilen zu tun vermag, nur klug, sich auf die schlimmsten fälle vorzubereiten. die facultäten sind jetzt nicht mehr was sie früher waren, aber auch die jetzigen facultäten enthalten sachverständige und unabhängige mitglieder genug, um wenigstens als minderheitscandidaten oder dritte männer auf die liste leute zu setzen, welche den ständen der provinzen behagen und wählbar scheinen könnten. so würde vorkommenden falls etwa Pommern oder Rheinfranken denen eine stätte gewähren, welche der preußische minister verfolgen möchte, und die deutsche selbstständigkeit würde in solchem kampfe nur gedeihen. das wahre Deutschland ist ein bund freier stämme unter einem starken kaiser: wenigstens in betreff unsrer hohen schulen können wir uns schon jetzt so einrichten, wie ein wirklicher staatsmann Deutschland in allen teilen seines politischen lebens einrichten würde.

Was den vorschlag in betreff der gehälter anlangt, so entspricht er, däucht mich, den allereinfachsten regeln der gerechtigkeit. der jetzt vorliegende zustand reimt sich kaum mit dem suum cuique der Hohenzollern: um ihn ganz kennen zu lernen, müßte man eine tafel vorgelegt bekommen, welche das lebens- und dienstalter der einzelnen professoren und ihre bezüge sowie die chronologie von deren anwachsen enthielte. es ziemt sich nicht, jungen leuten, welche noch nichts oder wenig geleistet haben, welche allenfalls leistungen versprechen, nur weil sie zur zeit die einzigen zu habenden vertreter ihres faches sind oder scheinen, das doppelte und dreifache von dem an gehalt zu bieten, was anerkannte männer haben. es ist die höchste zeit, dem unglaublich peinlichen und oft geradezu widerlichen zerren und feilschen um ein paar hundert mark ein ende zu setzen, welches jetzt bei berufungen zwischen minister und candidaten getrieben wird. wir professoren haben keinen preis: wir sind alle unbezahlbar, denn wir selbst zahlen nicht mit dem, was wir leisten, sondern mit dem, was wir sind. darum darf uns gegenüber von geld so wenig wie möglich die rede sein. überdies ist es nicht vornehm, sich in Eine linie mit rennpferden und majolica stellen zu lassen, welche einen phantasiepreis bedingen: ein gelehrter mit einer Pepitaeinnahme ist eine blasphemie. wir sollen existieren können, und dürfen für unsere witwen und waisen durch gesellschaftskassen gesorgt wissen wollen: höher hinaus zu leben überlassen wir den herren von der börse, und wenn es unter uns leute gibt, welche diesen herren nachzutun begehren, so darf am wenigsten der staat ihnen durch fürstliche dienstwohnungen und primadonnagagen die hand dazu bieten, so muß der staat ihnen solches gelüste geradezu abgewöhnen. dazu wird das wirksamste mittel sein, wenn ein gesetz ihm verbietet, mehr als eine ein für allemal festgesetzte, auch nicht durch cumulation von ämtern, persönliche zulagen und gratificationen zu erhöhende summe auszuwerfen. das darf man den ministerien dreist sagen, daß sie schon nicht selten nur die firma bezahlt haben, gelegentlich sogar nur die firma des agenten.

dabei meine ich nicht, daß jede professur so viel tragen solle wie jede andere. das würde eine neue ungerechtigkeit sein, welche genauer auseinanderzusetzen zu weit führen müßte: ich verlange nur, und lasse mir kein iota abcompromittieren, daß das gehalt jeder universitätsprofessur durch das gesetz auf jahre hinaus feststehn muß, und daß das gesetz gebieten soll, diesem gehalte nicht durch irgend welche hintertüren einen zusatz zu machen.

Ganz unerläßlich wird weiter die einsicht sein, daß es allein richtig ist, stellen, für welche sich ein passender mann im augenblicke nicht findet, unbesetzt zu lassen. man drückt die wissenschaft hinab, welche man heben will, wenn man, damit der theorie genüge geschehe, für Aegyptologie, Assyriologie, vergleichende grammatik der indoceltischen sprachen, geographie, geschichte der litteratur und so vieles andere, weil man werte nicht auftreiben kann, nichtschen beruft. nicht nur die ideen, sondern auch die nullitäten associieren sich: daher hängen sich an jene ersterwählten sofort andere nichtschen, und es entsteht schließlich eine unüberwindbare, wenigstens nur durch feuer zu vernichtende, den ernsthaft ausschreitenden, nicht zum verdienstorden und zu einem akademiesessel, sondern zur wahrheit strebenden gelehrten hinderliche und widerliche masse von unrat. Deutschland ist sehr hungrig: wenn zwanzig universitätsstellen jahre lang leer stehn, werden sich achtzig brotbedürftige finden, welche sich um sie bemühen, und wenn man auch auf diesem wege keine wirklichen diener der wissenschaft gewinnt, wird man doch correcte professoren gewinnen, welche ja mindestens ebensoviel wert sind, wie der auf dem gebiete der verwaltung schon sehr verbreitete correcte beamte, und bedeutend mehr wert, als die jetzt durch die condottieri untergebrachten jasager und oligarchenbewunderer.

auch bei dem verfahren, welches ich für die besetzung der professuren vorschlage, werden misgriffe vorkommen, aber verhältnismäßig wenige. wird, wie ich voraussetze, den professoren die abnahme von staatsprüfungen nicht weiter übertragen, und wird der minister durch gesetz gehindert, jemals auf den jetzt herrschenden prüfungsmodus zurückzugreifen, fehlt also das hauptmittel, den einen docenten vor dem andern zu bevorzugen, und wird es tüchtigen gelehrten möglichst leicht gemacht, sich zu habilitieren, so werden etwaige versehen sonder mühe durch die privatdocenten berichtigt werden: denn diese haben dann nicht gegen einen von der öffentlichen gewalt geschützten examinator, sondern nur gegen einen auf die eigene kraft oder vielmehr schwäche angewiesenen professor zu kämpfen. und solchen docenten, aber nur solchen, sollten die stände stipendien verleihen dürfen. und zwar bis zur höhe des halben gehalts der von ihnen dann tatsächlich bekleideten stelle.

Warum die sitzungsprotocolle eingesandt werden müssen, wird keinem der verhältnisse kundigen dunkel sein. es werden in allen wählenden versammlungen die beschlüsse mitunter mit geringer mehrheit gefaßt, gelegentlich beschlüsse, von denen man selbst nicht weiß, wie man zu ihnen gekommen ist, und welche mit nichten die wirkliche meinung der beratenden körperschaft ausdrücken. es soll durch einsendung der unverkürzten protocolle dem minister und den ständen gelegenheit geboten werden, sich über die sachlage zu unterrichten, und es soll jener bei der anwendung der vetobefugnis, es sollen diese bei der wahl unter den drei candidaten eine directive empfangen. die ausübende gewalt bedarf überall des rechts die stimmen zu wägen: am unbedingtesten wird sie dies recht da zu beanspruchen haben, wo ihr obliegt, eine entscheidung zwischen mehreren vorschlägen zu treffen.

11

Man pflegt die öffentlichen bibliotheken Preußens wegen der leichtigkeit zu rühmen, mit welcher sie ihren besitz jedermann zugänglich machen. nachdem ich der geschichtlichen treue wegen mich gegen die annahme verwahrt, als sei dies immer so gewesen, stelle ich den antrag, den öffentlichen bibliotheken Preußens ohne ausnahme das verleihen gedruckter bücher, welche jünger als 1520 sind, zu verbieten. vorausgesetzt wird dabei, daß jede solche bibliothek in kürzester frist ein lesezimmer erhalte, welches nach dem muster des im britischen museum alle besucher erfreuenden reading-room eingerichtet sei.

der grund dieses antrags ist der wunsch, wenigstens an einem teile die große lüge zu vernichten, als sei in dem heutigen Deutschland, welches als geduldete und unter umständen auch als gefeierte mitbürger allerdings eine große menge gelehrter zu kindern zählt, ein reges wissenschaftliches leben vorhanden, und der weitere wunsch, dadurch, daß die wahrheit an den tag kommt, dem wissenschaftlichen leben aufzuhelfen.

beinahe jedermann weiß, daß im vorigen jahrhunderte nicht wenige existenzen auf die tätigkeit einer gelehrten feder begründet waren. wer die zeitschriften des alten IDMichaelis oder IGEichhorns gelesen hat, erinnert sich des eindrucks, welchen viele artikel derselben hervorrufen, als sei zwischen 1750 und 1790 ein bedeutender umsatz der werke deutscher fachschriftsteller an der tagesordnung gewesen, wenn er auch nicht in den formen des heutigen buchhandels, sondern in einer weise statt fand, welche vermutlich die der zukunft sein wird. man sehe auch die listen, welche man des IIGrotius anmerkungen zum alten testamente in der Halleschen ausgabe, MNorbergs syrischem Ieremias, CFMatthaeis codex Boernerianus und so vielen andern werken jener zeit vorgeheftet findet, und frage sich einmal, ob ähnliche listen heutzutage denkbar sind: man frage sich, ob in Deutschland auf eine beteiligung am drucke eines auf syrische kirchengeschichte bezüglichen werks auch nur im traume gerechnet werden kann, wie sie in dem jesuitischen, nicht von kulturkämpfern bewohnten Belgien die von Abbeloos und Lamy herausgegebene chronik des sogenannten Barhebraeus erfahren hat. nahezu niemand kauft jetzt in Deutschland bücher, welche nicht nachschlagewerke sind oder nicht einen zusammenfassenden charakter haben. die öffentlichen bibliotheken sollen herhalten, und die schriftsteller, welche die für das fortschreiten der wissenschaft so unumgänglichen monographien oder welche documente vorlegen wollen, müssen sich, woferne sie nicht armut und edelsinn unter ihre lebensbedürfnisse rechnen, auf den bettel bei ministerien und akademien verlegen, oder ihre arbeiten zeitschriften zum abdrucke überlassen. zuverlässige buchhändler nehmen für die eigentlich gelehrte litteratur einen absatz von sechzig exemplaren in aussicht, und dabei darf die gelehrsamkeit noch nicht einmal zu abgelegen sein: vom gesammten auslande zählt nur England als käufer mit. das rechnen auf und mit zeitschriften hat für die öffentliche sittlichkeit die allerbedenklichsten folgen: denn da so schon unser zeitalter ein zeitalter der massenwirkungen ist, so ist es nicht wohlgetan, die einzelnen zum anschlusse an eine kleinere oder größere masse zu veranlassen: da wir an parteien übergenug besitzen, sollte man nicht dies zeitschriftenwesen unterstützen, welches tatsächlich nichts als ein verkapptes parteiwesen ist. wir müssen auf mittel sinnen, diese zustände zu bessern. dies wird dadurch geschehen, daß wir den leuten rund heraus erklären: wenn ihr die für die wissenschaft, welche ihr angeblich liebt und treibt, nötigen bücher nicht selbst besitzt, so könnt ihr nicht im ernste diener der wissenschaft sein. es gibt keine gelehrsamkeit als bei dem, welcher selbst eigene bücher im hause allezeit zur hand hat. schicken die öffentlichen sammlungen ihre schätze nicht mehr in die wohnungen der gelehrten, so werden diese gelehrten vor der wahl stehn, entweder selbst zu kaufen was sie brauchen, oder ihrer beschäftigung mit der gelehrsamkeit zu entsagen. das letztere wird überall da nichts schaden, wo die fähigkeit fehlt, um der wissenschaft willen zu entbehren. für diejenigen, welche durchaus nicht kaufen können, oder welche bücher brauchen, die zu erwerben sie zur zeit außer stande sind, oder in denen sie nur die eine und die andere stelle etwas angeht, für diese seien (auch bei schulen in der provinz) die lesezimmer da, welche täglich, so lange es hell ist, unter der bedingung, in ihnen nicht zu sprechen und das geliehene gut weder zu beschreiben noch mit bewunderungsstrichen oder entrüstungszeichen zu bemalen, jedem zur verfügung stehn.

ihr sagt, die deutschen gelehrten seien zu arm bücher zu kaufen. entschuldigt: einmal gibt es doch noch männer, welche kaufen, und dabei in nichts weniger als glänzender lage sind, freilich die wissenschaft im ernste lieb haben: leute, welche einen tischler für nicht recht bei troste glauben würden, der sich hobel und säge aus einer öffentlichen sammlung borgen wollte, und einen gelehrten für unehrenhaft halten, der, während er für laster und liebhabereien geld hat, für den ankauf einer bibliothek geld zu besitzen in abrede stellt. zweitens ist kein grund zu erkennen, warum ein gelehrter den frauenzimmern seines hauses nicht den so viel geld vergeudenden, vollständige hohlheit und leere des herzens und kopfes öffentlich bescheinigenden gehorsam gegen die mode abgewöhnen sollte, warum die gesellschaften, die vergnügungsreisen, der taback und das wirtshaus nicht etwas weniger hoch in geltung stehn dürfen. wenn aber jeder gelehrte auch nur das, was er verraucht und vertrinkt, dem buchhändler zutrüge, würde die litteratur bei uns auf eigenen füßen stehn können. gelehrte würden wieder wie vor hundert und noch vor sechzig jahren von dem ertrage ihrer feder, welche eben als die ihre keine litteratenfeder ist, als freie männer zu existieren im stande sein (je mehr unabhängige existenzen eine nation besitzt, desto besser ist sie daran), die gelehrten bücher würden billiger werden und es würden uns so beschämende erlebnisse erspart bleiben wie die, daß ein auf unterrichten im Sophocles angewiesener director Ellendts lexicon Sophocleum, ein mann, welcher über römische geschichte schreibt, den Salust und die scriptores historiae augustae, ein Semitist Nathans Aruch nicht zu eigen besitzt, und vieles, sehr vieles ähnliche. vielleicht borgt man dann auch nicht mehr einem verfasser seine eigenen schriften ab, noch weniger wird man sie sich als recensent, redactor oder firmaloser bettler von ihm schenken lassen. erst wenn alle unsre öffentlichen bibliotheken so eingerichtet sein werden, wie das britische museum, das heißt, wenn sie gar nicht verleihen, sondern nur innerhalb ihrer eignen mauern benutzt werden wollen, erst dann werden wir zu ermessen vermögen, ob in Deutschland eine echte gelehrsamkeit vorhanden ist.

erst wenn die litteratur den gelehrten wirklich regelmäßig zu eignen handen kommt, werden wir auch das andere zu ermessen vermögen, wie weit diese gelehrten noch ein gefühl für ethisches leben haben. gegenwärtig kann, weil fast niemand die neuen bücher selbst sieht, das urteil der studierten masse durch das reden und das schweigen der condottieri und ihrer knappschaften bestimmt werden. weil niemand sein buch gekauft hat, deckte AHoltzmann die unerhörte büberei Lassens gegen Burnouf zu niemandes nutzen auf: weil es meinen gelehrten arbeiten geht wie denen Holtzmanns, hat, was ich im Psalter des Hieronymus, den Symmicta, den armenischen studien an unwissenheit, lüge, leichtfertigkeit, diebstahl, urkundenfälschung, absichtlicher verleugnung der wahrheit nachgewiesen, der zunft nicht dazu verholfen, ihr gewissen durch offnes lossagen von der dort enthüllten unglaublichen unehrenhaftigkeit der berühmtheiten zu befreien. die auf dem gebiete der gelehrsamkeit in großem umfange betriebene erziehung der öffentlichen meinung ist nur möglich, weil die mehrzahl der gelehrten keine bücher besitzt: jene erziehung aber bestimmt, weil sie ohne widerspruch seitens des gelehrten volks bleibt, die jetzt aller orten wohlwollenden, aber eigener kenntnis der personen und sachen oft entbehrenden regierungen, der auf befehl der definitoren des ich-ordens stets für persönlich interessiert ausgeschrienen, an sich schon schwachen opposition allemal erst dann zu glauben, wenn die von den condottieri gewünschten und betriebenen anstellungen und beleidigungen unwiderrufbar sind. weil es so wie es geht wirklich nicht weiter gehn darf, muß das gelehrte volk gegen die oligarchien des egoismus aufstehn, und um dies zu können, muß es selbst sehen und selbst urteilen, und um selbst sehen und urteilen zu können, muß es die vorlagen für sein urteil selbst vor augen haben, also bücher kaufen.

Die gerechtigkeit verlangt hier zwei übelstände zu erwähnen, welche die deutschen bücher so verteuern, daß ihre preise über die börse nicht sehr lernbegieriger männer vorläufig hinausreichen.

einmal ist der buchdruck in Deutschland in demselben maße

kostspieliger, in welchem er schlechter ist als im auslande, sodann nimmt der buchhandel für sich unglaubliche procente.

über die in Deutschland vorhandenen typen und ihren einfluß auf die wissenschaft habe ich in den Symmicta 63 64 geredet: nicht einmal die lateinischen und griechischen sind erträglich, die zahlen meistens abscheulich. sehe man sich an, was die beschäftigtsten gießereien an griechisch vorlegen: es ist, von der stylgerechtigkeit ganz abgesehen, schon technisch so erbärmlich, daß man sich allein um dieser technischen schlechtigkeit willen ekelt es zu verwenden: der schatten liegt bei den verschiedenen buchstaben verschieden: der winkel, unter welchem die typen stehn, wechselt: die höhe ist ungleich. diesen unrat zu versetzen kostet in Deutschland nun mehr, als in irgend einem andern lande das versetzen erträglichen materials: wenn überhaupt der handwerker jetzt das stegreifleben des mittelalterlichen ritters fortsetzt, wenn das publicum überall in Deutschland wie die bevölkerung eines luxusbades behandelt wird, so namentlich von den druckern. es sind durch meine hände geschäftsbriefe gegangen, nach denen ein sanskritwerk in Holland um etwa die hälfte von dem hergestellt wird, was für dasselbe in einer deutschen kleinen universitätsstadt gezahlt werden würde: Payne Smiths syrisches wörterbuch, ganz abgesehen davon, daß es mit dem deutschen typenschunde überhaupt kaum gedruckt werden könnte, kommt um die hälfte billiger in England als in Deutschland zu stehn: ich kenne fälle, wo ein schlichter orientalischer druck, mit dessen typen das betreffende haus schon starke geschäfte gemacht hatte, mit einhundertundzwanzig mark für den bogen berechnet wurde: unverschämtheit scheint eine tugend geworden zu sein. unser land ist allerdings in folge der steuer- und finanzpolitik und -nichtpolitik der regierung so teuer, daß jeder ein recht hat, es durch seine forderungen noch teurer zu machen.

der zweite in betracht kommende übelstand ist die lage des deutschen buchhandels: was ich sagen werde, ruht auf der kenntnis zahlreicher einzelner fälle.

es ist einzuräumen, daß der buchhandel dadurch gezwungen wird viel zu fordern, daß er in großen gebieten seiner tätigkeit durch das kreditgeben gezwungen ist, viel zu verlieren. wenn jemand eine rechnung von hundert mark fünf jahre lang unbezahlt läßt, so hat er den buchhändler, welchem er schuldete, ohne frage die (kaufmännisch zu berechnenden) zinsen dieses kapitals gestohlen. jenem jemand ist es, um die sache ohne beziehung auf das strafgesetz zu schildern, anständig erschienen, zur belohnung dafür, daß er jahre lang ansichtssendungen erhalten, von dem ihm verpflichtenden, statt ihn voll auszuzahlen, ein geschenk anzunehmen. der buchhändler hält sich naturgemäß anderswo schadlos: dadurch aber, daß ein recht sich schadlos zu halten unweigerlich vorhanden ist, wird dem oft sehr anständigen manne nicht geholfen, welcher zur ausfüllung der von jenen unehrenhaften kreditnehmern gerissenen verdienstlücken verwendet wird.

Gaius druckt ein ihm tausend mark kostendes buch: er druckt es in zweihundert exemplaren, denn auf mehr absatz für seine arbeit zu rechnen hat er keine veranlassung, selbst wenn er sein bebrilltes auge bis zum jahre des heils 2000 ausschauen läßt. das exemplar kommt ihm mithin auf fünf mark und ein zweihundertstel der zinsen der ausgelegten summe zu stehn: je nach der schnelligkeit des absatzes ist der zinsverlust mehr oder weniger hoch. der commissionsbuchhändler verkauft dann das werk für zehn mark, gibt von diesen dem sortimenter 25 procent, und hat, wenn einhundert stück untergebracht worden, 250 mark weniger der geringen versendungskosten in der tasche, während der verfassser, welcher die arbeit getan, 500 und, falls er gleich bezahlt hat, dazu noch an verlorenen zinsen 50, zusammen 550 mark schaden davon trug. über der scene erscheint in goldschrift die formel suum cuique, und in den recensionen wird bemerkt, das werk sei zu teuer.

in diesen verhältnissen steigert stets ein — sagen wir misgeschick — das andere. darum nur ehrlich heraus mit dem worte: die wissenschaft ist in Deutschland geduldet: sie lebt von den opfern ihrer ernsten diener und von den almosen, welche ministerien und akademien begabten und unbegabten strebern und gelegentlich wirklichen arbeitern zuwerfen. die von mir beantragte organisation unsrer öffentlichen büchereien wird dies in helles licht rücken, und dadurch wird der erste schritt zur besserung getan werden: man wird sich nicht weiter mit gutem glauben an unser wissenschaftliches leben anlügen.

12

Es muß hier noch das stipendienwesen zur sprache kommen, dessen gesetzliche regelung unumgänglich scheint. es handelt sich bei dieser um drei punkte: darum, eine übersicht über alle die summen zu gewinnen, welche für universitätsstipendien zur verfügung stehn, beziehungsweise um eine zusammenwerfung derselben in eine einzige kasse: um die beantwortung der frage, wozu stipendien verliehen werden: um die erlaubnis, stipendien den bedürftigen auf eine längere periode als das amtlich anerkannte akademische triennium zuzuweisen.

Deutschland besitzt eine ganz außerordentlich große menge frommer stiftungen, welche zu bei weitem dem größesten teile im sechszehnten und siebenzehnten jahrhunderte entstanden sind, aber sich auch heute noch fortwährend vermehren. diese stiftungen sind der verwaltung der politischen gemeinden, der stände einzelner landschaften und provinzen, der ministerien, selten der obhut einzelner gymnasien überwiesen. niemand in Deutschland weiß, was alles vorhanden ist, und wo es vorhanden ist, und wenn ich erwäge, daß ich meinem fache nach mit nur wenigen studierenden in verbindung komme, so muß ich aus der verhältnismäßig großen zahl der zeugnisse, welche ich für stipendiaten und stipendienbedürftige ausstelle, und den plätzen, an welche meine zeugnisse gehn, schließen, daß die wohltätigkeit unserer altvordern auf diesem gebiete sehr bedeutend gewesen, und daß auch an ganz kleinen orten für wohltätige zwecke bestimmte kapitalien stecken, von denen die sich um ihren nießbrauch bewerbenden oft nur durch einen zufall erfahren haben. erste frage: was geschieht mit den zinsen dieser summen in dem falle, daß sich kein liebhaber gemeldet hat? schwerlich werden die stifter in aussicht genommen haben, daß ihre gabe einmal keine hände finden könne sie zu fassen: es möchte daher eine jedermann zugängliche übersicht des materials erstens darum nötig sein, damit arme leute sich um die ihnen zugedachte unterstützung zu bemühen in den stand gesetzt werden, und zweitens darum, damit die staatsanwaltschaften in die lage kommen, mit den verwaltern jener mittel ein wort zu sprechen, wenn diese verwalter die zinsen zu ihrem besten unterschlagen. als ich lehrer am Werderschen gymnasium zu Berlin war, tauchte ganz unerwartet ein Flemmingsches legat — ich denke vom jahre 1704 — auf, dessen zinsen bis zum tage der entdeckung den zu ihrer empfangnahme berechtigten vorenthalten worden waren, auch nie nachgezahlt worden sind. zweite frage: ist es wohl erlaubt, wenn in folge des tiefen dunkels, in welchem die wohltätigkeitsstiftungen unseres vaterlandes begraben liegen, besonders geriebene subjekte sich zu nutze machen können was für sie durchaus nicht bestimmt war? ich kenne einen fall, in welchem ein sohn einer wohlhabenden familie sich 680 taler (also mehr als vor zehn jahren der erste professor der theologie in Jena gehalt erhielt) an stipendien zusammengebracht, einen andern, in welchem ein durch trunk halb blödsinniger student über zehn jahre lang ein sehr ansehnliches stipendium genossen hat, und kann hinzufügen, daß der letztere vermutlich noch heute es genießen würde, da die fassung der stiftungsurkunde beschränkung auf das triennium ausschloß, wenn der bewidmete nicht schon als ausgehender zwanziger durch einen schlagfluß ins jenseits befördert worden wäre.

das unterrichtsgesetz wird mithin wohl tun zu verordnen:

sämmtliche in Preußen irgendwo vorhandene milde stiftungen, deren erträge zur stipendiierung von studierenden bestimmt sind, werden in einem eigenen, dem buchhandel zu übergebenden bande so verzeichnet, daß jedermann aus diesen mitteilungen sich über stifter, zweck und umfang der stiftung und die bedingungen sofort unterrichten kann, unter denen eine bewerbung um den genuß der stipendien zulässig ist. die namen der stipendiaten werden jährlich in einem besonderen hefte veröffentlicht, welchem hefte jedesmal ein verzeichnis der im laufe des jahres neu errichteten stiftungen beizufügen sein wird.

Man wird aus dieser liste ersehen, daß eine bedeutende zahl von stipendien äußerst niedrigen betrages vorhanden ist. im jahre 1600 mag es von werte gewesen sein, zehn taler im jahre unterstützung zu erhalten, 1878 sind zehn taler für einen studenten gar nichts. es geht mit ihnen, wie es mit den zehn talern geht, welche auf ein dargeliehenes kapital von einigem belange zurückgezahlt werden: diese werden nicht kapitalisiert, sondern verbraucht. rückzahlung von darlehen in kleinen raten führt, woferne das darleihegeschäft nicht gewerbemäßig betrieben wird, zur aufzehrung, das heißt zum verluste des dargeliehenen kapitals: stipendien von sehr niedrigem betrage geben, heißt die stipendien vergeuden. es wird mithin die pflicht der gesetzgebung sein, die zusammenlegung aller vorhandenen stipendienstiftungen zu ermöglichen, und in folge der zusammenlegung größere summen an die bedürftigen zu verteilen.

Dies führt von selbst zu der frage, wozu stipendien da sind. ganz gewiß dazu, jungen männern, welche für das allgemeine beste nützliche studien irgend welcher art vorhaben, die mittel zum betreiben dieser studien zu gewähren. damit ist unbedingt ausgeschlossen, daß personen, welche das übliche kneipenleben mitmachen, taback rauchen, hunde halten und ähnlichen sogenannten vergnügungen nachgehn, auch nur einen roten heller an stipendiengeldern empfangen dürfen: jede verleihung an derartige personen ist stiftungs- und zweckwidrig, und die verleihenden sollten durch ein den staatsanwalten besonders ans herz zu legendes gesetz gezwungen werden, in jedem falle, in welchem sie die ihnen zur förderung von studien anvertrauten mittel zur förderung des üblichen studentenlebens misbrauchen, das von ihnen rechtswidrig verausgabte geld aus eigener tasche zu ersetzen. freilich ist es auch ganz abgesehen von dem eben angedeuteten gesichtspunkte ein erstes bedürfnis der nation, über das, was zum leben nötig ist, und das, was das leben beschmutzt, klar zu sehen. als die stadt Goettingen den reichskanzler zum ehrenbürger ernannte, hat sie kein bedenken getragen, auf das über die verleihung sprechende diplom, angeblich um den gefeierten an seine fröhliche studentenzeit zu erinnern, die insignien des katzenjammers, zwiebeln und heringe, malen zu lassen, und sie hat dies diplom nicht mit protest zurückerhalten. ich weiß also von vorne herein, daß viele leute meine forderung, die cigarre und die kneipe nicht als lebensbedürfnisse anzusehen, zu weit gehend nennen werden. allein ich muß nicht nur bei ihr beharren, sondern sogar erklären, daß ich das wirtshaus und die cigarre für verwilderungsmittel von solcher leistungsfähigkeit erachte, daß alle radicalen theorien der welt zusammengenommen mit ihnen an entsittlichender kraft nicht verglichen werden können, und daß ich daher nicht allein verlange, daß stipendien denen, welche jene für zum leben notwendig halten, nicht gegeben werden, sondern sogar, daß diejenigen, welche stipendien nachsuchen, jenen ausdrücklich und für immer entsagen müssen. ernste und patriotische ärzte wie Virchow mögen auseinandersetzen, wie die magenleiden und die kurzsichtigkeit unserer zeitgenossen mit taback und bier zusammenhangen, und wie in diesem falle, wie in so vielen andern, die kinder die sünden der väter zu büßen haben. ich lasse auch die finanzielle seite der frage auf sich beruhen: nach einer von mir erbetenen mitteilung des kaiserlichen statistischen amts berechnete sich bei uns der tabackverbrauch im durchschnitt für die jahre 1871 bis 1875 auf jährlich 1,645,084 centner im werte von rund einhundert millionen mark, der bierverbrauch in der die länder südlich vom Main nicht einschließenden steuergemeinschaft auf 21,713,000 sogenannte hectoliter, wobei ich die überzeugung nicht zurückhalten will, daß ein so bettelarmes land wie Deutschland weit besser tun würde, die hundert millionen mark, welche es in die luft bläst, in die lebensversicherungskassen zu tragen, um endlich einen trotz aller amtlichen beteuerungen nicht vorhandenen nationalwohlstand zu begründen. mich beschäftigt hier nur die wirkung von wirtshaus und taback auf das ethische leben der nation. kein mann wird einen jüngling verdammen, wenn er fehl tritt: denn jeder mann wird sich erinnern, daß auch er fehler und dumme streiche begangen, daß er, wenn er sie nicht oder in geringerer anzahl begangen, dafür wenigstens oft nur einem günstigen geschicke und den umständen, nicht seinem willen zu danken hat: er wird wissen, daß aus den zu tage tretenden handlungen einen schluß auf das herz zu machen bedenklich ist, daß die kalten naturen meistens viel weniger wert sind als die enthusiastischen, welche von sich und dem augenblicke zu von ihnen selbst bald verleugneten handlungen fortgerissen werden können. aber das wird ein mann unbedingt verdammen, daß der jetzt gäng und gäbe cynisch uniformierte Epicureismus so vieler junger und alter menschen als das zu recht bestehende lebenssystem angesehen werde. es gab in Preußen bei der am ersten December 1875 ausgeführten gewerbezählung 51601 anstalten zur erquickung (dies ist der amtliche ausdruck), das heißt, bier- branntwein- weinschänken, kaffee- und speisewirtschaften: auf die stadt Goettingen, um diese besonders zu berücksichtigen, entfallen von diesen bei 17900 einwohnern und etwa tausend studierenden nicht weniger als 120. die meisten männlichen Deutschen sind sclaven des tabacks und des wirtshauses. als in einer von dem eigenen werte sehr günstig denkenden bekannten universitätsstadt die hundertjährige wiederkehr des tages gefeiert wurde, an welchem die königin Luise von Preußen, gewiß eine tragische und eine für die geschichte Deutschlands wichtige frau, geboren war, da konnte man in dem saale vor tabacksrauch den redner nicht erkennen, und die dort versammelten hatten nicht einmal eine ahnung von der unbildung, welche sie betätigten. wer jeden seiner tage in stinkenden nebelhöhlen beschließen muß, um sich wohl zu fühlen, der mag liberal sein, frei ist er nicht, wie er bald durch den versuch merken wird, einmal auf zwei mal vierundzwanzig stunden den ihm zur gewohnheit gewordenen sogenannten genüssen und der gedankenlosen gemütlichkeit, welche uns zum gespötte der nachbaren macht, zu entsagen. und gerade weil er diese entsagung nicht zu üben vermag, muß er sie üben.

wenn Deutschland noch ein neues leben beginnen kann, wird das symbol desselben der mut und der rücksichtslos durchgeführte entschluß sein, diesem strychnin- und nicotin-dusel den rücken zu kehren, und wenn eine nennenswerte anzahl von Deutschen diesen mut gefunden, diesen entschluß durchgeführt haben wird, dann werden wir einen größeren sieg erfochten haben, als wenn wir zehn Sedanschlachten auf einmal gewonnen hätten. der mangel an sauberkeit und anstandsgefühl wird aufhören, die anschauung, daß fortwährend genossen werden müsse, die maßlose vergeudung von zeit und geld wird ein ende haben, und die aus solchen narkosen und aus jeder hingabe an gewohnheiten notwendig herfließende einschläferung der energie wird dem wunsche platz machen, weil man herr über sich ist und keine unnützen und schädlichen bedürfnisse hat, auch herr in seinem hause zu werden, wirkliche bedürfnisse wirklich und voll zu befriedigen, frei zu sein. auch gebe ich zu bedenken, daß einem nicht naturnotwendigen bedürfnisse nachgeben nichts anderes bedeutet als es steigern. auf die pfeife ist die cigarre, auf diese in weit größerem umfange, als man zugeben will, das tabackkauen gefolgt, und schon ist der chloralrausch so verbreitet, daß ein berliner arzt, Eduard Levinstein, ein eigenes buch über und gegen ihn geschrieben, und ein anderer berliner arzt, Paul Börner, in einem sehr maßvollen und gewiß nicht reichsfeindlichen blatte, der nationalzeitung, auf dies buch ausdrücklich und geflissentlich aufmerksam gemacht hat. täusche man sich ja nicht: eine auf einer schiefen ebene rollende kugel hält nicht von selbst an: sie muß angehalten werden.

aus allen diesen gründen ist die regierung verbunden, bei regelung der stipendienfrage in der von mir angegebenen weise einzuschreiten: sie mag von Levinstein und Börner lernen, daß gegen solche laster nur folgerichtig und ohne erbarmen angewandte gewalt hilft, welche sie wenigstens in so weit zu üben in der lage ist, als sie die stipendien einer besseren vorzeit und ihre eigenen unterstützungen nur denen zu verleihen braucht, welche auf der seite der reinheit, der freiheit und der poesie stehn.

Es ist mir nicht zweifelhaft, daß wenn wir erst so weit sein werden, in Deutschland, in welchem der natur der dinge nach allerdings nur Deutsche leben sollten, das deutsche wesen wenigstens durch eine deutsche partei vertreten zu sehen, das meiden des tabacks, des wirtshauses, der mode und der schulden das äußere erkennungszeichen der dieser als gemeinde lebenden und wirkenden partei angehörigen sein wird. es ist vielleicht sogar einem liberalen eine unvollziehbare vorstellung, den Kürenberger, Wolfram von Eschenbach, Erwin, Sebastian Bach, Mozart, Goethe in einer kneipe mit der cigarre im munde hinter einem glas dividendenjauche zu denken: ist es das aber, so möchte man die im großen publicum zur schau getragene bewunderung jener heroen lieber nicht mit worten, sondern durch ein den daseinsformen jener entsprechendes leben ausgedrückt wünschen: was für die bewunderten schlechthin unmöglich war, sollte auch für die bewundernden, welche doch eben als entfernte geistesverwandte jener bewundern, schlechthin unmöglich sein. freilich wenn der taback erst eine geldquelle für das reich geworden sein wird, dürfte die unsaubere genußsucht, welche sich jetzt mit ihrem Karaibentume bereits in amtszimmer, gerichtsstuben und ähnliche räume drängt, und welche, unduldsam wie alles mit dem liberalismus zusammenhangende, ein alter deutscher sitte entsprechendes verhalten schier als persönliche beleidigung auffaßt, von den regierungen amtlich begünstigt werden. da Eine sclaverei immer die andere nach sich zieht, und da ganz besonders narkosen stets zahm machen, haben auch die parteien, welche, gleichviel von wem, nur möglichst viel ja gesagt haben wollen, weil sclaverei, auch narkosen zu fördern alle veranlassung. trotzdem wird eintreffen, was ich gesagt habe.

Was endlich den dritten punkt anlangt, so ist er bis zu einem gewissen grade bereits durch verfügungen der letzten jahre erledigt. die erlernung des kriegshandwerks nimmt den weitaus meisten studenten Ein jahr des trienniums fort, so daß sie tatsächlich nur vier semester für ihre studien haben. was von diesen vier semestern die neuere gesetzgebung durch das von den jungen leuten allerdings mit grinsendem hohne behandelte, aber doch vorbereitung erfordernde examen wegfrißt, in welchem die allgemeine bildung der künftigen lehrer und geistlichen festgestellt wird, das weiß jeder studierte mann im ganzen lande, der sich um das unterrichtswesen kümmert, nur die gesetzgeber selbst wissen es nicht. es kommt dazu, daß wenigstens die besseren jünglinge eine weile tasten, bevor sie mit gleichen beinen in den morast der examenvorlesungen und der geflissentlichen abrichtung für die examina hineinspringen. so geschieht es, daß tatsächlich fast gar nicht mehr studiert wird: es lohnt das anfangen nicht, wenn man für das eigentlich wichtige so wenig zeit hat. und da außerdem die hoffnung leuchtet, falls man sich den prüfungsbehörden nur mutig stellt, durch das examen durchzuschlüpfen, und das nötige baare geld in kürzester frist als beamter aus den steuern des volks zu empfangen (der staat ist ja nicht so weise, plätze lieber leer zu lassen als sie mit unterwertigen inhabern zu füllen), so hat der studierende keine veranlassung die studienzeit auszudehnen. für gewöhnlich behauptet er auch, daß seine mittel mit dem triennium erschöpft seien: daß das während des aufenthalts auf der universität für bier und taback verausgabte geld gereicht haben würde, ein viertes jahr auf der hohen schule zu bleiben, fällt ihm nicht bei, und wird ihm auch von den natürlich niemals über die akten hinaus klugen behörden nicht klar gemacht. es würde sich empfehlen, wirklich eifrigen jünglingen, welche sogar jetzt noch vorhanden sind, und deren zahl in dem maße wachsen wird, in welchem man auf wirkliches wissen und können wert legen und das angeklebte examinatorenfutter als unnütz verachten wird, ich sage, es würde sich empfehlen, wirklich eifrigen jünglingen die möglichkeit zu längerem studieren dadurch zu bieten, daß man ihnen aus dem triennium ein sexennium zu machen verstattete. selbstverständlich müßten die so bevorzugten außer den im ersten briefe an Timotheus 6, 8 genannten lebensbedürfnissen nur noch die von dem apostel vergessene notwendigkeit zu wohnen und bücher und instrumente zu besitzen kennen. fünf jahre (denn wie bemerkt geht Ein jahr des sexenniums für den dienst im heere ab) reichen in den teilen der wissenschaft, über welche ich ein urteil habe, der theologie, philologie, geschichte, bei angestrengtem fleiße eben zu, das gebiet wirklich kennen zu lernen, wobei noch vorausgesetzt wird, daß das volk die abgeordneten, welche ihm die dynastendotationen, die reptilienpresse, den verlust Luxemburgs, den invalidenfonds und ähnliche zierden des vaterlandes in die wiege bescheert haben, endlich einmal nicht wieder wähle, und in folge davon auch das von mir bereits früher genügend behandelte gesetz vom 11 Mai 1873 abgeschafft werden werde.

13

Man hat gesehen, daß ich zwischen unterrichten und bilden einen unterschied mache, und daß ich dem staate das recht zuschreibe, unterrichtsanstalten und bildungsanstalten zu begründen und zu unterhalten, vorausgesetzt, daß die von ihm beförderte bildung eine bildung zu einem bestimmten berufe ist, endlich, daß ich einen gewissen wert für die erziehung der jugend sowohl jenen unterrichts- als diesen bildungsanstalten zuerkenne.

einen menschen erziehen heißt, wie bereits oben bemerkt wurde, seinen willen bestimmen: ihn gut erziehen heißt seinen willen gewöhnen, stets nur das gute zu erstreben. soferne nur das gute zweckdienlich ist, erziehen wir in einem gewissen maße jedes mal, wo wir bilden. jemand, der zum steuermanne, zum offiziere, zum kaufmanne gebildet wird, muß das für einen steuermann, einen offizier, einen kaufmann gute wollen. wir erziehen auch in einem gewissen maße jedes mal, wo wir unterrichten, soferne niemand wirklich lernen kann ohne den willen zu lernen — jedes andere lernen ist ein mechanisches, ein bloßes ankleben —, und jeder dem willen angetane und auf etwas gutes gerichtete zwang ein erziehen ist. allein das gute an sich kann auf fachschulen und unterrichtsanstalten dem menschen nicht als ziel gesetzt werden, da diese stets nur ein einzelnes gute erwerben helfen.

was gut ist, bestimmt jeder mensch nach religiösen vorstellungen. gut an sich ist, was gott will, oder was gott will, ist gut: beide fassungen kommen vor: für mich ist hier gleichgültig, welche die richtige, da mir jetzt nur am herzen liegt festzustellen, daß gut ein in das gebiet der religion gehöriger begriff ist.

ist er das aber, so entzieht er sich den anordnungen des gegenwärtigen deutschen staates, denn der staat hat keinen andern zweck als den, dasjenige, was allen seinen angehörigen gleich notwendig und gleich wünschenswert, aber durch die kraft des einzelnen nicht zu erwerben ist, mit den beiträgen aller für alle zu erreichen: es fehlt aber so viel, daß alle angehörigen des deutschen staates dieselben vorstellungen von gott und seinem willen hätten, daß viele gar keine davon haben, andere überhaupt leugnen, daß man darüber vorstellungen haben könne, solle und dürfe.

gäbe es eine nationale religion in Deutschland, so würde auch der deutsche staat als beauftragter der deutschen nation zu erziehen befugt sein. man würde ihm auch ohne sorge eine tyrannei zu empfehlen, die erziehung übertragen können, da er in der allgemeinen religion das innere maß für seine forderungen und ansprüche fände. daraus, daß es eine solche nationale religion nicht gibt, folgt nicht, daß in Deutschland überhaupt nicht erzogen werden darf, sondern daß der staat verpflichtet ist, jeder religionsgemeinschaft, welche er überhaupt zulassen darf, und jedem ansatze zu einer solchen gemeinschaft das recht zur erziehung einzuräumen.

der staat ist nicht befugt, männer und frauen zu dulden, und ohne strafe zu dulden, und diesen männern und frauen, welche er duldet, zu wehren, den willen ihrer kinder nach dem ziele zu richten, welchem sie selbst mit zustimmung des staates zustreben.

hier geht der einzige weg, auf welchem wir zu einer nationalen religion, und so zur einheit zu kommen vermögen. menschen, welche von den verschiedensten punkten nach demselben ziele streben — und das ziel ist hier, dem willen gottes gemäß zu leben — nähern sich einander in demselben maße, in welchem sie sich dem ziele nähern. jede ernsthafte erziehung wird uns einigen, wenn auch zunächst die ideale, welche uns vorschweben, sehr verschieden zu sein scheinen. je mehr wir die ideale verwirklichen, desto gewisser wird es uns werden, daß sie nur verschiedene seiten einer und derselben sache sind.

das ziel steht nicht fest, nach welchem wir streben, und darum ist unumgänglich, es so bald als möglich festzustellen, und bis dies geschehen, unsere zustände als nur provisorische anzusehen, welche nur dann getragen werden dürfen, wenn sie als die ermöglichung zu einem definitivum zu gelangen gelten, und als solche behandelt werden.

je mehr die verschiedenen — ich muß wohl sagen parteien — bemüht sind, ihr ideal ernsthaft zu verwirklichen, desto größer ist die wahrscheinlichkeit, daß wir aus dem provisorium in ein definitivum übergehn, und darum ist die unbedingte erziehungsfreiheit, das heißt, die unbedingte freiheit aller eltern eine unabweisliche forderung, auf ihr ideal, welches der staat und die nation selbst als zulässig anerkennen, dadurch die probe zu machen, daß sie junge willen nach ihm richten. mag der staat daher unterrichten und bilden, so viel er will und so gut er kann, das heil der nation liegt darin, daß die verschiedenen in ihrer mitte vorhandenen religionsgemeinschaften — fertige und werdende, zahlreiche und wenig zahlreiche — ihre jugend so ernst und so rücksichtslos ehrlich und so sehr ohne nebengedanken wie möglich erziehen. die eine wird da immer die andere sowohl anfeuern wie in den schranken halten.

und dies recht nehme ich auch in anspruch gegen die jedesmalige regierung, soferne diese nicht eine rein technische, sondern eine politische, das heißt eine parteiregierung ist.

Verlasse man sich darauf: auch die jetzige jugend, so nahe sie den schwindelzeiten von 1872 steht, und obwohl sie allen den lasterhaften gewohnheiten einer auf schein und betäubung ausgehenden epoche ohne schutz ausgesetzt ist, auch sie ist zum höchsten willig und fähig, aber nur unter der bedingung, daß ganzer ernst mit dem höchsten gemacht werde. jeder offizier weiß, daß die soldaten schlechterdings zu allem zu bringen und zu brauchen sind, was ihnen als pflicht und als notwendig dargestellt wird. läßt einen eifrigen mathematiker, einen begeisterten freund des griechischen an eine schule kommen, so lernt die ganze junge gesellschaft ohne eine spur von zwang und ermüdung mathematik und griechisch. so wird auch der student arbeiten und werden, sowie er krieg oder sturm, sowie er begeisterung merkt. aber er merkt jetzt von krieg, sturm, begeisterung nichts. er ist arm, und was er merkt, ist, daß er auch ohne innerliche von herzen kommende arbeit eine gesicherte existenz erhält, wenn er — ich schreibe nicht fertig. glaubt man ihm vorwürfe über diese gesinnung machen zu dürfen? die vorwürfe gehören an eine ganz andere adresse als die seine. wenn man das jetzige system fortsetzen läßt, von allem ein wenig, hineinriechen in alles, beherrschen nichts, human examiniert und dann bequem ins brot gebracht werden, ohne zucht und aufsicht in die höheren stellen emporfaulen, dann geht der unterricht und mit ihm ein gutes stück Deutschland zu grunde.

Die einführung der allgemeinen wehrpflicht hatte in Preußen eine überschätzung der landwehr zur folge. die mythe bemächtigte sich der freiheitskriege, um die vorzüglichkeit des angeblichen volksheeres zu erweisen. kaiser Wilhelm hatte bereits als prinz 1833 die unhaltbarkeit des systems eingesehen, aber noch 1849 war in Baden die leistung der preußischen truppenkörper elend: die schlacht von Bronnzell wäre nie geschlagen worden, wenn man nicht in den maßgebenden kreisen erkannt hätte, daß mit den soldaten Preußens, wie sie damals waren, nichts zu machen, also unter jeder, auch der schimpflichsten, bedingung friede zu schließen sei. die während der regentschaft angefangene reorganisation ist, so unvergessen bei wirklichen politikern die widerwärtige art und weise bleibt, in welcher sie durch den leitenden minister ins leben gerufen wurde, längst allgemein als notwendig anerkannt: sie hat ihre früchte reichlich getragen. es ist in den jetzigen regimentern dasselbe volk, welches in den verschämten und aufgeblasenen mi-

liztruppen von 1815 bis 1860 stak, aber man hat seit 1860 mit
den soldatischen pflichten der nation und ihrer führer ernst gemacht:
so ist aus den bei Bronnzell leistungsunfähigen schaaren
das heer geworden, welches Moltke von siege zu siege geleitet, welches
bei Belfort stand gehalten hat.

die einführung der allgemeinen schulpflicht ist bis jetzt in Preußen
denselben weg gegangen, welchen die allgemeine wehrpflicht
bis 1860 gegangen ist, und wird, wenn auch nicht an der hand
des gegenwärtigen ministeriums und nicht an der des landtags in seiner
augenblicklichen zusammensetzung, weiter denselben weg gehn wie
jene. es muß auch auf diesem gebiete ernst gemacht, und begriffen
werden, daß ganz wie ein heer, welches im entscheidenden augenblicke
nichts leisten kann, wertlos ist, so eine schule, welche die
seit 1871 Deutschland offen zerfressende zerrüttung nicht nur nicht
hintangehalten, sondern hauptsächlich verschuldet hat, nichts taugt.
was auf militärischem gebiete Bronnzell heißt, das heißt auf paedagogischem
gründungsschwindel. unser schulwesen ist viel zu teuer,
um so wenig oder so geradezu schlechtes zu leisten wie es leistet,
und viel zu billig, um das leisten zu können was es leisten muß.

wie der staat sich berufsoffiziere heranbildet, so muß er auch
die männer heranbilden, welche regieren sollen: und regieren sollen
nicht allein beamte, sondern auch die vielen, welche mit und
ohne ehrenamt das leben der nation irgendwie und irgendwo zu
leiten berufen sind. wer nicht offizier werden will, hat in kadettenhäusern
und ähnlichen anstalten nichts zu suchen: wer nicht
weiß, daß er irgendwo regieren wird, gehört nicht auf die gymnasien.
zutritt zu den offizierbildungsanstalten hat in Preußen jeder:
auch zu den gymnasien habe ihn jeder: aber durch eine der isolierung
der kadettenhäuser ähnliche schließung der gymnasien muß
der unterricht, wenn man will, die erziehung oder bildung der
jungen leute zu künftigen regenten ermöglicht, und jeder ferne
gehalten werden, der nicht das auf ihnen zu gewährende maß an
unterricht ganz bis zu ende zu genießen, und der nicht mit vollem
bewußtsein ein mitglied der deutschen gentry zu werden vorhat.

neben diesen gymnasien haben die volksschulen zu stehn, besucht
von denen, welche in irgend einer weise erwerben wollen,
und abgestuft nach den arten des erwerbs, auf welchen man aus ist:
ackerbauschulen, handwerkerschulen, handelsschulen, polytechniken.
es wird nichts im wege stehn, die aus diesen anstalten hervorgegangenen
menschen zur gentry zu ziehen, wo das bedürfnis es verlangt,
oder wann sie sich als gentlemen erwiesen haben.

wir haben zur zeit in Preußen eine regierung nicht: wir haben
beamte eines unpersönlichen, durch die not zu stande gebrachten
staats. wir haben eine volksvertretung nicht: wir haben eine
zum reden und stimmen veranlaßte, nicht regierungsfähige sammlung
von liberalen velleitäten und von versteinerungen einer verschämten
oder unverschämten reaction. das große wort führen auf dem

felde des unterrichtswesens die seitenstücke zu denen, welche auf dem gebiete des militärwesens für milizen schwärmen. diese wortführer ergänzen sich aus den resultaten des königlich preußischen unterrichtswesens Hegel-Schulzescher confession: sie werden sich hüten den ast abzusägen, auf welchem sie sitzen — der realschuluntersecundaner gibt dem heutigen Preußen die signatur —: die krone allein wird helfen können, wenn sie diese sachlage erkennt, und das unterrichtswesen von dem gesichtspunkte aus reorganisiert, daß die nation regenten, und daß sie erwerbende braucht: daß da, wo die einen erzogen werden, die andern nicht erzogen werden können: daß jede schule eine nach oben und nach allen seiten hin geschlossene sein muß: daß die bei allen Deutschen gleiche liebe zum vaterlande, die allen obliegende pflicht, dieses vaterlandes beste zu fördern, ein genügend starkes band ist, um die beiden klassen der untertanen der krone zusammenzuhalten.

Die religion der zukunft.

Die abneigung gegen die, wie man sich auszudrücken pflegt, bestehenden religionen ist in unserer zeit sehr weit, sogar über die kreise hinaus verbreitet, welche sich als die sogenannten gebildeten für die allein gültigen vertreter der menschheit ansehen: auf einzelnen feldern des abneigungsgebietes findet sich eine theoretische, dann und wann zu einer sehnsucht nach religion großwachsende anerkennung der religion als solcher: in manchen fällen wird diese sehnsucht als hoffnung auf das erscheinen einer neuen, modernen menschen angemessenen und genehmen religionsform kund gegeben, was besagen will, daß man so herrliches nicht nur zu wünschen wagt, sondern sogar die erfüllbarkeit des gehegten wunsches zu erkennen meint: irgend welchem willen teilen die betreffenden personen eine rolle bei der verwirklichung ihrer hoffnung nicht zu, weder einem willen gottes, welcher offenbarte, noch einem willen der menschenwelt oder einzelner menschen, welcher erwürbe. es wird der mühe lohnen, sich über den wert dieser hoffnung klar zu werden, nicht allein, weil man überhaupt über ausstehende activa seines vermögens unterrichtet zu sein allen anlaß hat, sondern auch, weil die klarheit über diese hoffnung notwendigerweise auch über andere seiten unseres geistigen lebens licht verbreiten muß, da die religion wenigstens von den hoffenden als das höchste gut des menschlichen geistes angesehen wird, und darum wenigstens von ihnen niemals ohne beziehung auf die weniger hohen besitztümer der menschheit gedacht werden kann.

2

Veranlaßt wird die religion durch die verschiedenheit der menschen, soferne neben dieser der trieb des einzelnen hergeht, sie durch eigenes werden auszugleichen. in diesem triebe liegt einmal der glauben, daß jene verschiedenheit keine wesentliche, liegt zweitens das bewußtsein, daß jeder vorzug unserer nebenmenschen eine forderung an, eine aufgabe für uns ist. sein wollen was die besten neben uns sind, heißt dem ideale nachgehn, und nur diejenigen menschen, welche diesem nachgehn, gelangen auf ihrem wege auch dahin, den leiter aller zu einem ziele vorwärts wandelnden, gott, irgend wie zu finden. idealismus ist nicht frömmigkeit, kann aber zu dieser führen, wenn er sich selbst treu bleibt. zu gott gelangt man nicht durch die furcht, nicht durch das gefühl der abhängigkeit, nicht durch den verstand, nicht durch fürwahrhalten oder glauben, sondern nur durch das bestreben besser zu werden, weil nur dieses auf das gute hinaus will, das mit gott eines und dasselbe ist. fromm sein heißt, das eigne leben und die geschichte als ein zu einem ziele dringendes ganze verstehn: darum ist die anerkennung eines zieles, und ein solches steckt doch das ideal, die notwendige vorbedingung aller frömmigkeit, und wenn dies, auch eine vorbereitung auf sie. das ideal entsteht aus der anschauung: es kann mithin in der einsamkeit nicht entstehn. an das ideal glaubt, nach ihm strebt nur, wer es für erreichbar erachtet: es darf mithin ein übermenschliches nicht sein. das ideal erweist, daß die ziele der menschheit höher liegen, als der durchschnitt der menschheit sie steckt: es erweist dies nicht durch irgend welche belehrung, nicht durch ein zu bestimmter zeit erlassenes gesetz, sondern durch sein dasein: von diesem dasein aber weiß ein jeder, der es zu sehen und irgendwie zu erkennen vermag, daß es nicht gemacht, sondern geboren, daß es die lichte gabe einer im dunkeln verborgenen hand ist.

wer das eben gesagte zugibt, gibt, was ich für wichtig genug halte, um es hier beiläufig zu erwähnen, zugleich zu, daß das menschengeschlecht nicht von einem einzigen paare abstammt. täte es dies, so wäre religion gerade in der ältesten zeit unserer geschichte unmöglich, da die religion nur in der gemeinschaft denkbar ist: wäre sie aber zu irgend einer zeit unmöglich, so wäre sie überhaupt zu entbehren, ganz so wie die bibel für die christliche frömmigkeit entbehrlich ist, weil es christliche frömmigkeit gegeben hat, ehe die bibel neuen testaments geschrieben wurde. die eben formulierte einsicht schließt die möglichkeit einer physischen herkunft unseres geschlechts von einem einzigen paare nicht aus, nur fienge die menschengeschichte jedenfalls erst an, als diese stammeltern sich so weit vermehrt und ihre nachkommen sich so breit differenziert hatten, daß an der auf einander angewiesenen und mit einander lebenden verschiedenheit das bewußtsein ethischer zwecke erwachsen konnte. Adam und Eva in der von der heutigen orthodoxie gelehrten daseinsform wären tiere gewesen: die alte kirche hat daher sehr richtigen takt für das wesentliche gezeigt, wenn sie ihnen gott und die engel als umgang zuwies, da sie nur durch den umgang mit wesen, welche mehr waren als sie, menschen werden konnten.

Es leuchtet ein, daß je nach den dem menschengeschlechte gerade gestellten aufgaben verschiedene seiten des ideals zum bewußtsein kommen werden: in der vorgeschichtlichen zeit andere als in der geschichtlichen, in Rom andere als in Deutschland. daraus folgt dann allerdings eine vielheit der religionen, welche erst im laufe der geschichte zur religionseinheit werden kann, indem die menschen einsehen, daß neben der art leben, welche sie selbst haben, auch die vielen arten leben der andern berechtigt sind, und daher erstrebt werden müssen. wahrer monotheismus ist die organische vereinigung der sämmtlichen religionen: ein monotheismus, welcher nur aus der negation und dem verstande kommt, wie der des modernen Judentums und der modernen bildung, ist götzendienst. darauf, daß die verschiedenen seiten des ideals überhaupt zum bewußtsein kommen können, gründet sich die möglichkeit der religion: hingegen die verunreinigung und entartung der religion (der ausdruck ist nicht genau, aber zur zeit verständlicher als der genaue) gründet sich darauf, daß einzelne im leben unseres geschlechts in folge von dessen weiterer entwickelung zurücktretende oder verschwindende formen des ideals nicht mehr angeschaut werden, und die formeln, in welche man diese formen gefaßt hatte, gleichwohl in der erinnerung der menschenwelt weiter umlaufen, wodurch sie, weil nicht durch die anschauung der von ihnen bezeichneten sachen verständlich erhalten, zur lästigen und entsittlichenden unwahrheit werden.

es leuchtet weiter ein, daß es eine sogenannte naturreligion gar nicht gibt, mithin die wissenschaft, welche eine solche an die spitze der ganzen religionsentwickelung stellt, auf falschem wege geht. religion hat niemals beziehung auf die natur: sie entsteht und verläuft innerhalb der menschlichen gemeinde. gerade weil sie dies tut, sieht sie in der natur menschenähnliches, so gewiß das kind eines deutschen bauern auch in Frankreich die ihm dort sich darbietenden gegenstände mit deutschen namen nennen wird. der mensch anthropomorphisierte und heroisierte naturvorgänge, wenn er es überhaupt tat, nur, weil ihm der mensch, der heros, das allein denkbare, das allein innerlich bekannte war. so lassen die naiven maler des germanischen mittelalters die personen der biblischen geschichte in der tracht des germanischen mittelalters auftreten.

was man für die herrschende ansicht anführt, beweist nichts.

einmal sind die mythen allesammt nicht ursprünglich. bevor die mythen nicht auf ihre erste gestalt zurückgeführt worden sind, was aus mangel an quellen fast nie möglich sein dürfte, bevor man nicht ort und zeit ihrer entstehung bestimmt erkannt hat, läßt sich aus ihnen gar nichts erweisen. und in der tat ist auch von den comparativen mythologen nie etwas erwiesen worden: am allerwenigsten hat man gezeigt, wie das mit einer oft widerlich schmutzigen phantasie skizzierte system je religion hat sein können.

sodann sind mythen, sind veda und edda und was diesen beiden näher oder ferner analog ist, in ihrer gesammtheit durchaus nicht ausdruck der religion, sondern cultus- und darstellungsmaterial einer priesterschaft, also nicht die äußerung eines originalen lebens, sondern mittel, um den nachklang originalen, aber vergangenen lebens im interesse nicht der religion, sondern der priester festzuhalten. die edda ist der krankhafte misverstand einer gelehrten, dem germanischen volke aufgezwungenen symbolsprache: aus der caricatur eines misverständnisses der religion läßt sich nur mit äußerster vorsicht auf die religion schließen. und bei den veden wird es nur dem grade nach anders sein. wer aus den veden und der edda auf die frömmigkeit der urzeit schließt, gleicht dem theologen, der aus Gabriel Biel oder Duns das evangelium reconstruiert: dies ist allerdings auch in Biel und Duns vorhanden, aber aus ihnen finden wird es nur, wer es bereits anders woher kennt.

zu beachten wird auch sein, daß religiöse vorstellungen nicht so unantastbar sind wie ein stück platina: sie sind religiöse vorstellungen nur, soferne sie sich religiösem bedürfen gegenüber als lösbar zeigen, das heißt, soferne sie mit ihm verbindungen eingehn, also in eine andere existenzform übertreten. es kann ganz richtig sein, daß der indische Sârameyas der griechische Hermeias ist: allein die vorstellung von jenem war, wenn sie überhaupt so wie man meint, vorhanden gewesen ist, niemals religion, sondern nur einerseits material für religion, andererseits misverständnis derselben. was etwa aus der urzeit unseres geschlechts in die verschiedenen völker mitgegangen ist, hat sich, gerade weil es der geschichte, also dem werden, der entwickelung anheimfiel, in den gemütern dieser völker so verändert, daß es mit nichten noch der besitz der urzeit selbst, sondern das um zins und zinseszins vermehrte kapital der urzeit ist. es gibt ja noch leute genug, welche das verhältnis des alten und neuen testamentes als das von weißagung und erfüllung ansehen. während in wirklichkeit nie eine weißagung erfüllt ist, weil notwendigerweise jede religiöse forderung des dritten oder irgend eines andern jahrtausends vor Christus in Christus gar nicht mehr erfüllt werden konnte: es muß, weil die geschichte niemals stille steht, in der erfüllung über die weißagung stets so viel überschießen, daß in wahrheit ein neues vorliegt, das alte worte zu brauchen vielleicht nicht verschmäht. es stünde schlimm um uns, wenn das alter das in der jugend gewünschte so erhielte, wie es sich dasselbe in der jugend gewünscht: was soll ein mann mit kinderspielzeug? und spielzeug wären ihm auch die ideale seiner jugend. erfüllt in dem gemeinen verstande des worts werden nur wahrsagungen, und auf wahrsagerei läßt sich eine religion niemals ein.

auch die aus dem glauben jetzt lebender wilder völker entnommenen beweise dürfen nicht gelten. der mensch ist, weil fortdauernder entwickelung fähig, weil unsterblich, weil ein gedanke des göttlichen geistes, nur in der entwickelung, also nur in der geschichte, mensch. ungeschichtliche völker sind nicht das normale, sondern die wirkung einer krankheit. wer will aber dann aus ihrer art, welche in tat und wahrheit nur unart heißen darf, schlüsse auf die an der spitze der entwickelung stehende, also gewiß, da sie die fähigkeit der vaterschaft besaß, kerngesunde phase unserer geschichte machen? zeugen heutzutage jüdische eltern von zwölf und zehn jahren in einer ungarischen pusta ein mikrokephales halbtier, so ist das von pathologischem, nicht von physiologischem werte: und beharren scheinbar völker in dem zustande, in welchem ihre ahnen vor zehntausend jahren lebten, so sind sie historisch rhachitisch, nicht typen uralter gesundheit, sondern bemitleidenswerte ergebnisse uralter krankheit, mithin für die normale gestalt der urzeit nichts beweisend.

über die religion der ältesten menschen vermögen wir uns nur durch die sprachwissenschaft einigermaßen zu orientieren. ich verstehe unter sprachwissenschaft allerdings weder das subalternen gemütern so ausschließlich wichtig erscheinende sammeln des in den verwandten idiomen identischen, eine beschäftigung, welche man wenig sachgemäß vergleichende grammatik genannt hat, während sie sortieren von wörtern und wortformen heißen sollte, noch auch verstehe ich darunter das philosophisch sein sollende hinundherreden über linguistische kategorien, wie es von denen geübt wird, welche, weil sie keine einzige einzelne sprache in specie kennen, die gesammte sprache sofort als genus ergründen: ein unterfangen, das einem naturforscher wie ein verbrechen vorkommen würde. ich verstehe unter sprachwissenschaft die fähigkeit, aus einer tunlichst genauen, an umfänglichen, vielseitigen originaltexten gewonnenen kenntnis möglichst vieler zweige eines sprachstammes vorsichtig die den einzelnen idiomen, und danach noch vorsichtiger die der gemeinsamen mutter dieser idiome innewohnenden lebenserscheinungen lexilogischer, grammatischer, syntaktischer, synonymischer, idiomatischer art und die ihnen vorauf liegenden physischen und ethischen lebensbedingungen zu begreifen, das heißt als äußerungen eines und desselben lebensmittelpunkts zu verstehn. die sprachen nun zeigen uns bereits in der ältesten für uns erreichbaren gestalt eine reihe religiöse und ethische anschauungen ausdrückende wörter von einer solchen tiefe, daß jede möglichkeit, die derlei schätze des geistes und gemütes zu tage fördernden und in umlauf setzenden als auf dem standpunkte australischer und amerikanischer menschheitsschlacken stehend zu denken, wegfällt. die ältesten Perser nannten das höchste wesen hwadhâ, den sich selbst setzenden, den, der sich selbst gesetz ist, die ältesten Semiten êl oder âlôn, den zielpunkt oder den erstrebten: glaubt man in der tat, daß völker, welche diese gedanken zu fassen und für den täglichen gebrauch zu formulieren verstanden, schmutzereien, wie sie die freilich nur die folgerungen aus den modenarrheiten der kamaraderie unbeirrt ziehenden, leider schon recht zahlreichen enfants terribles der comparativen mythologie in der urzeit wittern, für religion gehalten haben? die urzeit muß in den sprachen der historischen völker studiert werden, und die ergebnisse dieses studiums, welches anzustellen heutzutage allerdings nicht fünf menschen befähigt sind, werden mit den ergebnissen der naturforscher auszugleichen sein, sobald die naturforscher wirklich resultate (bewiesene und jedem ehrlichen forscher stets von neuem beweisbare sätze) vorzulegen haben: sonst bleiben wir in dem sumpfe stecken, in welchen die von ihren gesellen und nachahmern für das nicht urteilsfähige große publicum aufgelobten mythologischen berühmtheiten unserer zeit uns so eifrig immer tiefer hinein winken. auf dem gebiete der semitischen sprachen liegt sogar die möglichkeit vor, die entwickelung des religiösen und ethischen lebens der urzeit ziemlich genau zu verfolgen. da nämlich die wurzeln der semitischen sprachen ursprünglich nur aus zwei consonanten bestanden haben, und da (man lese die betreffenden seiten meiner Symmicta) die weiterbildung jener urstämme auf doppeltem wege erfolgt ist, erstens so, daß man die als conjugationsmittel verwendeten consonanten in den stamm zog, zweitens so, daß man von hause aus dreiconsonantige, also für uns unreducierbare, themen bildete, so ergibt sich für einen wirklichen kenner der semitischen sprachen unschwer, welcher der drei klassen ein religiöse anschauungen ausdrückendes wort angehört, ob zweiconsonantigen oder einer der beiden arten dreiconsonantiger stämme, und in folge davon wird man auch im großen und ganzen die reihefolge zu bestimmen im stande sein, in der jene anschauungen geworden sind, und wird, um einige beispiele zu geben, begreifen, daß qadosch heilig, çaddiq gerecht noch der zeit der sprachbildung, aber der jüngsten epoche dieser sprachbildung angehören, während tamm vollkommen, barr rein, thâb gut schon dem allerältesten Semitismus bekannt gewesen sind.

alle diese untersuchungen sind noch nicht geführt worden, und darum fehlt der theologie, welche ich nicht müde werde als das wissen um die geschichte der religion zu definieren, nichts weniger als die grundlage. darum fehlt auch mir in diesem zusammenhange das recht aus den mir persönlich einigermaßen bekannten ältesten daseinsformen der religion schlüsse zu ziehen, welche niemand anzuerkennen brauchte, der nicht meine ungedruckten und schwerlich je zu druckenden arbeiten zur sache kännte und anerkännte.

3

Soviel will ich trotzdem sagen, daß man die religionen in zwei klassen einteilen darf, solche der urzeit, welche lediglich durch die gemeinschaftliche arbeit ganzer völker erworben sind, und solche der historischen zeit, welche von namentlich bekannten einzelnen personen nicht sowohl ausgehn, als veranlaßt werden. freilich muß man sich darüber klar sein, daß der urzeit die einzelnen personen so wenig fehlen, daß vielmehr im gegensatze zu unserm gregarinentume damals die völker in weit höherem grade als jetzt eine vereinigung vieler einzelner personen, eine gesellschaft von heroen, waren: noch mehr aber muß man einsehen (ich lege darauf, als einen wesentlichen fortschritt des verständnisses großes gewicht), daß die völker auch an der bildung der persönlichen religionen den erheblichsten anteil haben, soferne der jedesmalige religionsstifter — ich mag den ausdruck nicht leiden, aber er reicht aus, anzudeuten, was ich meine — durchaus nicht bloß eine noch nicht dagewesene, aus dem himmel auf die erde geworfene monade, sondern auch in dem volke und in der zeit erwachsen ist, wofür er wirkt: soferne seine tat einmal im zusammenleben der in seiner umgebung verstreuten lebenselemente, anderntcils im erkennen und ablehnen der ihn mit instinctivem hasse erfüllenden todeskeime und verwesungs- oder versteinerungsbildungen seines kreises besteht: soferne drittens der irdische leib für die von ihm in die geschichte gesäte neue seele allemal nur aus dem materiale der geschichte selbst, also nicht aus dem in sich homogenen stoffe einer engen, lediglich durch physische abstammung zusammengebrachten gemeinschaft aufgebaut wird: endlich erwäge man, daß die religionen der urzeit uns vielleicht nur darum anders geartet scheinen als die der geschichte, weil wir von einer geschichte der urzeit nichts wissen. unter diesen vorbehalten und in dem aus ihnen sich ergebenden sinne will ich mir gestatten von volks- und von personenreligionen zu reden, wofür man auch vorgeschichtliche und geschichtliche religionen wird sagen dürfen. in jenen gibt die gesammtheit dem einzelnen, in diesen der einzelne der gesammtheit. aber in der urzeit mußte gefordert werden, daß der einzelne die ihm gewährte summe ethischen kapitals verzinse und vermehre: in der geschichte, daß die gesammtheit sich zu jenem einzelnen meister hinanbilde. damals kam es auf die bildung von heroen, jetzt kommt es auf die bildung von gemeinden an. die entartung entspringt in beiden epochen aus dem stillstande, aus dem glauben, daß alles getan sei, während niemals in der geschichte etwas getan wird, als damit in folge davon noch mehr und besseres getan werde.

4

Uns liegt das christentum, obwohl seit viertehalb jahrhunderten in stetigem verschwinden, noch nahe genug, um uns an seiner entstehung klar zu machen, wie eine geschichtliche religion zu stande kommt. ich berichte kurz über diese entstehung, um dann aus der analogie schließen zu dürfen.

Eine kleine nation wohnte in dem lande, welches, an der einzigen straße zwischen Asien und Africa belegen, die brücke zwischen diesen beiden erdteilen bildete. das an ihrer westlichen grenze brandende meer verband die Palaestinenser mit keiner ferne: denn die küste ist von Acco bis Gaza fast hafenlos, und regelmäßig wehen von Cypern nach Aegypten und von Aegypten nach Cypern passatwinde, welche zu durchschneiden der schifferkunst der ältesten zeiten unmöglich war, und die daher nicht wenig dazu beitrugen, das gestade für kommende und gehende abzuschließen. im osten dehnte sich die wüste viele tage weit, dem sonst überall aufschlagenden walde unzugänglich, dem pfluge unbezwingbar, eine sich durch sich selbst hütende isolierschicht, über welche gelegentlich die beute suchenden reiter der steppe einbrachen, aber niemals ein samenkorn geistigen lebens hinüberflog. im süden glühte baumlos, ohne quellen, ein jäh abstürzendes kalkgebirge, schob sich als riegel gegen die Beduinen Arabiens vor, und ließ nur wenigen raum für den verkehr mit dem Pharaonenreiche. nur nach norden war Palaestina wirklich offen.

die nation, welche in diesem so fest ringsum abgeschlossenen ländchen lebte, war eine mischung ganz verschiedener bestandteile. da gab es Aramäer, welche Carrhae in Mesopotamien als ihre erste heimat ansahen: östlich vom Jordan höchstwahrscheinlich Araber, eine energisch empfindende, rasch handelnde menschenart: da gab es Ezrachiten oder ureinwohner, ein frohes, sangkundiges geschlecht, das noch spät dem tempel seine dichter schenkte: da gab es endlich die eindringlinge, durch welche Zare oder Zerach, der aus dem worte ezrach herausgedichtete ahnherr der autochthonen, in den schatten gedrängt wurde, doch nicht so ungestüm und laut, daß nicht später Phares des Zare zwillingsbruder hätte heißen dürfen. die eindringlinge selbst nichts weniger als nur semitischen ursprungs: ihr führer, Moses, ohne zweifel ein Aegypter: der stamm der Leviten, auf welche dieser führer sich und seine verfassung stützte, ebenfalls Aegypter, welche, höherer bildung und alter kultur erben und bewußte träger, die semitischen horden, mit denen zu ziehen sie irgend welche veranlassung gehabt hatten, lenkten, sittigten und unterwarfen. daneben die geduldeten beisassen aus allen möglichen ländern.

diese elemente waren in dem jahrhunderte lang von auswärtigen stürmen unberührten gebiete so ziemlich zusammengewachsen, als die große geschichte ihre flügel zu schlagen begann, und Palaestina in folge seiner lage in die kämpfe zwischen Aegypten und Assyrien hineingezogen wurde. das volksbewußtsein war damals kräftig und naiv genug, eine eigene politische rolle für diese noch unerprobte nation in sedez beanspruchen zu wollen, welche nichts geleistet, nichts erfahren hatte, und wenig mehr besaß als die notdurft eines einfachen und in glücklichem klima erlaubter weise anspruchslosen daseins.

wie alle naturvölker, hatte auch das hebräische seine mittel, um den schleier der zukunft zu liften. sogar ein in der geschichte der Juden so einflußreicher mann wie Samuel war ein wahrsager gewesen, welcher in dem rufe stand, für einen viertel seckel, also für wenige pfennige deutscher reichsmünze, dem seines vaters eselinnen suchenden Saul über die verlorenen tiere bescheid schaffen zu können. das auch in Deutschland nur zu bekannte hebräische hauptwort kohen, das den Juden priester bedeutet, hat im arabischen als kâhin den sinn wahrsager: sollte daraus nicht folgen, daß die weisen männer des ältesten Israels vorzugsweise Aharoniden und Leviten, das heißt ägyptischen blutes gewesen sind? aber ganz verschieden von den alten sehern waren die sprecher. die erkenntnis, was ein nabi gewesen, ist durch nichts so erschwert worden, wie durch die den Griechen für nabi geläufige, noch dazu an sich schon gröblich misverstandene benennung prophet. die semitischen sprachen haben gar keine mit präpositionen zusammengesetzte zeitwörter, können mithin den begriff des vorhersagens gar nicht durch eine einzige vokabel ausdrücken, so daß das wort nabi, weil ein einzelnes, schon als solches den aus zwei momenten zusammengeflossenen begriff vorhersagen nicht besitzen kann: auch den Griechen ist ein prophet wenigstens ursprünglich etwas anderes als ein vorhersager. nabi hieß jeder, der eine botschaft brachte: in den altarabischen totenklagen der Hamâsa kommt das zeitwort oft genug von der ansage eines trauerfalles vor. wie die wurzel des wortes arabisch ist, so scheint die sache den mit den Beduinen der wüste wenn nicht verwandten, so jedenfalls in steter beziehung stehenden bewohnern der ostjordanländer anzugehören. Elias ist ein Thesbiter, und Elisaeus jedenfalls weit ab von Jerusalem und Samaria, höchst wahrscheinlich südöstlich vom see von Tiberias zu hause. im prophetentume — es wird nichts übrig bleiben als den an sich sehr misverständlichen ausdruck beizubehalten — ist eine specifisch arabische seelenstimmung in ein system gebracht. der Araber glaubt bei besonders wichtigen vorfällen seines lebens den hâtif zu vernehmen, der merkwürdiger weise im späteren oriente mit jenem Elias dem Thesbiter zu dem ewig jungen, in grünem gewande einherziehenden Chidhr zusammengefallen ist: die Perser haben diesen Chidhr mit ihrem Serôsch, dem genius des aufmerkens und des gehorsams, identificiert. der talmud ist voll des glaubens an leiblose stimmen, welche dem der weisung bedürftigen menschen zu rechter stunde sich hören lassen, und auch im neuen testamente spielt der glaube an sie seine rolle. nur in der einsamkeit und dem die religiöse phantasie erfahrungsmäßig mächtig anregenden hunger der wüste konnte ein solcher glaube erwachsen, welcher städtern, mitten im lärme des werkeltages übervolle wänste mühsam und verdrossen umher schleppenden gewohnheitsmenschen, vollends in unserer zeit, unverständlich ist, der aber große folgen gehabt hat, als er auf den mit alten eichen bestandenen, den blick in die ferne richtenden bergkuppen der ostjordanländer die wendung auf Israel nahm. ein nabi ist den alten Israeliten derjenige, welchem die innere stimme und andrerseits der heilige geist, das heißt im alten testamente der geist der gemeinde, die fähigkeit verliehen, in den wirrnissen des lebens den ethischen kern zu erkennen, und welcher den trieb fühlt und in tätigkeit treten läßt, das ihm klar gewordene seinen nebenmenschen gegenüber geltend zu machen. in der prophetie weht die reine luft der berge, von denen die boten gottes herniederstiegen, um gottes befehl zu verkünden, auf welche sie zurückflüchteten, wenn die von ihnen getragene kunde den unter weinstock und feigenbaum bequem in toleranz gegen alles, was keine mühe machte, hinlebenden bewohnern der tiefen unbequem geworden war. was die männer im härenen gewande brachten, war mit nichten kenntnis der zukunft: forderung einer ewigen, einer gleichwohl in der geschichte wirkenden und Israel in ihr mit einem lebenszwecke und dadurch mit leben ausstattenden kraft war es. die ziele, welche man steckte, gehörten der zukunft an: ihnen zustreben gewährte die sicherheit des heils, sie verhöhnen oder auch nur von ihnen gleichgültig sich abwenden war sicherer tod. die propheten hatten den instinct für das ethos und für Israel: in ihnen brennt zum ersten male in der geschichte die flamme der vaterlandsliebe in reinstem lichte, der vaterlandsliebe, welche im vaterlande nicht althergebrachte gewohnheit freundlichen daseins, sondern den träger einer großen aufgabe, den irdischen leib einer idee sieht. aber ihnen gegenüber fehlten die patrioten und fehlten die staatsmänner der art nicht, welche zu allen zeiten die völker ins verderben treibt. wir besitzen nur, was wir täglich neu erwerben: wir vermehren unsern besitz nur, wenn wir durch abstoßen des verbrauchten materials früherer tage seinem wachstume platz schaffen. weniger störend als die arbeit um das kommende freilich war es auch in Israel, die herrliche, von den vätern ererbte religion zu feiern, sich an dem hohenpriester zu freuen, der mit der berüchtigten horte von granatäpfeln und schellen um den saum seines talars und dem schilde von goldblech vor der brust so sinnbetörend schön pontificierte: hätte es schon Mausergewehre gegeben, man würde durch sie sicher zu sein geglaubt haben, und ohne zweifel haben gefängnis und andre strafen (nur geldstrafen gab es damals noch nicht) gegen unzufriedene angewandt, welche stets landesverräter oder doch reichsfeinde geheißen haben werden, für die besten mittel gegolten, den staat auf seiner höhe zu halten: Ieremias ist deß zeuge. die dynastie meinte zwischen Aegypten und Assyrien eine rolle spielen zu können, und ihr getreues volk glaubte ihr, weil zu glauben der eitelkeit der nation schmeichelte: von den propheten selbst entlehnte man die worte, um die aufgabe der großmacht Israel zu schildern und zu preisen, nur daß jener gedanke sich in den gemütern der hofdemagogen ausnahm, wie die spiegelung des sternenhimmels in einer froschpfütze. man erkannte alles an, was die propheten verkündeten, nur sollte es neben dem gelten, was jene als ungültig angriffen: man wollte die waare und den preis zu gleicher zeit besitzen, die frucht des baumes ohne den platz für den baum, ohne den baum, ohne das langsame wachsen des baumes. wir haben wenig übrig von dem, was die propheten geredet, getan, geschrieben: was übrig ist, danken wir nicht überlegter auswahl, sondern dem zufalle, der vielleicht noch gnädiger gewaltet hat, als eine auswahl gewaltet haben würde, weil diese, in die hände kleiner menschen gelegt, nicht das gewaltige, sondern das tunlichst alltägliche genommen hätte: könnte man doch auch etwa bei der italienischen litteratur sicher sein, wenn von der menge und für die menge gesichtet würde, mit Michel Agnuolo und Leopardi nie behelligt zu werden, denen Gozzi und Goldoni vorzuordnen selbstverständlich sein müßte. aber auch das, was wir haben, läßt erkennen, daß das in Israel in der prophetischen epoche vorgegangene typischen wert besitzt. die nation besteht nicht aus der masse, sondern aus der aristokratie des geistes. die nation lebt nicht von der vergangenheit, sondern von der zukunft. die ziele der nation werden ihr nicht von menschen gesteckt, sondern von dem lenker aller geschicke im himmel, welcher die nationen dahin stellt, wo sie stehn sollen, nicht damit sie glücklich seien, sondern damit sie seinen heilsgedanken dienen.

Die politik seiner könige und seiner patrioten führte Israel ins elend. als die kümmerlichen reste der nation von Cyrus und dessen nachfolgern das recht erhielten nach Judaea zurückzukehren, war zunächst nichts als jammer in dem früher meist so selbstzufriedenen lande. nicht eine überzeugung von dem ethischen werte der in Israel vorhandenen lebenselemente hielt die um Jerusalem neu vereinten zusammen: mechanisch klammerte man sich an die brocken vorzeit, welche zertrümmert am boden umherlagen: Davididen, Leviten, propheten, alles war, früherer kämpfe und disharmonien nicht mehr eingedenk, bemüht aufzubauen was irgend noch stehn wollte, und die neue gemeinschaft, in welcher auch die innerlichen seelen platz nehmen mußten, wenn sie überhaupt irgendwo einen platz haben wollten, diese gemeinschaft wäre eine kümmerliche ruine geblieben, wenn nicht der zelotismus mit seinem hydraulischen drucke die verschiedenartigen baustücke zu einer neuen masse zusammengepreßt hätte. das neue Israel war, was man im römischen heere eine caementaria structura nannte, und der Pharisäismus hat es gebaut. trennung von allem nicht-Israel (Pharisäer bedeutet separatist) war das gebot der ersten, freiwillige übername aller schwerster äußerlicher pflichten der am schwersten belasteten heiligen und priester der vorzeit das gebot der zweiten tafel in dieser neuen gesetzgebung: der kalte, giftige hochmut, welcher aus der beobachtung dieser gebote floß, wurde noch dadurch gesteigert, daß man ihm einen patriotischen vorwand in dem rechtsanwaltmäßig gefaßten glauben an die erwählung des gepriesenen volks durch Jahwe und eine metaphysisch-theologische widerlage in der den alten nicht bekannten, in der kindheit auch Israels sogar verworfenen, jeden religiösen wertes baaren lehre von der einheit gottes gab. und auch dieser Pharisäismus hätte sein spiel nicht gewonnen, wenn nicht Antiochus Epiphanes seine narrheit gegen das Judentum ins feld geführt, und was wie regenwasser an wind und sonne von selbst sich verzehrt haben würde, falls man das ende hätte abwarten wollen, mit gewalt und rasch zu beseitigen sich vorgesetzt hätte. auf Epiphanes antworteten die Maccabäer, und so sehr das leben sogar für priester, als sie zu herrschern geworden waren, die forderungen des Pharisäismus ermäßigte, so wenig andere richtungen — die neigungen älterer epochen in den Sadducäern, die wünsche und verzagend hoffenden bestrebungen auf eine ferne zukunft in den Essenern und enthusiasten — ganz ausgeschlossen waren, die nation war im wesentlichen pharisäisch, und seit sie dies geworden, der spott und der abscheu aller, die mit ihr in berührung kamen, freilich auch die zuflucht verbrauchter wüstlinge, welche in ihrem schooße vergebung suchten, wie unbefriedigter philosöphchen, welche durch einen entschlossenen sprung in das gebiet einer autorität, die noch dazu, indem sie von Moses auf Noe zurückzuweichen gestattete, mit sich handeln ließ, zweifel und erkenntnisdrang so geist- und gemütlos abtaten, daß man gegen die echtheit ihres zweifelns und erkennenwollens bedenken zu tragen allen grund hatte: auch bildete sich wohl schon damals mancher auf seinen renten zur ruhe gegangene biedermann ein, daß jüdischer monotheismus religion, und Plato nur der den gewährsmann seiner weisheit nicht nennende schüler des fabelhaften Moses sei, und leistete dem stichworte Judentum darum das wohlwollen, welches gleich hoch gestellte seelen heutzutage den nicht minder wertlosen stichworten liberal und national zubilligen.

in dieser gemeinschaft trat Iesus auf. geboren und groß gezogen war er nicht im mittelpunkte, sondern auf einem weit vorgeschobenen außenwerke derselben. wir dürfen uns vorstellen, daß er als knabe den hügel im nordwesten von Nazareth oft erstiegen, und seinen blick zum Tabor, zum Hermon und Carmel und über das mittelmeer habe schweifen lassen: als mann suchte er berge auf, wo er vermochte. in ihm, und bis zu einem gewissen grade auch in seinem gleichaltrigen freunde Iohannes dem täufer, erstand noch einmal die alte prophetie. jedes volk vermag nachblüten seines eigensten wesens zu treiben: Iesus war eine solche von Israel. doch wenn in dem prophetentume die kategorie, in welche der stifter des christentums einzuordnen ist, fast möchte ich sagen der stand gegeben ist, dem er angehörte, so fehlt doch viel, daß dadurch das innerliche wesen Iesu umschrieben wäre. dies bildete sich gerade im gegensatze zu dem Judentume seiner zeit aus. eines muß ich meinen erörterungen hier voraufschicken: im neuen testamente gehn zwei sich aufhebende berichtreihen neben einander her, die eine, nach welcher Iesus sich für den Messias gehalten, die andere, nach welcher er der Messias zu sein abgelehnt hat. indem ich auf das früher und zuletzt noch in den Semitica von mir über Messias gesagte verweise, erkläre ich mich dafür, die andere reihe für die den tatsachen entsprechende zu halten, aus dem einfachen grunde, weil diese schwerlich erfunden worden wäre, schwerlich sich von selbst gebildet hätte, nachdem die weitere entwickelung der religion Iesu sich aus hier gleichgültigen gründen für die erste entschieden hatte. danach sind mir die beziehungen Iesu zu seinem volke negative: er gleicht dem Copernicus, der, als er mit der erklärung der astronomischen tatsachen nicht auskommen zu können erkannt hatte, falls er dem systeme des Ptolemaeus huldigte, die theorie umdrehte, und, statt die sonne um die erde laufen zu lassen, annahm, die erde laufe um die sonne. wenn Iesus als prophet eine form israelitischen geisteslebens erneute, so war er stifter des evangeliums, schöpfer eines noch nicht dagewesenen lebensstoffes, weil er als genius, das heißt, als unmittelbarer empfinder der ewigen wahrheit, fühlte, sagte und lebte, daß der gerade gegensatz des von Israel der art nach verschiedenen, wenn auch aus Israel entstandenen Judentums das sei, worauf es in zeit und ewigkeit ankomme. er nennt sich einen menschen — denn das ist der sinn des schon frühe verkannten namens menschensohn —, will mithin nicht Jude, wir dürfen wohl hinzusetzen, nicht mitglied irgend einer nationalität sein, soferne diese auf eigenen, vorzugsweisen oder ausschließlichen wert stolz wäre: und weil er mensch ist, nennt er wein und brot sein blut und seinen leib. er verkündet ein reich gottes, stellt also in abrede, daß die theokratie, welche ein reich von priestern, ein synagogenstaat war, die endgültige gestalt des ideals auf erden biete. er beschreibt dies reich als nicht von dieser welt stammend, nicht in dieser welt aufhörend, sagt aus, daß es seine vollendung in des vaters hause finden werde, in welchem es viele wohnungen gebe. er nennt die umkehr (das meinte er mit buße, da er aramäisch redete) den schlüssel zur türe dieses reiches: deutlicher verlangt er neue geburt für die, welche in dies reich hinein kommen wollen: das heißt, er leugnet, daß die viel gepriesene abstammung von Abraham und Iacob anrecht auf den genuß der gottesfreundschaft verleihe: er behauptet, daß Judentum und evangelium, diese welt und jenes leben, natürliches und geistliches dasein sich nicht verhalten wie die blüte zum baume oder der baum zur wurzel oder die wurzel zum samenkorne, sondern wie Ein ding zu einem ganz andern zweiten dinge. er sieht das reich gottes als in dem augenblicke gekommen an, in welchem Er gekommen ist, wonach er der erstgeborene unter vielen brüdern wäre, die zelle, an welche andere zellen anschießen, ein urheber neuen lebens und neuer gestaltungskraft in der geschichte, nicht bloß mensch im gegensatze gegen die in der nationalität befangenen, sondern person als meister, typus, vater ihm gleichartiger personen, wenn man will, christ vor christen. er kennt die dem guten feindliche macht der welt, welche dem reiche gottes so entgegen steht und entgegen lastet, wie die jüdische nationalität der menschheit und dem menschentume. er verweist auf den heiligen geist, den geist der aus ihm geborenen gemeinde der heiligen, als den, der in alle wahrheit leiten, sein werk vollenden und größeres bieten werde als er geboten.

aber mit Iesu leben war seine wirkung nicht vorbei. er, der einst klagte, daß die füchse höhlen und die vögel des himmels nester haben, er aber, der mensch, keinen ort besitze, wo er sein haupt hinlege, er hat gewiß bald erkannt, daß er alles beim alten lassen müsse, daß die Juden ihn hassen, die welt ihn töten werde: er hat auch den wert der verfolgung und des todes begriffen oder gefühlt, aber sein wirklicher tod hat ihm die herzen der geschichte ganz anders erschlossen, als sein leben jemals hätte tun können, und als er von seinem tode es selbst erwartet haben dürfte.

jahrhunderte hindurch hatten die menschen, welche an den mündungen des Nils und die palästinische und phönicische küste hinauf bis Byblus wohnten, in gewissen, regelmäßig wiederkehrenden naturvorgängen bilder, typen, prophezeiungen geistigen lebens gesehen. bald hieß es, die himmlische göttin liebe den Adonis, den in jugendlicher pracht über die erde ziehenden frühling, aber ihr gemahl töte aus eifersucht, was ihm ihr herz geraubt: im heißen Chazirón, dem ebermonate, verblutet Adonis, und aus seinen wunden erblüht das Adonisröschen: die klage tönt um ihn in allen phönicischen gauen, und das dem mörder geweihte tier ist dort überall ein greuel. in Aegypten wird Osiris, der gute gott, von seinem neidischen bruder Typhon erschlagen: wenn die wachtel wiederkehrt und die etesien gen süden wehen, erwacht er. es ist ein überschuß des lebens über den tod, aber freilich auch ein überschuß des todes über das leben da: die beiden ringen mit einander und ihres kämpfens, siegens und unterliegens ist kein ende.

Iesu tod transponiert diese alten weisen in eine höhere tonart, aus moll in dur. in ihm war seiner zeit eine kraft erschienen, deren äußerungen wenige waren, welche aber alles vorhandene so weit überragte, daß die ihm nahe gekommenen das ende dieses lebens nicht absahen. erlosch es gleichwohl, so wollte es nur andern welten leuchten, so erlag es nicht einer naturnotwendigkeit, sondern gab sich aus ihm bekannten gründen freiwillig dahin, so war sein niedergang geplante verhüllung eines höheren aufgangs. was ist denn wertvoll in der geschichte? die äußere tatsache oder das vermögen bald hier, bald da zu wirken? für den geist sind es keine facta, daß am 15 März 44 Caesar ermordet, und am 1 September 1870 Napoleon III geschlagen wurde: dem geiste sind das facta, daß ehrliche männer an die alte herrlichkeit Roms glaubten, als sie nicht mehr zu sehen war, daß auch die reinsten willen zu unreinen waffen greifen können, und daß der beste wille, wenn er dies tut, das schlechteste ergebnis zu tage fördert, daß er gerade das vollends in den prahlenden tag des erfolgs heraufführen hilft, was zu vernichten er die absicht hatte: das ist ihm ein factum, daß der mensch, in schuld und sünde schuldlos geboren, von kindestorheit zu jünglingsirrtum vorgehend, aber in dem glauben stark, daß neben der schlange, welche die natur ihm in die wiege gelegt, auch das angebinde guter götter ihm bescheert sei — als ersatz für sein unerhörtes misgeschick das vermögen und die aufgabe großes zu werden und zu leisten —, daß dieser mensch tiefer und tiefer falle, wenn er den mut nicht findet, er selbst zu sein, wenn er mit einem weibe und einer herrschsüchtigen soutane eine verantwortung teilt, die nur ihm zusteht, und der er gewachsen ist, wenn er sie unbeirrt auf sich nimmt: daß er diesen mut finden müsse, wenn er anderer geschicke an seine fersen geheftet habe, weil sonst diese andern alle mit ihm stürzen: daß er ein verbrecher werden könne aus schwäche. so ist auch bei Iesus nicht das gespinnst von wert, welches die phantasie über ihn geworfen, sondern die thatsache, daß ein solches gespinnst ihn umweben konnte.

er war zu groß um sterben zu können: die sonne verhüllte ihr strahlend haupt, die erde bebte, als die menschen hand an ihn legten, und für tausend herzen und die ganze frühlingslust der grämlichen, bekümmerten welt, welche er erfreut, war er nicht tot, denn sein werk war durch den tod nur das empirische factum los, was die deutschen realschüler und neumodischen orthodoxen für das allein wertvolle erachten, und konnte die tatsache des geistes frei anerkennen und auswachsen lassen. aus dem kreuze der sieg, im tode das leben, das gute durch die niederlage nur übergeführt in eine herrschaftsfähigere gestalt. kind gottes, hatte Iesus gesagt: sie verstanden sohn gottes. kein tod kann das leben töten, hatte Iesus gesagt: sie sahen mit ihren scharfen augensternen die leiche des mannes, und weil sie ihm glaubten, glauben mußten, da er es ihnen angetan, übertrugen sie seinen satz in den andern: er wird auferstehn, ist auferstanden. töricht genug, gewiß, aber sehr menschlich. sind die neugläubigen etwa klüger, wenn sie das angeblich geistige gut, die himmlische offenbarung „Iesus ist auferstanden von den toten" auf Eine linie mit dem satze stellen: der consistorialrat Soundso wohnt in der kurzen straße nummer hundertundeilf? jeder große mann weckt in seiner umgebung die poesie: hätte Iesu leben und hätte Iesu tod die poesie nicht geweckt, so wäre Iesus kein großer mann gewesen: aber die poesie muß man als poesie verstehn. auch zu den hohen festen der geschichte werden die häuser geschmückt: hier war hohes fest nach langem Pharisäergrame und mitten in dem ewigen rechtsum-linksum des republikanisch oder kaiserlich römischen exercierplatzes. wer über jenen und dieses die menschen hinausheben kann, hat genug getan, und lebt.

die Juden, welche an Iesus gläubig wurden, setzten sich mit ihm auf ihre art auseinander, das heißt, sie vermittelten zwischen evangelium und Judentume. die Leviten unter ihnen trugen etwa das in die bewegung, was uns der brief an die Hebräer vorführt: die Pharisäer mußten ihr system und die gesetzesvergötterung ihrer sekte mit dem evangelium ausgleichen: das ostJordanland, in welchem der titel missiah entstanden ist, gab der bewegung den namen, welcher durch die gemeinde in Antiochia und weiter durch Paulus geschichtlich wurde, und die pseudotheologie bis auf die neuste zeit herab irre geleitet hat: die hellenistischen Juden in kleinAsien und Alexandrien meinten die schlichte schönheit des evangeliums zu heben, wenn sie ihr die metaphysik der schule umhängten. vor allem aber nahm die neue gemeinschaft die gebete, die riten, die verwaltungsformen der synagoge zu nicht kleinem teile mit sich: denn Levitismus, Pharisäismus, Messianismus, alexandrinisch-jüdische religionsphilosophie sind, wenn auch wichtige, so doch nicht aus den tiefen des synagogalen lebens stammende richtungen gewesen: das eigentliche daseinscentrum der synagoge lag in dem gemeindegebete, dem cultus, der gemeindeverfassung, und Juden, welche aus Juden evangelisch wurden, haben

diese ihre heiligsten güter gewiß am wenigsten vergessen, und was
mit ihrem innersten leben verwachsen war, ist auch in die evangelische periode ihrer entwickelung mitgegangen, und auch da von
segen gewesen, das heißt, wesentlicher bestandteil der neuen bildung geworden. wenn man kein Judentum in der kirche haben
wollte, durfte man Juden in sie überhaupt nicht aufnehmen, denn
an den aufgenommenen Juden hieng bis zu einem gewissen grade
das Judentum. ich habe bereits ehe Gustav Bickell seine abhandlung über messe und pascha veröffentlicht hatte, nicht daran ge-
zweifelt, daß die messliturgie der kirche aus dem jüdischen pascha-
rituale entstanden ist. es ist bekannt, daß der fromme und gelehrte Friese, CVitringa, schon 1698 die ansicht vertreten hat, die
verfassung der kirche sei der der synagoge nachgebildet. unzweifelhaft ist die jüdische art, die heilige schrift zu behandeln, in die
kirche übergegangen, und die kirche war nur so lange gesund, als
sie diese exegese nicht verwarf: denn nur diese auslegungsmanier
vermag den geist der gemeinde, also das leben, gegenüber dem
buchstaben in seinen rechten zu erhalten. es mag hunderttausend-
mal wahr sein, daß ein psalm ursprünglich einen weltlichen sinn
gehabt hat: für die synagoge und für die kirche hat er immer nur
die bedeutung, welche sich mit jüdischer, beziehungsweise christlicher frömmigkeit verträgt: indem der protestantismus diese wahrheit verkannte, und die grenzsteine zwischen den beiden gebieten
kirchlichen schriftgebrauches und wissenschaftlichen schriftverständ-
nisses ausriß, hat er sich selbst das grab gegraben, und sich so
töricht gezeigt, wie ein arzt sein würde, welcher die treuen augen
seines weibes in bezug auf die lagerung der linsenfäden und die
farbe der pigmentzellen auf dem seciertische untersuchte, und danach hoffte, die treuen augen wieder freundlich leuchten und sorgen zu sehen. es ist mit den büchern der bibel um nichts anders
als mit brod und wein des abendmahles: weder jene noch diese
gehören in die kirche, wenn nicht der segen des amts über sie
gesprochen ist: ohne diesen segen ist die bibel ein natürliches buch
mit manchem guten und vielen schlechten, enthält das brod neben
dem nahrhaften mehle auch wol hacheln und lolch. wer ein gesegnetes buch in der gemeinde liest und gesegnetes brod am altare
ißt, findet in jenem nur segen und die gemeinde, in diesem nur
segen und den herrn.

aber auch griechischer und römischer cultus übte seinen einfluß: mit nichten einen schädlichen, denn es war nur heiliges, was
die heiligen aus der alten heimat in die neue mitnahmen. schon
in der vorrede zum griechischen bande meiner reliquiae iuris ec-
clesiastici 15 16 habe ich auf derartiges hingewiesen.

neben diesem allen wirken die geschicke der jungen kirche.
als begräbnisbruderschaft und als almosenanstalt mußte sie gelten,
um eine stelle im staate zu finden, auf der man sie dulden konnte,
wenn man wollte. organisation hieng an beiden vorwänden ihrer

existenz, tiefer ernst an jenem, das zuströmen der armut an diesem: und was wäre universaler gewesen als die armut? was verbreitete den ruhm der wunderblume weiter als die kunde, daß sie den verlassenen und verachteten blühe?

als nun volk auf volk in den schooß der kirche flüchtete, machte sich auch die nationalität in ihr bemerkbar. freilich hatten schon die Juden der ersten jahre nationalität in sie hineingetragen, aber unter der falschen form uralter offenbarung, darum allerdings wirksamere nationalität, aber die nicht als nationalität auftrat. nicht freilich galt die nation amtlich, denn gott und dem tode gegenüber schwieg irdischer anspruch, wohl aber war sie fühlbar, weil die verschiedenen stämme jeder seine eigenen bedürfnisse, anschauungen, willensrichtungen in die kirche mitbrachte, welche, gerade weil die allgemeine, niemanden hinausstoßen mochte, und, weil jedermann, auch jedermanns art duldete.

die Griechen des Orients — denn die einwohner des alten Hellas, Macedoniens und des Peloponnes liegen fernab von der großen geschichte wie auf einer zauberinsel — sannen über die lehre von gott, Rom brachte institutionen, Africa das punisch gefärbte christliche seitenstück zum jüdischen Pharisäismus hervor, und Africa wußte seine melodie sogar in allerhand variationen geltend zu machen oder doch zu spielen. die Celten lieferten Pelagius, nicht zwar der kirche, aber dem widerspruche der kirche, und neben dem Pelagius eine halb ungeschlachte, halb poetisch-traumwandelnde frömmigkeit, welche die füße auf den boden der erde zu setzen scheute, und wo sie es aus versehen tat, rasch die manieren sehr urwüchsigen und robusten Irländertums zu tage treten ließ. denn sagen wir es nur gerade heraus: die wirkungen der latenten nationalitäten waren keine heilsamen, obwohl sie auf dogma, ethos und verfassung der kirche so weit einfluß gewonnen haben, daß die kirche ohne sie jetzt ganz undenkbar ist. der volle strom christlichen lebens ist durch die theologen der griechischen kirche nicht hindurchgegangen, welche in ihrer mehrzahl schwerlich etwas anderes als correct gläubige echtgriechische rationalisten sind: kaum Ein mann ist dem christentume so verhängnisvoll gewesen wie Augustin, in welchem der Punier so stark war, daß er dem christen eintrag tat, und in welchem der theologe sich so genau mit dem christen deckte, daß auch der theologe die fanatisch schwärmerischen züge des punischen christen erhielt. ähnlich ist es mit den andern nationalitäten gegangen. in Rom selbst war die kirche der tradition des regierens so nahe, daß sie die handgriffe des regierens sich aneignete, und auszuwählen verstand was geduldet, was in den organismus eingefügt zu werden entweder verdiente oder ertrotzen konnte, was abzuweisen war, daß sie spitzen abzubrechen, übermächtige persönlichkeiten klug zu überhören lernte, damit sie nicht die gemeinschaft, in der sie standen, sprengten, daß sie die macht aufgriff, wo sie herrenlos auf der straße lag, und dem weltlichen arme

abnahm, wo dieser einmal müde war oder den schild ihr zu halten
gab, weil er das schwert mit beiden händen zu führen hatte. allein
das regieren der kirche war römisches regieren.

aber die bildung der kirche ist nicht fertig. auch die Germanen arbeiten an ihr mit. nicht bloß die Deutschen, sondern auch
nordFrankreich mit seiner von germanischer einwanderung so tief
beeinflußten, erst durch die revolution von 1789 in die machtsphäre des autochthonen Celtentums zurückgeschleuderten bevölkerung, auch Longobardien im weitesten sinne des wortes: sie geben
ihr die innerlichkeit, ohne welche der verfall des weiten geistlichen
reiches noch schneller eingetreten wäre, als er eingetreten ist. was
sie hinzufügen, ist in ihren augen nichts neues, ist nur auseinanderlegung der im besitze der kirche vorhandenen schätze: in den
augen der geschichte ist es schon kritik, ist es der anfang vom
ende. mystik, dieser ausdruck nicht im sinne der bierbänke genommen, ist allemal der vorbote der revolution. es wäre an den
päpsten gewesen, die zeichen der zeit zu verstehn, aber die päpste
des vierzehnten und fünfzehnten jahrhunderts, wer kennt sie nicht?
sie waren von nichts ferner als vom verstehn ihrer zeit: gerade
darum waren sie es, weil sie ganz und gar nur in der zeit lebten.
die päpste dieser epoche, in Avignon vasallen der französischen
könige, danach in Rom fremdlinge und ohne zusammenhang mit
der großen vergangenheit des heiligen stuhls, sie sind ebensogut die
väter der reformation von 1518 geworden, wie Ludwig XIV und
seine vorgänger und nachfolger die väter der revolution von 1789,
wie Friedrich Wilhelm IV und der ihn beratende und seine richtigeren einsichten falsch leitende Metternich die urheber der Märztage
von 1848 und all des an ihnen bis heute hangenden unheils gewesen sind.

ich fasse zusammen. vierzehn jahrhunderte haben an der
christlichen religion gebaut. sie ist nicht das werk einer einzigen
person, nicht das alleinige werk Iesu, sondern das ergebnis vieler
bemühungen vieler menschen und völker. sie ist in gewissem sinne
positiv vorbereitet durch den Israelitismus, negativ ganz sicher vorbereitet durch das Judentum, sie ist veranlaßt durch die einzige
persönlichkeit Iesu von Nazareth, weiter gebildet durch die auffassung, welche diesem Iesus, sowohl seiner person wie seinem geschicke, in den gemütern der menschen wurde: sie ist wesentlich
eine tat des römischen kaiserreiches und der in ihm vereinten nationen. sie ist dem untergange geweiht durch die jüdischen elemente, welche in sie aufgenommen waren, durch den untergang des
leibes, welchem sie als seele zu dienen berufen war, durch die germanischen herzen, welche sich ihr zuwandten: die römische religion
durch den fall Roms und durch das, was in ihr nicht römisch
war. jener jüdischen elemente schlimmstes war die von mir schon
1872 hinlänglich gewürdigte anschauung vom werte des historischen
factums, und mit dieser grundgiftigen anschauung haben wir noch

in dem Deutschland von 1878 zu kämpfen, in welchem die hochachtung vor solchen tatsachen die fähigkeit, selbst tatsachen zu schaffen und den geist höher zu schätzen als den leib, ganz zu töten auf dem besten wege ist. die deutschen herzen haben, als sie der kirche sich anschlossen, die sehr richtige ahnung gehabt, daß gerade der ungemessenen subjectivität, welche die stärke, aber auch die schwäche der germanischen naturanlage bildet, der halt einer großartigen institution not tue, welche das von ihr aufgenommene schütze und erziehe: sie irrten, als sie vorfinden zu dürfen glaubten, was nur ihres eigenen strebens unbewußt-bewußt gelungener bau sein mußte: die römische kirche aber hat damals nicht begriffen, daß sie die alte, ihr angeborene katholicität, welche nur die von dem kaiserlichen Rom beherrschten nationen umfaßte, zu einer die erde umfassenden katholicität erweitern müsse, wenn die nie unter des kaiserlichen Roms scepter gebeugten Germanen in ihr sollten dauernd platz finden können: die römische kirche hat das nicht begreifen können, da sie sich eben über die physisch-politische grundlage der christlichen religion nicht klar war: sie wäre auch der forderung nachzukommen unvermögend gewesen, weil kein leib sich organe anzusetzen vermag, welche nicht in seiner ursprünglichen anlage begründet sind.

5

Die voraufgegangene auseinandersetzung wird zunächst das begreiflich gemacht haben, daß eine neue religion nicht von heute auf morgen herzustellen ist, daß sie, wenn sie entsteht, die seele eines leibes sein wird, und daß sich über die gestalt einer neuen religion a priori nichts feststellen läßt, da diese gestalt lediglich von den momenten abhängt, welche an ihrer erwerbung sich beteiligen.

sodann lehrt die geschichte der kirche mit der unmisverständlichsten deutlichkeit, daß die kirche die gemüter genau so lange befriedigt hat, wie noch an ihr gebaut wurde. als sie fertig war, verließ man sie. sollten daher nicht auch wir die befriedigung eben da finden können, wo sie unsere altvorderen fanden, im bauen? sollten wir sie nicht im bauen finden müssen, da die jahrhunderte vor uns gezeigt haben, daß menschen niemals mehr tun können als anfangen oder fortfahren, und wenn sie ans vollenden gelangt sind, des vollendeten müde doch wieder von vorne anheben?

die unter dem namen reformation bekannte bewegung des sechszehnten jahrhunderts ist im wesen nicht verschieden von dem unter und nach Esdras gemachten versuche Israel herzustellen. in Palästina war für die unter Artaxerxes begonnene repristination das schlußergebnis Pharisäismus und dessen weiterentwickelungen: nicht Israel baute man wieder, sondern das Judentum baute man neu. in Europa ist durch die zur zeit Karls V in scene gegangene bewegung nicht das christentum der urzeit wiedergewonnen, nicht das evangelium unter dem schutte hervorgegraben, sondern die cultur als das weltbeglückende gefunden worden, das heißt, die inventarisierung und bereitstellung der resultate aller jahrhunderte für die, welche diese resultate nicht erworben haben, und welche sie zu erwerben unfähig und unlustig wären.

man mag sich im großen publicum über den wahren charakter der entwickelungen täuschen, welche sich an Zwingli und Luther anknüpften: ich bin freilich nicht geneigt über derartige angelegenheiten dem publicum das recht einer stimme zuzuschreiben. man mag in den kreisen protestantischer professoren der theologie sich zu der ansicht des publicums bekennen, entweder, weil man sie wirklich teilt, oder weil man es für dem decorum der eigenen stellung entsprechend findet, so zu tun als teile man sie: es ist allerdings sonst nicht gewöhnlich, den angeklagten in eigener sache richten zu lassen. man mag wohlgesinnten politikern gestatten, sich auf die authentisch dargelegten absichten der sogenannten reformatoren zum beweise dafür zu berufen, daß nicht cultur und nicht der protestantenverein als resultat der reformation beabsichtigt war: leuten gegenüber, auf deren fahne die forderung eines rechtsstaates zu lesen ist, werden diese politiker ihre sache allerdings gewinnen müssen: nur pflegt das geschriebene recht erfahrungsmäßig sich für die beantwortung aller der fragen, welche von der geschichtlichen entwickelung aufgeworfen werden, unzulänglich zu erweisen, und auch Esdras wollte auf Israel hinaus, und sein werk kam nichtsdestoweniger bald genug beim talmud an. es wird je länger je mehr sich herausstellen, daß alles, was die letzten dreihundertundsechzig jahre auf protestantischem gebiete hervorgebracht haben, nicht entwickelung des christentums, sondern, soferne es nicht auf den gesetzen der trägheit und des verfalls einer-, auf der vom drucke der römischen kirche frei gewordenen natürlichen kraft der germanischen völker andrerseits beruhte, neubildung, oder, wenn man lieber will, versuch zu neubildungen gewesen ist, welcher das material und die baurisse der alten kirche für sich benutzte. der Iesuitismus ist ganz gewiß nicht katholicismus: gibt man diesen satz zu, wie man tut, weil man vorteilhaft findet es zu tun, so muß man auch den andern zugeben, daß der protestantismus nicht christentum ist, wenn man auch unter seinen freunden für ersprießlich erachtet, den schein, als sei er christentum, aufrecht zu erhalten. in der geschichte gibt es niemals rückschritt, niemals herstellung eines gewesenen: auch der versuch auf ein altes zurückzukommen ist ein fortschreiten, und lebt sich in den formen und gesetzen der entwickelung dar, nur liegt sein ziel nicht im wege der pläne gottes, und darum enden protestantismus und Iesuitismus — wenn man will, Vaticanismus — notwendigerweise im sumpfe neben dem wege, nicht am ziele, dem ende des weges. wenn der protestantismus bei seinen versuchen von der im sechszehnten jahrhunderte noch verhältnismäßig frischen naturkraft der germanischen nationen getragen wurde, so beweisen die durch diese naturkraft erzielten resultate nichts für ihn, sondern für jene. wenn der Iesuitismus für seine zwecke nutzen aus der als system wohl geordneten kraft der kirche und der gewöhnung des romanischen, römische anschauungen naturgemäß liebenden und teilenden volkes zog, so folgt daraus nichts für den absoluten wert des Iesuitismus, sondern nur die zähigkeit des römischen lebens wird in helles licht gerückt. jedenfalls aber steht der Iesuitismus dem römischen katholicismus erheblich näher, als der protestantismus dem christentume. denn je schwächer der stoß der angreifenden kraft auf die beharrende geführt ist, desto näher liegt die diagonale des parallelogramms der beharrenden.

der weg ist klar vorgezeichnet. der Iesuitismus muß die kirche, deren firma er führt und die an der germanischen nationalität zu grunde gegangen ist, aus einer römisch-katholischen zu einer universal-katholischen machen wollen: ich glaube, daß er diese aufgabe jetzt völlig begriffen hat, und an ihrer ausführung arbeitet. die germanischen völker hingegen haben die religion mit ihrer nationalität in beziehung zu setzen: denn der protestantismus hat, was er erreicht, nur durch die germanische naturanlage der ihm zugefallenen erreicht, und die stellung gegen Rom ist die natürliche, wenn nicht christen, sondern Germanen kämpfen wollen. weltreligion im singulare und nationale religionen im plurale, das sind die programmworte der beiden gegner.

6

Ohne weiteres sieht der leser ein, daß wir uns nun nach dem inhalte umzusehen haben, welchen eine religionsbildende bewegung in unserm heutigen Deutschland für sich benutzen wird oder kann.

es ist derselbe ein doppelter: einmal wird jene bewegung die ethischen und religiösen anschauungen unserer und der der unseren noch nahe genug stehenden epochen, sodann wird sie die natürlichen eigenschaften des deutschen volkes für sich mit beschlag belegen, und in ihr werk hineinziehen müssen.

Was erstere anlangt, so sind sie nirgends anders zu suchen als im christentume, das heißt, in der katholischen kirche, zu deren wirklichem besitze der protestantismus auch nicht ein einziges neues stück hinzugefügt hat. was vierzehn und mehr jahrhunderte lang die besten menschen befriedigt hat, hört dadurch nicht auf befriedigen zu können, daß es mit elementen gänzlich unerträglicher art in berührung gekommen ist.

um die dogmen der kirche religiös verwendbar zu machen, muß man das jüdische gift von ihnen entfernen, den grundstürzenden irrtum vom werte des einmaligen factums. nichts ist für den menschen von segen, als das, was sich jeden augenblick wiederholen kann. ein sohn gottes, welcher mit der uhr in der hand am ersten Januar des jahres eins, fünftausendfünfhundert oder viertausend jahre nach der schöpfung, in Bethlehem oder Nazareth das licht der welt erblickt hat, hilft niemandem etwas, der 1878 jahre nach diesem zeitpunkte sich mit gott und der creatur abzufinden hat. analog geht es mit allen andern dogmen.

darum hat die kirche, welche leider in ihren ansichten vom werte des factums amtlich judaisierte, die dogmen in eine dem bedürfnisse der frömmigkeit jeden augenblick lösliche form gebracht, in die des sacraments. wirkliche glaubenslehre erschließt die praemissen der sacramente. als grundlage der erörterung darf Gregors ausspruch dienen, daß im sacramente göttliche kraft unter der hülle irdischer dinge auf geheime weise heil wirke, wobei nur das occulte zu verhandlungen anlaß geben könnte.

die taufe, das heißt, die aufnahme in die gemeinde, ist ein sacrament, weil dem einzelnen menschen nur in der gemeinde das heil erwachsen kann, weil er nicht von vorne anfangen soll, weil er nicht zu entdecken braucht, was ihm zum ewigen leben nötig ist, und was er als einzelperson zu entdecken niemals im stande sein würde, weil er nur neben frommen fromm werden und sein kann. das leibliche nebeneinander verleiht ewiges heil, weil in den mit dem erdenleibe verhüllten seelen die liebe gottes leuchtet und wärmt.

die firmung ist ein sacrament, weil das vor der gemeinde abgelegte bekenntnis zum christlichen heile wie jede öffentlich gegebene erklärung den, der sie gegeben, bindet und hält.

das verständnis der eucharistie ist unsern zeitgenossen durch den ihnen allein geläufigen namen abendmahl (die Engländer sagen noch widerlicher the lords supper) nahezu unmöglich gemacht. in speise und trank, aus denen des menschen leib sich aufbaut, ist ein geistlicher segen, wenn sie mit dank gegen gott genossen werden. sie gelten dann als opfer: jeder bissen, den wir essen, jeder schluck, den wir trinken, erinnert uns daran, daß wir menschen sind und sterben müssen: das scheinbar natürlichste und am meisten irdische ist so zu einer religiösen handlung gemacht.

die beichte ist ein sacrament: das heißt, das naturgemäß geheime und unter dem siegel unverbrüchlichster verschwiegenheit abgelegte bekenntnis der sünde befreit von dieser sünde, welche daran stirbt, daß sie einen ihr fremden und feindlichen mitwisser hat, und welche vergeben ward, weil sie gestorben ist.

die ehe ist ein sacrament, weil durch die leibliche gemeinschaft zwischen mann und weib die bande geistiger liebe sich bilden, welche ohne jene gemeinschaft sich so nicht bilden würden.

priester sind nichts anderes als die repraesentanten des begriffs kirche. die kirche selbst ist ein sacrament, denn in dieser sichtbaren gemeinschaft sündigender, aber ihrem streben und ihrem ziele nach sündloser menschen wird der geschichte ewiges leben geschenkt. diejenigen, welche diese bestimmung der kirche ihren mitbrüdern durch ihr dasein jeden augenblick gegenwärtig halten, nennt man priester. sie wandeln in der welt als die, welche nicht von der welt sind. als beichtiger und seelsorger erleben sie den heißesten herzschlag irdischen lebens in nächster nähe: sie selbst aber müssen, zum zeichen, daß nicht zeitliches, sondern ewiges leben das ist, worauf es ankommt, der lockenden wärme widerstehn, einsam dienen, einsam sterben, und über dem dienste der pilgerbrüder oft fast die sehnsucht nach der heimat vergessen, deren grüße ihnen der glockenklang und das stille säuseln der frühlingsblüten zuweht, wie das lächeln der entschlafenen sie bringt, von deren mienen jedwede verkündet, daß, die im herrn sterben, in frieden sind.

Die kirche hat dem menschen- und gottessohne Iesus Marien und die heiligen an die seite gesetzt: sie hat wohl daran getan. denn das ideal ist für niemanden in Iesus erschöpft: nicht wenige der in ihm fehlenden gestalten und seiten desselben werden uns von der kirche anderweitig geboten: die heiligen- und Marienverehrung ist eine ergänzung und darum eine kritik der Christusverehrung.

es ist höchst characteristisch, daß die ausdrückliche männlichkeit in der kirche niemals zur geltung gekommen ist, ebensowenig wie die vaterlandsliebe und die freundschaft: die frau hat als mutter und magd ihre stelle gefunden, weil der mensch ziemlich leicht den vater, aber kaum je die mutter vergißt, und auch wenn er sie früh verloren, die mutter zu entbehren niemals aufhört: weil der glaube an die jungfräuliche unberührtheit der mutter das geheimnis der ehe und die grundlage aller erziehung ist: ströme von segen sind von dem Madonnenbilde auf die menschenwelt herniedergeflossen, das nur ebenso wie das Christusbild von der jüdischen anschauung der einmaligkeit und des dann und dann historisch dagewesenen factums losgelöst werden muß. neben Marien heiliger frauen, alter und junger, die fülle, alle typen und symbole weiblichen lebens, wie neben Iesus heilige männer, monotoner als die weiber, weil das eigentliche gebiet des mannes, die arbeit in der welt gegen die welt, von der kirche nicht begriffen und darum auch nicht gewürdigt wurde: stand doch weltflucht, nicht weltbesiegung auf der fahne der katholischen ethik. noch in der neusten zeit hat sogar die nachfolgerin der kirche, allerdings nur als erbin altkirchlicher bestrebungen, die parallele Mariens und Iesu zu ende gezogen, freilich in so plumpen linien, daß niemand, der nicht lange mit der geschichte der kirche und des dogmas beschäftigt gewesen ist, in dem, was er sah, den göttlichen gedanken hat ahnen können.

Zu diesem allen tritt noch ein moment von allerschwerstem gewichte.

Es gibt augenblicke in jedes menschen leben, in welchen er eines planes gewahr wird, der durch sein dasein hindurchgeht: eines planes, den er nicht entworfen hat und den er nicht ausführt, dessen gedanke ihn gleichwohl entzückt, als habe er ihn selbst gedacht, dessen ausführung ihm segen und allereigenste förderung däucht, obwohl nicht seine hände an ihr arbeiten. er ist frei, wie der schachspieler für jeden seiner züge frei ist: er ist gleichwohl nicht sein herr, wie der schachspieler von einem überlegenen gegner gezwungen wird: er hat das bewußtsein, daß das ende der partie für ihn nicht ein matt, sondern in einer niederlage sieg sein wird, und je näher dies ende rückt, desto ungeduldiger wird die freude an dem nun kaum noch miszuverstehenden willen dessen, der den freien dahin gezwungen, wo ihm höchste freiheit, weil unbeschränkte ausgestaltung und darlegung seines eigensten wesens beschieden sein wird. der meißel tut weh, der aus dem empfindenden blocke den gott herausschlägt: je weiter aber der stahl in seiner arbeit vorgeschritten, desto stiller hält der marmor, der sich schon über die aus der natur erstehende geistesgestalt freut.

wie ein vogel im neste nachts, wann durch seine träume die strahlen des neuen tages leuchten, im schlafe wenige klagendfrohe töne dem warmen glanze entgegen singt, um danach, den kopf unter den flügeln, weiter zu schlafen, so ahnt der mensch im erdenleben dann und wann der ewigkeit freuden, und das unbewußt dem herzen entflohene entzücken spricht lauter für diese, als das lange schweigen, aus dem es sich emporringt, gegen jenes. aber der eigentliche beweis für die ewigkeit der seele liegt nicht in ahnungen, sondern in dem plane, welcher im leben jedes die richtung auf das gute einschlagenden menschen sichtbar wird. diesen plan erkennen, ihm nachsinnen und seiner verwirklichung sich hingeben, das heißt fromm sein, und verbürgt ewiges leben. schlechthin alles, auch die kirche und das sacrament, ist nur mittel, diesen plan gottes mit den einzelnen seelen ausführen zu helfen, seine erkenntnis zu ermöglichen und zu erleichtern: wer es anders ansieht, wer der kirche, der wissenschaft, der kunst, dem staate selbstzweck zuschreibt, weiß schlecht bescheid. was mit den vom leben erzogenen seelen werden soll, ist gottes geheimnis: nach dem tode ist auch noch ein leben, und die ewigkeit dauert lange.

Wenn wir uns nach dem allen fragen, was der inhalt der kirche gewesen ist, und was wir als solchen inhalt in unser neues reich hinüber nehmen können, so wird die antwort nicht anders lauten dürfen, als ich sie schon 1872 formuliert habe. das leben des geistes folgt überall denselben gesetzen: das evangelium ist nach seiner einen seite hin eine inventarisierung, die kirche, soferne sie ein heilsinstitut ist, durch und durch eine praktische verwertung dieser gesetze und der ihnen parallelen ideale, und so weit sie dieses ist, unvergänglich. an diese seite der kirche kann jeden augenblick wieder angeknüpft werden, weil die geschichtliche entwickelung zu diesen gütern nichts hinzutut, und nichts von ihnen nimmt: sie entwickeln sich nur in den einzelnen, aber nicht durch die einzelnen. und als grundprincip der neuen gemeinschaft wird der satz zu gelten haben, daß religion das bewußtsein von der plan- und zielmäßigen erziehung der einzelnen menschen, der völker und des menschlichen geschlechtes ist.

mit dem anerkennen der ideale ist etwas getan, aber nicht viel. was uns not tut, ist der versuch, mit diesen idealen praktisch ernst zu machen, das ideal der herzen in eine sichtbare gemeinde zu übersetzen, welche auf nichts aus wäre, als zu sein, und welche in der vollendeten anspruchslosigkeit eines allein mit dem ewigen beschäftigten lebens ohne worte das evangelium predigte.

es wird notwendigerweise auf eine stätte für die sacramente zu sinnen sein, in welcher sie zu wirken im stande sind, auf eine verbindung aller derer, welche vor gottes augen leben wollen, welche auf die durch des höchsten meisters hand in angriff genommene bildung ihrer seele achten und ihr danken. alles geistige muß auf der erde einen leib haben, um in der geschichte wirken zu können: dieser leib baut sich von selbst auf, wo man den geist nicht hindert ihn zu bauen. auf das wegräumen der hindernisse also kommt es vorläufig, auf die bildung einer zucht und treue haltenden gemeinde hauptsächlich an.

finden sich die menschen für diesen versuch in Deutschland nicht, und nicht bald, so können wir nur auf die zukunft unseres vaterlandes verzichten: Deutschland wird dann noch eine weile existieren, zu leben wird es bald genug aufhören.

Ich wende mich zu der germanischen naturanlage, welche in der kirche der zukunft sich geltend machen muß.

Es war ein zu rasches vorgehn, als Iesus das menschentum als das wesentliche im irdischen dasein bezeichnete. das ethische leben schreitet nicht in sprüngen fort: jeder, der es sprungweise sich entwickeln lassen will, schadet ihm. so viel unheil an dem glauben der welt an das dogma von dem eingeborenen sohne gottes hängt, der fleisch geworden — das richtige wäre das bewußtsein gewesen, daß die idee der menschheit ein unmittelbarer gedanke des schöpfers ist —, so viel nutzen hat er in soferne geschafft, als er den irrtum verdeckt und dadurch unschädlich gemacht hat, daß Iesus unter beseitigung der mittelglieder vom palaestinensischen Juden sofort beim menschen angekommen ist. es war gewiß begreiflich, daß ein mit dem instincte des ewigen begabter mann vor den ihn umgebenden Juden als masse nichts anderes als abscheu empfand: die Griechen und Römer unter Ptolemäern und Caesaren hatten sogar ohne jenen instinct zu besitzen, keine andern gefühle für die Palaestinenser als die äußerster verachtung und gründlichster abneigung: man bedenke nur, was so ernste leute wie Tacitus und Iuvenal über den gegenstand gesagt: der ausdruck odium generis humani ist dem Tacitus sicher nicht von religiösem vorurteile eingegeben. Israel hat, so viel wir wissen, eine antipathie nicht eingeflößt: woher der unterschied zwischen ihm und Iudaea? daher, daß Israel ein naives volk wie alle andern völker, Iudaea ein kunstprodukt war. durch Esdras und die Pharisäer waren die nachkommen des alten Israel abgerichtet worden Juden zu sein: darin, daß alle die unangenehmen eigenschaften des israelitischen nationalcharakters in folge dieser abrichtung mit dem anspruche auftraten, als ein gottgewolltes zu gelten, lag das empörende. nun ist Iesus bei Matthaeus

19, 8 ganz wie Paulus an die Römer 5, 20 darüber klar, daß das gesetz ein ursprüngliches nicht ist: aber er hat nicht gesehen, daß die seele der jüdischen nation eben dieses unursprüngliche gesetz war, und daß jeder, der ein nicht originales als lebensmittelpunkt verwendet, dadurch zum zerrbilde wird. Iesus hat eine nation im eigentlichen begriffe des wortes gar nicht gekannt, und darum hat er den sprung aus der ihn anwidernden homunculität seiner umgebung — und dabei lebte er noch in dem verhältnismäßig gesunden Galilaea! — in das menschentum gewagt und wagen müssen, statt allmälig über geschlecht, stamm und volk zu diesem menschentume fortzuschreiten.

zur weiteren erläuterung des gesagten verweise ich auf den Iesuitismus. auch er ist ein kunstprodukt, und die fanatische abneigung gegen ihn ruht darauf, daß er dies ist. diese abneigung ist so stark, daß sie sonst nüchterne und gerechte menschen übersehen läßt, wie viel ethische kraft im Iesuitismus steckt, wie nahe er der kirche steht, und wie viel segen er in folge davon zu bringen vermag: man empfindet (von einsicht ist ja nirgends die rede) lediglich die dressur, und man sieht in folge dieser dressur jeden Iesuiten als unwahrhaftig an.

Iesus hat dem einzelnen Juden gegenüber mit vollendeter genialität die notwendigkeit der neuen geburt betont, welche wie zur alten natur so auch zur dressur sich feindlich verhält: sollte er sich klar darüber gewesen sein, daß die jüdische nation als solche gar nicht neu geboren werden könne? daß nur ihre einzelnen mitglieder, nicht aber die gesammtheit als solche, die manieren des geistigen exerzierplatzes los zu werden vermöchten?

wende ich nun das gewonnene auf unser vaterland an, so muß ich auch von diesem gesichtspunkte aus meinen geflissentlichen gegensatz gegen die politik seiner leitenden staatsmänner aussprechen, und aufs neue die dieser politik allein gründlich ein ende machende anerkennung fordern, daß die deutsche nationalität nicht in den gebildeten, sondern in den ungebildeten untertanen des deutschen reiches, in den gebildeten nur liegt, soferne sie über den wirklichen tatbestand völlig klar bescheid wissen.

in früheren zeiten haben unsere nachbaren uns keine grundsätzliche abneigung entgegen getragen. der Deutsche galt für linkisch und pedantisch: darüber lachte man. er trank und aß entsetzlich viel, er spielte: das fand man nicht schön. aber sonst verkehrte man mit ihm, wie man überhaupt mit menschen verkehrt: man duldet misfälliges, weil man mehr oder weniger genau weiß, daß man des andern misfallenden selbst genug an sich trage. man hebt die unbequemlichkeiten gegen einander, und behält einen anerkannten und erfreuenden wert von ziemlichem belange übrig.

jetzt ist die sache anders. die Deutschen sind die am lebhaftesten gehaßte nation Europas: sie stehn mit Juden und Iesuiten auf einer stufe der wertschätzung. der beste mann Deutschlands, der feldmarschall Moltke, hat die tatsache, daß uns niemand in Europa liebt, von der rednerbühne des reichstages zugegeben: daß die familie Posa aller orten zusammenhängt, ist ebenso selbstverständlich wie daß, wer von Deutschland vorteile erwartet, nicht laut gegen Deutschland sprechen wird.

die lösung des rätsels ist einfach. das, was jetzt deutsch heißt, ist eben so ein kunstprodukt wie Judentum und Iesuitismus: den wirklichen Deutschen kennt das ausland gar nicht, da er nicht reist, als in gottlob seltenen fällen mit dem gewehre auf der schulter, und da das sich in Deutschlands gasthäusern aufhaltende ausland ihn auch in Deutschland nie zu gesichte bekommt.

die lösung wird durch einen bekannten umstand auch von einer anderen seite her als richtig erwiesen. jedermann weiß, daß in Baiern und Würtemberg der Preuße des höchsten unbeliebt ist. der reichskanzler hat am 16 April 1869 öffentlich erklärt, daß Preußen dem deutschen süden zu national, zu liberal, zu nationalliberal sei. was ist die norddeutsche sogenannte nationalität, was ist der liberalismus anderes, als homunculität? vor allem die Baiern haben eine naturwüchsigkeit, mit welcher jeder wirkliche Deutsche, auch wenn er in der Mark oder am Solling geboren ist, vortrefflich, jeder liberale Deutsche niemals fertig wird: unsere sogenannten gemeinen soldaten haben weder über die Baiern, noch haben die Baiern über sie geklagt, weil sie wie jene und jene wie sie Deutsche sind, während die norddeutschen wohlgeboren, jene bourgeoisie (das deutsche wort bürgerschaft wäre schlecht am platze), mit welcher nach einer am 22 November 1876 in einem offiziösen blatte abgegebenen erklärung der fürst von Bismarck sein werk gemacht hat, und auf welche er sein werk noch jetzt stützt, von deutschem wesen allein den namen und einige, nur durch hohe wärme der eräugnisse an den tag zu lockende, verschüttete reste haben.

auf der oberfläche des neuen deutschen reiches schwimmt der litterat, und zwar der offen und der heimlich von irgend einem parteihaupte geleitete litterat. diese wasserpest muß aus unseren flüssen und seen ausgerottet, das politische system muß vernichtet werden, welches ohne sie nicht existieren kann: der reine spiegel wird alle blumen des ufers und alle sterne des himmels zurückstrahlen, die alten götter werden aus den fluten tauchen, und niemand wird uns weiter gram sein.

das neue Deutschland ist seinem inhalte nach, soweit derselbe amtlich anerkannt und vermehrt wird, nicht deutsch. unsere klassische litteratur des vorigen jahrhunderts — ich habe schon früher einmal darauf hingewiesen — ist in den personen einzelner ihrer träger, aber nicht als litteratur, deutsch: sie ist kosmopolitisch einerseits, sie strebt andererseits nach griechischen und römischen idealen.

der inhalt dieser litteratur ist von Hegel mit charakteristischer übergehung gerade ihrer besten teile scholastisiert, und dieser Hegelsche scholasticismus mit seinem kosmopolitischen, undeutschen, ja widerdeutschen inhalte ist von Preußen in die schulen getragen, ist durch den freiherrn von Altenstein und seinen als knappen verkleideten spiritus rector Iohannes Schulze zum gedanken- und gefühlsinhalte nicht einer nation, sondern der sich für die allein berechtigten ansehenden menschen gemacht worden, durch welche die jetzt herrschende partei ihre anhänger leiten läßt. das alte Deutschland ist mit nichten tot: aber es liegt viel tiefer und viel höher, als wo es der jetzige reichskanzler und seine freunde suchen. was als klingendes metall in den glockenguß der zukunft hineingeworfen werden wird, hat mit der presse und vollends mit einer regierungspresse nichts zu tun: hinter dem pfluge und im walde, am amboß der einsamen schmiede ist es zu finden: es schlägt unsere schlachten und baut unser korn, und kann der personen mit schwarzweißen achselschnüren und der whipper-in nicht nur entraten, sondern wird gut tun sich bald zu erinnern, daß in Deutschland nur Deutsche, aber nicht deutschtuende kosmopoliten und parteigenossen zu gelten haben.

1835 erschien ein buch, das zu den epochemachendsten gehört, die je gedruckt worden sind, Iacob Grimms deutsche mythologie: geschrieben ist es mit der vollen empfindung deutschen wesens und deutscher poesie. wie viele leben, die es so genossen haben und genießen, wie sein verfasser es gemacht? die unschuldig herben formen deutschen rechts sind unsern zeitgenossen so tot, wie die alten sagen und bräuche unserer nation. wir haben nie eine deutsche geschichte gehabt, wenn nicht etwa der regelrecht fortschreitende verlust deutschen wesens deutsche geschichte sein soll. erst mit dem großen kurfürsten fängt in dem geographischen begriffe deutsches reich das an, was man im unterschiede von dem geschehen geschichte nennen darf: aber als der große kurfürst sein mächtiges haupt erhob, sah er schon nirgends mehr etwas von deutscher art in deren leib gewordenen äußerungen: was 1618 noch übrig gewesen, hatte der dreißigjährige krieg und die gekrönte selbstsucht aus Schweden, der zu ehren echt deutscher unverstand seitdem GustavAdolfvereine gegründet hat, vernichtet. so ist unsere ureigene individualität durch keine entwickelung zu uns herübergerettet: bei Warschau und Fehrbellin, bei Großbeeren und Dennewitz wie bei Sedan hat niemand an Siegfried und die Nibelungen gedacht, so wenig Göthe bei Werther und Götz an sie gedacht hat, und darum haben unsere alten sagen im allgemeinen nur noch antiquarisches interesse, darum wirken sie nur noch, soferne sie altertumsforscher deutsch machen, und durch diese altertumsforscher deutsches wesen erhalten. wir vermochten 1819 und vermögen 1878 nicht mehr bis in die zeiten der Agilolfinger zurückzugehn: wir wenigen freunde des alten können nicht hindern, was wir mit schmerzen und ingrimme erleben: dem münster der Burgundenkönige in Worms gegenüber steht, ohne anstoß zu erregen, die sammlung von stubenöfen mit theatralisch aufgebauten puppen darauf, welche an die zerrissenheit Deutschlands erinnern: neben der Wartburg sitzt ein wirtshaus, in welchem aller schmutz und stank neudeutscher culturkämpfer sich breit macht: die noch fast völlig erhaltene kirche des klosters Veßra, in welcher Wolfram von Eschenbach gebetet, dient als scheune. der Freibergsee im Allgau, in dessen wasser sicher einst die Nerthus badete, liegt einsam und ungeehrt im kranze seiner bäume, und nur der wind weiß es noch, daß hier götter walteten: Balderschwang wird so wenig von jemandem besucht, wie die Ehrenberge: Woden hat sich wie ein verbrecher verkleiden müssen, und in Gutenswegen, Wunstorf, Rodenstein erkennt ihn niemand mehr: wichtelhöhlen sind, falls sie in der nähe eines kaffeegartens liegen, für die rauchenden pithekoiden dann und wann zielpunkt eines spazierganges, auf dem die buchen und eichen den schlendernden von deutschem glauben nichts erzählen. gibt es eine ordinärere, undeutschere melodie als die vielgepriesene wacht am Rheine? aus büchern dringt nur in wenige seelen eine ahnung von dem, was sie enthalten. hätte Grimm nicht den warmen hauch seines innersten lebens in alles gelegt was er geschrieben, auch seine blätter wären uns so wertlos wie die des alten Prätorius geblieben.

so beharrt die deutsche art in den gewohnheiten des ethischen lebens?

gewiß beharrt sie da, und es ist unser trost, daß sie es tut. aber sie wird zu begreifen haben, daß sie herrin im deutschen hause sein, und das deutsch redende gezücht zertreten muß, das in diesem hause umherkeift und giftet und fremden göttern dient. sie zu schildern, wie sie beanspruchen darf geschildert zu werden, wird ernsten fleiß kosten, und kann dieser zeilen aufgabe nicht sein, wie es die kräfte ihres verfassers weit übersteigt. hier genügt es auf zwei urteile über das wesen der Deutschen hinzuweisen. beide sind vor dem traurigen 1819 geschrieben, in dem Jacob Grimm klagte, daß von so vielem, was in früherer zeit geblüht, nichts mehr übrig geblieben sei.

Johann Gottlieb Fichte sagt in seiner siebenten rede an die deutsche nation: So trete denn endlich in seiner vollendeten klarheit heraus, was wir in unserer bisherigen schilderung unter Deutschen verstanden haben. der eigentliche unterscheidungsgrund liegt darin, ob man an ein absolut erstes und ursprüngliches im menschen selber, an freiheit, an unendliche verbesserlichkeit, an ewiges fortschreiten unseres geschlechts glaube, oder ob man an alles dieses nicht glaube, ja wohl deutlich einzusehen und zu begreifen vermeine, daß das gegenteil von diesem allen statt finde. alle, die entweder selbst schöpferisch, und hervorbringend das neue, leben, oder die, falls ihnen dies nicht zu teil geworden wäre, das nichtige wenigstens entschieden fallen lassen, und aufmerkend da stehn, ob irgendwo der fluß ursprünglichen lebens sie ergreifen werde, oder die, falls sie auch nicht so weit wären, die freiheit wenigstens ahnen, und sie nicht hassen, oder vor ihr erschrecken, sondern sie lieben: alle diese sind ursprüngliche menschen, sie sind, wenn sie als ein volk betrachtet werden, ein urvolk, das volk schlechtweg, Deutsche.

frau von Stael schreibt in ihrem buche über Deutschland, nachdem sie sehr einsichtig über französisches wesen geurteilt, die überlegenheit der Deutschen bestehe in drei eigenschaften, der unabhängigkeit des geistes, der liebe zur einsamkeit, der eigenartigkeit der einzelnen menschen.

wer die signatur des neuen deutschen reichs kennt, wird, wenn er dies gelesen, mit tränen im auge wissen, wie deutsch dieses reich ist.

unabhängigkeit ist nicht allein fast ein verbrechen in einem lande, in welchem die öffentliche meinung so geflissentlich gepflegt und so sehr gefälscht wird wie jetzt bei uns, sondern sie ist da fast unmöglich, wo es so schwer gemacht ist, auf eignen füßen zu stehn wie in unserm vaterlande.

liebe zur einsamkeit: vergleiche die wirtshäuser und den wirkungskreis des zeitworts amüsieren.

so leicht wird niemand leugnen, daß keine titel jetzt häufiger gehört werden, als die eines liebenswürdigen gesellschafters, eines bequemen collegen, eines correcten beamten. was sagen aber diese titel anderes aus, als den vollständigen mangel an ursprünglichkeit? den mangel dessen, was Göthe das anonyme im menschen genannt hat, auf welchem allein der wert der persönlichkeit beruht? niemand wird unliebenswürdigkeit, unbequemheit, uncorrectes wesen für einen vorzug, ja auch nur für erträglich halten: aber daraus folgt nicht, daß die von den zeitgenossen so ausschließlich betonten eigenschaften das nationale des geistes, und nun gar des deutschen geistes, erschöpfen.

die eigenartigkeit der einzelnen menschen wird verfolgt, wo sie sich irgend an die öffentlichkeit wagt. natürlich: wo die allgemeine meinung staatsinstitution ist, darf die individuelle originalität nicht gelten. der reichskanzler hat am 28 März 1867 seinen glauben ausgesprochen, daß das allgemeine stimmrecht bedeutendere capacitäten in den reichstag bringen werde als jedes andere wahlrecht, weil man, um mittelst dieses stimmrechts gewählt zu werden, in weiteren kreisen, nicht bloß in den gevatterschaften, ein ansehen besitzen müsse. ich kann nicht zugestehn, daß die tatsachen seine erwartung erfüllt haben. wir finden seit 1866 im wesentlichen stets dieselben leute auf der bühne: daß sie gerade die bedeutendsten männer Deutschlands sind, ist nicht zu beweisen, jedenfalls haben sie in den verflossenen zwölf jahren keinen nennenswerten zuwachs erhalten, und außer der ablehnung von einigen bündeln steuern nichts geleistet. sodann aber kommt in betracht, daß wenn auch nicht direct, so doch mittelbar durch die von ihr abhängige presse die regierung, daß ganz direct die ultramontane partei überall remedur eintreten läßt, wo einmal ein origineller kopf die törichte originalität zeigt, unter den gegebenen verhältnissen wirken zu wollen. es gibt im heutigen Deutschland, und zwar in dem officiellen wie in dem oppositionellen, keine größere sünde als originalität, welche weder in der presse besprochen, noch in die gesetzgebenden versammlungen gewählt, noch zu einem einflusse auch nur in kleineren kreisen verstattet werden darf. die mit procura für die parteiprincipien betrauten oligarchien sehen es überall, vom Niemen bis zum Bodensee, als persönliche beleidigung, mindestens als eine unart an, wenn nach ihnen jemand auch nur eine meinung äußern, geschweige denn, wenn er ein urteil begründen will. ein leitfaden des jetzt in Deutschland geltenden faustrechts wird kurz sein: dies faustrecht tritt in den formen des parlamentarischen rechtsstaats auf. der ruf nach schluß der debatte ersetzt alle gründe in durchaus unblutiger, also der civilisation völlig gemäßer weise.

vergesse man übrigens nicht: wenn Fichte das ursprüngliche, wenn frau von Stael unabhängigkeit des geistes, liebe zur einsamkeit und eigenartigkeit des einzelmenschen für das den Deutschen charakteristische erklärt, so ist damit wenig mehr als ein formale gewonnen: den positiven inhalt des Deutschtums müssen wir anderswoher erkennen als aus den verneinungen, daß der Deutsche nicht abgeleitet, nicht abhängig, nicht anderer bedürftig, nicht einer wie alle ist. mindestens in der originalität der individuen wird es eine grenze geben, weil sonst ein national-deutsches gar nicht vorhanden sein könnte.

das Deutschland, welches wir lieben und zu sehen begehren, hat nie existiert, und wird vielleicht nie existieren. das ideal ist eben etwas, welches zugleich ist und nicht ist. es ist die im tiefsten herzen der menschen leuchtende sonne, um welche sich unsere gedanken und kräfte, um welche sich auch alle die mittelpunkte schwingen, welche unser leben umkreist, eine sonne, deren schein fahl und bleich wird, wann sie aus den tiefen der seelen an das tageslicht emportaucht. die blumen und bäume freuen sich an Hyperions strahlen, die menschen gedeihen nur an der geheimnisvollen wärme eines nie gesehenen sternes. die deutsche nationalität ist wie jede andere nationalität eine kraft, welche nicht gewogen, geschaut, geleitet, beschrieben werden kann, welche da ist, wann sie wirkt, welche überall da ist, wo in Deutschland etwas wächst und gedeiht.

es wird daher wohl bei dem sein bewenden behalten, was ich früher auseinandergesetzt. je mehr einzelne Deutsche, welche das auf den letzten seiten dieser abhandlung gesagte anerkennen, sich zu bilden, das heißt, das in dem ihnen durch geburt und anlage gegebenen materiale schlummernde gottesbild herauszuarbeiten bemüht sind, desto klarer wird uns unser wesen werden. originalität ist überhaupt, weil und wenn ein ethisches gut, nichts angeborenes, sondern etwas erworbenes: die forderung besteht überall, nicht bloß in Deutschland, daß die menschliche gesellschaft nur aus originalen sich zusammensetzen darf, weil gott denselben gedanken nicht zweimal denkt, also jeder von gott gewollte mensch anders sein muß als sein nebenmensch. Deutschland würde gegründet werden, indem wir gegen die jetzt gültigen, aus dem vorhergehenden deutlich genug zu erkennenden laster ersichtlich undeutsch beeinflußter zeit uns verneinend verhielten, indem wir zur abwehr und bekämpfung dieser laster einen offenen bund schlössen, welcher der äußerlichen kennzeichen und symbole so wenig entbehren dürfte wie der strengsten zucht, indem weiter jedes einzelne glied dieses bundes den treuherzigsten haß gegen seine eigenen fehler und eine bescheidene, scheue, aber warme liebe für alles hegte, was ihm — ich sage nicht gut, sondern etwas anderes, wie mich däucht, völlig deutsches —, was ihm echt zu sein schiene, und sich als echt erprobte.

eine aufgabe von jahrhunderten! aber nur auf dem wege zum ewigen leben liegt ein vaterland, so wahr auch im ewigen leben wie jeder anderer nation genossen als solche, so auch der Deutsche als Deutscher noch wird zu erkennen sein, und so wahr ihn nicht bloß als ich und als menschen, sondern auch als Deutschen gott und alle seligen lieben.

Die letzten dreißig jahre haben in Deutschland einen sehr charakteristischen verlauf genommen. 1848 die ins blaue strebende idealität der professoren. darauf unter Mannteuffel, Raumer und Westfalen die durch dick und dünn der regierung folgende ministerialität der landräte: als naturgemäße reaction gegen krankhaften idealismus ein krankhaftes beharren auf dem bestehenden: ein beharren der subalternen, weil niemand als subalterne so töricht sein konnte, beharren zu wollen. danach der versuch, dem ideale eine bestimmte gestalt zu geben: die forderung eines rechtsstaats sammelt in der conflictszeit schaaren von kreisrichtern um ihre fahne. da weder die regierungen im stande sind, die von krone und volk vollbrachten taten zum besten der nation zu verwerten, noch die durch die indemnitätsbill gewonnenen, aber im wesentlichen unangetastet gelassenen kammern begreifen, daß ihr programm nur das streben nach einem inhalte, nicht der inhalt selbst, und daß das von der krone und der regierung erreichte nicht das endliche ziel, sondern nur eine etappe auf dem wege zum ziele ist, und da beide das bewußtsein haben, daß sie dem wirklichen volke, so wenig dieses über den instinct hinauskommt, nicht genüge tun, füllt sich landtag und reichstag mit advocaten der neuen ordnung der dinge: der staatsanwalt und der offen anerkannte wie der im stillen sein werk treibende pressagent geben der epoche die signatur. gegenüber diesen advocaten steht als vertreter der ideen kläglich genug der ultramontanismus mit dem alten irrtume, als gehöre er nach Deutschland, das doch deutlichst diesseits der berge liegt, als sei katholicismus, das heißt weltreligion, die lösung der deutschen sehnsucht nach der verwirklichung eines deutschen ideals, das ja freilich auch die ebenso wie der katholicismus kosmopolitischen liberalen heraufzuführen außer stande sind.

geändert hat sich in Deutschland in den letzten jahren nur eins: wir brauchen so leicht nicht zu besorgen, durch das ausland in unseren eigenen geschäften behelligt zu werden. sonst ist alles beim alten geblieben. weder haben die professoren idealität, noch die landräte die anerkennung der rechtsordnung des staats, noch die kreisrichter geordnete freiheit, noch die pressagenten und staatsanwalte zuneigung zum staate erzeugt, noch ist durch die ultramontanen oder deren gegner die religiosität gewachsen. was man erreicht hat, ist höchstens der anfang der desorganisation.

der weg zur religion ist selbst religion: ihn gehn die einzelnen menschen, nationen nur durch die einzelnen menschen. darum die bahn frei für diese! alles fort, was die dutzendbildung befördert! kein versuch mehr, von oben her künstlich zu fabricieren, was aus der tiefe in vollster freiheit wachsen muß! regieren würde heißen dürfen, der nation die ziele zeigen, ihr die hindernisse auf dem wege zu diesen zielen wegräumen, vorweg leben: aber solche deutung ihrer aufgabe erwartet man von den regierungen längst nicht mehr. so müssen wir uns begnügen technikern als technikern die verwaltung unserer gemeinsamen angelegenheiten in die hände zu geben, soweit wir diese angelegenheiten nicht selbst besorgen können, und selbst mann für mann das eigentlich wesentliche zu tun.

Es wird sich nun zuletzt fragen, ob in unserm Deutschland aussicht ist, daß die hier geforderte arbeit in angriff genommen werden werde.

die antwort lautet: nein. einmal nicht, weil die einzelpersönlichkeit durch die fülle des vorhandenen culturmaterials durchzudringen außer stande, und dadurch die möglichkeit für sie, zu voller entfaltung ihres wesens zu gelangen, fast ganz verschwunden ist: wir sind allgemach vor lauter wirklichem und eingebildetem reichtume bettelarm geworden. zweitens nicht, weil man amtlich das culturmaterial für die ordnung der geschichte so benutzt hat, daß nur besonders fein empfindenden gemütern, nur den wenigen, welche einsehen, daß man nichts besitzt als das, was man selbst erwirbt, eine arbeit überhaupt noch nötig scheint: weil das leben des einzelnen so bis ins kleinste von amts wegen bestimmt ist, und mehr und mehr noch genauer bestimmt werden wird, daß so leicht niemand über die vicegötter, den staat und die cultur, und das walten dieser beiden hinweg die erziehende hand des lebendigen gottes spüren kann, während das geheimnis der frömmigkeit eben in dem zugleich sehen und nichtsehen der persönlich personen erziehenden vorsehung, nicht in dem sich beugen unter den unpersönlichen zwang der massen auf massen besteht. drittens nicht, weil die leitenden gewalten müde, eigenwillig und ohne energischen zusammenhang mit dem alten Deutschland sind, und darum alles nach kräften hintanhalten, was die freie persönlichkeit befördern würde: weil man die meinung hegt, daß, wenn die sache oder das wort für die sache da ist, nichts zum glücke notwendiges fehle.

ich vermag, wenn regierung und volk nicht von jetzt ab ganz andere wege einschlagen, von der irdischen zukunft Deutschlands nichts zu erwarten als welt im gewande des himmels, despotismus, der als freiheit auftritt, die verwandlung der erde in einen großen speicher von gütern, welche zu genießen und zur schaffung neuer werte zu verwenden niemand da sein wird, also keine neue, am allerwenigsten eine deutsche religion: denn das, woraus alle zukunft wächst, der einzelne mensch, wird von der regierung und den parteien geflissentlich zurückgeschoben, ja verfolgt.

Es mag ein letztes, das schon auseinandergesetzte in etwas anderer form wiederholende wort zur aufklärung und verständigung vielleicht nicht ganz verloren sein.

Die revolution von 1789 ist in Einer hinsicht in nichts von der sogenannten reformation von 1518, von dem deutschen reichsdeputationshauptschlusse, von den schwächlichen bestrebungen des jahres 1848 verschieden: sie ist wie jene, in erster linie eine umwälzung der eigentumsverhältnisse: das gut des adels, der kirche, der fürsten wird frank und frei in andere hände geschoben. aber man hängt dem vorgange den mantel philosophischer erwägung um, setzt ihm die flitterkrone des naturrechts auf das haupt. diese seite der sache ist vorläufig überwunden: die aneigner besitzen jetzt ihren erwerb als rechtmäßiges eigentum, und werden nicht unterlassen, zu dieses sonderbaren eigentumes schutz vorkommenden falls die bewaffnete macht, zu seiner begründung neben philosophischer erwägung auch das geschriebene recht anzurufen, bis auch ihren nachkommen einmal das stündlein irgend welcher errungenschaften schlägt. in Einer hinsicht also hatte die revolution mit principien nichts zu schaffen: sie entfloß der nackten begehrlichkeit der nicht besitzenden.

die sogenannten principien von 1789, welche für die verrückung des besitzes den vorwand abgeben mußten, und denen man noch heute allgemeine bewunderung widmet, sind vorwiegend negativen, nicht positiven charakters. man wandte sich 1789 gegen misbräuche, welche unbedingt zu beseitigen waren, gegen unfug und ehrlosigkeit, welche kein anständiger mann dulden durfte, und welche nur zu lange geduldet worden waren. mit dem nein hatte man damals in Frankreich nahezu völlig recht: nur waren die meisten derer, welche das nein aussprachen, sittlich gar nicht befugt mitzusprechen. die positiven principien von 1789 waren theoreme. während man den plan des alten gebäudes hätte studieren sollen, um aus seiner kenntnis zu ermessen, wo er verderbt worden war, während man mit dem hammer jeden stein hätte beklopfen müssen, um zu hören, ob er noch gesund sei und noch zu tragen vermöge, oder durch einen frischen zu ersetzen stehe, riß man im vertrauen auf die eigene einsicht und kraft alles nieder, und hub an neu zu bauen, nicht für bedürfnisse, sondern nach idealen, und zwar nach den idealen der durch jene jahrhunderte alten misbräuche krank und einseitig gemachten, leidenschaftlich erregten, also zum neuordnen großer verhältnisse mindestens nur bedingungsweise befähigten menschen. der rückschlag gegen dies treiben blieb nicht aus. Napoleon rettete die gesellschaft vor der fortsetzung des unternehmens, sie zum versuchsfelde für politische seminare zu machen: seine rettung gelang ihm, weil die gesellschaft gerade so weit war, die änderung der eigentumsverhältnisse durch eine buchung legalisieren zu wollen. die restauration strebte die geschichtlichen grundlagen Frankreichs als fundamente eines neuen baus zu verwenden: sie hatte soviel erfolg wie Napoleon, weil die nach 1789 beraubten in den alten besitz, wenigstens soweit es möglich, wieder eingesetzt zu werden wünschten. im grunde scheiterten Napoleon und die restauration: denn sie handelten nicht als politiker, sondern unter dem mantel hoher politik als ganz gemeine egoisten, ohne ideen, nur von dem gesichtspunkte aus, die macht für bestimmte hände zu sichern. das system Louis Philippes ist der durch den überdruß und die unfähigkeit angestellte versuch einer aussöhnung zweier unversöhnbarer feinde, der revolution und der geschichte, ein versuch, welcher beide fälschte, und welcher überdies nicht minder egoistisch war als Napoleon und die restauration. Louis Philippe schuf sich eine partei durch förderung der materiellen interessen und durch die verbreitung eines gleißnerischen scheines von idealem besitze: er stützte sich nicht auf die innere anlage der französischen nation: er mühte sich nicht ihre fehler zu beseitigen, ihre tugenden zu erziehen, sondern er benutzte jene, wo es ihm sein geschäft zu heben schien, er zertrat diese, wo sie ihm unbequem waren: er war, trotzdem er so ließ, nicht der könig der Franzosen, sondern der könig der épiciers, der bourgeois und der zahllosen politischen streber, welche aus den kreisen dieser bourgeois hervorgiengen: Frankreich war ein land dreifach gemischter bevölkerung, Louis Philippe accentuierte das Celtische in ihm, und wunderte sich später, als der Gallier ihn wegjagte.

die principien von 1789 sind nach Deutschland verpflanzt worden, und ihre vertreter nennt man liberale. bei uns praktisch geworden sind diese principien nur in der gestalt, welche sie 1831 angenommen: sie leiden auf Deutschland natürlich noch weniger anwendung als auf Frankreich. denn wenn sie überhaupt aus der theorie, nicht aus dem bedürfnisse und der wahrheit stammen, wenn sie die rücksichtslose ehrlichkeit ihrer aus überzeugung schwärmenden, mordenden und sterbenden väter schon unter Louis Philippe eingebüßt haben, so haben sie nirgends auf der welt mehr ein recht principien zu sein: durch den specifisch und sehr originell celtischen beigeschmack, welchen sie aus dem Paris von 1789 mitgebracht, wurden sie für Deutschland weder genießbarer noch berechtigter, das, von hause aus aristokratisch veranlagt, durch die celtische gleichmacherei nur undeutscher und eben darum unglücklicher werden konnte. die antwort der deutschen regierungen auf diese undeutschen gelüste wurde nicht aus der deutschen geschichte genommen: vielmehr haben sich die deutschen regierungen jener gelüste durch mittel erwehrt, wie sie Macchiavelli nicht verschlagener und nichtsnutziger hätte ersinnen können: sie haben zugegeben, was sie verweigern mußten, und haben nach 1819 und 1848 hinten herum die möglichkeit strammer regierung dadurch festgehalten, daß sie eine partei schufen, welche unter wechselnden und beliebig zu combinierenden titeln jenen épiciers und bourgeois der Orléans entsprach, die gebildeten, die liberalen, die nationalen. die regierungspartei besteht im heutigen Deutschland aus den personen, welche amtlich mit wohlgeboren angeredet werden: und dieser partei wird weiß gemacht, daß sie das deutsche volk sei. das ist die wurzel unsres unglücks. das volk, mit dem doch allein die regierung zu tun haben sollte, und das zum glücke für uns in die städte und in die kreise jener amtlich wohlgeborenen noch vielfach tief hineinreicht, bleibt gänzlich außer betracht. dies wirkliche volk trägt die spuren unsres jahrhunderte langen misgeschicks, aber es ist so willig und tüchtig, daß niemand ein besseres zu wünschen braucht, und dies volk ist es, auf welches in allen schweren zeiten auch die regierungen als den hauptfactor zurückgreifen müssen. ich verlange, daß in Deutschland der wahrheit ihr recht werde, das heißt, daß man eingestehe, das volk sei nur da, wo man es in tagen der not ohne besinnen selbst sucht, daß man den schein des schwerpunkts nicht dahin lege, wo er gar nicht liegt, in die jetzt sogenannten gebildeten: daß man erkenne, durch fortwährende vergrößerung des kreises jener falschen bildung vergrößere man nur das unglück des vaterlandes, und erschwere seine heilung, daß man offen gestehe, es gebe in Deutschland zur zeit die möglichkeit der freiheit und der selbstverwaltung noch nicht, es gebe zur zeit nur regierung: daß man aber, indem man mit wirklicher bildung für wenige, nicht nach der geburt, sondern nach der ethischen und intellectuellen befähigung ausgewählte menschen ernst macht, sich eine klasse schaffe, welche als beamtet von diesem volke, und für dieses volk arbeitend, und um dieser freiwilligen arbeit willen angesehen, sich frei aus der tiefe ergänzend, dereinst die selbstverwaltung in die hand nehmen könne: ich verlange, daß man das vermögen des landes so vermehre, daß eine solche klasse auch die äußeren, sie unabhängigenden mittel besitze, ohne welche die selbstverwaltung ein lächerliches possenspiel oder ein martyrium ist: daß man dem reden und stimmen machtloser und das volk nicht vertretender, sondern auf commando der propheten ausländischer götter, des liberalismus und des ultramontanismus, gewählter parlamente ein ende mache: daß man religion, wissenschaft, kunst auf eigene füße stelle, weil diese alle nur, wenn sie auf eigenen füßen stehn, überhaupt wirklich existieren. das jetzige regierungssystem ist im wesentlichen nichts anderes, als eine erneuung des Rochowschen systems von 1838: nur sagt man dem beschränkten untertanenverstande sein etikett nicht ins gesicht, sondern lenkt ihn durch die presse und die parteien so, daß er sich einbildet, unbeschränkte herrschereinsicht zu sein, und man hat in den gesetzgebenden versammlungen eine neue quelle entdeckt, aus der man beamte schöpfen kann. was uns fehlt, ist eine regierung, welche nicht eine regierungspartei zu erwerben, sondern eine selbst regierungsfähige klasse, das heißt, ein selbstbewußtes volk, zu schaffen sucht. vor allen dingen muß dies ziel erstrebt werden: ich sehe noch nicht den leisesten schimmer davon, daß es geschieht. dies ziel könnte man erreichen nur unter der voraussetzung unbedingten glaubens der als notgedrungene mandatare eines zu erziehenden unmündigen besitzers handelnden minister an das dasein und das segensreiche wirken ethischer kräfte, und von nichts ist die gegenwärtige regierung — nicht theoretisch, aber praktisch — weiter entfernt als von diesem glauben. nur die wahrheit wird uns frei machen, und meine politischen aufsätze wollen auf nichts anderes hinaus, als darauf, den schein im unterrichtswesen, in der behandlung der religiösen und politischen fragen, rücksichtslos zu zerstören, und dadurch der wahrheit, jener freimachenden wahrheit, den weg zu bahnen. wir trauen nach langem mistrauen jetzt wieder den kronen Deutschlands, obwohl wir tief beklagen, daß ihre träger vielfach über die lage der dinge nur mangelhaft unterrichtet sind, aber die beauftragten der verschiedenen wahlausschüsse haben wir so satt wie die, welche mit ihnen gemeinschaftliches spiel machen. wir wollen freiheit, aber nicht liberalismus: Deutschland, aber nicht jüdisch-celtische theoreme über Deutschland: frömmigkeit, aber nicht dogmatik mit einem sie am beißen hindernden maulkorbe, zu welchem die regierungen den schlüssel in der tasche haben: ein reich, das nur soweit staat ist, als die nation den staat nicht entbehren kann: wir wollen die anerkennung, erziehung, verklärung unserer eigenen natur, wir wollen aber nicht von einem russischen kutscher an einer französischen leine gefahren, und mit einer jüdischen geißel geschlagen werden.

Will man in Deutschland religion haben, so muß man, weil religion zur unumgänglichen vorbedingung ihrer existenz ehrlichkeit und wahrhaftigkeit hat, alle den fremden plunder abtun, in welchen Deutschland vermummt ist, und durch welchen es mehr als durch individuelle selbsttäuschung vor seiner eigensten seele zum lügner wird. Palaestina und Belgien, 1518 und 1789 und 1848 gehn uns schlechterdings nichts an. wir sind endlich stark genug, vor fremden die türe des hauses zuzuhalten: werfen wir auch einmal das fremde hinaus, welches wir innerhalb unseres hauses haben. ist das geschehen, so kann die eigentliche arbeit beginnen. gesetzmacherei ist zum überdrusse getrieben, eine gesetzmacherei, welche überall die oberfläche kräuselte und tünchte, und dem wirklichen ernste des lebens und der lage, vor allem den lebendigen menschen sorgfältig aus dem wege gieng, höchstens den besten freunden deutschen wesens in die seele schnitt. wir ziehen jetzt industrie, kunst, wissenschaft, bildung, freiheit, frömmigkeit in blumentöpfen hinter den glasscheiben eines warmhauses, und haben darum decorationspflanzen, aber keine waldbäume und keine gartenblumen. was uns freuen und userm gemüte gedeihen soll, das muß auf freiem lande, in gottes bald rauher bald milder luft wachsen. nur Ein gesetz ist allem von gott geschaffenen gemeinsam: es kann nichts auf der welt etwas anderes werden als was es werden soll, was in seiner bestimmung begründet ist. darum heißt regieren die hindernisse wegräumen, welche dieser bestimmung der nationen und der individuen im wege stehn, die bedingungen schaffen und erhalten, unter denen das leben sich zu entwickeln vermag. frömmigkeit ist wie für die einzelnen menschen so auch für ein volk das bewußtsein zu gedeihen, in sturm und wind wie in sonnenschein und mildem thau, und durch dies alles auszureifen zur vollkommenheit, zu dem ziele, das gott der nation und den einzelnen gesteckt: frömmigkeit ist das bewußtsein höchster gesundheit. nur Eines mannes großer, fester, reiner wille kann uns helfen, eines königs wille, nicht parlamente, nicht gesetze, nicht das streben machtloser einzelner. dieser mann fehlt uns nicht nur, sondern die gewohnheiten eines auf oberflächliche glättung von massen berechneten systemes hindern, daß er jemals erstehe, weil männer überhaupt mehr und mehr unmöglich werden, und mehr und mehr nur noch regimentierte und gedrillte dutzendmenschen denkbar sind.

Deutschland ist in der lage, im hellen lichte des neunzehnten jahrhunderts, vor zeitungsschreibern und telegraphendrähten, eine periode zu durchleben, welche andere nationen in tiefster verschwiegenheit unbelauschter jugend durchlebt haben: heroentat in der epoche des papiergeldes, der börsenjobberei, der parteipresse, der allgemeinen bildung zu tun. wir sind krank an der notwendigkeit, 1878 auszuführen, was 878 hätte geschehen müssen. die aufgabe ist freilich nicht gegeben, um nicht gelöst zu werden: der erste schritt sie zu bewältigen ist jedenfalls der, sie und ihre schwierigkeit zu erkennen.

Beendet am 6 April 1878.

Inhalt:

1 Ueber das verhältnis des deutschen staates zu theologie, kirche und religion. ein versuch nicht-theologen zu orientieren. (zweiter abdruck). 5
2 Gedichte. 55
3 Ueber die gegenwärtige lage des deutschen reichs. ein bericht. (zweiter abdruck). 67
4 Zum unterrichtsgesetze. 155
5 Die religion der zukunft. 217

DEUTSCHE SCHRIFTEN

von

Paul de Lagarde.

Zweiter Band.

Goettingen
1881
Dieterichsche Verlagsbuchhandlung.

Im Sommer 1853 bot sich mir die Gelegenheit, in eine politische Thätigkeit einzutreten: ich habe diese Gelegenheit ungenutzt gelassen. Nicht sowohl, weil mir die für sie nöthigen äußerlichen Mittel fehlten, als weil ich erkannte, daß ich einer andern Epoche angehöre als der 1853 im geheimen bereits herrschenden der nachmaligen neuen Aera.

Jene Epoche hatte die Form ihrer Existenz in der Verneinung des Bundestages und alles dessen gefunden, was mit ihm näher oder ferner zusammenhieng: sie hatte ihren Inhalt durch die Philosophie Hegels aus den Schätzen der klassischen Periode unsrer nationalen Litteratur erhalten.

Sie hatte also ihre Form der Verneinung des Todes, welche Verneinung selbst kein Leben ist, sie hatte ihren Inhalt nicht dem Leben, sondern dem scholastisierten Berichte über eine einzelne Erscheinung intellectuellen Lebens zu verdanken.

Nicht wenige gab es, welche mit dieser Epoche unzufrieden waren: an ihrer Spitze stand König Friedrich Wilhelm der vierte. Man mußte dieser Männer Unzufriedenheit billigen, denn was die Träger des Zeitgeistes dem Volke boten, war nicht Brot, sondern Stein; für das, was die Misvergnügten selbst empfahlen, konnte man sich nicht erwärmen, denn sie trieben die Teufel durch andre Teufel aus. Es durfte sich — so schien es mir vor 29 Jahren — nicht darum handeln, an die Stelle der Encyclopädie Hegels die Dogmatik Hollazens und Gerhardts, an die Stelle Goethes und Lessings irgend welche andre Klassiker zu setzen. Tod kann nicht durch Abneigung gegen den Tod, sondern nur durch Auferstehung, der eine Tod nicht durch einen andern Tod, sondern nur durch Leben verdrängt werden.

Die im gewöhnlichen Sinne dieses Wortes liberale Epoche ist wesentlich anders verlaufen als 1853 irgend wer zu ahnen im Stande war: Otto von Bismarck ist ihr Exponent geworden. Mir ist nicht bekannt, daß jemals eine methodische Untersuchung über die Art geführt worden wäre, in welcher Individuen auf die Geschichte des Menschengeschlechts einwirken. Eigentlich berühmt scheinen mir von jeher jedenfalls nur diejenigen unter diesen Individuen geworden zu sein, welche die Executive für den Gedankeninhalt und die Wünsche einer von Andern gestimmten, geschulten und begeisterten Masse gewesen sind. Wie Luther gehört auch der erste Kanzler des deutschen Reichs in diese Klasse. Nicht eine einzige der von Herrn von Bismarck in Wirklichkeit umgesetzten Ideen ist in seinem Kopfe entstanden: er dankt die wichtigsten dem Liberalismus, und wird selbst am besten wissen, daß dieser zuerst in den Gothanern, zuletzt im Nationalvereine verkörperte Liberalismus der eigentliche Vater des heutigen deutschen Reichs, der mächtige Kanzler nur der ist, welcher mit beispielloser, nie ermüdender Energie, unter Benutzung jeder Schwäche seiner an Schwächen reichen Gegner und jeder von der Vorsehung gebotenen Gelegenheit die Ideen dieses Liberalismus an Stellen zur Geltung gebracht hat, welche von Hause aus eine nur instinctive, aber sehr mächtige Abneigung gegen diese Ideen hatten. Der lebhafte Haß aber, welcher früher dem nachmals so viel bewunderten Manne entgegentrat, galt den in ihm noch außerordentlich deutlich spürbaren Nachwirkungen der vorliberalen Periode unsres Staates, einer Periode, welche Bismarck so wenig hätte entbehren können, wie er die Ideen der mit 1848 abschließenden Epoche unsrer Geschichte zu entbehren im Stande gewesen wäre: die Schneidigkeit, mit welcher er diese Ideen durchgeführt, ist ihm durch die Herkunft aus dem altpreußischen niedrigen Adel zu Theil geworden.

Ich habe 1872 erkannt, daß die Tage des Liberalismus zu Ende giengen. Darum habe ich 1873 und in den folgenden Jahren nach und nach meine deutschen Schriften veröffentlicht, um durch dieselben die Gemüther für die neue Periode, an deren Schwelle wir uns befinden, empfänglich zu machen.

Es ist nunmehr an der Zeit, weiter fortzuschreiten.

Das Verhältnis beweist es, in welchem der Reichskanzler jetzt zu Deutschland, und Deutschland zu ihm steht. Der Reichskanzler ist seit Jahren nicht mehr der Exponent der öffentlichen Meinung: es ist aber auch andrerseits niemand da, der als anerkannter Führer der nächsten Zukunft Opposition gegen ihn zu machen befähigt und befugt wäre. Deutschland lehnt jenen ab, aber es lehnt auch alle diejenigen ab, welche sich an jenes Stelle setzen möchten: es wird durch die Erfolglosigkeit jenes zu diesen, durch die Nörgeleien dieser zu jenem hingetrieben. Während von 1830 bis 1848 die überwältigende Mehrheit der an den Geschicken des Vaterlandes Antheil nehmenden das wünschte was 1866 bis 1871 ausgeführt worden ist, gibt es jetzt eine solche Mehrheit für nichts, ja es steht nicht einmal in Aussicht, daß es sobald eine solche für irgend etwas geben werde. Ist aber eine öffentliche Meinung im guten Sinne dieses Ausdrucks nicht da, so kann weder ein Kanzler in ihrem Auftrage regieren, noch eine Linke in ihrem Auftrage kritisieren: ein derartiger Auftrag aber ist für jeden erforderlich, der einen äußerlichen Erfolg erreichen will.

Es ist Unrecht, über Undankbarkeit gegen Bismarck zu klagen. Was man Undankbarkeit gegen ihn nennt, ist nichts als das — zur Zeit allerdings noch völlig unklare — Bewußtsein, daß Bismarck seine Aufgabe gelöst hat, und daß nun andre Aufgaben als die ihm zu Theil gewordenen zu lösen sind. Hat doch auch der Freitag nicht das Pensum, sich über das vom Donnerstag geleistete zu freuen oder dasselbe noch einmal zu leisten, sondern das sehr viel gewichtigere, seine eigne Arbeit in die Hand zu nehmen, weil er eben nicht Donnerstag, sondern Freitag ist.

Es ergibt sich aus dieser Lage der Dinge die Pflicht eine — diesen Ausdruck abermals im guten Sinne verstanden — neue öffentliche Meinung zu bilden, welche auch ihrerseits den Mann finden muß, der sie in Thaten umsetzt, sowie sie selbst mächtig genug geworden sein wird, einen solchen Mann zu erzwingen, zu bevollmächtigen, zu stärken.

Was ich auf den folgenden Blättern biete, ist ein Versuch zur Bildung einer solchen Meinung etwas beizutragen. Daß das Gebotene den Zeitgenossen fremd erscheinen wird, beweist nichts gegen meine Gedanken; sie sollen eben gar nicht Gedanken der Gegenwart, sondern Gedanken der Zukunft sein.

Jede Zeit bindet bis zu einem gewissen Grade die ihr folgende ebenso, wie sie dieselbe befreit.

Leider ist es jetzt unmöglich, die Entwickelung der deutschen Geschichte von einem Fehler zu heilen, welcher sogar 1866 noch hätte geheilt werden können.

Der Main und das Erzgebirge bilden mitten in Deutschland eine wirkliche Grenze, da die nordwärts von ihnen Wohnenden wesentlich von den südwärts Wohnenden verschieden sind. Diese Grenze ist in der jetzt geltenden Verfassung durch die Baiern und Würtemberg zugestandenen Reservatrechte ausdrücklich als berechtigt anerkannt: sie war in den Friedensschlüssen von 1866 für naturgemäß erklärt, da Preußen, welches Mainz ohne neuen Vertrag besetzen zu dürfen behauptete, die südlichen Theile des Großherzogthums Hessen nicht in den Bund der norddeutschen Staaten einbegriff: sie war in den dem böhmischen Kriege voraufgehenden Entwürfen dadurch als thatsächlich vorhanden und nur der formellen Anerkennung im geschriebenen Rechte bedürftig bezeichnet, daß Preußen der Krone Baiern vorgeschlagen hatte, in der Weise an der Spitze der südmainischen Länder zu stehn, in welcher es selbst an der Spitze der nordmainischen zu stehn forderte. Noch heute fühlen sich Baiern und Würtemberg vom deutschen Reiche vergewaltigt: es ist kein Glück, daß sie ihm einverleibt worden sind, denn man muß Widerstrebendes nicht zusammenfügen, wenn man nicht den Stärkeren des Paares den Schwächeren will unterjochen lassen.

Zu wiederholten Malen hatte Habsburg den Plan gehabt, Baiern, einmal hatte es den Plan sogar ausgeführt, Würtemberg in sein Gebiet einzuschließen. 1709 wie 1714 ist der vom Prinzen Eugen aufgenommene Gedanke des Kurprinzen von Baiern, Kur-Baiern — welches allerdings nicht das heutige Baiern war — und dessen Ansprüche gegen das damals oesterreichische Belgien einzutauschen, an der Politik Ludwigs des vierzehnten gescheitert: Iosephs des zweiten Bemühungen Baiern zu erwerben hat Friedrich der zweite zu nichte gemacht.

Oesterreich bedarf einer herrschenden Rasse. Ihm gehörte früher der Breisgau, die Landgrafschaft im Elsaß, das in der Nord-Schweiz belegene Stammgebiet seiner Dynastie, Burgau am Lech. Hätte es Baiern gewonnen, so wären alle Landschaften bis zum Main, selbst die von Hohenzollern beherrschten, über kurz oder lang ihm in die Arme gefallen, und die Germanen hätten die Obmacht in dem Staate der Habsburger gehabt.

Wie jetzt die Sachen liegen, sind die südmainischen Deutschen, welche mit den nordmainischen nur in einem weiteren, wenn auch unzerreißbaren Bunde stehn können, mit den nordmainischen in ein und dasselbe Reich zusammengethan, ist Oesterreich, das der SüdwestDeutschen für sich nicht entrathen kann, der geborenen Herrscher und Colonisten beraubt, ist das Bündnis zwischen dem deutschen Reiche und Oesterreich, so nothwendig es ist, doch nicht über alle Wechselfälle erhaben, während ein in sich nur Provinzen, nicht Staaten duldendes GroßPreußen und ein ebenso wie dies Preußen organisiertes GroßOesterreich sicher mit einander gehn und handeln würden.

Ist aber auch eine in tiefster Seele befriedigende Ordnung der 1866 und 1871 endgültig verschobenen Verhältnisse jetzt unmöglich, das ist auf jeden Fall möglich, zu begreifen, daß ein MittelEuropa geschaffen werden muß, welches von dem Augenblicke an die Gewähr des Friedens für den ganzen Erdtheil bietet, in welchem es Russland vom schwarzen Meere und damit von den Südslaven abgedrängt, und deutscher Colonisation — denn wir sind ein Bauernvolk — im eignen Osten einen breiten Raum gewonnen haben wird. Nur durch eine wenigstens nach Süden hin vollständige Internierung Russlands kann uns überdies unser geborener Bundesgenosse, Oesterreich, in leistungsfähigem Zustande erhalten werden.

Aber der Krieg, welcher dieses MittelEuropa herstellen muß, läßt sich nicht vom Zaune brechen. Alles was wir thun können, ist, unser Volk an den Gedanken zu gewöhnen, daß er kommen werde.

Was wir selbst zu thun haben, wird sich sehr klar aus der Antwort auf eine einzige Frage ergeben. Die Frage lautet: Wo ist der Nachwuchs für unsre Parlamentarier, unsre Gelehrten, unsre Musiker, unsre Staatsmänner? Welche Namen sind als die beachtenswerther Menschen seit 1866 neu aufgetaucht? wer gibt Hoffnung, in schlimmen Zeiten der rechte Mann an bedrohter Stelle sein zu werden? Die Antwort auf diese Frage muß lauten: Die geistige Verarmung unsrer Nation ist so weit fortgeschritten, daß Deutschland, so reich es an Maßregeln ist, an Männern den allerempfindlichsten Mangel leidet.

Charactere können sich im deutschen Reiche nicht bilden: kaum daß bereits gebildete Charactere in ihm sich zu erhalten im Stande sind. Charactere bilden sich großen Ideen, innerlich mächtigen Menschen gegenüber: der Character ist der Abdruck, den das Ewige in empfänglichen Seelen zurückläßt. Im vollsten Sinne des Worts ist daher ein Character nur durch die Frömmigkeit zu erwerben: nur in ihr dauert er.

Die großen Ideen werden durch die allgemach über ganz Deutschland verbreitete preußische Art sie mitzutheilen alles Werthes beraubt. Ich habe in meinem ersten Aufsatze zum Unterrichtsgesetze Themen aufgezählt, welche auf Berliner Schulen bearbeitet worden sind: alles was in dieser Themen Bereich fiel, war für die Schüler — es gibt keinen andern Ausdruck als einen jüdischen — schofel geworden. Das

Uebergewicht der Naturwissenschaft rührt mit daher, daß die Wissenschaft des Geistes wenig mehr aufweist als die advocatisch aufgeputzte Subjectivität der verschiedenen Parteien, und daß sie darum ehrliche Gemüther anekelt: man mag nur da leben, wo der Mensch nicht hinkommt mit seiner Qual: man mag die Geschichte nicht, wenn es eine katholische und eine protestantische oder gar eine jüdische Geschichte gibt. Die Nullität der Menschenwelt ist zur Zeit so groß, daß auch das Bedürfnis nach Religion sich auf das Gebiet der Naturwissenschaft geflüchtet hat: die auf diesem Gebiete herrschenden Hypothesen sind, obwohl sie für Wissenschaft ausgeschrieen werden, nichts anderes als Dogmen. Was lernen wir Nicht-Naturforscher auf der Universität als Theorien, Phrasen und Worte, was im sogenannten Leben als Formalien? Unsre Urtheile über Poesie, Musik und Philosophie sind die der Compendien und Recensionsfabriken, unsre Urtheile über Politik der Laich der in unserm Städtchen angesetzten Reptilien. An die Ideen selbst kommen wir vor lauter Bildung gar nicht mehr hinan.

Innerlich mächtige Menschen: nun, es ist wohl nicht nöthig auszuführen, daß sie fehlen.

Ebensowenig bedarf es einer Auseinandersetzung, daß die Blicke der Angehörigen des neuen Reichs nicht nach oben gerichtet sind: daß, wo man, oft in recht ehrlicher Selbsttäuschung, so thut als seien sie es, die Dogmatik als Surrogat für die Frömmigkeit eingetreten ist. Das weiß man aber ja, daß die Dogmatik zu allen Zeiten die Characterbildung ebenso gehindert, wie sie den Parteifanatismus und den harten, herrschsüchtigen Haß in den nicht immer wiedergeborenen Herzen der Dogmatiker befördert hat.

Die Liebe wächst an der Schönheit und der Güte, die Freiheit vom eignen Ich und von allem Kleinlichen an der Größe, die Demuth an der Kraft: mit andern Worten, der Mensch, das heißt, der Character, gedeiht an der Freude über das Göttliche.

Von solcher Freude aber ist im deutschen Reiche nicht das kleinste Körnchen zu finden. Es hat nie eine neue Schöpfung gegeben, welche überhaupt so unfroh gewesen wäre wie diese. Die Menge der Surrogate der Freude genügt es zu erweisen, wenn ja ein Beweis nöthig ist.

Charactere bilden sich an der Arbeit und an den Erfolgen der Arbeit.

Es ist richtig, wir können Fabriken anlegen, an der Börse spielen, Schulbücher schreiben: wir können Geld verdienen. Können wir aber das Gute fördern? können wir das Schlechte vernichten? auch nur so weit, als es auf Erden thunlich ist? Wir fangen an zu kämpfen, und werden, der Eine früher, der Andre später, so müde, daß wir die Hände nicht mehr rühren mögen. Wenn wir dann noch etwas empfinden, was zur That gegen andre bestimmen müßte, sind wir so falsch, unsre Empfindungen zu bemeistern und unsre That hinunterzuschlucken: wir sind vielleicht hinterdrein unglücklich, weil wir haben falsch sein müssen: falls wir Neigung fühlen uns groß vorzukommen, gehn wir unter die

Anhänger Schopenhauers, denn Kampf und Unbequemlichkeit wird erspart, wenn man Kants Rath, so zu handeln, daß die Maxime der eignen Thätigkeit Princip der allgemeinen Moral sein könnte, zu dem Grundsatze umgestaltet Siehe dein mit einigem guten Willen zu beseitigendes Unglück als den Erweis dafür an, daß die vorhandene Welt die möglich schlechteste aller möglichen Welten ist. Das Leben der Besten hat jetzt nur Einen Kehrvers, den: Es hilft doch Alles nichts. Der Deutsche des neuen Reichs wird mehr und mehr für das Gefühl reif, welches sein Kanzler nicht gerade klassisch als das der allgemeinen Wurschtigkeit bezeichnet: daß dies Gefühl zur Bildung des Characters beitrage, wird so leicht Niemand behaupten.

Wir sind liebenswürdig, wir sind correct. Der oberste Grundsatz der Frauenwelt, nichts Auffälliges zu thun, in nichts von den Uebrigen abzuweichen, beherrscht uns ganz. Wo soll da Character herkommen, welcher der vergehenden Welt gegenüber das Incommensurable, nur in der Ewigkeit das Rationale ist?

Man bedenke, welch ein Druck dem Vaterlande durch die liberaler Theorie wider das Leben und wider die Geschichte gelungene Gesetzgebung aufgelegt ist, und erwäge, wie schwer es sein muß, unter diesem Drucke sich nach eingebornen Werdenormen zu bewegen. Was ist aber Character anders als Selbstsinn? wenn man das Selbst als ein Gottgewolltes ansehen darf und ansieht.

Dazu kommt die große Armuth des Landes, nicht bloß der Gebildeten, von denen allein das Vorhergehende handelte, sondern aller Einwohner mit Ausnahme der die Früchte des Giftbaumes essenden. Soll da sich ein Character bilden können? Leute, welche um jeden Preis leben, oder aber unter allen Umständen gewinnen und genießen wollen, sind dem gegenüber unselbstständig, der ihnen Brot oder Differenzen verschafft. Der Unselbstständige aber kann keinen Character haben.

Gar ein Familiencharacter ist ganz unmöglich. Er wäre eine Verstärkung des persönlichen Characters: da dieser als nicht opportun angesehen wird, darf niemand ihm noch einen Rückhalt geben, niemand ihm einen Sockel unterbauen wollen, auf welchem er noch fester und höher stände. Familiencharacter würde den Satz vollends erweisen, daß nicht der Staat das letzte Ziel menschlicher Entwickelung ist: denn Familiencharacter wird der Natur der Sache nach vom Staate nicht hervorgebracht, und müßte doch, wenn er etwas wünschenswerthes wäre, falls der Staat als Inbegriff aller Güter zu gelten hat, von ihm hervorgebracht werden, in ihm eine logisch zu rechtfertigende Stelle finden.

Soll das Alles bleiben wie es ist? oder soll jeder, der sein Vaterland liebt, sich rühren, die abgeholzten Berge aufzuforsten, bevor der Regen auch das letzte Erdreich in die Tiefe geschwemmt haben wird?

Wenn der Character nicht erworben werden könnte und müßte, gehörte er gar nicht zum Ethos: die Naturanlage eines Menschen, eines

Geschlechts, eines Volks gibt in verschiedener Weise den Boden für seinen Character ab, identisch mit diesem Character ist sie nicht.

Kann aber der Character erworben werden, so muß er es werden. Die Zugehörigkeit zu einer Partei, die Hartnäckigkeit, mit welcher man die Stichworte dieser Partei wiederholt und verficht, die Intoleranz gegen die Feinde der Phrase und die Freunde zuverlässiger Untersuchung, das alles ersetzt den Mangel des Characters nicht, es macht diesen Mangel nur schädlicher und schwerer erträglich, weil es die Menschen hindert sich heilen zu lassen. Nichts bereitet dem höflicher Caesarismus genannten Despotismus sicherer und bequemer den Weg als das Parteiwesen: will man jenen nicht, weil er die Individuen zu Staub zermalmt, so muß man dieses ausrotten, weil es die Individuen so zermürbt, daß sie ohne Mühe zu Staub zermalmt werden können.

In der neuen Epoche unsrer Geschichte ist unsre Hauptaufgabe die, möglichst viele Menschen zu Personen, zu Characteren zu erziehen.

Meine Aufsätze sollen Einzelleben gegen den von einem einzigen Koche gequirlten, nach Belieben zum Feuer und vom Feuer geschobenen Brei loben, zu dem man unser edles Volk verschmoren will. Wir werden unserm Richter nicht als ihren Nachbaren gleiche Tropfen in einem Fasse deutschen Reichsextracts, sondern als Seelen vorgeführt werden, deren jede einzelne ihre eigne Pflicht und ihr eignes Recht hat, und deren jede einzelne verbunden ist zu kämpfen, wann ihr ihre Pflicht und das Recht verkümmert wird, das Vaterland dadurch zu schmücken, daß sie sich selbst schmückt, deren jede einzelne verbunden ist zu kämpfen, wann man ihr einreden will, daß nicht das Ja zu ihrem eignen Wesen, nicht die Uebereinstimmung mit Gottes sie schaffendem Willen, sondern das Ja zu den wechselnden Launen eines beliebigen Staatsmannes der Gegenwart oder der Zukunft und die Harmonie mit dem mistönigen Gesange der Frösche im Sumpfe das ist, was sie glücklich macht.

Meine Aufsätze sollen weiter das Erwachen einer jedem sich selbst achtenden Volke so dringend nöthigen conservativen Gesinnung ermöglichen helfen. Dem was jetzt und seit lange conservative Partei heißt, wird sich kein über die Bedürfnisse der Nation und die Lage der Dinge unterrichteter Mann anschließen können. Es muß sehr viel Ballast rücksichtslos über Bord geworfen werden, ehe man seine Güter in dies Schiff verstauen kann: ich habe mich bemüht den Ballast aufzuzählen. Man muß die Gewähr dafür bekommen, daß der Schiffer Curs zu nehmen und zu halten versteht: ich denke gezeigt zu haben, wohin wir steuern müssen.

Ein die Signatur der Zeit erkennender, nicht in Principienreiterei und abenteuerliche Romantik verrannter Papst hätte allerdings jeden Krieg gegen die ersten Falkschen Gesetze vermieden, und wenn ein Kampf entbrannt wäre, ihn thunlichst bald beigelegt. Jetzt hat das Papstthum durch jene Gesetze sogar trotz seiner thörichten Haltung den Vortheil bereits erworben, daß die Vormacht des Protestantismus den Protestantismus zum Tode getroffen hat: an dem Tage, an welchem

Rom sich überwindet, das neue preußische und deutsche Kirchenrecht formell anzuerkennen, wird es dem Protestantismus den Garaus gemacht, und den Iesuiten die Macht erworben haben. Leicht könnte der Sieg Bismarcks über Rom der Sieg Roms über Bismarck und Deutschland sein. Darum muß alles gethan werden, eine Deutschland eigenthümliche Gestaltung der Religion zu Stande zu bringen.

Um alles kurz zusammenzufassen: da der Gegensatz von Preußen und Oesterreich auf friedlichem Wege sich nicht beilegen ließ, mußten die beiden feindlichen Brüder durch einen Krieg von einander getrennt werden. Nachdem diese Auseinandersetzung vollbracht, nachdem durch den Kampf mit Frankreich die westliche Grenze Deutschlands fast völlig und die diplomatische und militärische Einheit der deutschen Staaten ganz gesichert ist, haben wir nunmehr die Aufgabe, unsre innere Einheit zu erarbeiten. Diese Aufgabe kann nur durch Rückgreifen auf den echt deutschen Individualismus unsrer Väter gelöst werden, der jetzt keinen Schaden mehr thun wird, da er in festem Rahmen beschlossen bleibt, der jetzt unumgänglich ist, damit die Form nicht des Inhalts entbehre. Alles kommt also darauf an, den einzelnen Menschen in seine Rechte einzusetzen. Damit er in diese Rechte eingesetzt werden könne, müssen einerseits Institutionen da sein, welche ihn über sich hinausheben, sind andrerseits alle Institutionen zu vernichten, welche ihn an der Entwickelung seiner wahrhaftigen Eigenthümlichkeit hindern: an erster Stelle ist das preußische Unterrichtswesen zu beseitigen.

Es ist manches Jahr her, seit ich mit meiner Klasse einen lieben Schüler zur Gruft geleitete, und von des Knaben Vater, der die Dienstleistung eines Geistlichen abgelehnt hatte, erst am Thore des Gottesackers gebeten wurde, am Grabe einige Worte des Trostes zu sprechen. Ich habe da nichts Schlechtes gedacht und gesagt, und doch die Scham über Alles was ich dachte und sagte, in meine Seele brennen fühlen: wer war ich, vor einem tiefen Schmerze, unter Gottes Himmel, in den dämmernden, noch herben Frühling hinein, mir das Wort über ewige Dinge anzumaßen? So wie damals, ja noch weit ernster und trauriger, ist mir jedes Mal zu Muthe, wann ich über vaterländische Angelegenheiten mich zu äußern unternehme. Damals fiel jeder Laut auf guten Boden: möchte es jetzt eben so geschehen. Wer sollte je den Mund über Heiliges aufzuthun wagen, wenn nur der Vollkommene über Heiliges reden dürfte?

Gedichte.

1

Da ich zum Handeln Kraft und Zeug besitze,
paßt es mir herzlich wenig, Worte machen.
Ich wäre lieber mitten in den Sachen,
statt daß ich einsam an Sonetten schnitze.
Und müßten's Worte sein, könnt' ich mit Witze
die Affen Gottes über den Haufen lachen:
geläng' es, predigend Wärme zu entfachen,
wo wechselnd jetzt regieren Frost und Hitze.
Doch da sich niemand selbst das Leben wählet,
und niemand selbst bestimmt, wie er will leben,
bin ich zufrieden, nicht am Reich zu bauen,
nicht göttliche Musik dem Volk zu geben,
nein, mühsam Steine fremdem Plan zu hauen,
und formvoll auszusprechen was mich quälet.

2

O Glocke, als dein Meister dich gegossen,
da herrschte Andacht rings in diesen Landen.
Noch lange Jahre ward dein Ton verstanden,
wann in die Ferne er vom Thurm geflossen.
Die jetzt dich hören, hören dich verdrossen:
kam ihnen ja in matten Zweifelns Banden,
in des Erwerbens Noth der Sinn abhanden,
der ihren Vätern was du meinst erschlossen.
Doch meine Seele schwebt auf deinem Klange,
und eint sich da mit unsrer Ahnen Seelen,
hofft was sie hofften, bittet wie sie baten.
Und wenn gleich Priester mir und Altar fehlen,
ich fürchte nicht, daß nicht auch ich gelange
in's Heiligthum, das jene schon betraten.

3
Nach dem Tode.

Des Kerkers Thüre brach: die Haft ist aus.
Was stehst du, Seele, zögernd an der Schwelle?
Verlaß für grünen Wald das graue Haus:
die Finsternis verlaß, und schwing dich auf ins Helle:
jetzt steht zum Himmel frei der ungehemmte Zug.
Doch zaudert sie noch an der alten Stelle.
Sie schaut sich an, und hat nicht Muth genug,
die Fittige, niemals noch entfaltet,
emporzubreiten zum ersehnten Flug.
Lichtlose UnNacht ists, die um sie waltet.
Sie sieht nicht, ist nicht blind, nicht taub, und höret nicht,
und alles vor ihr däucht sie nichtgestaltet.
Doch horch, ein schwellender Accord, der durch die Dumpf-
         heit spricht:
doch schau, ein Licht will durch die Nebel dringen:
o fühle den warmen Hauch, der durch die Fernen bricht.
Da regen leise sich die schlaffen Schwingen,
und rudern schüchtern in des Aethers Wogen:
ein jeder Schlag bringt froheres Gelingen.
Nun zieht sie, wie die Wandervögel zogen,
die einst sie neidete, als sie in reiche Ferne,
durch Herbst zum Lenz, hinüberflogen.
Milchstraßenschein, in Duft zerflossne Sterne,
und unten athmet dunkelgrün ein Meer.
Weit vor ihr, daß den Weg sie lerne,
schwebt jetzt ein göttlich Frauenbild einher,
bald Mutter, Schwester bald, bald Braut, bald Weib,
bald einsam Dienende, wie sie für Nächte schwer,
für Tage bang und heiß, wann mit dem Tod' ein Leib,
ein siecher, ringt, den Hulden Gottes lebt.
Selbstlose Liebe heißt das Weib,
um dessen Haupt ein Kranz von schmelzendem Silber schwebt
und seiner Trägerin stets wechselndes Gesicht
durch seinen milden Schimmer bebt:
die Seele schaut sie, aber sieht sie nicht,
ihr Schaun ist Ahnen bald, und bald Gedenken.
Wann dann zum Flug' einmal die Kraft gebricht,
wird sich die Seele auf die Wellen senken,
und leicht von ihrem schaukelnden Schwall getragen,
Meermädchen gleich die Fahrt zum Ziele lenken.
Schon sieht sie klar des Landes Küste ragen,
und einer unsichtbaren Sonne Strahlen,
wie nie sie leuchtete in Erdentagen,
den Strand, die Höhen, kühne Gipfel malen.
Hier sind die Fernen, die den Hauch gesendet,

deß Ahnung einst sie riß aus ihren Qualen:
hier her erklang der Ton, von Gott gespendet,
der Schlußaccord für ihre Melodien,
dem nach sie sich zu diesem Ziel gewendet.
O Licht nicht Licht, du mußt zum Quell mich ziehen,
aus dem dein glühend Dunkel sich ergießet,
zum Quell, aus welchem, klingend in Harmonien,
so Duft, so Glanz, so Hauch, so Wärme fließet,
von dessen seitwärts stäubendem Ueberschwang
die Menschheit lebt, und Baum und Blume sprießet.
Du dientest mir in Noth ein Erdenleben lang —
so sagt der Seele jetzt ein ungesprochnes Wort —
und all dein mir geweihtes Thun mislang:
in Ehren ewig diene mir hinfort,
und was du planen magst, es ist gethan.
Dich hemmt in deinem Dienste nicht Zeit, nicht Ort.
Siehst du ein Kind dem Neste der Natter nahn,
so wandle dich in eine Rose wild,
so gaukl' als Schmetterling auf näherer Bahn,
und täusch' hinweg vom Tode das süße Menschenbild,
das nach dir greifend jenem Gift entgeht.
Arglosem Wandrer sei ein ungesehner Schild.
Und wann ein Jüngling vor der Sünde steht,
so zaubre vor ihn seiner Mutter Grämen,
bevor sich abzuwenden es zu spät,
eh in der Lust die Schmerzen Anfang nehmen.
Zieh mit der Glocke Ton, daß er mit Menschenseele klinge,
der Trauer Trost, und Sehnsucht den Bequemen,
den Gruß des Lebens an die Gräber bringe.
Als nun die Seele dieses Wort vernommen,
da däucht sie sich am Ende aller Dinge.
Nicht darum, o mein Gott, bin ich hierher gekommen:
nicht darum dient' ich dir in jenen andern Landen.
Du weißt ja freilich, was zu meinem Frommen,
doch mache meine Hoffnung nicht zu Schanden.
Mein Herze brennt, dich endlich anzubeten
in Geist und Wahrheit, frei von allen Banden.
Ich will vor dir nicht knien, nicht stehn, vor dich nicht treten:
vor dir verschwindend will ich im Verschwinden leben.
Sei du des Cirkels Schluß und Fuß und Hand, im steten
Umschwung' um dich will deine Kreis' ich weben.
Sei Sonne du, ich will dein Leuchten sein,
und ungeschieden von dir in die Weiten schweben.
Ich Ringes Gold, sei du mein Edelstein,
in mich für alle Ewigkeit gebunden.
Dein Strahlenglanz, er gilt allein,
ich bin nur Träger, um deinen Blick gewunden.

Das Lied ist aus: ich weiß nicht wie es endet.
so Bild so Wort sind meinem Geist geschwunden:
wann ich vollendet habe, wirds vollendet.

4
Rosseck.

Sie sagen, du seiest tot, Vater Woden,
und doch hörtest du noch, als ich dich rief.
Thu die Tarnkappe weg,
daß ich dein Land erschaue,
die Quellen schaue, die zur Donau laufen,
zum schwarzen Meere, wo deine Gothen wohnten,
und deiner andern Kinder Enkel wohnen werden:
daß die Kette mir blaue,
welche den Rhein verhüllt,
und des Wasgenwaldes nun wieder deutsche Kuppen.
Da hörtest du: der Nebel zerriß,
und deine Sonne leuchtete über die Opferstätte.
Nordwärts eilten die Wolken wie weiße Stuten,
anspringend, die Gipfel mit den Hufen stampfend.
Aber du zürnest, Vater,
hüllst dich wieder ein,
denn undeutsches Gezücht sah dein Auge.
Doch wohnen dir unten im Thal' und auf fernen Hügeln,
wohnen am Meere, das der singende Schwan überfliegt,
Diener, die deiner harren,
und deines Sohnes Hammer noch schwingen werden.
Balder und Frick wachen wieder auf.
Blondlockige, blauäugige Jugend
wirft den Ball auf der Wiese,
mit den baaren Füßchen den Dost zertretend,
von Baches Ranft deine Sterne zu Kränzen windend.
Der Jüngling bricht die Scholle um für neue Saat:
unter der braungoldnen Aehren Fluth rauscht seine Sense:
bald naht der Binderinnen hurtige Schaar.
Durch das Tännicht wandelt zur Arbeit morgens der Mann,
wann es den Athem anhält,
deines Geriesels linde Tropfen trinkt:
ergeht sich im herben Eichwald' Abends,
silbernen Mondwebens voll die Seele.
Den Greis in der Zelle umfliegen deine Raben.
Erinnerung und Gedanke,
daß er Deutschland Heilsames sinne,
nicht wie ein vaterlandsloser Narr dem Erdball.
Und für alle hütet im umfriedeten Hause
die deutsche Mutter den Herd.
Schütze, Vater Woden, vom Wasgenwalde
bis wo der Borysthenes neudeutsche Fluren gränzt,

schütze von der Nordsee Strande zur Adria,
was deines Blutes ist und deines Geists.
Die Stämme laß, ein ungelöset Bündel,
nur dann sich trennen, wann an den Marken Feinde drohn,
westwärts die einen, ostwärts die andern schirmen:
im Norden und Süden wohnt ein befreundetes Geschlecht.
Die Fürsten vorauf dem Volke in Zucht und Denken,
das Volk folgend dem, der Vorbild lebt und vorwärts geht.
Und jede Woche sammeln vom Haus am Bühel,
von des Flusses Ufer im tiefen Thale,
aus des Bergwalds friedlich beschlossenem Heim,
deine Kinder sich zur Opferstätte,
anzubeten vor dir, zu danken und zu bitten.

Die Stellung der Religionsgesellschaften im Staate.

Schon mehrere Male habe ich öffentlich beklagt, daß das Verhältnis des Menschen zu Gott jetzt in Deutschland mit dem Fremdworte Religion bezeichnet wird.

Es ist bekannt, daß J. G. Fichte in seiner vierten Rede an die deutsche Nation von den drei Wörtern Humanität, Popularität, Liberalität behauptet hat, sie seien, vor dem Deutschen, der keine andre Sprache gelernt, ausgesprochen, demselben ein völlig leerer Schall. Wer eine Begründung dieser Behauptung bedarf, mag sie bei Fichte suchen.

Mit dem Worte Religion verhält es sich um nichts besser als mit jenen dreien. Darum wäre es thunlichst zu vermeiden: die Thatsache, daß es ganz allgemein umläuft, wird nachdenkenden Menschen erweisen, daß die durch das Wort Religion bezeichnete Sache in dem dies Wort brauchenden Theile Deutschlands nicht die Stelle einnimmt, welche ihr allem Anscheine nach zukommt.

Aegypter, Hebräer, Griechen, Römer haben zur Bezeichnung des Verhältnisses des Menschen zu Gott ein allgemeines Wort nicht. Weil ihnen allen Gott nicht, wie den protestantischen Deutschen, der Himmel, sondern eine Person ist, darum verwenden sie zum Ausdrucke ihrer Beziehungen auf Gott dieselben Vocabeln, welche sie zum Ausdrucke der Beziehungen des Menschen zu andern Personen verwenden.

Der Semit vermag seinen Islâm sowohl Gott als Menschen zu widmen: erst der vorzugsweise Islâm genannte Muhammedanismus hat das Wort in beschränkter Bedeutung gebraucht. Demüthig sich der Leitung eines andern überlassen, mag diese Leitung Gebote in Betreff des praktischen Verhaltens geben, oder die Sicherheit gewähren, daß sie im Ergebn des sich Hingebenden alles zum Besten hinausführen werde, das ist Islâm.

Der Grieche hat vor großen Menschen wie vor Göttern Ehrfurcht, nur vor Göttern eine ernstere, scheuere als selbst vor den besten Menschen.

Das römische relligio bedeutet den Göttern und den Menschen gegenüber gleichviel, die peinliche Sorgfalt, welche dem relligio Einflößenden gegenüber nichts denkt, nichts sagt, nichts thut was unpassend wäre und ihn verletzen könnte.

Niemand in Deutschland, der nicht den lateinischen Sprachgebrauch kennt, verbindet mit dem Worte Religion den Begriff, welchen seine Urheber, die Römer, mit ihm verbunden haben: man darf sagen, niemand verbindet mit demselben überhaupt irgend welchen Begriff, irgend welche Anschauung. Religion steht mit Gemüthlichkeit auf einer und derselben Stufe, von der jeder spricht, die jeder bis zu einem gewissen Grade empfindet oder vermißt, die er aber nicht definieren kann.

Mir ist nicht fraglich, daß die deutschen Katholiken die Religion nicht oder sehr wenig im Munde führen. Sie haben in concreter Form eine lebendige Beziehung zu Gott, darum ist ihnen die Schublade gleichgültig, in welche die Protestanten die ihnen gebliebenen Krümel früher besessener Beziehungen zu Gott hineinlegen, um ihrer nicht ganz verlustig zu gehn.

2

Die Religionsgemeinschaften, das heißt, die Vereinigungen derjenigen Menschen, welche eine und dieselbe Religion haben, stehn sammt und sonders im Rahmen, das heißt, unter der Aufsicht, des Staats, freilich nur in dem Sinne dieses Worts, welcher sich aus dem Nachfolgenden ergeben wird.

Kein Mensch kann einem andern Menschen, keine Gruppe Menschen einer andern Gruppe oder irgend welchen einzelnen Menschen anders gegenüber stehn, als unter den für das Gegenüber- und Nebeneinanderstehn vom Staate auferlegten Bedingungen. Der Staat ist eben die Anstalt, welche die Formen für das Zusammenwohnen findet und festsetzt. Die vom Staate auferlegten Bedingungen sind rein formaler Natur, so lange die, denen sie auferlegt wurden, nicht durch ihr Verhalten — ich sage nicht: durch ihre Grundsätze — erweisen, daß sie andere neben sich thatsächlich — ich sage nicht: principiell — nicht dulden.

Menschen können mit Menschen nur in den Formen des Rechts verkehren, das Recht aber wird — allerdings in höherem Auftrage — gehandhabt durch den Staat.

Die Wissenschaft, die Kunst sind in dieser Hinsicht ganz in der gleichen Lage wie die Religion: autonom wie sie, aber in den Staat formell eingefügt.

Der König selbst steht unter der Aufsicht des Staats. Würde er wahnsinnig, begienge er Verbrechen, so wären es Organe des Staats, welche gegen seinen Wahnsinn, gegen sein Verbrechen einschritten. Trotzdem ist die königliche Gewalt wesentlich andern Ursprungs und andern Inhalts als die Staatsgewalt.

Man weiß, in wie starken Ausdrücken Friedrich Wilhelm IV sich über den nicht bloß durch Gesetze ihn einengenden Racker Staat zu beklagen liebte. Man hat erfahren, daß, als Kaiser Wilhelm bei der Gründung des drei-Kaiser-Bundes zwei nichtpreußischen Ministern den schwarzen Adler-Orden verlieh, der Fürst von Bismarck den Staatsminister von Thile, welcher diese, nach der wo es Noth thut stets festgehaltenen Annahme, recht eigentlich in das Gebiet persönlichen Beliebens des Landesherrn gehörende Verleihung mit den nöthigen Anschreiben versehen hatte, wenig glimpflich beseitigte. Und was wird vom Staate geleistet, wenn der Fürst einmal etwas thut oder erlebt, was dem Staate nicht paßt. Jeder König und jeder Kronprinz erinnert sich, wie oft amtlich seine Worte abgeleugnet, wie oft ihm Worte in den Mund gelegt werden, die zu sprechen ihm nie eingefallen ist. Sogar an der eigentlichen Geschichte vergreift sich der Staat durch ohne Fälschungen. Was hat der Staat Schweden über den dreißigjährigen Krieg, namentlich über die von ihm verfügte Zerstörung Magdeburgs, halb-amtlich gelogen? Der große Kurfürst unterstand sich, nicht völlig correct so zu sterben, wie es die Staatsraison erheischte: der Staatsminister von Fuchs verbesserte die Erzählung des Herganges und hieß sie verbessern (Droysen IV 4, 169), bis sich alles ganz erbaulich und hochpolitisch lesen ließ. Als Kaiser Wilhelm für die ihm nach Hoedels Mordversuche gezeigte Theilnahme dankte, äußerte er sich zu bestimmt über den noch nicht vor dem Gerichte abgeurtheilten Fall: die Nationalzeitung vom 17 Mai 1878 (Nummer 227) druckte das Schreiben in echter Gestalt, nachmals (Goettinger Zeitung 4396) wurde ein „anscheinend" in den betreffenden Satz hineincorrigiert. Als der greise Monarch am 5 December 1878, von Nobilings Schrotschüssen nothdürftig geheilt, nach Berlin zurückkehrte, stimmte nach der Nationalzeitung vom Abende des Tages die Musikbande der Ehrenwache den russischen Praesentiermarsch an: der Staat fand die Thatsache für den, der sie angeordnet, und für den, der sie geduldet, nicht passend, daher die Blätter der Provinzen (zum Beispiel die Goettinger Zeitung Nummer 4567 vom 6 December 1878) zu melden hatten, es sei bei dieser Gelegenheit Heil dir im Siegerkranz geblasen worden. Papst Pius IX hat manche Rede geredet, welche seine amtlichen Organe gar nicht oder in stark berichtigter Gestalt brachten: der Staat, vertreten durch Antonelli, war eben klüger als der heilige Vater, und bevormundete ihn. Was beweist das Alles, als daß auch die Fürsten der Oberaufsicht des Staates unterliegen? und da will sich der Kaplan Halbhuber oder der Diaconus Pülseke weigern sie anzuerkennen?

3

Die Religion ist andern Ursprungs und andern Wesens als der Staat, muß sich aber in ihren Aeußerungen, soweit dieselben Rechtsverhältnisse zur Folge haben, dem Staate unterordnen.

Thatsächlich hat es noch nie eine Religion gegeben, welche sich nicht sogar der Nothwendigkeit dem Staate nachzugeben gefügt hätte, woferne dieser Staat die öffentliche Meinung von der Unhaltbarkeit der zu beseitigenden Religionslehren überzeugen konnte.

Die Juden halten ein Buch für heilig, das auch der christlichen Kirche in allen ihren vielen Unterabtheilungen für heilig gilt, das sogenannte Gesetz Mosis. Dies Gesetz erlaubt nicht nur die Polygamie, sondern in Einem Falle fordert es dieselbe: wenn ein verheiratheter Mann stirbt ohne Kinder zu hinterlassen, so muß sein

Bruder die Witwe ehelichen, und die von ihm mit ihr erzeugten Kinder auf des Verstorbenen Namen schreiben lassen. Die Polygamie der Juden ist trotz ihres vermeintlich göttlichen Ursprungs an dem Abscheu gefallen, welchen die Deutschen — die Heiden, heißt es auf jüdisch — vor ihr empfanden: der Rabbiner Gerschom aus Mainz hat sie im Anfange des eilften Jahrhunderts verboten. Diese Heiden wußten eben über das Wesen der Ehe besser Bescheid als Adonai, und Adonai fügte sich den Unbeschnittenen.

Das Gesetz bestimmt V 20, daß neuverheirathete Juden nicht in den Krieg zu ziehen brauchen: es bestimmt V 23, daß jeder in den Krieg ziehende Jude am Gürtel eine Schaufel hangen haben müsse, um seine Losung gleich nachdem er sie geliefert, einzugraben. In keinem europäischen Staate, der Juden zum Kriegsdienste heranzieht, darf der neuverheirathete Jude zu Hause bleiben: jene Schaufeln sind bei den als Soldaten dienenden Juden nirgends sichtbar. Trotz des angeblich von Gott selbst gegebenen Gebotes sind sie es nicht, trotzdem nicht, daß der Pentateuch einen Bestandtheil auch der christlichen Bibel bildet.

Die christliche Kirche hat das Zinsnehmen unbedingt verboten. In der ganzen christlichen Welt werden gleichwohl Zinsen gefordert und gezahlt: der päpstliche Graf Langrand Dumonceau hat in Belgien mit bekanntem Erfolge das Kapital christianisirt, was doch wohl ohne Zinsnehmen nicht abgegangen ist.

Den Franciscanern ist das Geld untersagt. Sie reisen aber auf Post und Eisenbahn vermuthlich nicht ohne ihre Fahrt zu vergüten. Eine Fiction muß sie schützen: das Gebot der Kirche wird auch durch die Fiction mit Füßen getreten.

Auch an die Durchlöcherung der Fastengebote der Kirche ist zu erinnern.

Was die Religionsgemeinschaften in diesen Punkten gethan haben, werden sie auch in andern Punkten thun, sobald es lächerlich oder unmöglich geworden sein wird, dem Zeitgeiste zu widerstehn.

Was beweist das aber anderes, als daß jede Religion nachgibt wo sie muß? daß sie eine Gewalt anerkennt, welche mindestens in gewissen Angelegenheiten, mag sie dieselben anfänglich noch so sehr für wesentliche Bestandtheile des Heiligthums erachten, über ihr steht und ihr wider sie selbst über sich hinaushilft? mit andern Worten, daß sie in der Geschichte, und also auch im Staate steht?

4

Einen deutschen Staat hat es noch nie gegeben. Das römische Reich deutscher Nation, die aus ihm entstandenen Staaten, und das über und neben diesen stehende deutsche Reich haben verschiedene Bestimmungen über die Stellung der Religionsgemeinschaften getroffen, ohne daß diese Bestimmungen irgend wen befriedigt hätten und befriedigten.

Da sie niemanden befriedigen, ist unnütz sie meinen Lesern

vorzulegen, was auch einen stattlichen Quartband in Anspruch nehmen würde.

Da sie niemanden befriedigen, ist nöthig Vorschläge für neue Bestimmungen zu machen, was gerade dann auf wenigen Seiten geschehen kann, wann es gelingt, das der Sache Entsprechende zu treffen. Das Wahre ist stets das Einfache.

5

Die erste Frage, welche beantwortet werden muß, ist die, ob irgend welche der in Deutschland thatsächlich bestehenden Religionsgesellschaften so beschaffen ist, daß wir uns ihrer zu entledigen wünschen müssen.

Die Antwort lautet: sie sind alle mit einander unerwünscht.

Ich verweise auf den ersten Band meiner deutschen Schriften, in welchem in Betreff der katholischen und protestantischen Kirche für unbefangene Leser alles steht, was in Betreff ihrer hier in Betracht kommt. Daß die gutgesinnten Blätter über jenen Band nicht haben reden dürfen, ist ein Beweis nicht gegen, sondern für ihn.

Nur ein Citat will ich dem über den Protestantismus dort Vorgetragenen nachschicken, ohne den Inhalt des Citats mir anzueignen. In einem im Jahre 1817 geschriebenen Briefe an Knebel sagt Goethe (II 229 der Brockhausischen Ausgabe von 1851): Pfaffen und Schulleute quälen unendlich, die Reformation soll durch hunderterlei Schriften verherrlicht werden: Maler und Kupferstecher gewinnen auch was dabei. Ich fürchte nur, durch alle diese Bemühungen kommt die Sache so ins Klare, daß die Figuren ihren poetischen, mythologischen Anstrich verlieren. Denn unter uns gesagt, ist an der ganzen Sache nichts interessant als Luthers Character, und er ist auch das einzige, was der Menge eigentlich imponiert. Alles übrige ist ein verworrener Quark, wie er uns noch täglich zur Last fällt. Worauf Knebel antwortet: Was Du mir wegen des bevorstehenden Reformationsfestes schreibst, ist ganz in meiner Gesinnung.

War Goethe etwa unfähig zu sehen? war er, der höchst aristokratische Minister, war der Kammerherr von Knebel, einst Erzieher eines Prinzen von Weimar, durch radicale und unideale Vorurtheile beeinflußt? Mir scheint es äußerst gewagt zu sein, unsrer Epoche eine von unserm ersten Dichter so wegwerfend behandelte Kirche als diejenige anzupreisen, der sie die Leitung ihres geistigen Lebens anzuvertrauen habe.

Hier ist nur noch vom Judenthume zu sprechen, das in den letzten Jahren sich selbst in den Vordergrund gedrängt hat, und sich darum nicht wundern darf, wenn man von ihm Notiz nimmt. Es kann der Empfindlichkeit seiner Bekenner nicht zugestanden werden, daß, während wir über die Kirchen unumwunden uns aussprechen, die Synagoge aller Kritik entzogen bleiben müsse.

Ganz abgesehen von dem Inhalte des Judenthums ist es unerwünscht, weil es fremd ist, und durchaus als etwas Undeutsches und Widerdeutsches empfunden wird.

I. D. Michaelis hat 1782 im neunzehnten Theile seiner Bibliothek 11 mit vollem Rechte, wenn auch in der ihm eigenthümlichen philiströsen Art, darauf hingewiesen, daß es die Absicht der Gesetze Mosis sei, den Juden die völlige Naturalisation und Zusammenschmelzung mit andern Völkern unmöglich zu machen oder doch zu erschweren, sie als ein von andern Völkern abgesondertes Volk zu erhalten. Diese Absicht ist — das sind seine Worte — so durch und durch in Mosis Gesetze bis auf die von reinen und unreinen Speisen eingewebt, daß sich das Volk nun wider Alles was wir bei andern Völkern sehen, in seiner Zerstreuung 1700 Jahre lang als abgesondertes Volk erhalten hat, und so lange die Juden Mosis Gesetze halten, so lange sie zum Exempel nicht mit uns zusammen speisen, und bei Mahlzeiten, oder der Niedrige im Bierkrug, vertrauliche Freundschaft machen können, werden sie (von einzelnen rede ich nicht, sondern von dem größten Theil) nie mit uns so zusammenschmelzen wie Catholike und Lutheraner, Deutscher, Wende und Franzose, die in Einem Staate leben.

Michaelis wußte noch nicht, was ich zuerst ins Licht gesetzt zu haben meine, daß das jüdische Gesetz seine uns vorliegende Gestalt durch Esdras und zwar eben zu dem Zwecke erhalten hat, welchen Michaelis bei Moses voraussetzte, die Juden von den neben ihnen in Iudaea wohnenden stammverwandten Völkern zu scheiden, daß die Pharisäer, welche der jüdischen Nation ihren Character gegeben haben, Pharisäer, das heißt Separatisten, heißen, nicht weil sie sich von der Welt, sondern weil sie sich von den NichtJuden ferne hielten.

Diese Fremdheit betonen die Juden, welche den Deutschen trotz ihrer gleich gestellt zu werden wünschen, durch den Styl ihrer Synagogen alle Tage selbst auf die auffälligste Weise. Was soll es bedeuten, Ansprüche auf den Ehrennamen eines Deutschen zu erheben, und die heiligsten Stätten, die man hat, in maurischem Style zu bauen, um nur ja nicht vergessen zu lassen, daß man Semit, Asiat, Fremdling ist?

Das einzige, was die Juden mit den der christlichen Kirche angehörenden Deutschen gemeinsam haben, das alte Testament, macht die Verschiedenheit der beiden Nationen nur fühlbarer. Da die Wissenschaft vom alten Testamente noch in den allerersten Anfängen liegt, ist kein Tribunal da, die weit auseinander laufenden Ansichten der beiden Religionsparteien über das von ihnen verehrte Werk abzuurtheilen: von hüben und drüben nimmt man in den Untersuchungen über dasselbe von einander längst keine Notiz mehr.

Daß die äußere Erscheinung der Juden mächtig beiträgt, im deutschen Volke das Bewußtsein zu erhalten in den Juden Ausländern gegenüber zu stehn, ist ein großes Unglück, das hier nur beiläufig erwähnt werden kann.

Sogar Juden fühlen, daß ihre Anschauungen nicht nach Deutschland gehören. A. Geiger hat in seiner andern Zeitschrift I 169 170 spottend fünf Fragen mitgetheilt, welche die Candidaten des jüdischen Seminars zu Breslau im Jahre 1862 bei der Prüfung zu beantworten hatten: ich überlasse meinen Lesern zu entscheiden, ob eine Religion, welche von ihren Dienern Wissen über die von diesen Fragen gestreiften Materien als eine Bedingung ihrer Thätigkeit als Diener der Religion verlangt, die Religion wünschenswerther Insassen irgend eines europäischen Staates ist. Ich schreibe die Fragen her: das Deutsch ist das Deutsch A. Geigers.

1. Wenn ein Vogel geschlachtet, dann von ihm ein Viertel Fett mit zwanzig Vierteln eines andern Vogels vermischt worden, ebenso ein olivengroßer Theil seines Fleisches unter 20 anderen gleichgroßen Theilen, diese 21 Viertel aber wieder unter 100 andere Viertel, ebenso die 21 Fleischoliven unter 100 andere Oliven kamen, sich dann aber an dem Aderngeflechte des Vogels eine Wunde findet: was ist über das Fett, was über das Fleisch zu bestimmen? Wenn auch der Magen unter 100 andere Magen vermischt worden, wie ist über diese zu bestimmen? — 2. Wenn die Lunge an die Seite des Viehes angewachsen ist mit einem ihrer Lappen und mit ihrem Haupttheile, zumeist aber mit dem Lappen, die Lunge aber ist mager, wird dann gebraten oder ohne Brühe gekocht zusammen mit einer fehlerfreien fetten Lunge, was ist über diese zu bestimmen? Wenn die fehlerfreie Lunge auch mager, aber einige Brühe im Topfe ist, wie dann? — 3. Wenn ein Fisch gesalzen worden, so daß das Blut ihm bereits entzogen ist, er dann aber zu einem Vogel gelegt wird, der jetzt gesalzen wird, und dort einige Zeit liegen bleibt: was ist über ihn zu bestimmen? — 4. Wenn ein Scheidebrief vor uns kommt, in welchem der Mann bezeichnet wird als Ruben, welcher genannt wird Abraham, dann kommen zwei Zeugen, welche behaupten, es müsse umgekehrt heißen: Abraham, welcher genannt wird Ruben, dann treten wieder zwei Zeugen mit der Behauptung auf, der Scheidebrief sei ganz richtig geschrieben, der Mann heiße: Ruben, welcher genannt wird Abraham: darf die Frau auf diesen Scheidebrief hin sich wieder verheirathen? Sollte dies nicht gestattet sein, wie ist zu verfahren, wenn sie sich bereits wieder verheirathet hat? — 5. Darf in den Scheidebrief eine Bedingung gesetzt werden, und wann mag dies geschehen? Muß die Bedingung dann in doppelter Form ausgedrückt werden, wenn die Scheidung als vom Augenblicke an gültig damit bezeichnet werden soll?

Geigers und seiner Genossen Spott hilft gegen solche Anschauungen gar nichts: dieselben sind, wie schon ihre Pflege auf dem Breslauer Rabbinerseminare lehrt, die nothwendigen Consequenzen des Judenthums. Je sorgfältiger derartige Raritäten vor NichtJuden geheim gehalten werden, desto deutlicher ist erwiesen, daß sie zum Wesen der jüdischen Religion gehören, und daß die Juden selbst fühlen, welche Behandlung sie von Europäern des neunzehnten Jahrhunderts um ihrer willen verdienen.

Aber nicht allein die Juden sind uns fremd, auch wir sind ihnen fremd, nur daß sich ihre Abneigung, wo sie unter sich zu sein wähnen, in giftigen Haß umsetzt, und daß sie zu diesem Hasse noch einen alles Maß übersteigenden Hochmuth hinzufügen: sie sind, wie der freche Ausdruck lautet, gleichberechtigt mit Agio.

Verständigere Juden sind über diese Thatsache durchaus nicht im Unklaren. Der bekannte Popularphilosoph Moritz Lazarus hat in der zweiten Nummer des literarischen Centralblattes von 1871 die Ungeheuerlichkeiten des Breslauer Professors Graetz offenbar in der Absicht zusammengestellt, um dem Vorwurfe die Spitze abzubrechen als haßten die Juden sämmtlich eben den Deutschen, dem sie sich gleichzustellen wünschen und dessen Gastfreundschaft sie vorläufig genießen.

Die Germanen sind für Graetz die Erfinder des gemeinen Knechtssinnes: den geläuterten Geschmack, das lebhafte, rücksichtslose Wahrheitsgefühl und den Freiheitsdrang verdanken die Deutschen größten Theils den beiden Juden Börne und Heine. Lessings Nathan gehört eigentlich der Judenheit an, weil Lessing in der Zeit seiner Entstehung von Mose Wessely Geld borgte.

Das sogenannte Mittelalter ist für den berühmten Abraham Geiger natürlich ein Abgrund voll Nacht und Greuel. Geiger war der bitterste Feind des Breslauer Judenthums, dessen Leiter Grätz er in seinen nachgelassenen Schriften V 257 unter dem 12 Februar 1862 einen Schwindler und Charlatan von der ersten Sorte nennt, obwohl ihm ein schelmischer Freund am 23 April 1866 in seiner andern Zeitschrift IV 144 sagen durfte, Grätz stehe ihm ferne und doch wieder zu nahe: das heißt doch, er sei jenem durchaus nicht unähnlich. Aber auch Geiger hegte über die Deutschen im wesentlichen dieselben Ansichten wie sein Todfeind. Ich entnehme seiner andern Zeitschrift VIII 242 243 ein paar Sätze, deren erhabener Schwung seine Wirkung auf empfängliche Gemüther um so weniger verfehlen wird, als die in ihnen mitgetheilten Thatsachen völlig neu scheinen.

Mit dem Ausgange des zwölften Jahrhunderts, erzählt uns der gelehrte Mann, hatte das Mittelalter in seiner Vermählung mit dem Christenthum den Höhepunkt erreicht, der überhaupt auf diesem Wege im geistigen Leben zu erklimmen war, und es gelangte zu ihm nur durch die wirksame Unterstützung der arabischen Wissenschaft, die ihm durch die Juden vermittelt wurde. Diese Höhe erreichte, insofern sie klar erschaubar war, nur eine mäßige Erhebung, und war, insoweit sie kühner emporragte, von den dichtesten Nebeln bedeckt. Ein solcher Abschluß einer höchst unvollkommenen Entwickelung führte nur zur härtesten Erstarrung wie auch zur Fäulnis und zur Zersetzung. Die erweckten selbstständigen nationalen Kräfte versuchten das allgemeine Leichentuch, das sie gleichmäßig deckte, aufzuheben, jede nach ihrer Eigenthümlichkeit sich zu frischem Leben neu zu gestalten, und dennoch brachten sie es nur dahin, daß ihre gesunden Säfte den Zersetzungsprocess der veralteten geistigen Gebilde beschleunigten, ohne jedoch volle Neubildungen ins Leben rufen zu können, und die conservativen Mächte der herrschenden Scholastik, der festgewordenen Ueberlieferungen umschnürten ihrerseits die Geister mit noch engeren Banden . . . . Zur geistigen Befreiung der Völker war es nothwendig, daß diese wiederum die zwei Mächte neu für sich gewannen, welche schon einmal ihre weltgeschichtliche Aufgabe vollzogen hatten, und nun die Befreiung und Verjüngung der Menschheit unter ganz andern Verhältnissen wieder aufnehmen mußten. Diese beiden Mächte voll des unversiegbaren geistigen Lebensgehaltes sind: das classische Alterthum, namentlich der Hellenismus, und das Judenthum, die hebräische Literatur . . . . . War die allgemeine Bildung ein Zerrbild des alten Griechen- und Römerthums geworden, und mußte sie sich durch den ungetrübten Anblick des edlen Vorbildes wieder läutern, so war die Religion ein Zerrbild des Judenthums, und konnte sich erst durch die volle Vertiefung in dieses wieder veredeln.

Meine Leser werden an diesen Proben bombastischen Blödsinnes wohl genug haben: seines Gleichen reißt in den Schriften der deutschen Juden gar nicht ab.

Neben solchen Leistungen der Gelehrten gehn die fanatischen Wuthausbrüche der Ungelehrten her.

Das 1851 erschienene jüdische Athenaeum erzählt mit Billigung, der jüdische Rechenlehrer Gunz in Prag habe, wenn ein Schüler seinen Vortrag nicht schnell genug aufzufassen vermocht, zu sagen gepflegt: Ich glaube gar, dein Vater ist ein Christ, und bemerkt, Bedenken gegen die Gewissenhaftigkeit eines schwörenden Juden könnten doch höchstens dann statthaft sein, wann dem Juden schon in der Kindheit gelehrt worden wäre, daß das Blut seines Gottes alle Sünden, folglich auch den Meineid, abwasche. Und so fort sine gratia in infinitum.

Das Kreuz, schon zu den Zeiten des Paulus den Juden ein Aergerniss, ist es vorzugsweise, was den Haß der Juden erregt. Es heißt Faden und Einschlag, damit nur ja das Wort Kreuz einen jüdischen Mund nicht verunreinige. Kein Geräth, das die Gestalt eines Kreuzes hat, darf gebraucht werden: auch hier wird das Wort Kreuz vermieden, und von einem griechischen Chi geredet: man lese was Immanuel Deutsch am 21 August 1878 in Rahmers jüdischem Literaturblatte über die Angelegenheit beibringt, und überlege was er verschweigt. In des Rabbiners Treuenfels israelitischer Wochenschrift nannte es ein Herr Wittkower aus Altona am 7 September 1870 — wohlweislich in hebräischer Sprache — ein todeswürdiges Verbrechen (awon pelili) und eine Entweihung des göttlichen Namens (chillûl haššêm), wenn die jüdischen Aerzte der Kriegslazarete mit der kreuzgeschmückten Binde des Genfer Vereins am Arme beteten, zumal dieses Kreuz an der Stelle sitze, an welcher die Thephillin zu tragen seien. Diese Aeußerung nimmt sich sehr wunderlich neben den durch die Wochenschrift mit Eifer gebrachten Notizen über die Verleihung des eisernen Kreuzes an jüdische Soldaten und Aerzte aus, da das eiserne Kreuz doch ohne Frage ebenfalls ein Kreuz ist, und von jedem Deutschen als Kreuz angesehen und bezeichnet wird.

Wie fremd den Juden die Deutschen sind, erhellt auch daraus, daß jeder ausländische Jude dem Empfinden der in Deutschland angesessenen Juden näher steht, als jeder Deutsche, dem sie sich doch gleichgestellt und gleichbehandelt zu sehen wünschen.

Die alliance Israélite ist nichts als eine dem Freimaurerthume ähnliche internationale Verschwörung zum besten der jüdischen Weltherrschaft, auf semitischem Gebiete dasselbe was der Iesuitenorden auf katholischem ist: ihr bloßes Dasein erhärtet, daß die in Deutschland, Frankreich, England wohnenden Juden nicht Deutsche, Franzosen, Engländer, sondern Juden sind. Wenn die Siebenbürger Deutschen mit Füßen getreten werden, so ist die königlich ungarische Regierung nicht zu Hause, und das deutsche Reich sieht jene Deutschen pflichtschuldigst als Ungarn an: sowie einem ungarischen Juden ein Gefahrchen droht, springt der gerade regierende Hunne zu Hülfe, denn die jüdische Internationale würde sofort das Nöthige veranlassen, wenn er nicht für ihre Pflegebefohlenen einschritte, wären sie auch das reine Gesindel.

Jeder fremde Körper in einem lebendigen andern erzeugt Unbehagen, Krankheit, oft sogar Eiterung und den Tod. Dabei kann der fremde Körper ein Edelstein sein: die Wirkung wäre dieselbe, wie wenn er ein Stückchen faulendes Holz wäre. Die Juden sind als Juden in jedem europäischen Staate Fremde, und als Fremde nichts anderes als Träger der Verwesung. Wollen sie Angehörige eines nicht-jüdischen Staates werden, so müssen sie von ganzem Herzen und aus allen Kräften das Gesetz Mosis verwerfen, dessen Absicht es ist, sie überall außer Iudaea zu Fremden zu machen, und sie müssen allen mit diesem Gesetze zusammenhangenden Anschauungen mit vollem Eifer und ganzem Hasse den Rücken kehren. Denn dies Gesetz und der aus ihm stammende erbitternde Hochmuth erhält sie als fremde Rasse: wir aber können schlechterdings eine Nation in der Nation nicht dulden. Staatsangehörigkeit und Nationalität sind zwei sehr verschiedene Dinge. Jene erwirbt sich auf dem Wege Rechtens, diese, wenn nicht durch die Geburt, nur durch die neue Geburt, den Geist.

Wir werden — ich unterbreche meine Gedankenfolge, indem ich dies hier einfüge — das Judenthum ganz gewiß nicht durch irgend welche Verfolgung, sondern nur dadurch überwinden, daß wir so lebendig wie möglich deutsch und evangelisch sind. Fort muß jenes ganz und gar, aber durch unser Leben, nicht durch die Hände des Büttels: niemand — das vergesse man nicht — hat je mehr für das Judenthum gethan als Antiochus Epiphanes.

Bei alle dem, was ich bisher gesagt, ist — ich mache abermals darauf aufmerksam — auf den Werth und Inhalt der jüdischen Nation und Religion keine Rücksicht genommen worden: es genügte zu erweisen, daß Juden und Deutsche einander fremd sind: doch dürften kurze Andeutungen auch über jene beiden nicht unwillkommen sein.

In Betreff des angeblich jüdischen Monotheismus und anderer hergehörigen Dinge habe ich im ersten Bande meiner deutschen Schriften einiges beigebracht: hier stehe die Erinnerung daran, daß der erste der beiden so einflußreichen Moses, Moses Maimonides, zu dem jüdischen Ethnicismus einen sehr verhunzten griechischen Ethnicismus gefügt hat — er ist Aristoteliker in der Art, in welcher man im zwölften Jahrhunderte Aristoteliker sein konnte —: daß durch den andern, Moses Mendelssohn, zu diesen beiden Ethnicismen ein dritter, der in Nicolais und Biesters Kreisen landläufige deutsche Rationalismus, hinzugekommen ist. Sowohl jener Aristotelismus als dieser Rationalismus sind unjüdisch, aber auch undeutsch. Kann das ohne sie jetzt gänzlich inhaltlose Judenthum sie nicht loswerden, so mag es sie unserthalben behalten: auf keinen Fall wird es durch sie in nähere Gemeinschaft mit dem wirklichen Deutschthume kommen.

Alles was die Geschichte leugnet und verspottet ist wider die Nation gerichtet, deren Geschichte geleugnet und verspottet wird. Und wo finden wir die in Deutschland wohnhaften Juden? Stets auf der Seite derer, bei denen das geringste Verständnis für die deutsche Geschichte ist.

Seit Jahren habe ich ausgeführt, daß Semitisches nicht den Hebräern, Hebräisches nicht den Israeliten, Israelitisches nicht den Juden zugeschrieben werden dürfe. Was aus der allen Semiten gemeinschaftlichen Urzeit stammt, ist ein Erbe der Hebräer, nicht ihr Erwerb. Und so analog in den übrigen Fällen. Die Juden haben nicht das mindeste Recht, das jüdisch zu nennen, was ihre Vorfahren ihnen übermacht haben, und sie unbenutzt liegen lassen: es ist in jüdischen Händen, aber nicht jüdisch, weil es die jüdischen Herzen nicht erwärmt und nicht leitet. Das Evangelium nimmt alles auf, was irgendwo der Natur des Geistes Gemäßes gefunden worden ist: das Judenthum hat nur zwei Gesetze des geistigen Lebens entdeckt oder aus der Urzeit gerettet, und von diesen beiden wendet es sich mehr und mehr ab: denn weder beherrscht der Gedanke noch die Juden, daß jeder Augenblick des Daseins unter der Leitung göttlichen Willens stehn müsse, noch auch halten sie an dem Sabbath so fest wie früher, der die Nothwendigkeit von der Erde zum Himmel zu leben so eindringlich zu predigen pflegte.

Eisenmenger zeichnete ein Zerrbild des Judenthumes, aber Emmanuel Deutsch that es in nicht geringerem Grade, nur in einem andern Interesse, als Eisenmenger. Können Sie sich denken, fragte in Geigers anderer Zeitschrift XI 289 Th. Nöldeke seinen Freund

Geiger ehrlicher, aber unbequemer Weise, daß Jemand, der nichts vom Talmud kennt, aus Deutschs Büchlein darüber eine Vorstellung von demselben gewinnt? Wer aber, setze ich hinzu, über den Talmud schreibt um Engländer über ihn zu orientieren, der fälscht, wenn er es so thut, wie Deutsch es gethan hat, so nämlich, daß er seinen Lesern gar keine Vorstellung von dem gibt was der Talmud wirklich ist, sondern nur das heraussucht, was ihm modernem Empfinden empfiehlt, unter Umständen das erdichtet, was er als Advocat für seinen Clienten vortheilhaft zu sein erachtet. Das moderne Judenthum segelt stets unter falscher Flagge.

Nach dem im ersten Bande meiner deutschen Schriften über den Katholicismus und Protestantismus und nach dem soeben über den sogenannten Mosaismus beigebrachten ist es völlig unmöglich, daß der Staat, die Anstalt, welche nur das Allen Gute ins Auge zu fassen hat, diese drei Religionsgesellschaften irgend welcher Unterstützung werth halte. Der Staat darf dies nicht, weil jene drei einer Unterstützung an sich unwerth sind: er darf es zweitens nicht, weil das Vorhandensein dreier Religionsgesellschaften für den Dümmsten erweist, daß keine einzige vom Interesse aller Staatsangehörigen getragen wird, und der Staat ja die Anstalt ist, welche das allen Nothwendige oder Wünschenswerthe zu fördern hat: er darf es drittens nicht, weil es die NichtJuden, NichtProtestanten, NichtKatholiken vergewaltigen hieße, wenn man aus den von ihnen gezahlten Steuern für die Erhaltung von Religionsgemeinschaften etwas verwenden wollte, welche sie verabscheuen.

6

Nun hat aber die Nation das lebhafteste Interesse, die in den verschiedenen Religionsgemeinschaften vorhandenen Reste und Keime wirklichen Lebens zum Nutzen der Nation angewandt, sie hat das weitere Interesse, diese Religionsgemeinschaften sich auf eine einzige, sich mit der Nation wirklich deckende vermindern zu sehen. Es wird jedem einer Religionsgemeinschaft angehörenden Staatsmanne freistehn, diese für die der Zukunft zu halten: nicht erlaubt ist, mehrere neben einander hergehende Religionsgemeinschaften als sittlich berechtigt zu erachten, und nicht erlaubt ist, ihnen auch nur einen einzigen Pfennig aus den Steuern der Staatsangehörigen zuzuwenden.

Angewandte Religion ist stets individuell, Religion stets generell: so gewiß Speise nicht nährt, wenn sie nicht vom einzelnen genossen und verdaut wird, und so gewiß nichts Speise ist, was nicht von allen — ich sage, von allen — Gesunden genossen und verdaut werden kann.

Geistiges Leben wächst aus sich selbst, und wächst nur aus sich selbst. Der Staat kann die Kunst, die Wissenschaft nicht zwingen zu werden: er kann nur Anstalten treffen, diese Pflanzen, wann sie gewachsen sind, vor dem Untergange zu schützen. Genau so wie mit der Kunst und Wissenschaft, verhält es sich mit der Religion.

Nun setzt man ja voraus, daß in den Religionsgemeinschaften Religion bereits oder noch vorhanden sei. Was ist sonach nöthig, als diese Religionsgesellschaften sich selbst zu überlassen, und nur die Bedingungen festzustellen, unter denen sie sich selbst überlassen werden sollen?

Die Kirche hat in Deutschland einen sehr bedeutenden eignen Besitz gehabt. Dieser Besitz ist ihr — sagen wir höflich: entfremdet — worden. Der Staat ist der Rechtsnachfolger derer, die ihn ihr entfremdet haben. Er muß der Kirche zurückerstatten, was seine Erblasser ihr genommen.

Die Bischöfe und Aebte hatten in Deutschland vielfach fürstlichen Rang, und durch ihn auch die Verpflichtungen des weltlichen Fürstenthums. Was zur Befriedigung der nicht-kirchlichen Bedürfnisse der von geistlichen Herren verwalteten Landschaften nöthig ist, wird von der Masse des der Kirche zurückzustellenden Gutes abzuziehen sein.

Die Kirche ist in Deutschland durch die Bewegungen des sechszehnten Jahrhunderts in ihrem Besitzstande in soweit geschmälert worden, als sie gezwungen worden ist, ihr Eigenthum mit den weltlichen Fürsten zu theilen, deren Begehrlichkeit sie veranlaßte, sich der Reformation anzuschließen. Diese Schmälerungen sind durch den westfälischen Frieden als rechtsgültig anerkannt worden: bekanntlich decken sich Recht und Moral durchaus nicht immer. Der Reichsdeputationshauptschluß von 1804 hat weitere Veränderungen gebracht, deren Gültigkeit juristisch ebenfalls unanfechtbar ist.

Das Vermögen der Kirche ist mithin gegenwärtig das in liegendem Gute und in der Berechtigung gewisse Renten zu empfangen bestehende Vermögen der katholischen und der protestantischen Kirche, wie diese Kirchen im Augenblicke existieren. Es kann, wo es nicht bereits getheilt ist, nur nach der Kopfzahl der Bekenner getheilt werden, welche die verschiedenen Unterabtheilungen der Kirchen im Augenblicke der Theilung haben.

Es wird sich empfehlen, im Protestantismus die Lutheraner, Reformierten, Evangelischen und Protestanten zu scheiden, ein Jahr Zeit zu lassen, innerhalb dessen jeder einzelne mündige Nichtkatholik sich schlüssig zu machen hat, welcher der vier nichtkatholischen Denominationen er angehören will, und nach dem sich ergebenden Procentsatze das den nichtkatholischen Deutschen zustehende Kirchengut ihnen zu überweisen.

Für die sogenannten Altkatholiken wird aus dem Vermögen der katholischen Kirche nichts abfallen: wo ihnen ein Theil dieses Vermögens zugebilligt sein sollte, wird die Zubilligung als rechts- und vernunftwidrig zurückzuziehen sein.

Alles Recht ist formales Recht, und wird Recht dadurch, daß die zur Rechtsetzung befugten Personen in den für dies Geschäft vorgeschriebenen Formen das Recht festgestellt haben. Erkannten die deutschen Staaten die legale Existenz des Papstthums, erkannten sie Pius den neunten als den wirklichen Papst an, bestritten sie diesem Papste die Befugnis nicht, ein Concil zu berufen, und dem Concile die Befugnis nicht, Beschlüsse zu fassen, so waren und sind sie gehalten, alle, welche diesem Pius und seinem Concile nicht Folge leisten, als Rebellen anzusehen. Als der Fürst Chlodwig von Hohenlohe Einspruch gegen die Pläne der Iesuiten zu erheben rieth, als die mit non placet stimmenden Bischöfe sich nach Hülfe umsahen, da war es noch möglich die Proclamierung der Unfehlbarkeit zu hintertreiben: jetzt sind — Dank dem Fürsten Bismarck — die Altkatholiken nicht mehr werth als die Demokraten nach dem Erlaß der preußischen Verfassung, oder die weiland zweite preußische Kammer, welche das Herrenhaus für nicht rechtsgültig erklärte, nachdem sie die Frist, gegen die Art seiner dem Könige überlassenen Einrichtung Einspruch zu erheben, hatte verstreichen lassen. Man kann die Altkatholiken brauchen, etwa als hommes perdus im Kampfe um die Macht brauchen, wenn man sie — unbegreiflicher Weise — für tauglich zum Kämpfen hält: ein Recht haben sie nicht: sie sind in der katholischen Kirche was die Nihilisten im Staate sind.

Eine Verpflichtung des Staats über jenes alte Kirchengut in dessen vorher abgegrenztem Umfange hinaus irgend welche Zuschüsse zur Erhaltung der Kirche zu leisten besteht nicht, und wird so lange nicht bestehn, als nicht eine der Unterabtheilungen der Kirche im Alleinbesitze sämmtlicher deutschen Seelen sein wird.

Die der Kirche gehörenden Baulichkeiten und liegenden Gründe werden dem Bekenntnisse überwiesen, welches in den Gemeinden, in denen sie liegen, das der Zahl nach überwiegende ist. Ihr Schätzungswerth ist in der Gesammtsumme des den einzelnen Bekenntnissen zu übermittelnden Betrages zu verrechnen.

Zahlungsverbindlichkeiten, welche der Staat den bestehenden Religionsgemeinschaften gegenüber eingegangen ist, sind in der für solche Ablösungen üblichen Weise durch Kapitalgewährungen abzulösen.

Keine Religionsgemeinschaft darf jemals gezwungen werden, ihre Baulichkeiten der Benutzung anderer Religionsgemeinschaften zu übergeben. Benutzung dieser Baulichkeiten für politische Zwecke, wie für Wahlversammlungen politischen Charakters, ist als symbolischer Ausdruck des Satzes, daß Kirche und Staat streng verschieden sind, schlechthin und unter allen Umständen verboten: für Uebertretung dieser Bestimmung büßt der Vorstand der politischen Gemeinde, in welcher die Uebertretung vorfällt, aus seinem Dienst-Einkommen oder aus seinem Privatvermögen mit dem vollen Betrage des den Cultusbeamten der geschädigten Religionsgemeinde im Jahre zustehenden Gehalts.

Die Buße gehört der Kasse der geschädigten Religionsgemeinde. Sie, falls sie nicht freiwillig gezahlt wird, bei dem Ortsgerichte einzuklagen ist jedes mündige Mitglied der gedachten Religionsgemeinde berechtigt, so jedoch, daß die erste Klage jede zweite ausschließt.

Der Staat ist gehalten eine Oberaufsicht über das auf die angegebene Weise festgestellte Vermögen der verschiedenen Religionsgemeinschaften in demselben Umfange zu führen, in welchem er es — aus verschiedenen Gründen — über das Vermögen Minderjähriger und über Aktiengesellschaften führt. Denn er darf innerhalb seiner Grenzen keine Körperschaft aufwachsen lassen, welche im Stande wäre sich ihm als Rechtsmacht nebenzuordnen: wenn die großen den Kirchen gehörigen Kapitalien, die sich gerade beim Gedeihen der Kirchen erheblich vermehren würden, eine völlig autonome Verwaltung hätten, so läge die Gefahr vor, daß ein Staat im Staate entstünde. Das Aufsichtsrecht des Staates über das Vermögen der Kirchen dient nicht sowohl dazu, eine Bürgschaft für gute Verwaltung zu schaffen, als vielmehr wesentlich dazu, dem Gedanken Ausdruck zu geben, daß innerhalb des Staates alle Rechtsgeschäfte, auch die Rechtsgeschäfte der Kirchen, nur mit Erlaubnis des Staates vollzogen werden.

7

Da die Katholiken den Schwerpunkt ihrer Kirche außerhalb Deutschlands haben, die durch ihre Rasseneigenthümlichkeit auf einander angewiesenen Juden die Peripherie ihrer Synagoge über die ganze Erde ausdehnen, muß der deutsche Staat in der Lage sein, durch seine Ueberwachung zu hindern, daß deutsche Kapitalien für nicht-deutsche Zwecke verwendet werden: auch die Zwecke der in Deutschland seßhaften Synagogen müssen für deutsche Zwecke gelten. Nur der einzelne Katholik darf für den Papst, nur der einzelne Jude für nicht-deutsche Juden Geld aufwenden: das den deutschen Katholiken zurückerstattete Kirchengut, das von der in Deutschland wohnhaften Judenheit für Cultuszwecke gesammelte Vermögen muß ausschließlich seiner eigenthümlichen, in Deutschland selbst liegenden Bestimmung dienstbar erhalten werden.

8

Außer der Aufsicht über das Vermögen der Religionsgesellschaften hat der Staat auch die Aufsicht darüber zu führen, daß keine Cultusbeamten in Deutschland angestellt werden, welche ihre Bildung im Auslande empfangen haben. Der Staat hat auf die Bildung der Cultusbeamten sonst einen Einfluß nicht zu nehmen. Aber Rom ist der Feind Deutschlands, und wird es bleiben: Rom hat das Interesse, in dem Eigenschaftsworte römisch-katholisch die erste Hälfte zu betonen, wie alle Deutschen das Interesse haben, den Accent in ihm auf die andre Hälfte zu legen. Dies Interesse ist ein Staatsinteresse, da kein einziger ehrliebender Deutscher in Deutschland etwas specifisch römisches darf haben wollen. Römisch-katholische Priester sollen wenigstens — kein Dogma ihrer Kirche verbietet ihnen dies — in deutscher Luft auswachsen, damit Rom bei uns nicht noch mächtiger werde als es schon ist.

9

Daß jede Religionsgemeinschaft von der Anstellung ihrer Cultusbeamten dem Staate Anzeige zu erstatten hat, ist ebenso selbstverständlich, wie daß jeder Arzt seine Niederlassung an einem bestimmten Orte dem Staate melden muß. Das Interesse der Gesammtheit erfordert es, daß Männer, welche in irgend einer Weise einen bedeutenderen Einfluß auf ihre Mitbürger auszuüben vorhaben, dem Staate näher als andre bekannt seien. Ein Arzt, ein Prediger, ein Priester sind zu ausdrücklicher Meldung verpflichtet, nicht weil sie in den Augen des Staates niedriger, sondern gerade weil sie höher stehn als andre Menschen. Weil sie eine eindringende Wirksamkeit besitzen, darum behält sie der Staat auch späterhin fester im Auge als seine andern Angehörigen, ganz so wie er an einer Pulverfabrik oder einem Gasometer andre Vorsichtsmaßregeln trifft als an einem Kartoffelfelde oder einem Gänseanger.

Ebenso selbstverständlich wie das oben Verlangte ist es aber, daß der Staat sich um die Zurichtung der Cultusbeamten, wenn man den unlängst besprochenen Punkt ausnimmt, gar nicht zu kümmern hat.

Ich habe bereits 1875 das sogenannte Culturexamen einer Kritik unterworfen, zu welcher ich nichts hinzufüge als den Hinweis darauf, daß der vom Reichskanzler zur Leitung des Unterrichtsministeriums berufene geheime Justizrath Falk, welcher eigentlich wohl nur als Gesetzgeber, nicht als Verwalter, ernannt worden ist, nach dem von allen Zeitungen wiederholten Berichte der Nationalzeitung vom 29 Mai 1878 bei seinem Amtsantritte der Schule allerdings ferner gestanden zu haben selbst öffentlich bekannt hat — derselbe Euphemismus wäre wohl auf alle übrigen Provinzen seines Amtsgebietes anzuwenden —, und daß das Gesetz über das Culturexamen durchaus in den Anfang der Amtsthätigkeit dieses Ministers gehört, welcher es etwa ein Jahr nachdem er die Leitung der Kirche und Schule übernommen, dem Landtage vorlegte. Etwas Ungeeigneteres ist kaum jemals auf dem Gebiete der Gesetzgebung geleistet worden: es muß pure abgeschafft werden.

Unsre Geistlichen und Priester werden genau so viel wissenschaftliche Bildung erwerben, als sich mit ihrem Bekenntnisse und mit den Neigungen ihrer Pfarrkinder verträgt. Wenn man die Geistlichen und Priester höher heben will, hat man die Gemeindeglieder höher zu heben, was freilich durch gehobene Schulen und Berechtigungslazarete sich nicht bewerkstelligen läßt. Die Wirkung des Gesetzes vom 11 Mai 1873 ist, um dies beiläufig zu bemerken, für das von dem Minister Falk Erstrebte geradezu Null gewesen: denn daß die Unwahrhaftigkeit der protestantischen Geistlichen noch größer geworden ist, als sie schon war, das ist von dem Gesetzgeber selbstverständlich nicht beabsichtigt worden.

10

Wenn der Staat einem Club, einer gelehrten Gesellschaft, wenn er seinen Offizieren nicht verbietet, unwürdig scheinende Mitglieder des Clubs, der Gesellschaft, des Offizierstandes nach eignem Ermessen auszuschließen, so darf er auch den Religionsgemeinschaften das gleiche Recht in keiner Weise verkümmern. Einen Offizier aus einem Regimente ausstoßen ist doch sicher nicht weniger eine öffentliche Beleidigung, als ihm das Abendmahl verweigern. So lange der Staat die christlichen Kirchen als halb und halb staatliche Anstalten ansieht, steht es mit ihren Excommunicationen ernster, aber immer noch nicht so, daß sie zu verbieten wären. Folgt man aber meinen Vorschlägen, welche übrigens durch ihre innere Wahrhaftigkeit die Zukunft ganz gewiß erobern werden, so wird ein Urtheil der zur Zeit bestehenden Religionsgesellschaften ganz anders gewerthet werden müssen als jetzt, wo man diese Religionsgesellschaften darum als im großen Ganzen objectiv werthvolle, von Gott gewollte Einrichtungen ansieht, und rechtlich ansehen muß, weil der Staat, der Träger alles Rechts, sie so ansieht: ein Richter, der mich beleidigt, beleidigt mich schwerer, als ein Nicht-Richter, weil der Richter als Vertreter des Rechts höher steht als ein Privatmann. Kein Erwachsener kümmert sich um das Urtheil eines Knaben, kein Gebildeter um das Urtheil eines Ungebildeten: niemand wird es übel nehmen, wenn man ihm sagt, daß er nach der Verfassung des Servius Tullius, nach den Anschauungen eines siamesischen Rechtslehrers Verbrecher von dem oder jenem Grade sei. So wie der Staat den bestehenden Religionsgemeinschaften erklärt hat, daß er, der Pfleger alles Besten, sie als sich gleichgültig, ja widerwärtig betrachtet, daß sie als Ganzes veraltet sind, mit ihren Anschauungen einer vergangenen Zeit angehören, daß nur Keime der Zukunft in ihnen liegen, nur Reste einer hohen Vergangenheit, daß sie nur durch jene und diese, nicht aber durch ihre Gegenwart nützen, daß sie erst werden müssen, um zu sein, so verliert ein Bannfluch dieser Gemeinschaften jede rechtlich verletzende Kraft. Da außerdem der Staat, wenn er meinen Vorschlägen folgt, diesen Gemeinschaften aus dem öffentlichen Säckel nicht einen Pfennig zahlt, darf er ihnen so wenig die Befugnis bestreiten, ihr Hausrecht zu brauchen, wie er diese Befugnis andern Privatpersonen und Privatgemeinschaften bestreitet. Ich empfange in meinem Hause wen ich darin empfangen mag, und setze an meinen Tisch wen ich an ihn setzen will, ohne daß irgend wer meine betreffenden Entscheidungen zu bemängeln, anzufechten, oder mich nach ihren Motiven auch nur zu fragen hat: der Protestantismus und Katholicismus stehn, nachdem ihre Stellung in der von mir vorgeschlagenen Weise geregelt ist, Privatpersonen völlig gleich. Religionsgemeinschaften dürfen niemanden öffentlich einen Dieb oder Mörder nennen, weil sie sich dadurch eines Uebergriffs in das den Staatsanwälten und Richtern überwiesene Gebiet des Staats schuldig machen würden, sie müssen aber die Erlaubnis besitzen, die Consequenzen ihres Dogmas und ihrer Moral auf jedes ihrer

Mitglieder anzuwenden. Hält der Staat ihr Dogma und ihre Moral für unerlaubt, so muß er dieses Dogma und diese Moral aus der Welt schaffen. Es ist nachdenkender Männer unwürdig, die Factoren zu gestatten, und die nach den Regeln der Arithmetik aus den Factoren gezogene Summe zu verbieten.

11

Ist den bestehenden Religionsgemeinschaften — ich schlage, wie schon bemerkt, vor, den Protestantismus in vier selbstständige Gruppen zu zerlegen — ist ihnen jeder Vorwand genommen sich als dem Ganzen amtlich für werthvoll geltende Kirchen anzusehen, ist ihnen alle Macht gegeben, ihre Gedanken, Anschauungen, Ideale, durch Aufsicht und Verbote unbehindert auszusprechen und durchzuführen, dann ist alles was sie leisten eine wirkliche Leistung, welche ihnen von Jedermann anerkannt, von Niemandem ganz oder theilweise auf den Staat abgeschoben werden, welche also ihnen Anhänger oder doch Freunde gewinnen wird, dann ist jeder an ihnen hervortretende Schaden oder Mangel die Veranlassung für eine ernsthafte Anklage, welche sie nach und nach entweder zur Besserung zwingen oder aus dem Bereiche des Existierenden vertreiben muß.

Die Nation kann aus dieser Sachlage nur Vortheil ziehen. Nur freilich nicht in der Weise, daß alle einzelnen Glieder der Nation ihn direkt an sich erführen. Die Einzelnen erführen ihn nur indirekt, dadurch nämlich, daß eine mit der Wucht einer Naturgewalt wirkende öffentliche Meinung in Betreff der einzelnen Religionsgemeinschaften und der durch sie vertretenen Religionsform erwüchse, mit welcher jeder einzelne Deutsche sich abzufinden hätte: diese Religionsgesellschaften würden, falls sie taugten, gerade weil sie nur auf den eignen Füßen stehend etwas leisteten, Gegenstand der Ehrfurcht werden, ganz wie der Mann Gegenstand der Ehrfurcht ist, welcher durch eigne Kraft sich emporgeschwungen hat. Und Ehrfurcht ist es, was unser Volk bedarf. Es würden so viel neue Stücke für das Vermögen des Volkes gewonnen werden, als es derartige Religionsgesellschaften gäbe, Stücke, von denen zehrte wer es bedürfte.

Das ist das größeste Unglück der Kirchen in unserm Vaterlande, daß sie, wie jetzt die Verhältnisse liegen, sich durch Einzelne an die Einzelnen wenden müssen, und dadurch sich zu den Einzelnen erniedrigen: niemals wirkt etwas Gutes oder Großes direkt, sondern stets indirekt. Sein Reflex auf die Nation ist es, bei dessen Lichte die Individuen das Gute und Große sehen und verstehn. Wenn die Religionsgemeinschaften als Ganze aufträten — das können sie erst, nachdem meine Vorschläge durchgeführt worden sind —, würden sie ein sehr anderes Gewicht haben als jetzt, wo sie durch Individuen vertreten sind, welche, weil neben anders gesinnten andern Individuen stehend, auch das der Kirchenlehre Gemäße als Ausdruck der eignen Subjectivität erscheinen lassen. Nur das Ganze erzieht: der Einzelne erzieht nur, wenn er als Wortführer und

Beauftragter des Ganzen auftritt. Ein Diener einer Kirche, ein Offizier, der den Rock des Königs trägt, ein Lehrer von Gottes Gnaden nützt und leitet: der begeistertste Einzelne, der aus eigner Anschauung redet und handelt, ist immer nur eine Zahl neben einer ihr gleichgültigen andern Zahl, nicht die Zahl vor einer oder mehreren Nullen. Nur der kann erziehen, dem Ehrfurcht begegnet, das heißt, dem gegenüber der zu Erziehende sich als der Erziehung bedürftig, als Nichts, als noch werdend fühlt. Kirchen, welche jeder kritisiert und nach allen Richtungen hin zu kritisieren aufgefordert und veranlaßt wird, sind für die Nation werthlos, werthvoll nur für die, denen sie Gehalt zahlen.

Machen wir die Religionsgemeinschaften völlig frei, so können sie Kirchen werden, so können sie — was dasselbe ist — mit dem Bewußtsein auftreten, daß Sie Zahlen, und die, zu denen sie reden, Nullen sind, welche erst durch die kirchliche Erziehung zum Dasein gelangen. Eine Religionsgemeinschaft von Staates Gnaden und im Auftrage, unter der Leitung des Staates handelnd und lehrend, ist keine Sonne, sondern der Trabant eines Mondes. Aber nur Sonnenlicht und Sonnenwärme machen wachsen und gedeihen. Kirchen werden mit Decimalen multiplicieren, und die Nation dadurch um Zehner, Hunderter, Tausender bereichern.

Noch einmal zum Unterrichtsgesetze.

Ueber das Unterrichtswesen steht dem Staate in demselben Umfange die Aufsicht zu, in welchem sie ihm über alle in seinen Grenzen vorkommenden Angelegenheiten zusteht. Eine genauere Aufsicht über dasselbe hat er nicht zu führen, die Pflicht den Unterricht auf eigne Kosten und unter eigner Verantwortlichkeit zu betreiben liegt ihm nur so weit ob, wie seine Pflicht als Staat sie mit sich bringt.

Daß irgend eine höchste Behörde da sein muß, welche überallhin eine Oberaufsicht zu üben hat, bei welcher Beschwerden über Unrechtfertigkeiten und Unordnungen anzubringen sind, welche verpflichtet ist, begründete Klagen zu erhören, das ist so von selbst einleuchtend, daß es nur von Schwärmern geleugnet werden kann.

Diese Behörde hat aber nur da zu thun, wo entweder sofortige Abhülfe verlangt werden muß, oder die der Gesammtheit schuldige Rücksicht von irgend wem außer Augen gesetzt wird. Einen rasenden Stier, einen aus der Thierbude entsprungenen Löwen, einen tollen Hund heißt die Polizei töten, ohne auf das individuelle Interesse des Besitzers Rücksicht zu nehmen. Jauchengruben heißt sie, wo es Noth thut, ausräumen, Schornsteine reinigen, weil jene nicht bloß den nächst Anwohnenden, sondern durch Erzeugung von Miasmen allen Einwohnern der Gemeinde schädlich werden, diese eine der ganzen Ortschaft möglicherweise tödtliche Feuersbrunst hervorrufen können.

In Betreff irgend welchen Unterrichts ist nicht zu besorgen, daß aus ihm jemals der Gesammtheit eine Gefahr drohe, vorausgesetzt, daß der Unterricht wirklich Unterricht ist. Wer zeichnen lernen will, wird schon selbst darauf halten, daß sein Lehrer vom Wege nicht abschweife: wann der Schüler es nicht thut, weil er ein Kind und unverständig ist, werden diejenigen es thun, welche den Unterricht bezahlen. Wer die Kenntnis der spanischen Sprache zu erwerben wünscht, wird ohne Aufsicht des Staates ermitteln, wo das möglich, und sein Geld auszugeben aufhören, sowie er sieht, daß er es wegwirft, oder aber, sowie er seinen Zweck erreicht hat.

Soll der Staat gar die Aufsicht darüber führen, daß die Unterrichtenden ihren Schülern nichts dem Vaterlande, den Sitten, der Religion Schädliches beibringen? Sowie derartiges vor, und der Behörde zu Ohren kommt, wird es durch den Staatsanwalt zur

Strafe gezogen werden müssen, wenn es rechtlich strafbar ist: über die moralische Strafbarkeit zu urtheilen ist der Staat nicht befugt: über diese entscheidet die Gesellschaft.

Auf alle Fälle wird der Staat gut thun, keine Anordnungen zu treffen, welche durchzuführen er nicht vermag, keinen Anspruch auf Dinge zu erheben, welche er nicht in seiner Gewalt hat, keine Gesetze zu erlassen, denen ein Schnippchen zu schlagen er nicht hindern kann.

Als ich Lehrer am Werderschen Gymnasium war, hatte ich zu Anfang jedes Semesters mit anzuhören, wie der Director in Folge höheren Auftrags und eigner Neigung den Schülern den Besuch der Kuchenbäckereien verbot. Ich habe ihm vorgestellt, daß er gar keine Macht besitze, in einer so unübersichtlich großen Stadt wie Berlin auch schon 1858 war, die Beachtung seines Verbots zu erzwingen, daß die Sache überdies gleichgültig sei, da den Schülern so gut wie stets die Mittel fehlten, die verpönte That in irgend schädlichem Umfange zu begehn. So unterblieb in späteren Semestern jene Verwarnung, ohne daß dadurch Unheil entstanden wäre.

Zudem, was ist dem Vaterlande, den Sitten, der Religion schädlich? Der preußische Staat selbst wird es uns nicht sagen können, da er seine Ansichten erheblich oft, und in den weitesten und wildesten Sprüngen geändert hat.

Und meint man, Schweigen rede minder deutlich als Sprechen? Könnte und wollte man Reden zu Gunsten einer Aenderung der preußischen Grenzen, Worte zu Ungunsten eines gefeierten Mannes den Unterrichtenden selbst für die Zeit verbieten, in welcher sie aus freier Neigung mit ihren Jungen etwa in der Jungfernheide oder dem Grunewald spielen, man kann ihnen nicht untersagen über gewisse Dinge und Menschen stumm zu sein wie ein Eisblock. Kennt man die Jugend so wenig, zu meinen, daß dieses stumme Vorbeigehn an den Helden des Tages nicht viel lauter und verständlicher spricht, als irgend ein ausdrückliches Wort es vermag?

Man hat doch den Satz im Munde Wer nicht mit mir ist, der ist wider mich: man dürfte wissen, daß ein junger Gelehrter schon dadurch sich schadet, daß er den Condottieri nichts Angenehmes sagt: daß ein Beamter sich schon verdächtig macht, wenn er seinen Vorgesetzten nicht ausdrücklich bewundert. Ueber die Beredsamkeit des Schweigens könnte man also unterrichtet sein: sie anzuwenden wird niemand jemals gehindert werden können. Was soll also das Verbieten von Worten?

Hat man nie Rogeards propos de Labiénus gelesen? hat Rogeard in ihnen ein einziges Wort über Napoleon III gesagt? und war nicht trotzdem sein Heft von der ersten bis zur letzten Zeile eine von Wahrheit strotzende Satyre gegen Napoleon III?

Endlich angenommen, der Staat besitze das Recht, in der oben angedeuteten Weise zu überwachen, durch wen soll er dies Recht ausüben als durch die Schüler? In Gegenwart der Directoren und Ordinarien wird ja ein Lehrer so leicht nicht sündigen. Pfui dem Staate, der unanständig genug wäre, seine Jugend zum Denunciieren ihrer Lehrer anzuhalten. Das fehlte uns noch zu unserm Glücke, daß Religion, Sitte, Vaterland auf die Petzereien von Schulknaben gegründet würden, wie Hengstenberg die Kirche durch Hävernicks und Gerlachs Stänkereien zu stützen versucht hat.

Ich habe einmal politische, das heißt, nach dem Accente betonte, griechische Verse gemacht — sie schilderten die charakteristischsten Knaben meiner Klasse —, um meinen Tertianern die Regeln der Enclise leichter beizubringen. Ich wurde beim Schulcollegium dahin denunciiert, daß ich politische Gedichte lernen lasse. Die Vorlegung des corpus delicti erledigte, da mein Director ein verständiger Mann war, der mich genau kannte, die Denunciation in Einer Minute. Oft jedoch ist derartiges nicht so drastisch zu widerlegen, wie es in diesem Falle möglich war. Das Vertrauen zwischen Lehrer und Schüler wird aber durch jede Denunciation gestört: dies Vertrauen zu erhalten ist viel wichtiger, als daß in zehntausend Jahren Einmal ein Lehrer auf einer unpassenden oder strafälligen Aeußerung vom Generalprofoss Staat ertappt werde.

Also mit der speciellen Aufsicht des Staates über den gesammten, innerhalb seiner Grenzen ertheilten Unterricht ist es nichts.

2

Welche Unterrichtsanstalten hat nun der Staat aus seinen Mitteln zu erhalten?

Der Staat, das heißt, die Gesammtheit aller dem Landesherrn unterthanen Menschen, hat ein Interesse daran, dem Nachwuchse die Orientierung im bürgerlichen Leben zu ermöglichen, da das Leben eben heut zu Tage für jeden Lebenden ein bürgerliches Leben ist: er hat zweitens ein Interesse daran, über Männer zu verfügen, welche im weitesten Sinne des Wortes regieren können.

Für das bürgerliche Leben ist der Mensch in den Stand gesetzt, wenn er sehen, hören, gehorchen, sprechen, lesen, schreiben, rechnen kann, und das besitzt, was man mit einem sehr glücklichen, von mir nur anders gewendeten Ausdrucke Heimathskunde genannt hat: alles was der sogenannte gemeine Mann über die Geschichte und Natur zu wissen braucht, ist Heimathskunde, Mittel, sich in seiner ethischen und physischen Umgebung zurechtzufinden.

Mehr als das eben aufgezählte hat der Staat in den Volksschulen nicht lehren zu lassen: den Unterricht in der Religion besorgen je für ihre Angehörigen die fünf (oder sechs) anerkannten Religionsgesellschaften auf eigne Faust und auf eigne Kosten, wann und wie und durch wen sie wollen.

Regiert wird nicht allein von Regierungsräthen und Ministern, sondern auch von Offizieren, Aerzten, Priestern, Predigern, Professoren, Kaufleuten, Fabrikanten, Gutsbesitzern. Ich nenne dabei Heilgehülfen nicht Aerzte, Krämer nicht Kaufleute, Bauern welche ihr Land zum Rübenbau verpachtet haben, nicht Gutsbesitzer, den

Inhaber einer Anstalt zur Erzeugung von Stiefeln oder Stiefelwichse nicht Fabrikanten. Regiert wird nicht von den oft sehr braven Unteroffizieren und Feldwebeln, welche der Staat in seiner hohen Weisheit statt Schreiber und Registratoren Kanzleiräthe, statt Zahlmeister Rechnungsräthe nennt, damit ihnen nur ja der Kamm tüchtig schwelle, und die Einsicht in die Staatsverfassung dem Volke möglichst abhanden komme. Rechnen wir in Preußen alles ein, was nördlich vom Erzgebirge und dem Maine liegt, so hat es rund 25 Millionen Einwohner. Unter diesen werden 50000 sein, welche ich Regierende nenne: meines Erachtens wenigstens wird genug regiert, wenn auf 500 Regierte ein in meinem Sinne Regierender kommt. Die Staatsschulen höheren Ranges — der Name thut nichts zur Sache — werden mithin von 50000 Schülern besucht werden. Angenommen daß jede Anstalt rund 500 Knaben beherbergen würde, hat der Staat rund 100 höhere Schulen nöthig. Ich widerrathe die Schulen zu klein zu machen — nur die Klassen müssen möglichst klein sein —, weil in kleineren Lehrercollegien wie überhaupt in kleineren Gemeinschaften ein esprit de corps nicht entstehn kann, und wir den esprit de corps dringend bedürfen: weil in wenig besuchten Schulen zu wenig äußeres Erlebnis vorfällt, um die Phantasie der Schüler zu beschäftigen: weil die Kosten Einer großen Schule geringer sind als die zweier kleinen.

3

Für nachdenkende Leser ist bereits deutlich, doch soll es für schwerere Köpfe noch ausdrücklich ausgesprochen werden, daß die sämmtlichen Volksschulen, und daß alle Anstalten, auf denen der Staat die zum Regieren bestimmte Jugend unterrichtet, als in dem Interesse des Staats, das heißt, der Gesammtheit aller Unterthanen des Landesherrn gegründet, aus den Mitteln aller, das heißt, aus den Staatseinnahmen, zu erhalten sind.

Ebenso deutlich ist, daß der Staat seine Volksschulen zwar in die Gemeinden, die höheren Schulen aber dahin zu legen hat, wohin sie zu legen er für zweckmäßig hält. Keine Gemeinde hat das allermindeste Recht, eine solche in ihrer Mitte zu haben.

Es wird aus vier Gründen nöthig sein, diese höheren Schulen niemals in einer Stadt, sondern stets auf einem möglichst abgeschlossenen, das heißt, möglichst klösterlich eingerichteten Landgute zu halten.

Einmal muß auch äußerlich gezeigt werden, daß diese Schulen Staatsschulen sind, und mit den Gemeinden schlechterdings gar keinen Zusammenhang haben. Hospitanten, namentlich der Berechtigungspöbel, müssen unbedingt und ohne jede Ausnahme von diesen Anstalten ferne gehalten werden. Ebenso darf kein Lehrer dieser Anstalten Kostgänger füttern: alles muß unmittelbar unter der Staatsbehörde stehn, ganz abgesehen davon, daß es sich für einen Diener des Geistes nicht ziemt, um des Geldes willen den Speisewirth und Schulputzer zu machen.

Sodann soll ausdrücklich verhindert werden, daß die diese Schulen besuchenden Knaben in ihren Familien bleiben. Diese Knaben sollen erzogen, und zwar zu einem bestimmten Berufe erzogen werden. Dies geht in Familien nicht zu bewerkstelligen, am allerwenigsten in den Familien, deren Häupter nach 1848 groß geworden sind. Recht viele Söhne der Beamten unsrer Epoche sind Taugenichtse, oder sie sind nichts werth, das heißt, das ihnen in ihren Familien zu Theil gewordene Surrogat von Erziehung hat nichts gefruchtet. Das ist Thatsache: wer zweifelt, beantworte sich die Frage, wie viel Söhne der 1860 in einem Collegium vereinigten Beamten 1880 überhaupt noch öffentlich genannt werden können. Alle Beamten der neueren Zeit sind entweder liberal oder reactionär: in keinem der beiden Fälle verstehn sie die menschliche Natur und die deutsche Geschichte. Sie sind überbürdet, können sich also um die Ihrigen nicht kümmern. Sie leben in fortwährendem Scheinen, und sterben in Schulden, oder hinterlassen doch Frau und Kinder in bitterer Hülflosigkeit: darum werden ihre Söhne blasiert und im höheren Verstande des Wortes unwahrhaftig. Das sind die Erklärungen jener Thatsache. Auch in den NichtBeamten-Familien ist kein Zug und Ernst, und soferne sie wohlhabend sind, werden Dinge in ihnen für nothwendig angesehen, auf welche ein Diener des Staats, und vollends ein Diener des preußischen Staats, von vorne herein, und noch dazu ohne Klage, ein für alle mal verzichten muß. Das Material, welches der Staat für seinen Dienst braucht, wird er sich mehr und mehr selbst zu erziehen haben. Dies kann er nur in eignen Anstalten thun, deren Zöglinge dem Einflusse ihrer Familien, soweit es irgend thunlich ist, entrückt sind. Sie ihnen zu entrücken ist nur in der Einsamkeit des Landlebens möglich.

Drittens ist es nothwendig, auch die Lehrer den Felsenkellern und Casinos, den Lesemuseen und Bildungsvereinen zu entziehen. Lehrer sollen weiter arbeiten, und in der Natur und in ihrer Familie leben, um frisch zu bleiben, nicht aber mit dem Jan Hagel einer politischen Partei in Kneipen umherliegen. Niemand, der andere unterweisen soll, kann anders leben als in der Einsamkeit. Er muß schon so viel sprechen und sein Wesen preisgeben, daß er völlig verlumpt, wenn er außerhalb der Schule etwas anderes thut als arbeiten und schweigen. Darum wird jeder wirkliche Lehrer die Städte fliehen, und den Frieden des Dorfes oder Waldes suchen. Ein Lehrer, dem dieser Frieden nicht paßt, mag nur so schnell wie möglich Gerichtsvogt oder Bierwirth werden.

Viertens ist die Rücksicht auf die leibliche Gesundheit der Zöglinge maßgebend, für welche in Städten nie so gesorgt werden kann wie auf dem Lande. Es ist maßgebend, daß kein Mensch auch geistig anders gesund bleiben kann als im steten Zusammenleben mit der Natur. Ueberdies liegt es im Interesse Aller, fortwährend daran erinnert zu sehen, daß Städte, namentlich große Städte nichts sind, als Folgen der menschlichen Thorheit.

Ein fünfter Grund — die Rücksicht auf das kirchliche Bekenntnis der Schüler und Lehrer — wird unten zur Sprache kommen.

Keiner Bemerkung bedarf es, daß es so wenig wie in Cadettenhäusern (welche ich übrigens zu den hier in Rede stehenden Anstalten zähle) ebensowenig in den für die nicht dem Soldatenstande angehörigen Regierenden bestimmten Anstalten erlaubt sein kann, irgend wen in sie aufzunehmen, der sie nicht bis zum obersten Ende durchzumachen beabsichtigt. Schulen haben, die nach einer Idee, für einen bestimmten Zweck, eingerichtet sind und dennoch nach dem Besuche bestimmter Klassen einem Theile ihrer Angehörigen auszutreten erlauben, diese Erfindung der geheimden Räthe Schulze und Wiese muß mit Besen ausgekehrt werden, und alle sie vertheidigenden und beschönigenden müssen mit ihr fort.

Ebensowenig braucht es einer Bemerkung, daß, wie es Cadettenhäuser neben den für NichtSoldaten bestimmten Schulen gibt, es auch unter den für NichtSoldaten eingerichteten Anstalten Verschiedenheiten geben darf und wird, welche näher anzugeben ich mich in diesem Zusammenhange überhoben erachte.

Drittens ist selbstverständlich, daß der Staat auch die Anstalten zu gründen und zu erhalten hat, auf welchen die für jene Schulen nöthigen Lehrer gebildet, erzogen, geprüft und geübt werden. Als solche Anstalten haben die Universitäten zu gelten, von denen nachher die Rede sein soll: hier bespreche ich die Prüfungsbehörden und die Seminarien.

Die Prüfung der Candidaten des höheren Schulamts liegt zur Zeit thatsächlich in den Händen der allerdings vom Staate beauftragten Universitäten. Das muß vollständig und auf Nimmerwiederkehren ein Ende finden. Vorerst darum, damit jeder im Lande merke, daß die Prüfung eine Staatsprüfung ist. Zweitens aus den früher von mir dargelegten Gründen: ein Ocean von Gemeinheit ist durch die jetzige Gepflogenheit in das Land gefluthet. Ich theile einen Anschlag mit, welcher Monate lang am schwarzen Brette einer preußischen Universität gehaftet hat: der ihn angeheftet, wollte nicht lesen, darum that er kund wie folgt:

. . . . den Anfang der Vorlesung werde ich, sobald die dazu erforderliche Zahl von Anmeldungen erfolgt ist, anzeigen. Ich ersuche deshalb die Herren Commilitonen, welche das Kolleg hören wollen, mir davon bald Mittheilung zu machen, wobei ich gleich noch hinzufügen zu sollen glaube, daß ich zwar wie bisher in dieser Vorlesung ganz besonders solche Zuhörer im Auge behalten werde, welche sich dem höheren Schulamt widmen wollen, daß ich selbst aber schon vor zwei Jahren aus der hiesigen königlichen wissenschaftlichen Prüfungscommission auszutreten veranlaßt worden bin, und seitdem die Prüfungen der Kandidaten in . . . . . hier wieder dem Mitgliede der Commission für . . . . . übertragen sind.

Zwei Collegien, in Frankfurt an der Oder für die Landschaften rechts der Elbe und Saale, in Cassel für die Landschaften links dieser Flüsse, stark besetzt, da ihrer Arbeit viel sein wird, und sie Muße haben müssen, sich in ihrer Wissenschaft auf dem Laufenden zu erhalten, werden die Geschäfte der jetzt bei den Universitäten seßhaften, aus den Mitgliedern der Universitäten erwählten Prüfungs-Commissionen zu übernehmen haben. Kein Professor hat in ihnen Raum. Ihre Mitglieder heißen Regierungsräthe, um jedem zu weisen, daß sie Staatsbeamte sind: geheimes haben sie nie zu rathen, folglich hat es beim Titel Regierungsrath ohne Vornamen sein Bewenden, auch wenn die Träger des Titels alt geworden sein werden.

Seminarien besitzt der Staat wie er jetzt ist, für die Volksschullehrer. Ich darf über sie mich nicht äußern, da ich die Verhältnisse derselben nicht kenne. Daß aller Unterricht in der Religion aus ihnen zu entfernen ist, versteht sich ebenso von selbst wie daß Niemand, der nicht fromm ist und über die Religion nach Maßgabe seines Herzens- und Verstandesvermögens Bescheid weiß, Lehrer des Volks sein darf.

Seminarien besitzt der Staat nicht für die Lehrer der sogenannten höheren Schulen, wenigstens ist das dem Anscheine nach Vorhandene so werthlos, daß man es als nicht existierend anzusehen befugt ist.

Keine Fertigkeit gibt es, die nicht erworben werden müßte. Wenn wir sitzen, gehn, stehn, schwimmen, reiten, fechten, Latein verstehn wollen, müssen wir es mit Mühe lernen, und werden gut thun, uns zum Lernen der Lehrer zu bedienen. Lehren kann nach der amtlichen Mythe das Geschöpf, welches amtlich Candidat des höheren Schulamts heißt, sofort, nachdem es den von ihm gehörten, ihn nach viel zu kurzem Studium examinierenden Professoren nachgewiesen, daß es einen Theil der Dictate auswendig gelernt und inwendig nicht verstanden hat. Die Scherze kennt man ja, welche auf den Universitäten paedagogische Seminare genannt werden. Kein Director, dem ein Candidat zur Beschäftigung zugesandt wird, weist den Jüngling an: kein Klassen-Ordinarius hat das Recht seinem Unterrichte beizuwohnen. Der Schulamtscandidat ist ein Autodidact, welchem die Patrone der von ihm unsicher gemachten Anstalt möglichst viel Unterricht übertragen, um durch seine reale und dem Gesetze nach nichts kostende Gegenwart den Mangel einer angestellten Lehrkraft zu verdecken, ein Autodidact, bei welchem die Schüler Semester hindurch nichts lernen, welcher, wenn dies nichts Lernen in das dritte Jahr seiner Thätigkeit hineinreicht, gerne Paedagoge von Fach wird, denn Paedagogen von Fach sind nach meiner Erfahrung alle mal diejenigen Wesen, die niemandem etwas beizubringen und keine Zucht zu halten verstehn. Jetzt können sie Inspectoren werden, und sind, obwohl recht untauglich, noch nicht die untauglichsten Inspectoren.

Da wir einen Platzregen von Schulen über unser unglückliches

Land haben niedergehn sehen — es träufelt noch immer —, ist es freilich nöthig geworden, die allerärgsten Unzulänglichkeiten zum Lehramte heranzuziehen. Ich habe, als ich 1863 von einigen Unabhängigen für den Posten eines Stadtschulraths von Berlin in Aussicht genommen war, dem Oberbürgermeister Seidel gesagt, daß ich mit dem vorhandenen und mir genau bekannten, der Zahl nach für 10 Anstalten ausreichenden, Personale höchstens zwei Gymnasien normal zu besetzen wagen werde: nach dem, was ich seitdem gehört und gesehen, ist es ganz erheblich schlimmer geworden. Würden die Examinatoren, die Schulräthe und Minister den Privat-Unterricht ihrer Kinder auf einem Gute den Herren anvertrauen, welche sie an Staats- und Gemeindeschulen anstellen? Würden sie das aber bei neunen von zehnen sicher nicht thun, was beweist da das Examen, das paedagogische Seminar, das Anstellungsdecret, das Aufrücken der neune? Auf meine Fragen erwarte ich als Antwort keine sittliche Entrüstung und keine Declamation, sondern ein Ja oder Nein auf die erstere, ein Nichts oder sonst etwas ganz Bestimmtes auf die andere.

Die Pflicht der Seminardirectoren wird sein, die zum Lehren sich als untauglich erweisenden Candidaten auch trotz ihres vielleicht guten Examens abzuweisen. Der Staat braucht Lehrer, und ist gegen Männer, welche nicht zu lehren verstehn, zu keinerlei Humanität verpflichtet, und zu ihr nicht einmal berechtigt, weil er mit fremdem Gelde zahlt. Wer das Lehren nicht lernen kann, gehe seiner Wege, und werde was er werden mag. Humanität gegen unfähige Candidaten ist Diebstahl an den Steuerzahlern und Inhumanität gegen die jenen Candidaten vorgeworfenen Kinder.

Nachdem die Prüflinge die Seminare durchgemacht und von deren Directoren das Zeugniss empfangen, daß sie als Lehrer brauchbar zu werden versprechen, haben sie Aussichten, aber kein Recht. Wohl aber hat der Staat das Recht, sie dahin zu senden wo er sie braucht, mit freier Wohnung, freier Verpflegung und so viel Gehalt wie zur Beschaffung einiger Bücher und der Kleidung und zu einem Taschengelde ausreicht. Soldaten der Wissenschaft sind sie, unter Aufsicht und Anweisung unterrichtend, gehend wann sie gehn, kommend wann sie kommen sollen, entlassen wann sich herausgestellt hat, daß sie nicht lehren können.

Wer sogenannte gute Stellen sucht wenn er Lehrer wird, den soll man auf alle Weise los zu werden streben. Die Lehrer der Staatsanstalten haben nach dem mitgetheilten Plane natürlich freies Quartier, die Aussicht, ihre Kinder so billig oder umsonst erzogen zu sehen, wie jetzt die Söhne der Offiziere in den zur Zeit einzigen meinem Sinne wenigstens einigermaßen entsprechenden Lehranstalten, den Cadettenhäusern, erzogen werden: sie treten mit dem sechzigsten Jahre, unter Belassung ihrer Bezüge und Gewährung einer freien Wohnung in den Ruhestand, da sie bis dahin reichlich das Ihre gethan haben, und auch nichts mehr leisten können.

Ihren eigentlichen Lohn müssen sie darin finden, daß sie, vor allen andern Staatsdienern bevorzugt, im Staate Gott dienen, die Zukunft mit der Vergangenheit in lebendige Wechselwirkung bringen, der Nation ihre Leiter geben.

Dies bringt mich auf den Punkt, den zu berühren ich vorher versprochen habe.

Keine Reorganisation der Staatsschulen — man behalte im Sinne, daß ich deren nur die zwei angegebenen Arten kenne — keine Reorganisation der Staatsschulen ist vor der Neuordnung der kirchlichen Verhältnisse möglich. Ohne Gott keine Erziehung, weil ohne Ideal, ohne ewiges Leben, ohne Verantwortung vor dem letzten Richter keine Erziehung. Liegt es aber im Wesen des modernen Staates, die Religion, welche sich in viele Bekenntnisse gespalten hat, nicht in den Bereich seiner Thätigkeit ziehen zu können, da er eben nur das Allen Gemeinsame zu behandeln hat, so sind die Schulen des Staates nach den Bekenntnissen zu ordnen, wenn durch die Priester und Prediger ein wirklicher Einfluss auf die Jugend soll geübt werden. Die Bekenntniskirchen müssen mithin in völlig concreter Gestalt vorhanden sein, ehe der Staat seine Schüler in Schulen einweisen kann, welche, an sich ohne Religion, die Schüler nach dem Bekenntnisse zusammengeordnet, nur von Lehrern ihres Bekenntnisses unterrichtet, und darum leicht den Dienern und Lehrern ihrer Religion zugänglich enthalten.

Da haben wir einen neuen Grund, weshalb die Staatsanstalten höherer Ordnung nur in ländlicher Abgeschiedenheit liegen dürfen. Wir müssen die Möglichkeit erwerben, die Schulen mit Schülern nur Eines Bekenntnisses zu bevölkern, weil nur in homogenen Schulen der Staat äußerlich und innerlich in der Lage ist den Kirchen eine erziehende Wirksamkeit bei seinen Schülern zu verstatten, weil er nur so den jungen Seelen die Ruhe zu schaffen vermag, in welcher sie sich den Eindrücken auch ihrer Religion hingeben können. Ihnen soll nichts dareinreden, nicht einmal der Gedanke, daß irgend ein Altersgenosse anders betet als sie: die Religion soll ihnen eine undiscutable Macht sein, denn nur wenn sie als solche erscheint, erzieht sie. Alles zerfällt und zerfährt vor und in dem Dampfe und der Electricität: wir müssen so viel wie möglich Geschlossenheiten hervorrufen, Heimathen, die man nicht vergißt. Zwischen verschiedenen Bekenntnissen zu wählen ist die Jugend doch zu jung: geben wir ihr katholische, lutherische, reformierte, evangelische, protestantische Schulen in der von mir gezeichneten Gestalt. Der Staat lehrt und befördert die confessionelle Religion nicht: da er aber einsieht, daß Religion zur Zeit nur in der Form des Bekenntnisses vorhanden ist, und er der Religion nicht entrathen kann, thut er Alles, um die Einwirkung der confessionellen Religion auf die zwei wichtigsten Menschenklassen in thunlichst reiner Gestalt zu ermöglichen, behält er sich vor, Auswüchse ihrer

Aeußerungen zu hindern, und ist zu der Hoffnung berechtigt, daß in dem Maße, in welchem die Confessionen es mit dem Wesentlichen ihrer Existenz ernst nehmen, sie nicht sowohl sich einander nähern, als in ihren Angehörigen sich selbst aufheben, in ihren Angehörigen der Einigung aller Deutschen in die deutsche Frömmigkeit zueilen werden.

Es wird also unter den etwa hundert höheren Schulen des Staats je nach der Zahl der zu erwartenden Schüler so und so viel der katholischen und so und so viel den verschiedenen Formen der nichtkatholischen Religion gewidmete geben. Eine jüdische Staats-Schule ist von vorne herein unmöglich, da wer Beschneidung, Speisegesetze, jüdischen Monotheismus und Aehnliches als eine Forderung der Religion ansieht, nach Palaestina, aber nicht in den deutschen Staat gehört, mithin für ihn nicht zu sorgen ist. Das schlechthin Reactionäre, das zum Theile bis in die Tage der Hycsos zurückgreift, können wir in Deutschland nicht brauchen und nicht dulden, höchstens ignorieren.

Hat nach dem Auseinandergesetzten der Staat die Pflicht, aus seinen Mitteln alles Volk in den Grundelementen des Wissens und Könnens unterrichten, die zum Regieren Bestimmten in verschiedener Art darauf zubereiten zu lassen, daß sie regieren können — keine Gemeinde oder Provinz bezahlt eine Volksschule, keine Gemeinde oder Provinz ein Gymnasium oder Cadettenhaus —, so hat hingegen weder er noch eine Gemeinde noch eine Provinz die Pflicht, eine Anstalt zu gründen und zu erhalten, auf welcher Kinder für irgend einen Zweig des erwerbenden Lebens zugestutzt werden. Was gebraucht wird um Geld zu verdienen, wird vom Ertrage des Verdienstes bezahlt. Kauft jemand Grund und Boden, um mit ihm zu speculieren, so hat er die Kosten für die zugezogenen Sachverständigen, die Feldmesser, den Notar, den Stempel in die Kosten des Geschäfts einzurechnen. Will jemand Maurermeister werden, um als Maurermeister seinen Unterhalt zu gewinnen und Vermögen zu schaffen, so hat er allein die Existenzmittel für die Zeit zu besorgen, in welcher er lernt, und hat auch die Lehrmittel zu beschaffen, an denen, die Lehrer, von denen er lernt. Nur Almosen darf er als Hülfe für sich erbitten, mit nichten die Steuern seiner Mitbürger beanspruchen. Das ist so einfach, daß es ein Kind begreift. Gemeinden und Provinzen haben gar nicht das Recht, aus ihren Einkünften Anstalten zu gründen und zu erhalten, auf welchen Kinder für irgend einen Zweig des erwerbenden Lebens zugestutzt werden, denn die Mittel der Gemeinden und Provinzen dienen für das allen ihren Angehörigen gleichmäßig am Herzen liegende. An einer Baugewerkschule haben aber nur ganz Einzelne ein Interesse, ebenso an einer Handelsschule und so fort. Mag die Provinz im Auftrage der Interessierten derartiges einrichten, weil solche Einrichtungen besser von einer größeren Körperschaft getroffen werden als von Einzelnen: Kosten dürfen durch die Einrichtung und Erhaltung von Gewerbeschulen nur den sie Besuchenden erwachsen. Ein Beispiel wird das klarer machen. Die Gastwirthe eines Orts beschließen eine Gewerbeausstellung in ihm in Scene zu setzen, weil sie durch dieselbe verdienen: sie finden ja leicht die Paar Hände Phrasen, welche nöthig sind ihren Plan zu verdecken. Niemand als sie und ihres Gleichen gewinnt, die ordentlichen Bürger werden belästigt, für die vielen nicht-ordentlichen wird Gelegenheit zum Geldvergeuden geschaffen: wenn die Väter der Stadt für den Plan Geld bewilligen, misbrauchen sie ihre Macht, denn sie verwenden das Geld Aller für Einzelne. Ist es mit der Gründung von Gewerbeschulen wesentlich anders als mit Ausstellungen? wer hat von ihnen den Nutzen? Alle? haben aber anerkanntermaßen nicht alle Steuerzahler, sondern nur einzelne den Nutzen, wie unterstehn sich jene von einem Schreier gemisbrauchten Väter der Stadt das Geld Aller, das sie für Alle verwenden sollen, zum Besten Einzelner auszugeben? Aus keinem andern Grunde schwellen die Ausgaben der Gemeinden so hoch an, als weil die Gemeinden durch die Narren und Egoisten gezwungen werden, ihr gutes Geld für Dinge zu verschleudern, welche die Gemeinden gar nichts angehn, und zu diesen Dingen gehören die Erwerbschulen aller Art an erster Stelle. Derartige Schulen sind von reichen Leuten zu gründen und zu erhalten, oder von denen, welche sie benutzen, niemals von Körperschaften. Es ist ein Nationallaster der heute lebenden Deutschen, alles was sie können auf öffentliche Kassen abzuwälzen, mögen diese dem Staate, der Provinz oder der Gemeinde gehören: dies Laster muß bei jeder Gelegenheit und mit aller Energie bekämpft werden. Selbst ist der Mann.

Die Baulichkeiten der eingehenden Gymnasien und Realschulen werden zum Besten der Kasse desjenigen zu verkaufen sein, welcher sie zur Zeit besitzt, beziehungsweise wird man sie für den Elementarunterricht benutzen. Nichts steht im Wege, die Baulichkeiten an Privatpersonen zu veräußern, welche in ihnen Privatschulen auf eigne Kosten abhalten zu lassen beabsichtigen: der Unfug muß ja auf alle Fälle ausgerottet werden, aus dem Geldbeutel Aller etwas zu bezahlen, was nur Einzelnen oder einer Gruppe Einzelner zu Gute kommt, darum ist es klug dem geschlagenen und fliehenden Feinde goldene Brücken zu bauen. Selbstverständlich ist dabei, daß Berechtigungen den Privatschulen unter keinen Umständen zugebilligt werden dürfen: würden sie es, so würden jene alsbald nichts weiter als verkappte Staatsschulen sein. Wer auf Privatschulen geht, hat seine Berechtigung einer von den Schulen ganz losgelösten Staatsbehörde — am besten nach dem so gut wie nie benutzten § 98 der Ersatzordnung durch ein Meisterstück als Handwerker — darzuthun, damit der Unterschied zwischen Staatsanstalten und Privatabrichtungen auch dadurch dem Volke im Bewußtsein erhalten werde. Um dies beiläufig zu bemerken, hat der Staat das dringendste Interesse, das Institut der einjährigen Freiwilligen zu beschränken, da die einjährigen Freiwilligen, wo sie in einiger Massenhaftigkeit auftreten, in der aller Welt und wohl auch den Vorgesetzten bekannten Weise den Unteroffiziersland, soweit an ihnen liegt, in seinem ethischen Werthe schädigen. Die Berechtigungen müssen, man mag sie ansehen, von welcher Seite man wolle, ausgerottet werden: das Rad von unten auf für den, der in den ersten zwanzig Jahren nach ihrer Abschaffung auch nur versucht, sie wieder herzustellen: später wird das Volk auch ohne Strafbestimmung sie sich vom Halse halten, denn schließlich paßt dem Menschen nur die Gesundheit.

4

Man hat den Vorschlag gemacht, aus Privatmitteln Erziehungsanstalten der Art einzurichten, wie man sie zur Bildung der Gentlemen — leider gibt es kein deutsches Wort für diesen Begriff — für geeignet erachtet. Ich kann dem nicht beipflichten, wenn nicht — ich komme nachher noch einmal auf diesen Punkt zu sprechen — eine Kirche solche Privatanstalten leitet und beseelt.

Wir erziehen nie als Personen — nur geniale Männer thun das, und auch sie nur bis zu einem gewissen Grade, und nicht überall —: wir erziehen, wenn wir eine keinen Einspruch duldende Macht hinter uns haben, welche unsern Worten und Maßregeln wie Inhalt, Form und Maß, so auch Nachdruck verleiht. Eine solche Macht würde hinter den Lehrern der geplanten Privatschulen nicht stehn, denn die für diese Schulen beitragenden würden nur durch ein mühsam zu erhaltendes Compromiss zur Gründung der Schulen einig geworden sein. Hinter der Kirche treten die Individuen zurück, auch hinter dem Staate thun sie das: eine freie Vereinigung rinnt auseinander, sobald sie nicht mehr durch den ihren Mitgliedern gewährten Nutzen zusammengehalten wird.

Ich glaube nicht daran, daß der unleugbare Vortheil, theure Kinder nicht auf die preußischen Schulen schicken zu müssen, schwer genug wiegen werde, um gegen andre, freilich auf weltlichem Gebiete liegende Vortheile die Schale zu senken. Gäbe es keine Berechtigungen — diese Pest der öffentlichen Erziehung, deren Erfinder mit Iudas und Brutus verdammt seien —, gäbe es keine Mütter, welche unter allen Umständen die Partei ihrer Lieblinge nehmen, wären die Väter so stark, die Principien auch da anzuerkennen, wo sie sich gegen ihre Söhne wenden, so ließe sich von Privatanstalten allenfalls reden. Aber es gibt die Berechtigungen, und es gibt mehr schwache Eltern als kräftige, und darum knicken die bestgemeinten Privatanstalten, falls sie nicht einen Rückhalt an einem Bekenntnisse haben, bald an der Gemeinheit zusammen.

Auch soll man die finanzielle Seite der Sache ja nicht unterschätzen. Ein Gymnasium erfordert Grund und Boden, ein Gebäude, Turnplatz, Schwimmschule, etwa achtzehn fest angestellte Lehrer, welche Gehalt, und zwar so viel Gehalt beanspruchen, wie der Staat ihres Gleichen gewährt, welche für ihr leistungsunfähiges Alter gesorgt wissen wollen. Mit Franciscanern, Benedictinern, Iesuiten kann man billig wirthschaften, mit den weltlichen Philologen, Historikern, Mathematikern des deutschen Reiches kann man nur theuer leben. Wie viel soll die einzelne Familie zahlen, welche ihre Söhne auf eine Privatanstalt sendet? wird jemals die Menge der Schüler da sein, welche das Schulgeld niedrig anzusetzen erlauben würde?

Auch noch über einen andern Punkt gebe man sich keinen Täuschungen hin: selbst wenn das nöthige Geld zur Verfügung stände, würde die Sache sich nicht einrichten lassen, weil zwar nicht Lehrer, aber brauchbare Lehrer, und weil brauchbare Directoren fehlen würden. Unsere Universitäten bilden ein höhere Anforderungen befriedigendes Material in genügendem Umfange nicht mehr aus. Werden wir ja doch, um von dem jetzt lebenden Personale abzusehen, für die Professuren der Geschichte, der Philologie in allen ihren Zweigen, der Philosophie demnächst schon tief genug greifen müssen: — besetze man einmal in Gedanken die den genannten Wissenschaften gewidmeten Stellen an einer Universität, und frage sich, was zu erreichen möglich sein wird —: da sollten die aus den ungünstigsten Verhältnissen hervorgegangenen, in den kläglichsten Umgebungen studierenden Jünglinge, welche von Lehrern einseitigster Ausbildung — Virtuosen auf Rhianus oder der Chronik von Leubeltingen — zugestutzt werden, sich eignen, Gentlemen zu erziehen?

Und mit der Verzweiflung, daß der Staat nicht gezwungen werden könne, seinen Schlendrian aufzugeben, mit der bleibt doch ja vom Erziehen weg. Verzweiflung erzieht nicht, Glaube erzieht. Kirchen glauben, darum können Kirchen, auch wenn sie Sektenkirchen sind, erziehen: unzufriedene Hochgebildete, welche Privatschulen gründen wollen, verzweifeln am Ganzen, darum werden sie dem Ganzen nie zu helfen vermögen. Ich lasse mir nicht ausreden, daß wenn das Volk Ernst machte, Gott nicht noch heute seinen Tod zu schicken wissen würde, der ganze Dynastien, wenn sie einem heiligen Willen nicht folgen wollten, bis auf den letzten Säugling in ihr Erbbegräbnis versammelte, daß er nicht einen Sturm zu blasen verstünde, der alles uns Schädigende, das wir mit unsern schwachen, ungeschulten Kräften zu bemeistern unfähig wären, in weite Fernen verwehte, daß er nicht einen Frühling senden könnte, der neue Blumen weckte und alte Bäume neu grünen machte. Ich will nicht als Privatbesitz haben, was der Gemeinbesitz Aller sein soll. Unser Schulwesen bestehn zu lassen, wie es besteht, ist eine Sünde, der ich nicht aus dem Wege gehn, die ich vernichten will, die ich aber durch aristokratische Privatschulen nicht vernichten werde, welche von vorne herein nicht als Kämpfer gemeint sind, sondern als Delicatessgeschäfte: ist eine Sünde, welche ich, falls ich den Staat zur Vernunft zu bringen vorläufig unvermögend bin, vom Standpunkte der Religion in Kirchenschulen bekämpfe, bis ich soviel um ihres Gottes willen streitende erzogen haben werde, daß sie den Staat zwingen können, ihren Willen zu thun.

5

Ich füge an dieser Stelle den Nachweis ein, daß der Staat nicht befugt ist, den einzelnen von ihm anerkannten Religionsgemeinschaften das Recht zur Gründung und Erhaltung eigner confessionell geschlossener Unterrichtsanstalten zu bestreiten.

Hält der Staat den Katholicismus oder den Protestantismus in dem Sinne für gemeingefährlich, in welchem etwa der Mormonismus und Socialismus gemeingefährlich sind, so wird er sich entschließen müssen, den Katholicismus und den Protestantismus überall, also auch in den Individuen, offen und mit ganzer Gewalt zu bekämpfen. Er bestraft die Polygamie mit Zuchthaus, weil jeder nachdenkende und das Leben kennende Mann, trotzdem die heiligen Schriften der Semiten diese Polygamie unter Umständen gebieten und überall erlauben, darüber im Klaren ist, daß durch die Polygamie die Grundlagen des ethischen und darum auch des nationalen Lebens, die Möglichkeit des Staates, zerstört werden: die Polygamie und der Mangel einer geordneten Finanzverwaltung haben thatsächlich jeden semitischen Staat unfindlich gemacht: in Aegypten und Asien mußten ihm Kopten, Griechen und Perser, in Spanien Berbern und Slaven den Schein einer Existenz erhalten. Weil dem so ist, findet unser Staat allgemeine Zustimmung, wenn er den Mormonismus nicht duldet. Er fände aber den vielstimmigsten Widerspruch, wenn er an Katholicismus und Protestantismus die Hand legen wollte: diese beiden Bekenntnisse sind freilich ebenfalls der Nation schädlich — nur das Beste ist nicht schädlich —, aber sie wirken nicht in dem Maße grundstürzend wie der Mormonismus. Darum werden sie ertragen.

Was soll es dann aber heißen, zehntausend oder hunderttausend, Millionen Individuen katholisch zu sein verstatten, und diesen Individuen verbieten, die an ihnen selbst nicht bemängelten Grundsätze und Ueberzeugungen in geordneter Weise ihren Kindern und Angehörigen beizubringen, wie sie können?

Wollte der Staat sich herbeilassen, die einzelnen Bekenntnisse einer Revision zu unterziehen? wer wäre befugt, diese Revision vorzunehmen? nach welchen Grundsätzen sollte sie vorgenommen werden? welche Gewähr hätte man, daß es mit dem Revidiren jemals ein Ende haben würde? da doch nur ein Bleibendes dem Werdenden das Ziel zeigen kann, nicht das mit dem Wechsel der Minister Wechselnde: da nur ein Unwiderleglichkeit Beanspruchendes dem Schwankenden Halt zu geben vermag, nicht etwas, das die Auctorität jedes beliebigen Raths erster Klasse als über sich stehend anzuerkennen gehalten wäre: da nur Gott erzieht, nicht ein Götze, und jede Kirche Götzendienst treibt, welche über ihren Gott einen Menschen zu Gerichte sitzen läßt. Und wäre solche Revision nicht mit Bekämpfung ein und dasselbe? wäre sie nicht Mord? da einem Organismus Glieder, und noch dazu wesentliche Glieder, wegschneiden selten ohne Beeinträchtigung des Lebens dieses Organismus abgehn wird.

Möge man sich endlich darüber klar werden, daß Niemand Religion hat, der, was er als Religion hat, nicht als das ausschließlich und allein richtige, und als unumgänglich für die Rettung jeder Seele ansieht. Wir werden in der Geschichte nie andre als — man muß das Wort nur richtig verstehn — intolerante Religionen zu sehen bekommen: was nicht in dem hier vorausgesetzten Sinne intolerant ist, das ist keine Religion mehr, sondern eine Theorie über göttliche Dinge, und für das Leben der Nation wie des Einzelnen so giftig wie Blausäure für den Menschenleib. Toleranz in der liberalen Auffassung des Wortes ist der Feind, den wir zu bekämpfen haben, weil diese — man verstehe mich: diese — Toleranz der Tod alles Ernstes ist. Sehen wir ein, daß die Religion ein unentbehrliches Gut ist, so müssen wir die Intoleranz der Religion in dem aus meinem Zusammenhange sich ergebenden Sinne als mit der Religion unzertrennlich verbunden in den Kauf nehmen.

Nur ganz individuelles, ganz persönliches Leben kann uns aus dem Schlamme erretten, in welchen wir durch die Ueberbürdung der Geschichte mit Culturballast und Civilisationsquarke, durch die Schablonisierung der Empfindungen und der Urtheile, durch den Despotismus der vielen kleinen und großen Selbstsuchten von Tage zu Tage tiefer versinken. Dies individuelle, persönliche Leben kann nur durch Beziehung des Menschen auf Gott emporflammen und brennend bleiben: wer die Welt in und um sich überwinden will, der muß Gott zum Helfer und zum Ziele haben, sonst wird ihn die Welt recht bald zu gewaltig dünken, und seine Hände werden lässig und verzweifelnd in den Schooß fallen.

Also nur vorwärts mit der Freiheit zu lehren und zu erziehen für alle, welche das bürgerliche Gesetzbuch nicht verletzen.

Da wandert über die Berge, durch die einsame Heide der Glaubensbote zu seines Glaubens Genossen, spendet Trost und Sakrament den Bekümmerten, welche auf die Hülfe von oben und den Kuß Gottes warten, der ihre Seelen hinaufziehen wird: Heimstätten haben sie hier und da, weit weg vom eignen Heerde, ihre Kinder darin zuzubereiten für das große Vaterland oben, Heimstätten, an welchen ihr Herz hängt: der Genosse unsres Friedens und unsrer Hoffnung, wie ist er willkommen, wann er an die Thüre klopft, der sichere Mann, verschworen wie wir, durch Sein und Leiden, durch Kampf und Gebet der Zukunft in diesem geliebten Vaterlande eine Wohnung zu richten.

Wem es nicht ein Genuß ist, einer Minderheit anzugehören, welche die Wahrheit vertheidigt und für die Wahrheit leidet, der verdient nie zu siegen. Deutschland ist moralisch feige geworden, seit man der Majorität zu folgen zum Staatsprincipe erhoben hat. Die Sektenkirchen sind das nothwendige Heilmittel gegen das erschlaffende, uns zum Untergange hindrängende Stimmviehgetreibe unserer öffentlichen Versammlungen: sie sind so lange nöthig, als nicht Deutschland ein freier Bund selbstständiger Stämme und seine

Stämme nicht ein Bund selbstständiger Männer geworden sind, und als nicht eine nationale Religion alle Deutschen eint und bindet.

Nehmet jeden Schein weltlicher Hülfe von der Religion hinweg, aber rührt nicht an sie, wenn sie da ist, lasset sie gewähren: sie allein kann uns helfen. Kinderseelen schütten nach dem deutschen Glauben den Thau Nachts auf Baum, Gras und Blume: Kinderseelen werden den Thau auch unserm Volke herbeitragen, wenn ihr die Kinder behandelt als aus Gottes Hand euch geschenktes ursprüngliches, unentweihtes Leben, das für den zu erhalten und zu bilden ist, der es euch geschenkt hat, wenn ihr nichts an sie bringt, nichts um sie her leidet, als was echt, was ursprünglich, was das vollkommenste ist. Das kann kein Staat thun und keine Staatsschule, denn der Staat erzieht nur um seines und seiner Auftraggeber weltlichen Vortheils halber: er lohnt durch Geld, und handelt für Geld. Die Kirchen müssen die vollen reinen Herzen ihrer besten Söhne und Töchter an das Werk setzen, Herzen, denen alle irdischen Wünsche erfüllt sind, wenn sie hoffen dürfen, daß einmal noch nach langen Jahren an ihrem Grabe neben Lilie und Rose und dem verfallenden Kreuze Greise und Greisinnen stehn werden, welche dem Schläfer da unten für die Wegweisung zum ewigen Leben danken möchten.

Ja wohl, unbequem sind wir, aber ihr lebt durch uns, und wenn wir unbequemen Einsiedler und Sonderlinge einmal nicht mehr wären, so würdet auch ihr bald aufhören zu sein.

6

Nicht wenig des über die Universitäten zu Sagenden ist schon im ersten Bande meiner deutschen Schriften gesagt worden: hier sehe ich die Sache von einem andern Gesichtspunkte aus an, und ergänze so das dort Vorgetragene.

Die deutschen Universitäten haben zwei Grundfehler: sie sind ein Gemisch aus Akademie, Universität und Fachschule, sie sind nur in sehr unvollkommener Weise Unterrichtsanstalten.

Ich setze als Bestimmung der Universität, daß sie die Anstalt sei, durch welche eine Uebersicht über den Stand und die Ergebnisse der Wissenschaft in deren weitestem Umfange demjenigen zugänglich gemacht wird, der nach einer solchen Uebersicht begehrt. Niemand wird bestreiten, daß Anstalten dieser Art vorhanden sein müssen, niemand, daß sie nur aus öffentlichen Mitteln erhalten werden können: fraglich ist nur, ob in Deutschland eine so große Anzahl solcher Anstalten nöthig ist, ob man sich nicht mit wenigeren begnügen, und dafür die zu erhaltenden mit bedeutenderen Mitteln ausstatten müsse. Doch ist dies zu besprechen nicht dieses Ortes.

Theilen die Universitäten das Wissen um das Wissen mit, so gehört Religion, Recht, Kunst, Geschichte, Natur und manches Andere in ihren Kreis, aber nur soferne es gewußt wird, nicht soferne man ihm praktisch gegenüber tritt. Gibt man zu, daß der Botaniker nicht Gärtner, der Kunsthistoriker nicht Maler, Bildhauer oder Baumeister zu bilden hat, so muß man auch zugeben, daß der Theologe nicht Geistliche, der Jurist nicht Richter, der Anatom und Zoologe nicht Aerzte erzieht und zurüstet, der Philolog nicht Lehrer.

Es ergäbe sich die Forderung, alle praktischen Uebungen und allen auf die Einweisung irgend welcher Menschen in einen praktischen Beruf sich beziehenden Unterricht aus der Universität auszuscheiden, und beides Schulen zu überweisen, welche freilich mit gutem Fuge in die Universitätsstädte gelegt werden werden, um ihren Schülern Gelegenheit zur Vervollkommnung in der Theorie zu bieten, welche aber unbedingt von den Universitäten geflissentlich und für alle erkennbar zu trennen sind. Ein Processualist, ein Kliniker und ähnliche Männer müssen mit der Wissenschaft auf dem besten Fuße stehn, aber sie lehren nicht Wissenschaft: sie sind artistae im mittelalterlichen Sinne dieses Ausdrucks.

Daß die Theologie bestimmter Confessionen nicht in der hergebrachten Weise an die Wissenschaft lehrende Universität gehört, habe ich 1873 mit solchem Glücke auseinandergesetzt, daß ich die Anschauung jetzt als durchgefochten ansehen darf. Auch der Haß der sich für Diener der Wissenschaft haltenden Advokaten bestimmter Confessionen beweist zur Genüge, daß sie mit ihren nicht zu rechtfertigenden Ansprüchen bereits abgewiesen sind.

Ich bin nicht gemeint, hier eine Uebersicht der an den Universitäten zu lehrenden Wissenschaften zu geben: die Forderung, daß unsre vier Facultäten auf zwei zurückgeführt werden müssen — die Wissenschaft von der Natur und die vom Geiste sind ihre Vorwürfe —, daß eine Reinigung der Universitäten von allem Praktischen in Angriff zu nehmen sei, diese Forderungen stelle ich, und werde im Jahre 1900 nachfragen, was aus ihnen geworden sein wird.

Sollen die Universitäten lehren was gewußt wird, so müssen sie in die Lage gebracht werden, das zu sein, was sie sein sollen: sie müssen Schulen werden, hohe Schulen, nicht Klippschulen, aber Schulen.

Diese Forderung bedingt folgende Bestimmungen:

Der Dienst im Heere ist von den Pflichtigen entweder vor dem ausschließlich dem Studium gewidmeten Triennium oder nach diesem abzuthun, da ihn in zwei beliebige Semester des jetzt Triennium genannten Zeitraums verlegen nichts anderes heißt als statt drei Jahre zwei studieren, und da jede vernünftige Regelung des Studienganges durch solche Willkühr unmöglich wird.

Studentenverbindungen sind schlechthin zu untersagen, ebenso die Einpaukereien der bekannten Hülfen in der Noth. Wir sind es satt, die höchsten Stellen der Verwaltung und der Justiz vorwiegend von denen besetzt zu sehen, welche als Studenten Kneipen, Fechtböden und allerhand unsern Anschauungen widerlichen Sport betreiben, danach sich von irgend einem oft wenig empfehlenswerthen Zubläser für ihr Examen haben dressieren lassen, und schließlich durch ihre Familienverbindungen an Plätze gebracht wurden, auf denen sie sich nur durch die versteckte Hülfe der von ihnen verachteten Roture zu halten im Stande sind.

Jedem Studierenden ist für sein Fach wenigstens in großen Zügen ein Studienplan vorzuschreiben. Die Lehrer haben persönlich oder durch Repetenten sich davon zu überzeugen, daß er mit Nutzen eingehalten worden ist, und sind dienstlich und bei ihrem Eide verpflichtet, Studierende, welche nach ihrem Ermessen für einen höheren Cursus unreif sind, durch die Behörde unweigerlich auf dem niederen Cursus zurückhalten zu lassen. Jeder so Zurückgehaltene muß berechtigt sein, auf eine ausdrückliche Prüfung anzutragen.

Die Professoren treten mit dem Anfange des Semesters, in welchem sie 65 Jahre alt werden, ohne weiteres in den Ruhestand. Sie behalten das Recht zu lesen und ihr ganzes Gehalt, sie verlieren, ohne daß es eines Antrags ihrer Seits oder seitens der Behörde bedarf, an dem gedachten Termine die Fähigkeit, Instituten vorzustehn, und in Facultät und Senat zu erscheinen. Dispensation von der Befolgung dieser Vorschrift darf unter keinen Umständen ertheilt werden.

7

Neben den Universitäten und neben den Schulen der Artisten haben die Akademien zu stehn, bestimmt, diejenigen in sich aufzunehmen, welche nicht lehren, das heißt, die Ergebnisse der Wissenschaft denen mittheilen wollen, welche sie zu erfahren wünschen, sondern welche neue Ergebnisse zu finden vorhaben.

Preußen — ich setze voraus, daß es bis zum Erzgebirge und Main reiche — besitzt drei Akademien, die zu Berlin, die zu Leipzig, die zu Goettingen. Die zweite dieser Akademien ist überflüssig, die erste liegt nicht erwünscht. Wie es zwei Collegien geben muß, denen die Prüfung der Schulamtscandidaten obliegt, in Cassel und Frankfurt, und wie da die Elbe und Saale die Grenze ihrer Bezirke bilden, so muß es auch zwei Akademien geben. Das alte Sachsenland und die Main- und Rheinfranken auf der einen Seite, die Colonien der Sachsen und Franken unter Obotriten, Lutiziern, Polaben, Sorben, Wenden, Oder-Polen, Lithauern, Preußen, Masuren — das ist genug geschieden: das sorbische Leipzig hat neben dem wendischen Berlin keine Berechtigung. Leipzigs morgenländische Gesellschaft, eine Sammelstelle für anspruchsvolle Mittelmäßigkeiten, hat überdies gezeigt, daß in Leipzig Hervorragendes selten gedeiht. Berlin ist als Sitz einer Akademie — wie unter den jetzt obwaltenden Verhältnissen einer Universität — unerwünscht, weil die Gefahr nahe liegt, daß ihre Mitglieder mit dem Hofe und der Regierung in engere Beziehungen treten, als im Interesse der Gleichberechtigung aller Universitäten und beider Akademien zugelassen werden kann: nichts hat dem Minister Falk in der Meinung der deutschen Gelehrtenwelt so geschadet, nichts die Unzufriedenheit der deutschen Gelehrtenwelt so befördert wie der — vielleicht ja irrige — Glaube, daß er den berliner Gelehrten Einfluß auf die Geschäfte gestattet habe.

Es ist wider alle Staatsklugheit, in Deutschland Einer Universität und Einer Akademie einen höheren Rang als ihren Schwestern beizulegen. Diese Anstalten müssen durchaus, weil sie als Arterien und Venen überall am Leibe Deutschlands gleichen Beruf haben, auch im Werthe unbedingt gleich stehn: sie werden dies am leichtesten thun, wenn keiner einzigen unter ihnen eine äußerliche Gelegenheit geboten wird, sich über ihres Gleichen zu erheben. Dies ist noch lange nicht genug anerkannt: man wird sogar behaupten dürfen, daß nur ein sehr schwaches, nicht selten nur aus dem Neide, nicht aus politischer Einsicht stammendes Bewußtsein über die Werthung der deutschen Universitäten vorhanden ist.

Aber denke man nicht daran, die Akademiker alle in Berlin (oder dessen Nachfolgerin) und in Goettingen zu vereinigen. Nur soviele müssen ihrer dort beisammen sein, daß ein Mittelpunkt für Abwicklung der Geschäfte geboten ist: die meisten Mitglieder der Akademien werden leben können wo sie wollen, und sie werden da leben wollen, wo zu leben ihren Studien ersprießlich ist.

Zunächst sind die ordentlichen Akademiker von der Krone zu ernennen. Die Krone wird sie aus den Männern auswählen, welche die preußischen Universitäten ihr vorschlagen werden. Es darf niemand vorgeschlagen werden, der nicht Unterthan der Krone Preußen, und der nicht christlichen oder nachchristlichen Bekenntnisses ist. Die für den Vorschlag maßgebenden Erwägungen sind dem Vorschlage beizufügen. Die Gründe der ersten Beschränkung sind die, daß es einmal Preußen nicht zusteht, das Geld seiner Steuerzahler für Nicht-Preußen zu verwenden: daß weiter, wer, wenn auch mittelbar, ein Amt von Preußen empfängt, für alle möglichen Fälle seinen Rechtsstand in Preußen haben muß, um, wenn es nöthig werden sollte, ohne Schwierigkeiten belangt werden zu können. Der Grund der zweiten Beschränkung ist der, daß, so gewiß keines der christlichen Bekenntnisse den Bedürfnissen moderner Menschen entspricht, eben darum nicht entspricht, weil es selbst früheren, vergangenen Jahrhunderten angehört, ebenso gewiß niemand das Recht hat, die 1800 Jahre christlicher Kirche mit allen ihren tiefgehenden Einwirkungen auf die Geschichte des Menschengeschlechts einfach als nicht vorhanden, als einen einzigen großen Irrthum anzusehen. Man mag — und soll, wenn es möglich ist — über das Christenthum hinausgehn, aber niemand, der berücksichtigt zu werden verlangt, darf hinter dem Christenthume zurückbleiben. Es ist nicht leicht mit einem in guter Gesellschaft zulässigen Worte zu bezeichnen, wenn die Juden mit ihrem alten Glauben im Gegensatze gegen das Christenthum prunken: man sollte einsehen, daß wer dem Atavismus verfallen ist, vielleicht Handlanger, aber nie Jünger irgend welcher Wissenschaft sein kann, weil er durch seine Leugnung aller Entwicklung erwiesen hat, daß er Thatsachen zu erkennen und anzuerkennen unfähig ist. Die Tastfäden eines Wasserthieres sind im Sinne der Wissenschaft keine Thatsachen, da die Wissenschaft ihre Facta niemals mit den leiblichen Augen sieht: hinwiederum eine Declamation über Geschichte im Sinne des Liberalismus ist im Sinne der Wissenschaft keine Idee, weil sie nicht auf dem Verständnisse eines realen Vorganges, sondern auf Einbildungen eines kranken Individualismus beruht.

Nachdem die beiden Akademien so constituiert sind, hat jeder Gelehrte das Recht, sich um die Aufnahme in ihre zweite Klasse, die Klasse der außerordentlichen Akademiker, bei dem Praesidenten einer der beiden Akademien zu bewerben.

Vorbedingung der Bewerbung ist, daß der Bewerber Unterthan der Krone Preußen, und daß er einer der christlichen Confessionen angehörig oder aus einer dieser Confessionen rechtsgültig ausgetreten ist, ohne zu einer nicht-christlichen Confession sich bekannt zu haben.

Wer sich um die Mitgliedschaft einer Akademie bewirbt, hat weiter nachzuweisen, daß er ordnungsmäßig einer Universität durch seine Promotion und dem Staate durch ein Examen mit dem besten Lobe den Nachweis seiner Ausbildung geführt hat. Denn die Akademie, verstreut wie sie ist, hat die Mittel nicht, um zu untersuchen, ob derjenige das bisher gewußte gelernt hat, der sich ihr zur Auffindung des noch nicht Gewußten anbietet, und doch muß sie wissen, ob jenes der Fall ist, da nur, wann es der Fall, man hoffen darf, daß der Anbietende das vielleicht leisten werde, was zu leisten er sich anheischig macht.

Der Bewerber hat eine Aufgabe zu nennen, welche er bearbeiten will, und einen Plan seiner Studien und Vorhaben einzureichen. Findet dieser den Beifall der mit seiner Prüfung betrauten ordentlichen Akademiker, und ist in der Akademie das Geld für eine Stelle dieses Grades flüssig, so wird die Aufgabe mit den über sie und den skizzierten Plan handelnden Gutachten unter Angabe aller Namen in den Schriften der Akademie gedruckt, der Bewerber zum außerordentlichen Akademiker ernannt, und mit der für eine bescheidene Lebensführung und die Verwirklichung seines Strebens nöthigen Summe ausgestattet.

Ist dieser Vorgang fünfmal vor einer der Akademien in einer nach Anhörung möglichst vieler und möglichst von einander verschiedener Sachverständigen durchaus genügend scheinenden Weise wiederholt worden, so tritt der so Erprobte, falls eine ordentliche Stelle in der Akademie frei ist, ohne Weiteres in die Klasse der ordentlichen Akademiker, empfängt das für ordentliche Akademiker ausgeworfene Gehalt, und arbeitet weiter was und wie es ihn gut dünkt.

Alle nöthigen Listen sind durch öffentlichen Druck so geschäftsmäßig wie möglich am Schlusse jedes Arbeitsjahres jedermann bekannt zu machen.

Ein Akademiker, welcher ohne triftigen Grund seine Leistungen auf länger als drei Jahre unterbricht, wird, wenn er nicht dem Praesidenten und dem Ehrenrathe der Akademie sich ausreichend entschuldigt, aus der Liste der Akademiker gestrichen und geht seines Gehaltes verlustig. Er darf in die Akademie nie wieder aufgenommen werden.

Mit dem sechzigsten Lebensjahre tritt er in die Zahl der Veteranen, welche zur Arbeit nicht mehr verpflichtet sind. Er behält seine Bezüge, verliert aber den Titel Akademiker, und was er noch arbeitet, arbeitet er auf eigne Gefahr und zu rein persönlichem Nutzen.

Alle im Vorhergehenden vorgeschlagenen Bestimmungen zwecken darauf ab, die Willkühr, so weit dies irgend geht, von dem Gebiete der Gelehrsamkeit ferne zu halten. Allgemein bekannt ist, welche Feindschaften unter den deutschen Gelehrten herrschen, daß ganze Universitäten durch den bittern Haß ihrer Lehrer zerrüttet sind, daß es der Auflobungsgesellschaften eine beträchtliche Zahl gibt, daß die Fähigkeit objectiv zu urtheilen eine außerordentlich geringe ist. Wer Beläge für diese, übrigens der Beläge kaum bedürftigen Behauptungen zu haben wünscht, möge den zweiten Theil meiner Symmicta und meine Aktenstücke und Glossen aus dem deutschen Gelehrtenleben lesen: er wird befriedigt werden. Vereinigen sich, um gleich den ersten meiner Vorschläge zu erläutern, zehn Universitäten auf einen und denselben Namen, so ist einige Wahrscheinlichkeit, daß die Krone nicht fehl greifen wird, wenn sie den von ihnen allen Genannten in die Akademie beruft.

Ich will hier noch die Forderung stellen, daß auch die Akademien nur von denen in Anspruch zu nehmen sind, welchen die eignen Mittel zur Verfolgung gelehrter Studien wirklich fehlen, wobei ausdrücklich daran erinnert werden soll, daß ein Leben, wie es die Börsenleute in Deutschland eingeführt haben, voll der nutzlosesten Verschwendung für Unwesentliches und des knickerigsten Geizes für Wesentliches, daß ein solches Leben zu führen und zu begehren den deutschen Gelehrten entehrt. Unser ganzes Volk, und darum auch unsre Gelehrten, müssen sich durchaus mit dem Gedanken vertraut machen, daß was der Einzelne ohne Hülfe durchführen kann, nicht aus dem allgemeinen Säckel bezahlt werden darf. Ehrlos ist es, die Wissenschaft vom Bettel leben zu lassen, wo man sie durch eigne Arbeit oder eigne Entsagung, allenfalls durch die Unterstützung der persönlichen Freunde, lebend erhalten kann und soll.

8

Da die Gelehrsamkeit nur durch Bücher fortgepflanzt und erweitert wird, Bücher zu drucken aber Geld kostet, ist allerdings nothwendig, daß man in Deutschland Bücher zu kaufen sich entschließe, weil nur dadurch das Bücherdrucken auf die Dauer möglich bleiben wird. Der deutsche Gelehrte kauft in seiner Mehrheit nichts: er irrt in weitaus den meisten Fällen, wenn er behauptet es nicht zu können. Weil er nicht kauft, bettelt er Verleger und

Autoren gar nicht selten um Recensionsexemplare an — ich habe eine schöne Sammlung solcher Gesuche —, und verlumpt in Folge der eingegangenen Verpflichtungen: er lobt entweder aus Dankgefühl was nicht zu loben ist, oder er tadelt, um sich zu rächen, wenn er abschläglich beschieden worden, oder er leistet nicht was er verheißen, und haßt die Geber, mögen diese ihn mahnen oder nicht mahnen.

Kaufte der Gelehrte Bücher, so wäre der unzurechnungsfähige Parteimensch in recht vielen Fällen nicht mehr im Stande, so ungescheut und maßlos in Recensionen und Klarstellungen zu lügen, zu verdrehen, zu verleumden, wie jetzt geschieht, weil er wüßte, daß seine Aeußerungen von Leuten gelesen werden, welche den Gegenstand seiner Wuth aus eigner Anschauung kennen. Auch das Todtschweigen unbequemer Bücher und Menschen würde nicht mehr helfen, wenn die Deutschen Bücher kauften: und die todtgeschwiegenen Bücher sind meistens die nützlichsten.

Sollte sich nicht empfehlen, die deutschen Gelehrten — Lehrer an Schulen und Universitäten wie Akademiker — von Staats wegen mit fünf Procent ihrer Bruttoeinnahme zum Besten der ihnen nächsten öffentlichen Bibliothek zu besteuern, wenn sie nicht nachweisen können — nicht für Schulbücher ihrer Kinder und Goldschnittlitteratur, sondern für Werke der Wissenschaft — diese fünf Procent einem Buchhändler zugeführt zu haben? Bei einem Einkommen von 6000 Mark würde 300 Mark im Jahre für die eigne Bibliothek zu verwenden durchaus in der Ordnung sein: der Buchhandel würde unmittelbar, die Wissenschaft und die Gelehrten würden mittelbar den Nutzen von der Einrichtung haben.

Die öffentlichen Bibliotheken werden die Werke zu kaufen haben, welche für Privatpersonen unerschwinglich theuer sind: Lehrer des Griechischen, welche die Speciallexica zum Homer und Sophocles und Aehnliches nicht selbst besäßen, und analog ihre Collegen, die analog handelten, sollten der öffentlichen Verachtung preisgegeben werden, welche ja die Wirthe der Stammkneipen und die Tabacksgeschäfte nicht mit zu leisten brauchten.

9

Alles was ich auseinandergesetzt habe, läßt sich in eine einzige Forderung zusammenfassen, die, Ernst zu machen. Jeder, der irgendwo und irgendwie zu befehlen und zu lehren gehabt hat, weiß, daß — seine eigne Tüchtigkeit vorausgesetzt — die Jugend und der sogenannte gemeine Mann zu Allem zu bringen sind, und daß Jugend und gemeiner Mann sich dann am wohlsten fühlen, wann sie tüchtig heran müssen. Bedingung ist dabei, daß die Mitbefehlenden und Mitlehrenden dasselbe wollen wie ihr Nebenmann. Ein jugendlicher Herakles neben einer moosbewachsenen, stets blödsinnig milde nickenden Pagode, ein Knecht, der Hott fährt, neben einem Herrn, der Hui sagt, ein System, das um Material für Besetzung schlechter Stellen zu gewinnen, sich auf Humanität spielt, neben einem ehrlichen Treiber und Verlanger — das geht freilich nicht zu gutem Ende. Hier muß der Staat Wandel schaffen, und die Gesellschaft, die von der Frömmigkeit erleuchtete und erwärmte, von dem drohenden Untergange des Vaterlands geschreckte Gesellschaft muß den Staat zwingen Wandel zu schaffen.

Macht Ernst mit euren schönen Worten, so wird das Paradies auf Erden sein: fahrt fort Worte zu machen ohne Ernst, so werden wir Alle bald in Nichts versinken: denn das 1870 vorhandene Kapital unsres geistigen Lebens ist durch die letzte Periode unsrer Geschichte nahezu aufgebraucht, und wir stehn vor dem Bankerotte.

Die Reorganisation des Adels.

Das Naturrecht verhält sich zu den positiven Rechten wie die Metaphysik zum individuellen Denken. Das Naturrecht ermittelt aus der Vergleichung der positiven Rechte, was Recht und was Rechtens ist.

Wer das zugibt, gibt zu, daß niemand über Rechtsverhältnisse eine sogenannte philosophische Ansicht haben darf, der nicht vergleichende Rechtswissenschaft studiert hat.

Ich habe vergleichende Rechtswissenschaft nicht studiert, nehme mir aber darum auch nicht heraus, über Naturrecht mitzureden. Was ich auf den folgenden Blättern vortragen werde, was ich in andern Schriften vorgetragen habe, ist nicht Naturrecht, sondern Nothrecht, wobei ich zur Erwägung stelle, ob nicht alles Recht von Hause aus Nothrecht ist.

Ich schicke mich an über den Adel zu reden.

Die Geschichte des germanischen Adels kenne ich einigermaßen: ich vergesse was ich kenne, denn es nützt mir jetzt so gut wie nichts. Ich schreibe für Deutschland, und in Deutschland ist der Adel historisch und politisch, wenn man nicht die Fürsten noch Adel nennen will, ohne Bedeutung: der Adel bedeutet nur noch in der Gesellschaft etwas, und auch da nicht viel.

Deutschland ist in der vollsten Desorganisation. Die Gesetzgebung hat alle Schranken des Verkehrs und des Erwerbens niedergerissen. Die Politik hat die übrigens der Vernunft so wenig wie der Natur entsprechenden Grenzen der deutschen Staaten thatsächlich beseitigt, und wird über kurz oder lang auch den Schein nicht mehr aufrecht erhalten können, als beständen sie noch. Der im ausdrücklichen Auftrage des Reichskanzlers vom Minister Falk unternommene Culturkampf hat in erster Linie den Protestantismus geschädigt, in zweiter die Religion durch das ganze Land dem Spotte ihrer Feinde Preis gegeben: statt sich trauen zu lassen, hangen die Brautpaare jetzt nach dem höhnischen Ausdrucke des Volks im Kasten, und die Heiligkeit der Ehe, die Grundlage aller Gesittung, ist in Frage gestellt. Die Gemeinden sind in den Händen der politischen Parteien, die größeren Gemeinden in den Händen einer den Deutschen durchaus antipathischen fremden Nation.

Kein Volk kann organischer Gliederung entrathen: die mechanische Abtheilung, welche der Staat zu Stande bringt und bedarf, ersetzt die Gliederung des natürlichen Werdens und Daseins nicht.

Da nun die Physiologie gezeigt hat, daß ein Leib eine Aneinanderreihung vieler, durch ein individuelles Lebensprincip zusammengehaltener Zellen ist, da sie ferner gezeigt hat, daß jede Zelle durch Theilung neue Zellen erzeugt, und diese sich kraft jenes Lebensprincips zweckmäßig gliedern, so ist einer desorganisierten Nation nichts nöthiger als möglichst viele kleine Lebenscentren zu gewinnen, weil nur durch diese ein organisches neues Leben entstehn kann, und es durch sie mit Sicherheit entstehn wird.

Die Zelle, welche am energischsten sich ausbreitet, ist die Familie. Weil sie dies ist, muß — ich knüpfe hier an meine Auseinandersetzungen von 1853 an — der Adel hergestellt werden, nicht als die Gemeinschaft der vornehm geborenen, sondern als die Gemeinschaft aller Familien, welche die Familie und deren Leben als die Grundlage des Lebens der Nation ansehen und erhalten wollen, er muß hergestellt werden als eine Corporation, welche Rechte nur in soweit besitzt, als sie Rechte zur Ausübung ihrer Pflichten bedarf. Ich kann nur einen früher von mir gebrauchten Ausdruck wiederholen: die taktische Einheit, welche das Ethos gegen Natur und Sünde ins Feld führt, ist die Familie.

Die Familie hat in Deutschland nur noch in ganz vereinzelten Fällen eine natürliche Grundlage, ein unveräußerliches Besitzthum, durch welches sie erhalten wird, weil es selbst nicht vergeht.

Sich seiner Vorfahren freuen gilt für abgeschmackt, nach ihren Schicksalen zu forschen für Zeitverschwendung: so leicht niemand hinterläßt den Nachkommen die äußere Möglichkeit sich als Familie zu unterscheiden, weil er die Vorwürfe der Freisinnigen, den Spott der Judenschaft scheut, welche allerdings ohne Unterschied in allen ihren Exemplaren von Iacob abzustammen meint.

Wenn wir warten wollten, bis der Familiensinn von selbst wieder erwachte, wären wir Narren: der erwartete Zeitpunkt würde nie eintreten.

Die Deutschen als Nation haben Initiative für nichts: als Nation dulden sie das Gute, aber sie erzeugen es nicht. Den Familiensinn werden sie nicht anders behandeln als andre Güter.

Der König soll der Erzieher der Nation sein, und er ist es, wenn er mehr ist, weiter sieht, tiefer wurzelt als seine Unterthanen. Er kann und soll bei seinem Erziehungswerke die Hülfe' seiner Stände haben, wenn diese nicht königstreu, sondern königlich gesinnt sind.

Der König waltet seines Amtes als Haupt seines Geschlechts, darum ist Er derjenige, welcher zur Wiederbelebung des Familiensinns und der Familienehre berufen ist.

Er wird als Vater wissen, daß Erziehung nur allmälig wirkt, und wird als ein Stück einer ruhig fortströmenden Entwickelung nicht nervös werden, wenn erst sein Sohn oder Enkel des jetzt gepflanzten Baumes Schatten und Früchte genießt.

Der König erzieht auch durch die Institutionen, welche er ins Leben ruft.

Keine Institution ist ein Segen für das Volk als die, welche in erster Stelle Pflichten auferlegt: die Rechte kommen stets von selbst, wenn die Pflichten ernst genommen werden.

Soll der Adel in dem oben angedeuteten Sinne reorganisiert werden, so müssen ihm Pflichten zugewiesen werden, welche nur Er zu erfüllen hat. Diese Pflichten dürfen keine idealen Pflichten sein, denn ideale Pflichten sind für die überwiegende Mehrzahl der Menschen keine Pflichten. Die Ausführung der Pflichten muß von den Gerichtshöfen erzwungen werden können, denn eine jede nicht unter dem Schutze des Zwanges stehende Pflicht ist für die Menge keine Pflicht.

Ist der Adel die Gemeinschaft der Männer, welche die Familie als die Grundlage der Nation anerkennen und zur Anerkennung bringen wollen, so sind Bestimmungen zu treffen, welche diese Anerkennung und Werthschätzung in Rechtshandlungen umzusetzen erlauben und gebieten.

Es wird zu verordnen sein was folgt.

1

Zum Adel gehören ohne Weiteres und ohne Weigerung alle vor Erlaß des gegenwärtigen Gesetzes im Sinne des preußischen Landrechts adlige Personen: ferner alle diejenigen, welche selbst, sei es als Offiziere, sei es als studierte Beamte, Prediger, Priester und Lehrer in unmittelbarem oder mittelbarem Dienste eines deutschen Staates oder des deutschen Reiches stehn, vorausgesetzt, daß ihr Vater und daß ihre beiden Großväter des gleichen Standes sind oder gewesen sind, und weiter vorausgesetzt, daß sie selbst und ihre sechs nächsten Ahnen, das heißt, beide Eltern und die beiden Großelternpaare von der Geburt an einer der christlichen Religionsgemeinschaften angehört haben, oder in mündigem Alter, ohne in eine nicht-christliche Religionsgemeinschaft einzutreten, aus einer christlichen Religionsgemeinschaft ausgeschieden sind. Der bloße Nachweis, daß die Bedingungen adligen Standes vorhanden, erhebt ohne weiteres durch sich selbst in den Adel.

2

Wer ohne daß die im vorigen Paragraphen in Betreff seines Standes und des Standes seines Vaters und seiner beiden Großväter angegebenen Bedingungen erfüllt sind, zum Adel gehören will, hat, vorausgesetzt, daß die übrigen Bestimmungen des ersten Paragraphen in vollem Umfange eingehalten bleiben, seinen auf den Eintritt in den Adelsstand bezüglichen Willen vor einem Notare zu erklären, und sich vor eben diesem Notare zur Erfüllung der den Adligen auferlegten Pflichten zu verbinden. Es steht ihm frei, unmündige männliche Blutsverwandte väterlicher Seite in seine Anmeldung einzuschließen, wenn er sich für deren Unterhaltung und Erziehung zu sorgen anheischig macht. Mündige Blutsverwandte väterlicher Seite darf er nicht hindern sich seinem Geschlechte anzuschließen, falls sie die vom Gesetze verlangten Pflichten zu übernehmen erklären, ihr eigner Bekenntnisstand sowie der Bekenntnisstand ihrer sechs nächsten Ahnen der vom ersten Paragraphen dieses Gesetzes geforderte ist, und sie die Gewißheit bieten, sich und die Ihrigen selbstständig in einem ehrlichen Berufe ernähren zu können.

3

Jedes adlige Geschlecht ist verpflichtet:

alle Geschlechtsverwandten nach Maßgabe der vorhandenen Mittel im Falle der Noth zu unterstützen, sowie ihnen die Annahme öffentlicher Wohlthätigkeitsspenden zu ersparen und zu verbieten:

ein dem Geschlechte gehörendes und nur zum Besten des Geschlechts zu verwendendes Capital zu sammeln:

ein Geschlechtshaus zu beschaffen, in welchem bedürftigen Mitgliedern des Geschlechts freie Unterkunft und womöglich freie Verpflegung gewährt wird:

ein zu einem dem Geschlechte eignenden Fideicommisse zu erklärendes schuldenfreies ländliches Anwesen, welches auch aus mehreren einzelnen Gütern wird bestehn dürfen, oder aber ebenfalls für Fideicommiss zu erklärenden, schuldenfreien Grundbesitz in Städten zu erwerben:

Ehen der Geschlechtsverwandten mit Personen eines den Grundanschauungen des deutschen Adels nicht passenden Bekenntnisstandes zu hindern:

mit dem Verluste der bürgerlichen Ehrenrechte bestrafte, oder durch gerichtliche Urkunde für Verschwender und leichtsinnige Schuldenmacher erklärte, oder einer von den Vertrauensmännern des Geschlechts anerkannten Unehrenhaftigkeit schuldige, oder im Sinne des vorhergehenden Absatzes nicht standesgemäße Ehen schließende, oder an den Börsen speculierende, Verwaltungs- und Aufsichtsräthen angehörende Geschlechtsverwandte aus dem Geschlechte auszustoßen, allen Antheils an dem Vermögen des Geschlechts wie des Geschlechtsnamens verlustig zu erklären, und jeden Umgang mit ihnen zu meiden.

Die Bestimmungen, welche hier über den Erwerb der verschiedenen Arten eines Geschlechtsvermögens getroffen sind, treten nach Verstatten der Umstände nach und nach oder sofort in Kraft, mit der Maßgabe, daß mit der Sammlung eines Capitals sofort zu beginnen ist, und dessen Zinsen so lange zum Grundstocke geschlagen werden müssen, bis derselbe eine dem Anfangsgehalte eines Oberlandesgerichtsraths gleiche Rente abwirft.

4

Die mündigen Männer eines Geschlechts wählen durch mündliche oder schriftliche Abstimmung aus ihrer Mitte einen Geschlechtsvorstand und einen Stellvertreter desselben.

Die Wahl ist gültig, wenn allen zu ihr berechtigten die Aufforderung zur Wahl mindestens vier Wochen vor dem Wahltage behändigt worden ist: sie ist rechtskräftig, wenn das im eilften

Paragraphen genannte Heroldsamt nach Einsicht der Geschlechtslisten, der Wahlausschreiben, der über die Wahl geführten Protokolle, und der ihm von den Gerichten des Landes zugegangenen Nachrichten über die Bescholtenheitserklärungen adliger Personen gegen dieselbe nichts einzuwenden gehabt, und dies in einer den Erwählten zugefertigten Urkunde ausgesprochen hat.

5

Das Geschlechtshaupt und dessen Stellvertreter bleiben, bürgerliche Unbescholtenheit und vollen Gebrauch aller ihrer Sinne und ihres Verstandes vorausgesetzt, bis zum ersten Januar des Jahres im Amte, in welches ihr einundsechzigster Geburtstag fällt.

Sie dürfen vor diesem Zeitpunkte aus triftigen Gründen ihr Amt niederlegen — über die Triftigkeit entscheiden die mündigen Männer des Geschlechts —, sie dürfen, nachdem sie es einmal niedergelegt haben, oder ihres Alters wegen ausgeschieden sind, nicht wieder für dasselbe gewählt werden.

6

Der Geschlechtsvorstand vertritt das Geschlecht in allen Rechtsgeschäften, ohne einer besonderen Vollmacht von den einzelnen Gliedern des Geschlechts zu bedürfen, in der Weise, in welcher ein Vormund seine Mündel vertritt. Auch seine Verwaltung des Geschlechtsvermögens ist an die Normen gebunden, welche das Landesgesetz Vormündern auferlegt hat oder auferlegen wird.

Er stellt Listen über den Bestand des Geschlechts auf, und leitet beglaubigte Abschriften aller denselben angehenden Urkunden an das Heroldsamt.

Er verwaltet das Vermögen des Geschlechts, entscheidet über die den einzelnen Mitgliedern aus dessen Ertrage zu gewährenden Unterstützungen und Renten, leistet die angewiesenen Zahlungen, und führt das Kassenbuch entweder selbst oder durch einen Beamten, für dessen Gebahren und Leistung er persönlich verantwortlich ist: es bleibt ihm unbenommen, von demselben in ihm geeignet scheinender Weise Bürgschaft und Faustpfand bestellen zu lassen.

Er sorgt dafür, daß jedes Mitglied des Geschlechts den im dritten Paragraphen verzeichneten Pflichten pünktlich nachkomme, und ist bei seiner Ehre gehalten, Säumige zur Erfüllung ihrer Obliegenheiten zu zwingen, und Pflichtvergessene aus dem Geschlechte auszustoßen.

Ein Recht Nachsicht zu üben wohnt ihm nicht bei.

7

Der Stellvertreter des Geschlechtsvorstandes übernimmt dessen Amt, sowie der Geschlechtsvorstand gestorben, oder über einen Monat an der Ausübung seines Berufs gehindert ist. Er leitet die Wahl des Nachfolgers und die etwa nöthig werdende eines Stellvertreters desselben.

8

Jedes mündige Mitglied des Geschlechts verbindet sich, dem Geschlechtshaupte zur Beschaffung des im dritten Paragraphen genannten Geschlechtsvermögens jährlich fünf vom Hundert seiner Roh-Einnahme kostenfrei zu übersenden. Diese Sendung darf und muß von dem zum Empfange Berechtigten eingeklagt werden, wenn sie nicht spätestens acht Tage nach der Fälligkeit eingegangen ist: die Kosten der Klage in ihrem ganzen Umfange trägt der Beklagte. Sollte es unmöglich sein die Zahlung zu leisten, so ist rechtzeitig Anzeige zu erstatten, und, wenn dies verlangt wird, Bürgschaft zu stellen.

9

Das Vermögen der ohne Kinder sterbenden Mitglieder eines Geschlechts gehört dem Geschlechte, das den Besitz sofort nach dem Tode antritt, aber einer etwa vorhandenen Witwe die Rente des Vermögens so lange zahlt, als dieselbe nicht eine neue Ehe eingegangen sein wird. Legate für treue Dienstboten sind auch kinderlosen Adligen verstattet, doch dürfen dieselben nur in Renten, nicht in Kapitalien bestehn, und nicht mehr als ein Viertel der Gesammtrente des Nachlasses in Anspruch nehmen. Der Geschlechtsvorstand trägt als Selbstschuldner die Verpflichtung, die legierte Rente von dem Augenblicke an zu zahlen, in welchem das Kapital, von dem die Rente fließt, rechtlich in den Besitz des Geschlechts übergegangen ist.

10

Sollte der gesammte Adel einer Provinz für die Versorgung seiner armen und kranken Angehörigen Anstalten gründen, so würden die einzelnen Geschlechter von der Verpflichtung des dritten Abschnittes des dritten Paragraphen entbunden, und nur gehalten sein, die zur Einrichtung und Wirksammachung jener Anstalten auf sie entfallenden Beiträge zu zahlen.

11

Um seine Anerkennung der Zwecke des Adels auszudrücken, übernimmt der Staat die Verpflichtung, durch ein von ihm einzusetzendes, zu besetzendes und zu unterhaltendes Heroldsamt einen Mittelpunkt für den Adel der Monarchie zu schaffen.

Das Heroldsamt führt Listen über alle adligen Geschlechter der Monarchie, die Glieder dieser Geschlechter, deren Vorstände und Rechtshandlungen.

Durch sein Zeugnis, daß die Wahl eines Geschlechtsvorstandes gültig vorgenommen sei, wird der Gewählte für sein Amt legitimiert.

Das Heroldsamt erhält von den Gerichten des Landes dienstlich Mittheilung über sämmtliche gegen Adlige verhängte Strafen, und ist verpflichtet, den betheiligten Geschlechtsvorständen Abschrift dieser Mittheilungen zu machen, und deren Anzeige über das innerhalb des Geschlechts gegen die Bestraften weiter beliebte Verfahren entgegenzunehmen und zu buchen.

Das Heroldsamt verfügt im Namen des Königs, wenn eine Ausstoßung aus dem Adel statt gefunden hat, daß der Ausgestoßene seinen Familiennamen abzulegen, und für das bürgerliche Leben nur eine Zahl als Namen zu tragen, oder aber die Monarchie und die mit ihr durch unkündbare Verträge verknüpften Staaten unter einem andern als seinem Familiennamen für immer zu verlassen hat.

12

Der König wird den Ehrengerichten des Offizierstandes befehlen, einem vom Ehrengerichte eines adligen Geschlechts gestellten Ansuchen auf Aburtheilung eines bei jenem anhängigen Ehrenprocesses nachzugeben. Für ein Ehrengericht über Adlige ist alsdann dasjenige Regiment zuständig, in dessen Aushebungsbezirke das klagende Haupt des adligen Geschlechts wohnt.

Berufung gegen den Spruch eines solchen Ehrengerichts ist unzulässig. Der Spruch muß, um Rechtskraft zu beschreiten, vom Könige bestätigt sein.

13

Diejenigen Familien, welche vor Erlassung des gegenwärtigen Gesetzes den Freiherrn-, Grafen- und Fürstentitel geführt haben, sind gehalten, die den Gliedern ihrer Familien beizulegenden Adelspraedicate nach den Grundsätzen zu bestimmen, welche in dem englischen Peerage heut zu Tage gültig sind.

14

Nicht zur christlichen Kirche gehörige, oder selbst oder in ihren sechs nächsten Vorfahren ihr nicht angehörig gewesene, also der deutschen Nation fremde Personen dürfen, wenn sie in den im Sinne des bisher gültigen Rechts verstandenen Adel bereits vor Erlaß des gegenwärtigen Gesetzes aufgenommen worden sind, sich weiter als adlig ansehen, sind aber in den Matrikeln des Heroldsamts nicht zu führen. Das einzige Adelspraedicat, das ihnen verstattet wird, ist das eines Barons, indem der Titel Freiherr lediglich wirklichen Deutschen vorbehalten bleibt.

15

Da es nicht zulässig scheint, den von Alters her mit dem Wörtchen Von ihre Zugehörigkeit zur Gentry anzeigenden Familien den Gebrauch dieses Wörtchens zu untersagen, der durch gegenwärtiges Gesetz gegründete Adel aber eines anerkannten Zeichens seines Standes nicht entrathen kann und darf, wird verordnet, daß alle dem neuen Adel angehörige Personen gleichfalls jenes Wörtchen ihrem Geschlechtsnamen hinzuzusetzen haben.

Da aber Geschlechtsnamen, welche nicht von einem Orte hergenommen sind, für nachdenkende Leute dieses Von nicht vertragen, sollen alle diejenigen Adligen, welche einen zu einem Von nicht stimmenden Geschlechtsnamen führen, gehalten sein, diesen mit einem Ortsnamen zu vertauschen, oder aber ihm einen Ortsnamen hinzuzufügen, den ihnen das Heroldsamt, welches alle zum Erweise der Continuität der Familien nöthigen Urkunden aufbewahren wird, aus den Namen ausgestorbener Geschlechter und eingegangener Ortschaften dem Gebrauche der alten deutschen Sprache gemäß auswählen wird. Es ist verstattet, einen Ortsnamen, welcher von irgend einer Stammmutter des umzunehmenden Geschlechts rechtmäßig geführt worden ist, auf die von der Stammmutter abstammenden Familien zu übertragen, wenn der Name der Stammmutter nicht mehr als selbstständiger Geschlechtsname umläuft.

In dem im Warschauer Frieden von Russland an Preußen abzutretenden und ohne Einwohner zu überweisenden Landstriche zwischen der Ostsee und dem schwarzen Meere werden die vom Heroldsamte vertheilten Namen den dort neu zu gründenden oder vorgefundenen Dörfern und Städten beigelegt, und es wird den Adligen Gelegenheit gegeben werden, in den Ortschaften, deren Namen sie führen, fideicommissarisch zu befestigendes Grundeigenthum zu erwerben.

Diesen Paragraphen füge ich nur die dringende Bitte hinzu, sie auf das Ernsthafteste zu überlegen. Ich habe vor fünf Jahren der Regierung vorgeworfen, daß sie, nicht in der Theorie, aber in der Praxis, von nichts weiter entfernt sei, als von der Anerkennung ethischer Kräfte: ich muß diesen Vorwurf auch heute noch aufrecht erhalten. Alles was die letzten neun Jahre Deutschland gebracht haben, auch das scheinbar von idealen Gesichtspunkten aus unternommene, wie die Gerichtsorganisation, zielte lediglich darauf ab, unsre Macht nach außen zu erhöhen: nicht mit einem Gedanken ist erwogen worden, daß wie der Mensch, so auch die Nation eine Seele hat, und daß am letzten Ende diese Seele bei Individuen wie bei Nationen das allein werthvolle ist. Um jener inhaltlosen Macht willen hat Deutschland Alles seiner Rüstung und einer von Fall zu Fall aus taktischen Erwägungen entspringenden und darum unstät springenden Politik aufopfern müssen, um dieser inhaltlosen Macht willen ist es — die deutsche Psyche beschäftigt sich gerade jetzt in deutschem Ungeschick mit diesem Punkte — der jüdischen Geldwirthschaft ausgeantwortet worden, welche allein im Stande schien, etwaige Finanzbedürfnisse des armen Reichs bei vorkommender Gelegenheit sofort zu decken: die Folge dieser Geldwirthschaft aber ist, daß das Börsenspiel sich in einer Weise ausgedehnt hat, welche immer dann zur Sprache kommt, wann ein Unglück nicht mehr gut zu machen ist: die Makler wissen, daß bis zu den Eisenbahnschaffnern hinab die bekannten großen Raubfirmen ihre Kunden haben. Möchte die Regierung endlich einsehen, daß wir allerdings Macht und Geld für wünschenswerth erachten, aber doch nur als Mittel zu dem Zwecke, ungehemmt von fremder Einrede, und von Nahrungssorgen unbeirrt, unser eigenstes Selbst rein herausarbeiten zu können: möchte die Regierung einsehen, daß wir nicht uns der Ausbeutung durch Fremde ausliefernde Gesetze, nicht Redereien in Land- und Reichstagen, sondern Institutionen brauchen, aber nicht Institutionen, welche hemmen, sondern Institutionen, welche entfalten, und zwar die eigne Natur der Deutschen entfalten, welche binden, und zwar wirkliches Leben binden wie der Faden den Blumenkranz: möchte sie sich gegenwärtig halten, daß die Deutschen keine Nation der Initiative sind, daß sie mit der treusten Sorgfalt fertig machen, was ihnen angefangen wird, daß es ihnen aber allemal von einem Höheren angefangen werden muß, und daß ihre Staatsmänner die Anfangenden zu sein die Pflicht haben: möchte die Regierung erkennen, daß es die allerhöchste Zeit ist, etwas zu thun, wenn Deutschland nicht zu Grunde gehn soll. Alle geistigen Kräfte möge man entfesseln, alles Scheinen zertreten, jede Organisation idealen Strebens gestatten und befördern: es müßte, wenn es geschehen wäre, eine Lust zu leben sein, während es jetzt eine Strafe ist, das Absterben der Nation mit anzusehen.

Das deutsche Volk wird Parlament, Landtag, Liberalismus, Fortschritt und ein Paar Hände Krönchen mit Freuden fahren lassen, wenn ihm die Gewißheit wird, daß ihm endlich einmal sein Kleid auf den Leib zugeschnitten werden soll. Alle Germanen sind nicht trotzdem, sondern weil sie Freunde der Freiheit sind, Aristokraten im besten Sinne dieses Worts — Freiheit und Demokratie oder Liberalismus passen zu einander wie Feuer und Wasser —: sie sind, nicht trotzdem, sondern weil sie gerne wandern, die begeistertsten Anhänger des Hauses und der Heimat: sie sind, nicht trotzdem, sondern weil sie träumen, durstig nach Thaten: versuche man einmal auf diese Eigenschaften des deutschen Volks als Staatsmann einen Reim zu machen: der Erfolg wird überraschend sein. In der Kirche keine Dogmatik, sondern Anbetung, Trost, Ermahnung: im Staate keine Politik, sondern selbstloser Dienst des Ethos, das heißt, die volle Durchführung des Grundsatzes, daß der Staat zur Nation in demselben Verhältnisse steht, in welchem die Hausfrau sich zum Hausherrn befindet, daß Er alle Aeußerlichkeiten zu besorgen hat, damit die Nation das wirklich Wesentliche des Lebens mit ungetheilter Aufmerksamkeit ins Auge fassen und in die Hand nehmen könne: in der Regierung keine Diplomatie und keine Treue gegen verbriefte Misbräuche, sondern ganzes Werk, welches auf Einmal aufräumt, und das Volk vor einen neuen Anfang stellt. Die Nationen leben von der Arbeit, und das ist keine Arbeit, was Wir jetzt thun, es ist Spielerei, ohne Ernst, ohne Zweck, ohne Nutzen. Männer sind wir, und Männer sollen wir sein: meint ihr in der That, es passe uns, wie Kinder mit den Fröbelschen Flechtarbeiten einer tendenziösen Wissenschaft, einer künstlichen und von Almosen lebenden Kunst, eines redseligen und charakterlosen Parlamentarismus, mit Börsengeschäftchen und einer in fortwährendem Sterben liegenden Industrie, mit einem Haufen haltloser Meinereien über Religion, Philosophie, Musik — und was weiß ich noch — abgefunden zu werden? Lieber Holz hacken, als dies nichtswürdige civilisierte und gebildete Leben weiter leben: zu den Quellen müssen wir zurück, hoch hinauf in das einsame Gebirg, wo wir nicht Erben sind, sondern Ahnen.

Die Finanzpolitik Deutschlands.

Es ist nicht wohl gethan, Sätze der Politik anders als auf dem Grunde ganz concreter Anschauungen aufzustellen. Es gibt keine reine oder abstracte Politik.

Es wäre sehr erwünscht, wenn ein Kenner des Mittelalters nachweisen wollte, welches die Geschichte des Wortes Staat gewesen ist. Dasselbe scheint aus den Institutionen Iustinians I 1, 4 oder der entsprechenden Stelle des Digestum zu stammen, keinesfalls aber frühzeitig in dem modernen Sinne verwandt worden zu sein. Ich finde status in Flandern schon im dreizehnten Jahrhunderte für unser Stand: durch das französische les états généraux und das niederländische de staaten general — beide Ausdrücke bezeichnen die zu Einer Körperschaft vereinigten Stände der Provinzen — ist dieser Gebrauch des Wortes erhalten worden, während segretario di stato und secretary of state doch wohl auf jenen Satz Ulpians zurückgehn, in welchem status rei romanae, die Aufrechterhaltung der politischen Ordnung der Dinge, dem Nutzen der Einzelnen gegenübersteht. Die deutschen Staatsrechtslehrer reden nach dem Vorgange des holländischen Hugo Grotius nur von der civitas, wo wir vom Staate sprechen: was sie bis auf Kant herab als Definition des Staates geben — nach Kant wird construiert — ist, soweit ich es kenne, so kläglich wie die definierte Sache damals war.

Das Wort Staat, dessen man sich im Deutschen und in den romanischen Sprachen bedient, bezeichnet vermuthlich nichts als den gegebenen Zustand der Dinge, und zwar im Gegensatze zum Egoismus der Individuen: es ist in Deutschland und den romanischen Ländern sicher so wenig zufällig in Gebrauch gekommen, wie das Wort res publica in Rom, das Wort polis in Griechenland, die Wörter realm oder umpire in England.

Wer von einem Staate redet, gibt durch das bloße Wort schon zu, daß er von einem irrationalen spricht: denn alle nur thatsächlichen Zustände sind irrational, das heißt hier: vernunftwidrig.

Es wird sich empfehlen, den Staat — den thatsächlich bestehenden Zustand —, der das ungerne ertragene Ergebnis einer oft recht unglücklichen Geschichte ist, in eine res publica, oder, wenn dieser Ausdruck verdächtig klingen sollte, in einen der gottgewollten Idee der von ihm bedienten Nation entsprechenden, mit der Nation wie eine Haut wachsenden und sich ändernden Zustand überzuführen.

Diese Forderung bringt die Einsicht mit sich, daß der deutsche im Sinne der res publica gefaßte Staat nicht eher fertig sein wird als die deutsche Nation: daß zur Zeit von einem deutschen Staate noch nicht die Rede sein kann, da es, weil ein deutsches Ideal noch fehlt, eine deutsche Nation noch nicht gibt: daß die staatbildende Kraft der Deutschen in dem Maße wachsen wird, in welchem sie sich dem Ideale in dessen richtiger Gestalt zuwenden.

Die Anschauung der Wirklichkeit bestätigt diesen Satz. Wir haben keinen deutschen Staat, nur deutsche Staaten. Wir haben keinen deutschen Staat, sondern ein deutsches Reich. Wir sehen an der Spitze unsres Gemeinwesens nicht einen Minister, sondern einen Kanzler. Wir erfreuen uns eines Kaisers, für welchen in einem Drittel des Reiches an den Altären nicht gebetet werden darf, einer Kokarde, welche im deutschen Heere verboten ist, einer Fahne, welche amtlich nur auf der Flotte und von einem Theile der Post geführt, und — so unbekannt ist sie — von nicht wenigen Deutschen, ohne daß sie Meuterei melden wollen, bei feierlichen Gelegenheiten auf den Kopf gestellt gezeigt wird.

Thatsächlichen Zuständen gegenüber wird es stets geboten sein von Idealen zu reden, eben darum, weil jene Zustände nicht ideal sind: es hat in Betreff der thatsächlichen Zustände, welche uns jetzt beschäftigen, jeder sein Vaterland liebende und nicht geradezu unfähige Mann nicht allein das Recht, sondern die Pflicht, den deutschen Staat ganz oder in irgend einem seiner Theile zu zeichnen, weil nur durch solche Entwürfe und den Beifall, welchen sie fänden, beziehungsweise die Abneigung, welche sich ihnen entgegenstellte, klar werden kann, wohin die tiefsten Wünsche der vielleicht werdenden deutschen Psyche sich richten.

Das Concrete, von welchem die deutsche Politik auszugehn hat, ist das Unideale. Darum muß in Deutschland der wahrhaft reale Politiker Idealist sein.

Es soll auf den folgenden Blättern der Versuch gemacht werden, das Ideal der deutschen Besteuerung zu entwerfen.

Ich habe bereits vor Jahren die Erklärung abgegeben, Staat sei für mich die Anstalt, welche das Allen Nothwendige oder vielleicht schon das Allen Wünschenswürdige, wann es von Einzelnen oder einer Gruppe Einzelner nicht zu beschaffen ist, mit den Mitteln Aller zu Stande bringe.

Daraus ergibt sich, daß das nicht Allen Nothwendige und das nicht Allen Wünschenswerthe gar nicht Gegenstand einer Thätigkeit des Staates sein darf.

Da nun aber eine Fülle von Gemeinschaften gedacht werden kann, welche ihren Mitgliedern am Herzen liegende Bedürfnisse oder Wünsche befriedigen wollen, ohne daß diese Bedürfnisse oder Wünsche irgend wen, der außer ihrem Rahmen stünde, in Bewegung setzen — es ist zum Beispiel dem nicht in Genthin wohnenden Preußen gleichgültig, ob Genthin gepflastert und durch Gas beleuchtet ist oder nicht —, so folgt, daß neben den Staatssteuern auch Steuern an kleinere Verbindungen zu zahlen sein werden, welche für besondere Zwecke thätig sind.

Sind solche Verbindungen geographisch faßbar, so erhalten sie die Namen Provinz und Gemeinde. Da niemand unmittelbar im Vaterlande, sondern stets in einer Gemeinde und in einer Provinz wohnt, kann sich niemand den Anforderungen entziehen, welche Gemeinde und Provinz zur Erreichung der ihnen eigenthümlichen Ziele an seine Steuerkraft stellen. Daraus folgt, daß die Staatssteuern so eingerichtet sein müssen, daß neben ihnen noch Steuern für Gemeinde und Provinz möglich bleiben, da unbedingt jeder an die Gemeinde und die Landschaft zu steuern haben wird.

Hier ergibt sich nun die erste erhebliche Schwierigkeit. Deutschland hat in Folge seiner politischen Verfassung für die meisten Deutschen eine Instanz zu viel, neben der Gemeinde, der Provinz und dem zur Zeit Reich genannten Staate das was man jetzt als Staat kennt, und was man wird beseitigen müssen, wenn die deutsche Finanzwirthschaft gedeihen soll.

Es braucht hier nicht die Rede davon zu sein, ob die im Staate bestehenden Staaten irgend welchen Nutzen schaffen: es genügt auszusprechen, daß sie eine sachgemäße Ordnung des Steuerwesens unmöglich machen.

Man hatte im Großherzogthume Hessen bis 1866 ein stark mit Beamten besetztes Kriegsministerium, welches eine erhebliche Summe Geldes kostete. Nach 1866 genügte ein einziger preußischer Intendanturrath, die Geschäfte dieses Kriegsministeriums zu erledigen.

Man hatte vor 1866, beziehungsweise vor 1871, eine Reihe die deutschen Staaten bei einander oder im Auslande vertretender Gesandten. Niemand als die Familien dieser Excellenzen wird bedauern, daß diese Gesandtschaften eingegangen sind, niemand als persönlich Betheiligte wünschen, daß die leider hier und da noch vorhandenen Reste des alten Zustandes länger geduldet werden.

Einiges andere hier zu sagende ersuche ich den Leser sich selbst zu sagen.

Dabei ist nicht nöthig an dem zu rütteln, was man Dynastien zu nennen beliebt: es wäre sogar im höchsten Maße unerwünscht, wenn diese Dynastien — wozu nicht geringe Aussicht ist — aussterben. Nur muß damit Ernst gemacht werden, diese Dynastien in Provinzen zu verweisen, ihre Träger als Stellvertreter des Kaisers ebenso Stammherzogthümern vorzusetzen, wie die Oberpraesidenten als Stellvertreter des Staats an der Spitze der vernünftiger Weise mit den Stammherzogthümern sich deckenden Provinzen stehn.

Erst nach Erledigung dieses Geschäfts, nach Beseitigung der deutschen Staaten durch den deutschen Staat, wird es möglich sein, die Steuern vernunftgemäß aufzulegen.

Besitzt der Staat Vermögen, so ist durch Steuern nur die

Summe aufzubringen, welche seinem Haushalte durch die Rente jenes Vermögens nicht gedeckt wird. Besitzt er kein Vermögen, so fällt den Steuern die Aufgabe zu, die ganze für die Wirthschaft des Staates erforderliche Summe zu beschaffen.

Da niemand gerne Steuern zahlt, und es jedenfalls Unrecht ist, mehr Steuern zu verlangen als Noth thut, und Unrecht, sie in einer unangenehmen Art zu verlangen, so ergibt sich für den Staat, daß er sein Vermögen fortwährend so viel wie möglich vermehren muß, um der Steuern thunlichst entrathen zu können: daß er die Steuern in der am wenigsten drückenden Form zu erheben hat: daß er sinnen wird, das Wiederkehren der Ausgaben auf das geringste Maß zu beschränken.

Die Theorie gibt die zweite dieser Forderungen zu, ohne daß die Praxis sich viel um die Theorie kümmerte: die erste Forderung wird gänzlich misachtet, die dritte nimmt niemand ernst als allenfalls zum Scheine in Hunger- und Ueberschwemmungsjahren.

Das Vermögen der deutschen Staaten ist in erster Linie aus dem Eigenthume der sie beherrschenden Fürsten hervorgegangen. Das Domanium ist meines Wissens zuerst von den brandenburger Hohenzollern gegen eine jährliche Rente dem Staate ausdrücklich abgetreten worden: man erinnert sich der Kämpfe, welche hier und da fürstliche Gemeinheit mit den Ständen um dasselbe noch neuerdings geführt hat. Soferne der Fürst zu persönlichen Leistungen verpflichtet war, konnte er beanspruchen, die Mittel zu diesen Leistungen zu erhalten: fielen diese Leistungen fort, so hatte es keinen Sinn mehr, ihm die Mittel für die Leistungen zu belassen, so wenig die Steuerfreiheit des Adels noch Sinn hatte, nachdem der Adel aufgehört, der im Kriege ausschließlich dienende Stand zu sein. Wer im Principe an das Domanium rühren will, möge sich erinnern, daß der englische Adel, die englische Kirche und die englischen Universitäten nur darum lebensfähig sind, weil sie altbefestigten Grundbesitz in Händen haben, dessen Werth langsam, aber stetig steigt: sichert doch überdies dessen Verpachtung ihnen die Herzen aller derer, welche durch die Bewirthschaftung dieses Grundbesitzes eine bequeme und geachtete Stellung im Leben einnehmen.

In zweiter Linie besteht das Vermögen der deutschen Staaten aus den Gütern der Kirche, welche als Bezahlung für die Einführung der Reformation von den das lautere Wort Gottes liebenden Fürsten des sechszehnten Jahrhunderts eingezogen, und über diese Fürsten an den Staat gelangt sind.

Forsten und Bergwerke des Staates liegen meist auf dem Boden des Domaniums oder des Kirchenguts, so daß sie in diesem Zusammenhange nicht besonders besprochen zu werden brauchen.

Zu diesem Vermögen treten nach der allgemeinen Ansicht die Regalien, über welche ich mich enthalten kann Näheres beizubringen, treten die Steuern und Zölle.

Jeder Angehörige eines Staates genießt in Folge seiner Angehörigkeit eine Reihe von Vortheilen und Rechten. Der Arme thut dies in nicht wesentlich geringerem Grade als der Wohlhabende und Reiche: ich erwarte, daß wer mich liest, deutsch verstehe, und im Stande sei, sich über das Wort wesentlich Rechenschaft abzulegen.

Wer genießt, hat die Kosten des Genusses zu zahlen, es wäre denn, daß man ihn als Gast oder als Bettler ansähe. Wer die aus der Angehörigkeit an einen bestimmten Staat entfließenden Vortheile und Rechte genießt, hat — er sei arm oder wohlhabend oder reich — zu den Kosten der Staatsverwaltung beizutragen, es wäre denn, daß er für einen Schmarotzer oder einen Almosenempfänger zu gelten Lust spürte.

Sogenannte Arme nicht irgendwie zu den Steuern heranzuziehen heißt sie für Lumpen erklären. Wer einen Armen für einen Lumpen erklärt, darf sich nicht wundern, wenn er einen Lumpen findet.

Es ist eine ganz allgemein verkannte Wahrheit, daß Wehrpflicht und Steuerpflicht Wechselbegriffe sind. Was jene dem Vaterlande, ist diese dem Staate gegenüber. Wer für das Vaterland die Waffen tragen darf, muß auch für den Staat im Bereiche seiner Kraft Steuern zahlen.

Der wirklich Gebildete hat an seinem Vaterlande mehr ⸺ als derjenige, der sich nie Rechenschaft darüber zu geben vermag, weshalb sein Vaterland der Liebe und der Opfer werth ist. Wer Bach, Mozart, Beethoven, Erwin, Holbein, Goethe, Grimm verstehn kann, liebt Deutschland anders als wer in Deutschland nur den ihm gewohnten und darum bequemen Schauplatz seines Alltagslebens erblickt. Nichts desto weniger wird, wenn es gilt den Feind von den Grenzen abzuschlagen, von jenem nicht mehr verlangt als von diesem.

Daß ein Arzt, ein Techniker, ein Künstler, welcher im Kriege bleibt, für sein Volk ein schwererer Verlust ist, als der nur mit der Kraft seiner Sehnen ohne kostbare Vorbildung und ohne fördernde Ergebnisse seiner Thätigkeit auf der Scholle arbeitende Tagelöhner, das ist eine namentlich nach dem letzten Kriege mit Recht oft gehörte Behauptung. Daß umgekehrt der Dienst als einjährig Freiwilliger eine sehr starke Belastung weitaus der meisten Familien ist, aus denen die einjährig Freiwilligen hervorgehn, eine Belastung, welche mit der Belastung der übrigen Familien nicht den Vergleich aushält, das weiß jeder, der sogar gut besoldete Beamte, der Gutsbesitzer und Kaufleute ihre Söhne mit den schwarzweißen Schnüren hat schmücken sehen. Das Vaterland nimmt gleichwohl auf diese Unterschiede keine Rücksicht. Soldat ist ihm Soldat, Leben Leben.

Der Reiche trägt einen Abzug von seiner Einnahme — ein solcher ist jede Steuer — leichter als der Arme. Nichtsdestoweniger kann der Staat im einzelnen Falle auf leichtere oder schwerere Erträglichkeit seiner Steuern nicht Rücksicht nehmen, so wenig wie das Vaterland darauf rücksichtigt, ob durch einen Krieg die letzten Sprossen einer alten Familie, ob alle Freude eines Elternpaars hinweggerafft wird. Der Staat kann dies schon darum nicht, weil alle individuellen Verhältnisse ihm unbekannt bleiben: er selbst ist unpersönlich, und hat für Personen kein Verständnis. Erkennt dies doch auch das Herkommen an, indem es alle Würdigung persönlicher Leistung wie Titel, Orden, Standeserhöhungen nicht von den Ministern, sondern von der Krone ausgehn läßt. Eine Einnahme von 6000 Mark ist für den Einen nach Lage der Dinge sehr viel, für den andern sehr wenig, ohne daß der Staat jemals erfahren wird, wie viel und wie wenig sie ist.

Der wahre Werth eines Vermögens (das heißt, einer Rente) und eines Diensteinkommens gehört ebenso zu den Imponderabilien, wie der wahre Werth einer Bildung zu ihnen gehört. Darum schätzt der Staat die Mark überall gleich hoch, welche seinen Auslagen dienen hilft, wie das Vaterland die Arme gleich hoch schätzt, welche zu seiner Vertheidigung die Büchse führen oder den Säbel schwingen.

Ich bin also aus Gründen, welche auf dem Gebiete des Ethos liegen, ein Gegner der Forderung, die unbemittelten Klassen der Gesellschaft von Steuern ganz zu entlasten. Diese Klassen entlasten hieße außerdem, die weniger unbemittelten belasten. Man darf als Staatsmann nicht dem Crispin nachthun, der den Reichen das Leder stahl, um den Armen Schuhe zu machen.

Man durfte und mußte die ärmeren Klassen von den direkten Steuern entbinden, da diese aus den untersten Schichten der Bevölkerung nur geringe und noch dazu schwer einzutreibende Beträge liefern.

Unzulässig aber ist es, die indirekten Steuern nicht überallher zu nehmen. Indirekt wird bekanntlich der Verzehr und der Genuß besteuert. Verzehr und Genuß liegen oft so dicht bei einander, daß eine Scheidung der beiden in recht vielen Fällen fast unmöglich ist. Man wird gut thun, denjenigen Genuß, welcher dicht an den Verzehr grenzt, mehr als Nahrungsmittel, denn als Luxus zu betrachten. Man wird weiter gut thun, die Steuer auf Nahrungsmittel niedrig anzusetzen: hier muß es die Menge bringen. Man muß drittens alle Belästigung des Verkehrs thunlichst vermeiden.

Brot, Fleisch, Salz, Bier, Branntwein, Zucker bieten sich als die Gegenstände dar, welche durch die Verzehrungssteuer zu treffen sind. Wer Weinbau treibende Gegenden kennt, weiß, wie unsicher der Ertrag der Weingärten ist, und wird daher die meines Erachtens lediglich als von Jahr zu Jahr je nach dem Herbste neu zu veranlagende Weinsteuer sich nur als Grundsteuer, nicht als Verzehrungssteuer denken mögen: der ausländische Wein wird ja durch den Zoll an den Eingangsorten in beliebiger Höhe getroffen.

Der Taback ist hier nicht genannt worden. Ich kann nur

widerrathen, ihn als eine der Säulen des Steuersystems zu verwenden: er kann nur für das Extraordinarium dienen, beziehungsweise werden die Erträge der Tabackssteuer zu kapitalisieren und für außergewöhnliche Bedürfnisse zu hinterlegen sein. Der Grund für diese Anschauung ist der, daß jede Erweckung geistigen, geschweige denn religiösen Lebens, daß jede Aufbesserung der Ernährung des Volkes den Tabacksgenuß zurückdrängen, also die aus ihm zu beziehenden Summen schmälern wird, und wir vorläufig doch die Hoffnung nicht aufgeben wollen, daß Deutschland die Periode geistiger und leiblicher Armseligkeit überwinden werde, in welcher es sich jetzt befindet. Jeder Genuß, der den Menschen zu seinem Sclaven macht, ist Sünde: niemand wird leugnen, daß durch den Taback in weitaus den meisten Fällen die ihn genießenden zu willenlosen Knechten des Nicotindusels werden. Der Taback ist schmutzig: niemand wird leugnen, daß wirkliche Bildung und Reinlichkeit Hand in Hand gehn. Der Taback kostet Deutschland im Jahre etwa ebensoviel wie die Unterhaltung seines Heeres: die Zahlen, welche ich in meinen deutschen Schriften über den Tabacksverbrauch gegeben, sind, obwohl auf den Mittheilungen des statistischen Amtes beruhend, nicht genau. Nach den neuerdings im Auftrage des Reichstags angestellten Untersuchungen genießt das deutsche Reich im Jahre 4,982046 tausend Cigarren, 751614 Centner Rauchtaback, 126247 Centner Schnupftaback, 50000 Centner Kautaback im Werthe von rund 300 Millionen Mark: die Zahlen sind der Nationalzeitung vom 21 Januar 1879 entnommen. Wen sie nicht schamroth machen, den bitte ich mein Buch aus der Hand zu legen: für ihn schreibe ich nicht. Der Tabacksgenuß ist ein Mittel den Hunger zu beschwichtigen, ein Mittel sich über die eigne Gedankenlosigkeit durch den Schein einer Thätigkeit, und über das Unglück des Vaterlandes durch eine Narkotisierung des Empfindens hinwegzuhelfen. In dem Maße, in welchem Deutschland in die Höhe kommt und sich auf seine wahre Natur besinnt, muß und wird es mit der Geltung des Karaïbenkrautes in ihm bergab gehn, und darum darf dasselbe als Eckpfeiler des deutschen Staatshaushaltes nicht angesehen werden.

Salz, Bier, Zucker, Spiritus lassen sich leicht besteuern, wenn man sie an den Stätten aufsucht, wo sie gewonnen werden, in den Bergwerken und Kothen, in den Brauereien, Brennereien und Siedehäusern.

Man wird das ihnen gegenüber geltende Verfahren ohne Mühe auch auf Mehl, Brot und Fleisch anwenden können. Das Mehl und Brot muß man in den Mühlen, nicht an den Thoren der Städte treffen, das Fleisch in den Schlachthäusern, welche ja aus Rücksichten der Gesundheitspflege jetzt überall gefordert werden, und durch ein Gesetz in allen Gemeinden von mehr als dreihundert Seelen erzwungen werden sollten. Stehn die Schlachthäuser selbstverständlich unter der Aufsicht der Obrigkeit, so läßt sich auch die Schlachtsteuer ohne Weiterungen einheben. Gemeinden unter

300 Seelen und einzelne Höfe mögen von ihr befreit bleiben: ebenso wie die Steuer nur auf die größeren Hausthiere, nicht auf Geflügel und das so wie so mehr und mehr aussterbende Wild fällt.

Ich vermag den Ingrimm der Wortführer unsres politischen Lebens gegen eine Besteuerung der Nahrungsmittel nicht zu theilen, zumal sie Bier und Zucker zu belasten durchaus in der Ordnung finden, und diese beiden Gegenstände doch mindestens nicht weit davon entfernt sind, Nahrungsmittel zu sein.

Die ethische Seite der Sache habe ich oben schon beleuchtet.

Die indirekten Steuern können nirgend anders hingelegt werden als auf Gegenstände allgemeinsten Verbrauchs. Als solche bieten sich aber nur die Lebens- und die gebräuchlichsten Genußmittel.

Diese Steuer verlangt sehr geringe Erhebungskosten, sowie sie auf die von mir vorgeschlagene Art auch für Fleisch, Mehl und Brot, nicht bloß für Zucker, Bier und Spiritus eingezogen wird.

Sie läßt keine Rückstände, da man sie im Verkehre abstößt.

Sie ist mit keiner Belästigung der Steuerzahler verbunden, da nachdem sie an der Erzeugungsstelle der zu versteuernden Gegenstände abgemacht ist, die Gegenstände vollständig frei verkehren dürfen.

Sie wird nicht gefühlt, da unzweifelhaft zwölf Mark in 365 Raten von Bruchtheilen eines Pfennigs bezahlt den Zahlenden, und wäre er noch so arm, weniger drücken als zwölf Mark in vier Raten.

Für alle Dienenden und für die bei dem Arbeitgeber in Kost stehenden Arbeiter zahlt sie der Herr, beziehungsweise der Guts- oder Fabrikbesitzer.

Der sich selbst verköstigende Arbeiter kann sie stets tragen. Nehme ich an, daß von hundert Pfund Hafer-, Gersten-, und Roggenmehl eine, von hundert Pfund Waizenmehl zwei Mark zu entrichten ist, so entfällt auf ein fünfpfündiges Roggen-Brot — dessen Gewicht mit dem Mehlgewichte als gleich angenommen — die Summe von fünf Pfennigen, auf das Pfund ein Pfennig. Dieser Pfennig Steuer für ein Pfund würde noch nicht voll in Anspruch genommen, wenn der Arbeiter sich entschlöße, statt des unschmackhaften und weniger nährenden Graubrots Schrotbrot zu essen. Auf den Kopf, angenommen ein jeder Deutsche verzehre am Tage ein Pfund Brot — die Kinder und Kranken eingerechnet —, entfiele an Mahlsteuer im Jahre ein Betrag von 365 Pfennigen oder von 3 Mark 65 Pfennigen. Träten zum Brote im Jahre 180 Pfund Fleisch und Speck hinzu, so würde, bei einem Satze von ebenfalls Einem Pfennig Steuer, alles was der sich selbst verköstigende Arbeiter im Jahre an den Staat entrichtete, 5 Mark 45 Pfennige sein.

Diese Steuer nicht erheben heißt nichts anderes als den Schlächtern und Bäckern ein Geschenk machen. Wo die Schlacht- und Mahlsteuer aufgehoben worden, ist der Preis des Fleisches und Brotes nicht gesunken, es wäre denn vielleicht in ganz großen Städten, wo Schlächter und Bäcker so nahe bei einander wohnen, daß es dem Käufer möglich ist, seinen Bedarf bei demjenigen Händler zu entnehmen, welcher am Pfunde Brot und Fleisch den ihm erlassenen Pfennig Steuer dem Kaufenden nachläßt. Nach allen mir zugänglich gewesenen Berechnungen verwendet ein Arbeiter sechs zehntel seines Einkommens auf seine Nahrung. Wer etwa eine Mark am Tage für Brot und Fleisch zu verthun im Stande ist, müßte rund 600 Mark im Jahre einnehmen. Eine Steuer von 5 Mark 45 Pfennigen oder 545 Pfennigen im Jahre wäre noch nicht ein Hundertstel seiner Einnahme. Die besitzenden Klassen zahlen, wo die Gemeinden nicht zu unvernünftig belasten, an Staats- und Gemeindesteuern zusammen zur Zeit sechs vom hundert oder nicht ganz ein sechszehntel ihres Einkommens.

Wäre die echt deutsche Sitte noch in Kraft, die Arbeiter durchgängig vom Arbeitgeber, die Lehrlinge und Gesellen vom Meister — nach Analogie also die unverheiratheten Glieder einer Fabrik in der Fabrik — verköstigen zu lassen, so würde die ganze Steuer von den Wohlhabenden bezahlt, also der liberalen Humanität vollauf Rechnung getragen werden, welche ja die nicht Besitzenden auf Kosten der Besitzenden zu entlasten wünscht. Es steht den Liberalen frei, wenn sie meinen, daß die besitzenden Klassen allein die Steuern aufzubringen haben, wenigstens, falls sie Fabrikbesitzer, Handwerksmeister und Kaufleute sind, die Angelegenheit in dem hier angedeuteten Sinne zu ordnen, um dadurch ihren Principien Genüge zu thun.

Der deutsche Staat würde, falls die obigen Ansätze als allgemein geltend angenommen würden, im Jahre etwa 200 Millionen Mark aus der Schlacht- und Mahlsteuer gewinnen. In Wirklichkeit würde sich die Einnahme höher stellen, da der Fleischverbrauch offenbar ein größerer ist, und was an Roggenmehl von den Wohlhabenden nicht verzehrt wird, durch die doppelt so hohe Waizenmehlsteuer einkommen würde, auch wenn ein kleineres Quantum Waizenmehl genossen würde, und da alle in Deutschland reisenden Ausländer die Schlacht- und Mahlsteuer ebenfalls tragen.

Danach haben wir als Hauptposten des Staatseinkommens die Zolleingänge zu verzeichnen. In erster Linie werden hier Lebensbedürfnisse belastet, welche nur das Ausland liefert, und welche daher an den Einfuhrstellen gleich in ihrer ganzen Masse getroffen werden, um danach in den völlig freien Verkehr überzutreten. Hauptsächlich handelt es sich um Colonialwaaren und um ausländische Weine, um Dinge, welche Deutschland gar nicht hervorbringen kann. Jeder sieht, daß die Zölle nichts als eine bestimmte Form der Verzehrungssteuern sind.

Der Staat kann natürlich alles über seine Grenzen eingehende Gut mit einem Zolle belegen: ob er es thut, hängt für die Finanzverwaltung einfach davon ab, ob der Zoll so hoch sein kann, daß es lohnt seinetwegen sich Erhebungskosten zu machen. Für die Politik eines Landes kann es aber wünschenswerth sein, das einheimische Gewerbe durch einen Zoll zu schützen: es kann wünschenswerth sein, bestimmte Dinge im Inlande entstehn zu sehen, um sie jeder Zeit, auch in dem die Zufuhr abschneidenden Kriegsfalle, zur Hand zu haben. Dieser sogenannte Zoll ist in Wahrheit kein Zoll, sondern eine Waffe: wenn man will, ein Schild. Was aus ihm einkommt, sollte niemals in das Ordinarium des Staatshaushalts aufgenommen, sondern als einmalige Einnahme kapitalisiert, oder für außerordentliche Ausgaben verwendet werden.

Schutzzölle sind eben keine Finanzzölle. Sie werden nur vorübergehend auferlegt, bis dahin nämlich, wo ein Schutz des zu Schützenden nicht mehr nöthig ist, und darum gehören sie nicht in das Ordinarium des Staatshaushalts. Sie haben übrigens nur einen Sinn, wenn das Staatsgebiet so groß ist, daß in ihm allein die geschützte Industrie, das geschützte Gewerbe, Raum für lohnenden Absatz findet. Russland und NordAmerica mögen Schutzzölle fordern, Deutschland, Oesterreich und Rumänien zusammen mögen es: das deutsche Reich allein ist für jeden Schutzzoll zu klein, und der einzige Fall, in welchem ihm ein Schutzzoll Ertrag gebracht und eine lebensfähige Industrie hervorgerufen hat — ich rede vom Zolle für Rübenzucker —, hat der Wechselfälle, Kämpfe und Schäden übergenug im Gefolge gehabt, und hat noch jetzt den schweren Nachtheil, daß er den Bauernstand der Zuckerrübengegenden allmälig vernichtet.

Für nachdenkende Leser ist ohne daß ich es sage klar, daß Schutzzölle anders als aus politischen Gründen anordnen nichts weiter heißt, als alle die geschützten Artikel brauchenden Angehörigen des Staats zu Gunsten der sie Erzeugenden belasten. Schutzzoll ist, wenn er nicht in der eben angeführten Weise aus politischen Erwägungen eingeführt wird, nichts als ein verkappter Diebstahl an der Gesammtheit, verübt zu Gunsten Einiger, die der Gesammtheit für ihre Bevorzugung keine nennenswerthe Gegenleistung bieten.

Ich wende mich jetzt zu der zweiten Klasse Einnahmen, welche der Staat hat, den Gebühren. Gebühren nenne ich, was der Staat von den Einzelnen als Entgelt für ihnen allein geleistete Dienste, und was er in solcher Höhe fordert, daß er dabei zum Besten seiner Kasse, also zum Besten der Gesammtheit, einen Ueberschuß erzielt.

Man redet von einem Postregale, und soferne niemand Posten einrichten darf als der Staat, ist ja gewiß die Post ein Regal. Allein das ist nur die juristische Seite der Sache. Vom finanziellen Gesichtspunkte aus betrachtet, zahle ich für das mir von der Post Geleistete eine Gebühr. Der Staat hat ein Interesse daran, seinen Beamten wie seinen Briefschaften und Geldern schnelle und sichere Beförderung von einem Orte zum andern zu verschaffen: darum hält er Posten. Dadurch daß er Privatleuten gestattet, für ihre Personen oder für ihre Briefe und Päckereien seine Verkehrsanstalten zu benutzen, leistet er ihnen einen Dienst, für welchen ein Entgelt gegeben werden muß.

Der Staat vermittelt, beglaubigt, leitet durch seine Beamten eine große Reihe von Privatinteressen. Er stellt Beamte an, deren Zeugnis er mit dem öffentlichen Glauben bekleidet: er setzt Richter ein, welche Processe entscheiden: er besoldet Lootsen, welche Schiffe durch gefährliche Gewässer führen: er baut Krankenhäuser, in welchen für alle Schäden des Leibes eine innerhalb der Grenzen menschlichen Könnens sichere Hülfe zu haben ist. Für solche Leistungen berechnet er Gebühren: wer Beglaubigung einer Urkunde, Entscheidung eines Rechtsstreits, Leitung eines Schiffes, Heilung von einer Krankheit nicht bedarf, der zahlt die entsprechende Gebühr nicht. Nun könnte ja auch ein achtbarer Privatmann eine Urkunde beglaubigen, auch ein Professor der Rechte einen Process entscheiden, ein Nicht-Lootse ein Schiff sicher in den Hafen bringen, ein nicht im Hospitale angesessener Arzt eine Krankheit heilen, aber indem der Staat das Suchen nach geeigneten Ausübern der gedachten Geschäfte seinen Angehörigen und reisenden Fremden erspart, erzeigt er ihnen einen solchen Dienst, daß er nicht allein für die Leistung ein Aequivalent, sondern auch für die Bereitstellung der Möglichkeit der Leistung eine Belohnung beanspruchen kann. Deshalb sind alle Gebühren mit Recht so bemessen, daß sie nicht allein den mit der Leistung Beauftragten ihr Gehalt, sondern auch dem Staate einen — ich möchte sagen Unternehmergewinn abwerfen, der zum Besten der Gesammtheit in die Staatskasse fließt. Der Staat läßt sich auf die genannten Unternehmungen und auf die ihnen ähnlichen ein, weil er weiß, daß der Einzelne nicht, oder doch selten, im Stande ist, durch eignes Urtheil zu entscheiden, wo er für die angedeuteten Hülfeleistungen gut bedient wird, und diese Hülfeleistungen doch sehr allgemein gebraucht werden.

Da der Staat im Besitze der Justizhoheit ist, das heißt, da alle Rechtshandlungen innerhalb seines Gebietes nur durch ihn oder mit seiner Billigung gültig sind und gültig sein können, ergibt sich, daß der Staat für die Erlaubnis in beschränkter Sphäre bindende Rechtshandlungen vorzunehmen eine Vergütung zu fordern berechtigt ist, ganz so wie ein Privatmann dafür, daß er sein Haus von einem andern bewohnen, sein Pferd von einem andern reiten, seinen Acker von einem andern bebauen läßt, einen Zins, eine Miethe, eine Vergütung verlangen darf, und in den meisten Fällen verlangen wird. Alle Akte der freiwilligen Gerichtsbarkeit kosten daher etwas: das was sie kosten, nennt man den Stempel, durch welchen die Organe des Staates in dessen Auftrage zu erkennen geben, daß sie die durch den Stempel gedeckte Rechtshandlung nicht als einen Eingriff in die Justizhoheit des Staates ansehen, und daß sie zweitens dieselbe als für jedermann bindend anerkennen.

Es liegt in der Natur der Sache, daß, da alle Eigenthumsübertragungen und alle Löschungen von Grundbuchschulden stempelpflichtig sind, auch die an der Börse vorgehenden Eigenthumsübertragungen und die Löschung der nicht durch Grundbesitz sicher gestellten Forderungen oder die Quittung stempelpflichtig ist. Ich sehe den Verkaufs-, Testaments-, Erbschafts-, Quittungsstempel nicht als eine Verkehrssteuer, sondern als Vergütung der Erlaubnis an, eigenmächtig Rechtshandlungen vorzunehmen.

Gegen den Quittungsstempel ist die öffentliche Meinung sehr aufgebracht. Man führt gegen denselben zwei Gründe an: er belästige den Verkehr, und er werde hinterhalten werden. Wenigstens in England ist das erstere so wenig der Fall wie das andere. Ich sehe es nicht als beschwerlich an, eine Stempelmarke auf eine Quittung zu drücken, so wenig ich es als beschwerlich ansehe, eine Postmarke auf einen Brief zu kleben. Den zweiten Grund sollte man Bedenken tragen öffentlich geltend zu machen, denn was sagt man durch ihn anders aus, als daß die Mehrzahl der Deutschen Betrüger und Uebertreter des Gesetzes sind? Ich habe viel in England gelebt, und kenne keinen einzigen Fall, in welchem der Kaufmann nicht ohne Weiteres der stempelpflichtigen Quittung den Stempel beigefügt hätte. Ist man in Deutschland nicht sicher, daß ein Gesetz ausgeführt werde, muß man, um seine Befolgung zu erzwingen, überall den Schutzmann als Wächter neben das Gesetz stellen, so ist Deutschland ein ethisch unreifes Land, und seinen Einwohnern alle politischen Rechte zu entziehen die erste Pflicht der zur Zeit im Amte befindlichen Staatsmänner.

Gebühren und Stempel ergänzen sich. Gebühren zahlt man für Handlungen, welche der Staat zum Besten der Individuen vornimmt, Stempel für Handlungen, zu denen der Staat die Erlaubnis an die Individuen abtritt. Jene wie diese sind Vergütungen.

Zu diesen Einnahmen gesellt sich für den Staat — analog für die Gemeinde, was ich nachher nicht abermals erwähnen werde — noch Eine, welche niemals im Ordinarium seines Haushalts erscheinen darf, die Einnahme aus Anleihen.

Was im Staatsleben den Bedürfnissen des gerade lebenden Geschlechts dient, muß von diesem Geschlechte selbst getragen werden, wo hingegen Alles was auch künftigen Geschlechtern zu Gute kommt, nicht von der Gegenwart allein zu bezahlen sein wird. Die Anleihe ist die Form, in welcher die Gegenwart ihre Auslagen auf die Zukunft abwälzt. Der Staat verkauft in der Anleihe das Guthaben, welches die Gegenwart an die Zukunft hat, zu Lasten der Kinder und Enkel der Gegenwart. Nicht von ungefähr werden Mündelgelder in Staatsanleihen angelegt.

Ein Hafenbau, die Herstellung eines Wegenetzes, die Errichtung großer Docks und so vieler ähnlichen Dinge darf nicht wie in einem Privathaushalte eine Milchrechnung von der laufenden Einnahme bestritten werden, weil dies Alles nicht Ein Jahr, sondern viele Jahre dauern und nützen soll.

Da die Kette der Nothwendigkeiten dieser Art niemals abreißen wird, ist es geboten, künftigste Zeiten dagegen zu schützen, daß die durch die Anleihe des Staats auf die künftigen Zeiten abgeschobenen, in Vertretung der Zukunft gemachten, Auslagen der Gegenwart hindern, auch ihrerseits Anleihen aufzunehmen. Wären tausend Millionen Staatsschulden bereits vorhanden, so würden schwerlich auch nur hundert Millionen neue Schulden eingegangen werden können. Daraus fließt die Verpflichtung, Anleihen in einer bestimmten Reihe von Jahren zu tilgen. Die Amortisation alter Anleihen hat den Zweck, die Contrahirung neuer Anleihen zu ermöglichen, welcher keine Epoche der Geschichte wird aus dem Wege gehn können.

Hiermit habe ich die Aufzählung der Mittel erschöpft, welche meines Erachtens dem Staate zur Verfügung stehn dürfen.

Daß jemand die Rente seines Vermögens für seine Zwecke verwenden wird, ist selbstverständlich; ebenso selbstverständlich, daß er Vergütungen für Dienste und für die Aufgabe seiner Rechte beanspruchen darf. Für den Staat sind damit die Erträge aus dem Domanium, die Gebühren und die Stempel geschildert.

Da der Staat mit diesen drei Einkommensquellen für die Bewässerung seiner Fluren nicht ausreicht, erschließt er sich eine vierte in den Steuern und Zöllen. Er legt diese der Gerechtigkeit entsprechend so auf, daß alle Staatsangehörigen davon getroffen werden: er legt sie also auf Gegenstände des allgemeinsten Verbrauchs, das heißt, auf Nahrungs- und Genußmittel. Jede Besteuerung von Gegenständen, welche nur von einzelnen Klassen von Staatsangehörigen gebraucht werden, ist schreiend ungerecht: wo der Staat dem Einzelnen etwas leistet oder dem Einzelnen etwas erlaubt, halte er sich durch Gebühr und Stempel schadlos, die den Börsen der Geförderten zur Last fallen, nicht aber durch Alle treffende Steuern und Zölle. Für die der Gesammtheit erzeigten Dienste hat der Staat sich nur von der Gesammtheit, niemals von Einzelnen, oder von einzelnen Klassen der Gesellschaft steuern und zollen zu lassen.

Der Staat hat es in der Hand, von Jahr zu Jahr Gebühren, Stempel, Steuern, Zölle nach Bedarf oder Nichtbedarf zu erhöhen oder herabzusetzen.

Mit vollem Bewußtsein habe ich in dieser Uebersicht Grund-, Haus- und Einkommensteuer weggelassen. Diese drei Steuern gehören nicht dem Staate, sondern der Gemeinde.

Besteuern darf der Staat nichts als was der überwiegenden Mehrheit, ideell der Gesammtheit, seiner Angehörigen zugänglich ist, denn er selbst ist ein Institut zum Besten der Gesammtheit, nicht zum Besten Einzelner oder irgend welcher Gruppen Einzelner. Essen und trinken thun Alle, darum liegen die zum Besten Aller verlangten Steuern mit vollem Fuge auf Nahrungsmitteln und Getränken. Der Unterschied der Besteuerung etwa von Roggen- und Waizenmehl und ähnlichem kann vernünftigerweise nur dadurch begründet werden, daß das eine nahrhafter ist als das andere, und darum das eine im Verhältnis seiner größeren Nahrhaftigkeit höher belastet werden darf, da, vernünftige Menschen als Genießende vorausgesetzt, der Verbrauch im Verhältnisse zur Nahrhaftigkeit stehn, und in Folge davon die nach eben diesem Verhältnisse bemessene Steuer jeden Brot Essenden gleich belasten wird.

Besitzen lange nicht alle Deutschen Grund und Boden, lange nicht alle Deutschen eigne Häuser, so folgt, daß Grund und Boden, und daß Häuser nicht staatssteuerpflichtig sein dürfen.

Grund und Boden haben ebenso wie Häuser keinen absoluten, sondern nur einen relativen Werth, und der relative Werth hängt allerdings von der politischen Lage des Staats mit, in erster Linie aber von der Gemeinde ab, in welcher Grund und Boden, und in welcher das Haus liegt. Ein Morgen Landes ist unter den Linden in Berlin das zehntausendfache von dem werth, was er in Rixdorf, das hunderttausendfache von dem, was er in der Lüneburger Haide werth ist: dasselbe Haus kostet in Goettingen das dreifache von dem, was es in Dransfeld, ein zwanzigstel von dem, was es in Berlin kostet.

Ist aber der Boden und ist das Haus werth im Verhältnisse zum Werthe der Gemeinde, in deren Gebiet Boden und Haus liegen, so hat die Gemeinde ein Recht, ihre Auslagen von dem Objecte einzuziehen, welchem Sie Werth gegeben hat.

Aehnlich verhält es sich mit dem Einkommen. Ein Kaufmann, ein Handwerker, ein Arzt, ein Advocat kann sein Geschäft nur auf Grund seiner Angehörigkeit an eine Gemeinde ausüben, weil er nur in der Gemeinde persönlich bekannt ist, und nur die persönliche Bekanntschaft das Zutrauen ermöglicht, dessen er zur Ausübung seines Gewerbes bedarf. Die Beamten des Staats freilich werden hingeschickt, wohin das Interesse des Staates es erheischt: wir dürfen doch aber nach den 60000 Beamten nicht die Anschauungen über eine Einrichtung bemessen, welche auf 22 und eine halbe Million Nicht-Beamter Anwendung leidet. Ebensowenig wie die Beamten können Rentner verlangen, daß nach ihnen die Anschauungen von vaterländischen Verhältnissen gebildet werden.

Es ist eine sehr einfach zu begreifende Forderung des Anstandes, daß entweder die Beamten sammt und sonders für ihr Diensteinkommen von Gemeindesteuern frei, oder auch die in einer Gemeinde sich aufhaltenden Offiziere für das ihre zu Gemeindesteuern herangezogen werden müssen. Leider ist es nöthig, ausdrücklich auszusprechen, daß Offiziere zur Disposition — oft Krüppel, die zu jedem Dienste schlechthin untauglich sind — von den in Ruhestand versetzten Offizieren sich rechtlich in nichts unterscheiden, und daß die von jenen eine lange Reihe von Jahren hinterhaltenen Gemeindesteuern bei erster Gelegenheit noch nachträglich mit Zins und Zinseszins von den Gemeinden einzuklagen sein werden.

Die Städte werden aber gut thun, für ihre Finanzgebahrung Seitenblicke auch auf ethische Verhältnisse zu werfen.

Schulden haben gilt in dem heutigen Deutschland leider nicht mehr für unanständig. Ein hoher Staatsbeamter, einst als Herausgeber der neuen preußischen Zeitung, danach als Berather des Reichskanzlers von großem Einflusse, der Justizrath Wagner, hat sich nicht entblödet, im preußischen Landtage das Schuldenmachen ein angeborenes Menschenrecht zu nennen, und ist für diesen Cynismus durch die wiehernde Heiterkeit der allezeit lustigen Landboten belohnt worden.

Es wird sich empfehlen, von Grundbuchschulden eine Steuer von zehn vom Hundert des Zinsbetrages zum Besten der Gemeindekasse zu erfordern, um den Leuten zu zeigen, daß Schulden haben oft unanständig, stets aber unvortheilhaft ist.

Um so mehr so, als ganz allgemein Besitzer von Capitalien Hypotheken auf ihre Grundstücke aufnehmen, um Einschätzung in eine niedrigere Steuerstufe zu erwirken. Es kommt ja vor, daß Capitalisten ihr Anwesen belasten müssen, weil ihre Capitalien zur Zeit nicht, oder nur mit mehr oder weniger erheblichem Schaden zu Gelde zu machen sind. Dergleichen läßt sich alle Zeit aktenmäßig feststellen, da über den Ankauf der Aktien Quittungen existieren werden, und der Börsenzettel das Weitere ausweist. Wenn die öffentliche Meinung die durch Aufnahme unnöthiger Hypotheken verübten Betrügereien nicht bald unmöglich macht, möchte es Recht sein, gesetzlich zu bestimmen, daß alle in der gedachten Weise versteckten Capitalien zum Besten der durch ihre Verbergung um eine Summe Steuern gebrachten Gemeinde verfallen, und daß außerdem der Versteckende die bürgerlichen Ehrenrechte verwirkt.

Für deutsches Empfinden versteht es sich von selbst, daß das Haus nur das erweiterte Ich des Hausherrn, die seiner Seele angepaßte Hülle seiner Seele ist. Daraus ergibt sich, daß in einem Hause nur sein Herr und dessen Familie Platz findet, daß für irgend eine Miethwohnung schlechterdings in ihm kein Raum ist. Es spricht allem deutschen Empfinden Hohn, in einer Miethkaserne mit einem Dutzend oder einem Paar Dutzend andrer Urwähler zusammen untergebracht zu sein, wie das Urvieh in Noes Arche oder die Spielsachen in einer Nürnberger Schachtel. In seinem Hause allein wohnen ist nicht, wie ich einmal aus dem Schlote eines Beamten vernommen habe, ein Luxus, sondern für einen wirklichen Deutschen eine ethische Nothwendigkeit. Wie wäre es, wenn die deutschen Städte sich dieser deutschen Anschauung einmal erinnerten, in den von Erlaß des ihr Ausdruck leihenden Gesetzes ab gebauten Häusern, und nach Ablauf einer Frist von zehn Jahren in allen Häusern jede Miethwohnung mit dem Zehntel der Miethe besteuerten, und dies Zehntel vom Hausbesitzer einzögen? Das Deutschthum der Magistrate besteht doch hoffentlich nicht darin, daß sie am Sedantage auf dem Markte reden, und auf Kosten der Steuerzahler den guten Brüdern freies Bier und freie Cigarren geben?

Die Gesundheit der Städte wird gewinnen, wenn sie in Folge

dieser Bestimmung weitläufiger werden, und alle die vielen ethischen Unzuträglichkeiten, welche das enge Zusammenwohnen einander nichts angehender Menschen, das fortwährende Wechseln der Schlafstellen und guten Stuben, mit sich bringt, werden verschwinden. Es läßt sich denken, daß die Gemeinden auch den Gebühren und Stempeln des Staats analoge Einnahmen haben können — ich nenne nur Gasbeleuchtung, Schlachthausberechtigung, Schankerlaubnis, Stätterecht —: für diesen Aufsatz ist es unnöthig, auf dieselben besonders einzugehn.

Der Staat soll aus seiner Gerechtigkeitspflege eine Einnahme nicht beziehen. Er thut nur was er soll, wenn er Recht finden und zur Ausübung bringen läßt. Er mag sich seine Justizkosten reichlich bezahlen lassen, Sporteln darf er nicht nehmen.

Anders ist es mit der den Gemeinden als Analogon der durch den Staat ausgeübten Justizhoheit zustehenden, allerdings in ideellem Auftrage des Staats ausgeübten Polizeigewalt. Polizei ist nur möglich in übersehbaren Grenzen: sie ist stets Eigenthum der Gemeinden. Der Staat mag ein Centralorgan besitzen, welches die Gemeindepolizeien von Fällen unterrichtet, die muthmaßlich oder wirklich eine über mehrere Gemeinden sich erstreckende Wirkung haben: an sich ist der Staat, ist selbst die Provinz zu groß, um eine Aufsicht über ihre Eingesessenen anders als durch die Beauftragten der Gemeinden ausüben zu können.

In den Gemeinden nun wohnen die Menschen nahe bei einander, sind dadurch zu erhöhter Rücksichtnahme auf einander verpflichtet — ein Ritter auf einem Felsenschlosse darf manches thun, was für einen Bürger, der nahe Nachbaren hat, unbedingt verboten bleibt —, sie sind aber auch der Möglichkeit ausgesetzt, sich aneinander zu reiben.

Die Polizei erhält die Ordnung durch Bußen. Mit dem Zunehmen der Sittlichkeit werden die Bußen abnehmen, weil die Uebertretungen abnehmen: aufhören werden sie nie, weil am allerwenigsten in Städten die einander auf dem Halse sitzenden Menschen je aufhören werden, einander zu hassen und zu schaden. Durch sie werden wenigstens die Stadtgemeinden ihre Polizei zu besolden und zu unterhalten im Stande sein.

Endlich werden die Gemeinden nöthigenfalls den Luxus besteuern dürfen. Sie werden es thun, nicht der Staat, weil der Staat zu hoch über den Individuen steht, um deren Gebahren richtig erkennen zu können. Nur müssen die Gemeinden einsehen, daß sie mit der Steuer auf den Luxus nicht sowohl eine Geldeinnahme erzielen, als eine erziehende Wirkung ausüben sollen. Wird zum Beispiel von jedem in einer Stadt vorhandenen Claviere eine — thunlichst hohe — Summe Geld erhoben, so geschieht das wesentlich, um dem Volke klar zu machen, daß so wenig jeder Mensch Anlage zur Malerei oder zur Mathematik, genau ebensowenig oder noch weniger (da man zur Musik eine Seele haben muß) jeder Mensch Anlage zur Musik hat: die zahlreichen Klapperschlangen, welche jetzt durch ihr Tastenhauen sich und ihre Umgebung quälen, werden vielleicht dadurch, daß ihr Hackbrett mit einer Steuer belegt wird, inne werden, daß sie noch hölzerner sind, als der Mahagonikasten, an welchem sie lärmen. Und so in ähnlichen Fällen. Die Finanzen gewinnen bei Luxussteuern nur in einem mitten in der Verwesung befindlichen Volke: einer noch lebenskräftigen Nation dient die Luxussteuer nur dazu, den Luxus und damit auch die Erträge der Luxussteuer zu töten.

Die der Provinz zu zahlenden Summen können nur Zuschläge zu den an die Gemeinden zu zahlenden Summen sein. Es gibt, nachdem der Staat und die Gemeinde die Kuh gemolken haben, für die Provinz nichts mehr in ihrem Euter, als ein paar Tropfen, welche etwa zusammenlaufen, ehe das Thier schlafen geht. Da Alle Gemeinden der Provinz an die Provinz steuern, wird immerhin genug zusammen kommen, um die Provinz mit dem Nöthigen zu versehen.

2

Staat und Gemeinde haben nun aber in Betreff ihrer Finanzwirthschaft dieselbe Pflicht, welche der Privatmann in Betreff der seinigen hat. Sie müssen ihr Capital vermehren, das heißt, sie müssen sparen: denn Capital ist nichts als nicht verbrauchtes Ergebnis früherer Arbeit oder früherer Entsagung.

Es ist eine nicht erkannte Wahrheit, daß jeder, der am Ende eines Finanzjahres nicht mehr besitzt als am Anfange desselben, durchaus nicht auf demselben Flecke geblieben, sondern ärmer geworden ist.

Da die Geschichte in fortwährendem Leben weiter, und zwar im Großen und Ganzen aufwärts und vorwärts weiter geht, schafft sie auch von Jahr zu Jahr neue Werthe. Reichthum ist nur ein relativer Begriff. Ein Millionär auf einer wüsten Insel ist bettelarm, in England ist er wohlhabend, in OstPreußen ein Croesus. Ein Mann mit 5000 Mark Einkommen ist, wenn seine Umgebung es auf 6000 Mark Einkommen bringt, während er bei seiner alten Rente geblieben ist, ärmer als seine Umgebung: steigen jene auf 20000, während er bei 5000 beharrt, so ist er arm geworden. Daraus folgt, allgemeine Zunahme des Vermögens auf der jetzt zur Größe einer Kinderstube zusammengeschrumpften Erde vorausgesetzt, daß wer nicht mit dem Vermögen der Menschheit auch das seine wachsen sieht, im Vermögen zurückgeht. Dasselbe ergibt sich, wenn man Zufälligkeiten wie das Einströmen großer Silbermengen nach der Entdeckung Amerikas, großer Goldmengen nach Erschließung der californischen und australischen Quarze in Betracht zieht. Der Thaler kaufte im Jahre 1600 nicht mehr was er 1450 kaufte, er kauft im Jahre 1880 nicht mehr was er 1850 kaufte. Wer 1880 mit seinem Vermögen dasselbe leisten will, was er 1850 mit demselben leistete, muß 1880 um so viel mehr Thaler sein nennen, als der Thaler gegen 1850 weniger Kaufkraft besitzt: er muß gespart haben.

Staat und Gemeinde unterliegen in diesem Punkte derselben Nothwendigkeit wie die Einzelnen.

Auf das Anwachsen der aus Gebühren und Stempeln, Zöllen und Steuern, Domanien und Regalen, Grund und Häusern fließenden Einnahmen können sie allerdings rechnen, wenn die Fruchtbarkeit der deutschen Frauen und die Arbeitskraft der Nation nicht abnehmen. Aber das Anwachsen geht in so langsamem Tempo, während das Geld, das nicht mehr deutsches, sondern Erdgeld ist, in so raschem Tempo sinkt, daß ganz geflissentlich auf Vermehrung des Capitals hingearbeitet werden muß, um dieses Sinken nicht zum Schaden gereichen zu lassen.

Staat und Gemeinden werden gut thun, als Prolegomena zur Capitalvermehrung eine schärfere Controlle der von ihnen bestellten Arbeit und eine Beschränkung ihrer Ausgaben in Angriff zu nehmen.

Staat und Gemeinden kaufen und bauen theurer als Privatpersonen: den öffentlichen Säckel zu betrügen gilt ja nirgends und nie als eine Schmach. Staat und Gemeinden kaufen ohne sofort zu nutzen, bauen ohne die Zeit auszukaufen, stellen aus Humanität an, kurz, sie verschwenden auf die mannigfachste Weise auch bei nothwendigen Ausgaben.

Aber noch mehr verschwenden sie durch unnütze Ausgaben, und zwar thun es die Gemeinden in noch viel weiterem Umfange als der Staat es thut. Die Landboten sind dabei so wenig eine Schranke wie die Stadtverordneten, ja man wird sagen dürfen, daß wenn Landboten und Stadtverordnete gar nicht vorhanden wären, in der Weise wie jetzt geschieht, nicht verschwendet werden würde. Kein Minister und kein Bürgermeister der alten Zeit würde Ausgaben gewagt haben, wie sie seit dem Völkerfrühlinge von 1848 mit ganz leichtem Herzen gemacht werden.

In einem so armen Lande wie Deutschland ist für Sedanfeste, Erinnerungspuppen, Monumentalbauten, Gewerbeausstellungen, für die Sintfluth der nicht Allen nützenden Schulen schlechthin kein Pfennig zur Verfügung. Die öffentliche Meinung muß sich ernstlich gegen die im Namen des Patriotismus, der Dankbarkeit, der Kunst, der Bildung geübte Verschwendung auflehnen: es müssen Wege gefunden werden, um den von irgend welchem großsprecherischen Eigennutze genasführten Philistern der Bürgercollegien das Verbrechen abzugewöhnen, das Geld ihrer Mitbürger in Illuminationen zum Besten der Lichtzieher und Steinölhändler, in Statuen zum Besten der Bildhauer und Erzgießer, in Ausstellungen zum Besten der Bierwirthe, in Schulen zum Besten der Erwerbebedürftigkeit Einzelner, seien sie Schüler oder Lehrer, zu vergeuden: mindestens die Stadtverordneten oder Bürgervorsteher müssen für allen Schnickschnack, zu welchem sie das Geld Andrer bewilligen, regresspflichtig gemacht werden. Das Volk kann nicht gehalten sein, aus seinen schlecht gefüllten Taschen Realschulen für die Söhne der Honoratioren zu bauen, oder Sgraffiti an den Mauern eines Zierbaus anzubringen.

Das Domanium weltlichen und geistlichen Ursprungs wird nur allmälig steigende Erträge liefern, ohne daß das aus ihm fließende Einkommen je Aussicht hätte, mit dem Wachsen der Bedürfnisse des Staates, und wären diese auf das engste Maß beschränkt, Schritt zu halten. Das allein wirklich werthvolle Regal, die Post, wirft von Jahr zu Jahr mehr ab, aber auch die Post genügt nicht, um die Einnahmen des Staates nach Wunsche zu vergrößern.

Domanien von nennenswerthem Umfange kann der Staat heut zu Tage zur Vermehrung seines Vermögens nicht mehr erwerben: Ackerboden ist zu theuer. Die Bauern gedeihen, weil sie alten Besitz bewirthschaften, dessen Kaufpreis einst so klein war, daß er ihnen heut recht reichliche Zinsen trägt, vielleicht schon amortisiert ist: der Gebildete, der Adlige legt in einem Rittergute jetzt sein Capital nicht vortheilhaft an, weil er zu viel zahlen muß: der Staat würde natürlich in gleicher Lage mit ihm sein.

Wohl aber kann und soll der Staat alles Unland erwerben, welches nicht zu Wegen benutzt ist, und es aufforsten: wohl soll er allen Privatwald erwerben, welcher nicht groß genug ist, um sechzigjährigen Umtrieb zu erlauben, oder dessen Besitzer sich nicht verpflichtet, sechzigjährigen Umtrieb inne zu halten, und dem Staate die Aufsicht darüber zu verstatten, daß er seiner Verpflichtung nachkommt.

Was der Wald für das Klima leistet, und wie wichtig ein möglichst ausgedehnter Waldbestand ist, das weiß jetzt ziemlich jedermann. Hier kommt in Betracht, daß der Wald nur in starken und festen Händen Ertrag liefert, und darum nur in den Händen des Staates, der Corporationen und Fideicommisse sein darf, da diese drei allein lange genug leben, um aus dem Walde einen wirklichen Nutzen zu ziehen: daß der Staat unzweifelhaft an aufgeforstetem Unlande eine ihm sehr viel bedeutende Vermehrung seines Vermögens gewinnen wird. Wie Privatpersonen den Wald bewirthschaften, zeigen der badische Schwarzwald und die Schweiz. Auf einer einzigen Geviertstunde des Schwarzwaldes, welche ich mit Köhlern, Jägern und dem Forstwarte zur Probe beschritten habe, fänden etwa 500000 Tannen auf einem Boden Platz, der zu nichts als zu einem Tännicht dienen kann, und jetzt ungenutzt liegt.

Der Staat muß sich sodann ein neues Regal schaffen, das Eisenbahnregal. Man weiß, daß der gegenwärtige Reichskanzler den Plan, die Eisenbahnen in die Hände des Staates zu bringen, ausgesprochen und theilweise ausgeführt hat. Auch dieser Plan ist nicht des Herrn von Bismarck Eigenthum: er gehört dem Jahre 1848 und dem Minister Milde an, dessen Motive mir nicht bekannt sind: ich glaube mich zu entsinnen, daß es dem Minister Milde nur darauf ankam, einen zuverlässigen Betrieb der Bahnen zu ermöglichen.

Ich fordere ein Eisenbahnregal, das heißt, ich fordere, daß alle

Eisenbahnen, auf welchen neben den Menschen auch Güter befördert werden, Eigenthum des Staates werden sollen, weil es nur unter dieser Voraussetzung möglich werden wird, den Eisenbahnen einen wirklichen Ertrag abzugewinnen, indem nur unter dieser Bedingung ein Gütertarif eingeführt werden kann, welcher dem Rowland-Hillschen Tarife für Briefbeförderung nachgebildet ist. Je gleichmäßiger und billiger der Tarif für Mensch und Gut, je einheitlicher die Leitung der Eisenbahnen ist, desto höhere Erträge werden die Eisenbahnen für den Staat abwerfen, ganz wie das Penny-Porto in England, das Groschen-Porto und die Centralisierung der Post in Deutschland die Erträge der Post auf eine früher nicht geahnte Höhe erhoben haben.

3

Die Finanzwirthschaft eines Staates hängt auf das Innigste mit seiner Politik zusammen. Die Politik des Staates muß so bemessen werden, daß sie mehr und mehr seine Finanzen entlastet.

Dies ist am Schlagendsten durch Betrachtung der für das Heer aufgewandten Kosten zu beweisen.

Niemand als ein Narr leugnet, daß das deutsche Reich ein großes und stets schlagfertiges Heer zur Verfügung haben muß. Damit ist aber — man macht sich das nur nicht klar — ausgesprochen, daß das deutsche Reich in der Gestalt, in welcher es zur Zeit existiert, nicht lebensfähig ist: kein Hausherr verwendet die Hälfte seiner Einnahme auf Riegel und Zäune. Damit ist aber weiter gesagt, daß das deutsche Reich auf ganz andre Grundlagen gebaut werden muß, als auf die es gebaut ist.

Ich rechne es mir zur Ehre an, seit 1853 ohne Schwanken die Anschauung verfochten zu haben, daß erst die Gründung eines mitteleuropäischen Staates Europa den Frieden geben werde.

Der Gründung dieses MittelEuropa steht zur Zeit entgegen, daß der Kaiser von Oesterreich den Bundestag und Königgrätz, der Kaiser von Deutschland seine Beziehungen zu Russland nicht vergessen kann, und der Kanzler des deutschen Reichs Friedrichs von Genz von mir oft bekämpfte, von der Entwicklung der Dinge beseitigte Anschauungen über Ungarn zu den seinigen gemacht hat. Der Kopf freilich sieht vieles ein, zu dem das Herz Nein sagt: in der Politik wirkt aber niemals der Kopf allein, sondern wirkt der Kopf, der mit einem Herzen Hand in Hand geht.

Eine Auseinandersetzung mit Russland wird Polen und Galizien unter dem seine fünf deutschen Landschaften an Preußen abtretenden Hause Wettin, natürlich als unzertrennlichen Bundesgenossen Deutschlands und Oesterreichs, selbstständig machen, sowie derselbe sämmtliche in Polen und Galizien ansässige Juden, den alten Krebs der polnischen Nation, nach Palaestina abgeschafft haben wird. Diese Auseinandersetzung wird östlich von Polen bis zum schwarzen Meere hin Land für deutsche Ansiedelungen frei stellen, und auf KleinAsien die Hand für weitere deutsche Colonien legen. Es ist nicht zu ertragen, daß die Geschichte stets westwärts gehe, während im Osten für die auf Europa schwer lastenden Sarmaten das beste, durch eine einfache Umquartierung in Besitz zu nehmende, Land brach liegt, und durch ein Rückwärtsdrängen der Moskowiter vor unsrer Thüre Platz für die jetzt in America verschwindenden Deutschen gefunden, und die Bahn für eine eigne, nicht russische und darum ungefährliche Entwickelung der SüdSlaven geschaffen werden kann.

Diese Aufgaben hat sich die deutsche Nation zu stellen, weil nur wenn sie gelöst sind, die schwere und kostspielige Rüstung überflüssig wird, welche dauernd zu tragen ihr unmöglich fällt. Nur die Germanisierung der im Osten an uns grenzenden Länder ist eine That der Nation, die jetzt thatenlos dahinlebt, und sich mit Rauchen und Lesen über ihre Nichtigkeit tröstet. Wir ersticken an Bildung und dem geheimen-Raths-Liberalismus: wenn wir wieder Bauern geworden sein werden, können wir noch glücklich sein, und Bauern werden wir nur durch Rücknahme des alten Gothen- und Burgundenlandes.

Kirchthurmhoch, sagte der Reichskanzler einst, steht die Freundschaft zwischen Preußen und Russland über dem Neide und dem Hasse derer, welche sie nicht mögen. Nun, die letzten Ereignisse haben denjenigen Recht gegeben, welche an den Bestand dieser unpolitischen Freundschaft nicht geglaubt haben. Der Reichskanzler hat die Schwenkung schon selbst vollziehen müssen, welche ich längst gefordert habe.

4

In diesen Blättern ist von einer Erwerbsteuer nirgends die Rede gewesen. Natürlich mit Absicht nicht.

Das Capital ist das Ergebnis alter Arbeit und alter Entbehrungen, sein Ertrag ist die Rente. Diese Rente wird dadurch erzielt, daß es an jemanden der Geld braucht, ausgeliehen wird: die Rente ist der Lohn dafür, daß der Eigenthümer des Capitals es dem Arbeiter zu dem Zwecke hergibt, mit ihm lohnende, das heißt, einen Ueberschuß über die Arbeitskosten ergebende, Arbeit zu thun.

Soll nun der Erwerb besteuert werden, so heißt das, den Ueberschuß besteuern, welchen die Arbeit über die Rente des zur Durchführung der Arbeit geliehenen, beziehungsweise (wenn es Eigenthum des Arbeitenden ist) besessenen Capitals ergibt. Da dieser Ueberschuß in den seltensten Fällen erheblich ist, wird durch eine Erwerbsteuer nichts weiter bewirkt, als daß entweder die Rente um die entsprechende Summe geschmälert, oder die Arbeit ohne Nutzen oder mit einem sehr geringen Nutzen geleistet wird. Wenn ersteres der Fall ist, besteuert man die Rente, die als Einkommen bereits besteuert ist, noch einmal: wenn letzteres, dürfte man die Lust zur Arbeit erheblich ermäßigen, freilich in Preußen eine Philologen unschätzbare Erläuterung der Redensart travailler pour le roi de Prusse geben.

Wird die Arbeit ohne Beihülfe eines besessenen oder angeliehenen Capitals gethan, so scheint sie Nichtstaatsmännern um so ehrenwerther. Der Arme, welcher nur mittelst seines Willens, seines Verstandes und seiner Fähigkeit zu entsagen es allmälig zu einem Besitze bringt, dürfte Vielen aller Achtung würdig vorkommen: die Erwerbsteuer ist andrer Meinung. Sie belastet ihn für das, was Nichtstaatsmännern das beste an ihm scheint: sie knickt jedes Ei das die Henne legt, um einige Tropfen Dotter zu gewinnen. Umsonst ist der Tod, sagt das Sprichwort: die Erwerbsteuer ändert es in die Form Umsonst oder wenigstens nahezu umsonst ist die Arbeit.

Uebrigens irrt man, wenn man nur Tischler, Schneider und andre Handwerker oder Kaufleute mit einer Erwerbsteuer belegt. Professoren, Aerzte, Richter und andre Studierte arbeiten auch nicht um der schönen Augen des jedesmaligen Ministerpraesidenten oder Generalsteuerdirectors willen, nicht allein oder vielleicht gar nicht aus Liebe zu ihrem Berufe: in einem gerecht verwalteten Gemeinwesen müßten mithin, falls Erwerbsteuern beliebt würden, auch sie so gut wie der Zimmermeister und seines Gleichen Erwerbsteuer zahlen. Man meint sogar den Generalsteuerdirector und den Ministerpraesidenten nicht von dem Verdachte frei sprechen zu dürfen, daß auch sie ohne Gehalt zu empfangen ihr Amt nicht behalten würden. Sollten vielleicht auch sie erwerbsteuerpflichtig sein?

Es ließe sich ja denken, daß eine in altmodischen Anschauungen nicht mehr befangene Epoche die Krüppel, welche nicht dienen können, besteuerte, weil sie ja von den NichtKrüppeln sonst gratis vertheidigt würden: daß sie die NichtRaucher besteuerte, weil diese ja doch rauchen dürfen, und wenn sie rauchten, so und so viel an die Monopolinhaber abführen würden: daß sie kinderlose Leute besteuerte, weil diese ja freilich einsam sterben werden, aber doch keine Auslagen für die Erziehung von Kindern haben. Einstweilen bin ich, neuen Anschauungen überhaupt wenig geneigt, der Ansicht, daß es vorzuziehen sein würde, wenn die Staatsmänner ihre Politik ernsthaft so einrichten wollten — wäre es auch durch ein paar große Kriege —, daß wenig Steuern nöthig wären, und der Staat mit der Rente seines Vermögens, mit Gebühren und Stempeln allen seinen Verpflichtungen gerecht werden könnte: schon Steuern und Zölle müssen als Nothbehelfe angesehen werden.

Ebensowenig wie von einer Erwerbsteuer ist von der jetzt bei den Massen so viel genannten Unterabtheilung derselben die Rede gewesen, der Börsensteuer. Die Uebertragung der Werthe ist nach dem oben Auseinandergesetzten stempelpflichtig: da die an der Börse gehandelten Werthe an ihr übertragen werden, unterliegt jeder Verkauf Zinsen oder Dividenden abwerfender Papiere dem Stempel. Aber an der Börse wird nicht allein, oder nicht einmal hauptsächlich, Capital in guten Papieren angelegt, sondern es wird mittelst schlechter Papiere auf Differenzen gewettet. Diese Wetten sind Glücksspiele, stehn an ethischem Werthe dem Pharao und Tempel Mosis völlig gleich, und verfallen nicht dem Steuerfiscale, sondern der Staatsanwaltschaft. Der preußische Minister Maybach hat die Börse öffentlich einen Giftbaum genannt, und, soferne er die eben berührten, an der Börse die Hauptsache ausmachenden Hazardspiele meinte, durchaus die Wahrheit, und allen ehrlichen Menschen aus dem Herzen gesprochen. Durch Auferlegung einer Steuer aus diesen Spielen Geld einnehmen wollen ist eine Beleidigung für Alle, denen dies Geld irgendwie mit zu Gute kommen würde: es nützen ist nicht ehrenhafter als von dem Lohne leben, welchen Weib oder Tochter mit ihrer Schande verdienten. Muß aber ganz gewiß die Stempelung der Hazardspiele der Börse unterbleiben, weil sie eine Anerkennung von Verbrechen einschlösse, so muß andrerseits ebenso gewiß das Gesindel, welches diese Verbrechen am hellen Tage begeht, mit sammt seinen Angehörigen mittelst Schub, gebrandmarkt, über die deutsche Grenze gebracht, im Falle der Rückkehr an den ersten besten Pfahl aufgeknüpft, und sein Vermögen zum Besten der Staatskasse eingezogen werden. Jeder, der sich das von solchen Subjecten ergaunerte Geld anheirathet, marschiert unter den gleichen Bedingungen wie sein Schwiegervater ab.

Ich fasse, obwohl ich mich schon im Voraufgehenden deutlich ausgedrückt zu haben denke, meine Anschauungen zusammen.

Für die Finanzwirthschaft Deutschlands ist nothwendig, daß sie überall nur drei Instanzen — Reich, Provinz, Gemeinde —, nirgends vier — Reich, Staat, Provinz, Gemeinde — mit Geld zu versehen habe.

Die Einkommenquellen des Reichs müssen von den Einkommenquellen der Gemeinde ganz und gar verschieden sein: die Provinz erhebt Zuschläge zu dem der Gemeinde Gesteuerten.

Reich, Provinz, Gemeinde sind gehalten, nicht bloß ihre Steuer- und Stempelkraft, sondern auch ihr Vermögen jährlich nach Kräften zu vermehren, theils durch Sparen, theils durch Erwerb neuer Vermögensobjecte.

Die Politik des Reichs muß geflissentlich darauf aus sein, das Reich in die Lage zu bringen, daß es seine Rüstung zu tragen aufhören darf.

Zu diesem Behufe ist außer organischer Verbindung mit Oesterreich der Gewinn eines erheblichen Colonielandes im Osten unumgänglich.

Die graue Internationale.

Von der schwarzen, der rothen, der goldenen Internationale redet alle Welt: die graue Internationale läuft noch immer unter dem Namen Liberalismus um. Mir scheint es an der Zeit, sie in ihre Rechte einzusetzen. Sie ist vaterlandslos wie alle ihre Schwestern, und darum für jede Nation von äußerstem Unsegen. Sie herrscht allerdings eben so gerne wie die drei andern Glieder der Familie, aber die Macht ist nicht eigentlich das was sie erstrebt: von der Bequemlichkeit und dem Wunsche zu scheinen nährt sie sich, sie mordet, wenn auch ohne es zu beabsichtigen, die Gewissen und die Fähigkeit das Leben als Ganzes zu fassen, und dadurch tötet sie die Persönlichkeit.

Alles was dem Menschen frommt, ist Ergebnis seiner eignen Arbeit. Diesen Satz werden viele Zeitgenossen nicht bestreiten, obwohl sie seiner Tragweite sich nicht bewußt sind. Die eindringlichste Erläuterung hat er auf einem sehr leicht übersehbaren Gebiete durch die von Frankreich an Deutschland gezahlte Kriegsentschädigung erhalten. Wir würden jene fünf Milliarden Francs sehr wohl haben vertragen können, wenn sie Franc für Franc von uns als Einzelnen verdient worden wären: da sie uns auf Einmal, ohne daß wir etwas dafür geleistet, über den Hals kamen, sind sie uns fremd geblieben, und haben die Fäulniskrankheit hervorgerufen, von welcher wir noch immer nicht gesundet sind, und noch lange nicht gesunden werden. Ganz genau wie mit jenem Gelde verhält es sich nun mit geistigen Gütern. Kein Volk kann die Grundsätze des politischen Lebens, kann die Ergebnisse der Weltcultur äußerlich überkommen: wir können derartiges niemals wie Vokabeln auswendig lernen, niemals wie einen Regenschirm entlehnen: wir müssen was wir an geistigen Gütern besitzen wollen, selbst erobern. Der Liberalismus — ich rede natürlich nur von dem deutschen Liberalismus aus eigenster Kenntnis — ist die Weltanschauung derer, welche überallher geistige Güter zusammenschleppen, und dies in dem guten Glauben thun, jene seien darum ihr Eigenthum, weil sie in ihren Truhen und Schreinen liegen. All dieses Gold erweist sich, wie das schon unsre Märchen wissen, dem Besitzer, sowie er es benutzen will, als Kohle, obwohl es an und für sich wirklich Gold war. Alle diese Besitzer machen auf Gesunde den Eindruck Geisteskranker, welche Goldpapier als Geld aufzählen: wo derartige Leute im Leben der Völker zur Geltung kommen, wirken sie im höheren Sinne des Worts entsittlichend, weil sie die Arbeit in Miscredit bringen, weil sie wie einen Lotteriegewinn Schätze denen hinschütten, welche mit diesen Schätzen nichts anzufangen wissen: sie wirken aber auch im gewöhnlichen Sinne des Wortes entsittlichend, weil auch sie selbst nicht wirklich besitzen, was sie zu besitzen meinen, und darum bei ihnen Theorie und Praxis einander stets widersprechen. Diese Liberalen sind die umgekehrten Schlemihle: sie haben den Schatten des Körpers, aber den Körper nicht. Da ich durchaus nicht wünsche, misverstanden zu werden, mache ich darauf aufmerksam, daß ich selbst ganz genau angegeben habe, was ich hier liberal nenne, und daß für mich liberal nicht etwa mit Freiheitsfreund gleichbedeutend ist.

Menschen und Völker schreiten auf zwei Wegen vorwärts. Entweder so, daß in langsamem Wachsthume sich jedes Höhere aus dem nächst Tieferen, jedes Vollkommenere aus dem nächstweniger Vollkommenen entwickelt, oder aber so, daß, nachdem elementare Gewalt den ungenügenden Zustand der Dinge über den Haufen geworfen hat, in Folge des Unglücks die Betroffenen, welche nunmehr vor dem hellen Tode stehn, sich gezwungen finden, alle ihre Kräfte zur Herstellung eines genügenden Zustandes einzusetzen. Menschen und Völker kommen also zu ihrem Ziele entweder so, wie die Pflanze zu dem ihren kommt, oder aber wie der Schiffbrüchige zu dem seinen, der auf einer Planke des zerschellten Schiffes treibt, und einen Fetzen Segel mit der äußersten Anstrengung und dem schärfsten Nachdenken dazu nutzt, daß er ihm zur rettenden Küste zu gelangen helfe.

Die Deutschen sind durch die Kirche Winfrids, die Bewidmung mit römischem Rechte, die Reformation, den dreißigjährigen Krieg, die Aufklärung Schritt für Schritt sich selbst untreu gemacht worden. Wer wagt dieser Thatsache gegenüber zu behaupten, daß die Deutschen die Entwickelung des Waldbaumes gehabt, der allmälig seine Wurzeln in die Tiefe, seine Aeste und den ragenden Wipfel in die Höhe gestreckt hat?

Die Deutschen sind zweimal in der bittersten Todesnoth gewesen, durch den dreißigjährigen Krieg und durch Napoleon den ersten. Aber sie haben nie das Glück des mannhaften Entschlusses erfahren: nie haben sie auf ihr eigenstes Eigenthum zurückgegriffen: all die unsägliche Selbstsucht der Machthaber ist ihnen geblieben: niemals haben sie einen Fürsten besessen, welcher als lebendiger Auszug des deutschen Wesens in jeder Faser seines Seins Empfindung für die Stammnatur, Haß gegen die Unnatur, aufwärts athmendes Streben zu deutscher Zukunft gewesen wäre. Flickwerk folgte auf 1648, Flickwerk auf 1806.

Aus dem Gesagten ergibt sich ganz von selbst, daß Deutschland dem verfallen mußte, was ich Liberalismus nenne: daß wohlwollende Menschen mit und ohne amtlichen Auftrag sich bemühten, zu importieren, was im Vaterlande nicht gewachsen war und doch nothwendig schien. Griechen und Römer, das alte und das neue Testament, die Verfassungen aller möglichen Länder haben dem armen Unstern helfen sollen: daran hat niemand gedacht, daß nur von unten auf, durch unbedingte Wahrhaftigkeit, unsre Zustände gebessert werden können: nicht durch Kennenlernen der wirklichen oder vermeintlichen Güter Anderer, sondern durch thatsächliche Beseitigung unsrer Mängel und Fehler und durch thatsächlichen Erwerb derjenigen Güter, welche nicht Fremde, sondern wir selbst wirklich brauchen. Keiner Nation nützt irgend welches Gut eines fremden Volkes, weil es ein Gut, sondern nur, weil es Ihr ein Gut ist. Kann doch auch der einzelne Mensch nicht alle Speise essen, die es auf Erden gibt, und soll er doch nur diejenige Speise genießen, welche ihm frommt und in dem Maße, in welchem sie ihm frommt, weil er sonst seine Fähigkeit zu verdauen und also zu leben ganz verlöre.

Der Liberalismus ist durch den Minister Altenstein und seinen Rath Iohannes Schulze in die preußischen Schulen eingeführt, und von Preußen aus über ganz Deutschland verbreitet worden. Das ist nicht das kleinste unter den auf unserm Vaterlande lastenden Misgeschicken. Unsre Jugend beherrscht keine Sprache, sie kennt keine Litteratur, sie hat nicht einmal die Hauptwerke unsrer großen Dichter wirklich in Ruhe gelesen und zu verstehn gesucht: aber sie hat die Quintessenz alles dessen was je gewesen ist, in der Form von Urtheilen zugefertigt erhalten, und sie stirbt am Ende ihrer Schulzeit vor Langerweile. Sie ist so überfüttert mit Notizen, so ungeschult in Auffassung geistiger Vorgänge und schriftstellerischer wie rednerischer Leistungen, daß sie auf der Universität einem freien Vortrage, sei derselbe noch so durchdacht und noch so klar, zu folgen außer Stande ist, und daß ihr deswegen Jahr aus Jahr ein in so gut wie allen systematischen Vorlesungen dictiert wird.

Die Hälfte ist mehr als das Ganze, behauptete Hesiod: ein Achtel kann mehr sein als das Ganze, behaupte ich, wenn an diesem Achtel die Gesetze zur Erkenntnis gebracht werden, nach denen sich auch die nicht besprochenen sieben Achtel und alle übrigen Ganzen bewegen.

Was war das preußische Heer von 1815 bis 1858? Ein theurer Unnütz, den der jetzige Kaiser schon 1833 hat umschaffen wollen, ein Unnütz, dem wir Bronnzell und Olmütz danken. Ganz genau wie 1858 das Heer reorganisiert worden ist, muß jetzt das Unterrichtswesen Preußens reorganisiert werden: so lange dies nicht geschehen, gilt mir jeder ihm gewidmete Pfennig für weggeworfen, da was erzielt wird, nicht durch das System, sondern durch die Aufopferung einzelner Lehrenden trotz des Systems erzielt wird. Es ist schlechte Oekonomie, ein Messer kaufen das nicht schneidet, zumal wenn man unmittelbar vor dem Punkte steht, an dem ein recht schneidendes Messer Noth thut. Ohne jene Reorganisation des Heeres wären Düppel und Alsen, wären Königgrätz und Sedan unmöglich gewesen: verlasse man sich fest darauf, daß ohne die vollständige Reorganisation des preußischen Schulwesens das nicht wirklich werden wird, was durch jene Siege nur möglich geworden ist, nämlich die Einheit Deutschlands, da diese nur auf dem Wesen, nimmermehr auf dem Scheine des Wesens ruhen kann.

Die Anschauungen des Liberalismus sind jetzt so sehr die herrschenden aller sogenannten Gebildeten, daß auch die christliche Orthodoxie unsrer Tage ohne es zu wissen, von ihnen zerfressen, und dadurch, daß sie den Feind in ihrem Lager hat, gehindert ist, ihn draußen mit einigem Erfolge zu bekämpfen. Jene angebliche Orthodoxie ist allerdings durch gewisse Thatsachen schon vernichtet, welche sie nicht mehr in Abrede stellen kann. Niemand wird das Vorhandensein wirklich inspirierter Worte und Handlungen leugnen können und wollen — leugnet man ja doch auch das Rosenthum der Rose nicht: das wirklich Inspirierte ist nichts anderes als das göttlich Echte —, aber die Inspiration in dem kirchlichen Verstande dieses für die Rechtgläubigkeit gerade in diesem Verstande so wichtigen Worts ist unhaltbar, da niemand zu bestreiten vermag, daß die Geschichte der Bücher des alten Testaments eine durchaus andre gewesen, als das orthodoxe System annehmen muß, um bestehn zu dürfen — Moses und David sind völlig in die Brüche gegangen —, da die Geschichte Israels selbst in jeder ihrer Wendungen nicht so verlaufen ist, wie die Orthodoxie es verlangen muß, da im neuen Testamente die verschiedenen Lehrtypen sich nicht wegbringen lassen, da die apostolischen Väter nur zum Theile an unsre Evangelien, zum Theile nur an die Apostel anknüpfen. Wenn nun auch unwahrhaftige Menschen das Anerkenntnis dieser und ähnlicher Sätze als Liberalismus verschreien, so ist es doch in der That so wenig von diesem veranlaßt, wie etwa die Forderung, jedem sein Recht zu geben, die Ueberzeugung zu achten, Gefangene milde zu behandeln, vom Liberalismus veranlaßt ist: jenes Anerkenntnis wird von den Thatsachen erzwungen, diese Forderung von der Pflicht auch den conservativsten Menschen geboten: weder jenes noch diese ist die Folge einer bestimmt gearteten Lebensanschauung oder einer Tendenz: nur wer sich der Sünde wider den heiligen Geist schuldig machen will, darf jenes verweigern. Wohl aber ist das eine Folge des Liberalismus, daß die moderne Orthodoxie so vielfach das einzelne Factum als etwas unter allen Umständen zu vertheidigendes ansieht, daß sie sich so gar selten zu großen Gesichtspunkten aufzuschwingen vermag, daß sie nicht einmal den Begriff Kirche recht versteht.

Auch Männer, welche nicht orthodox, aber eifrige Freunde der Religion und welche sogar der Meinung sind, daß die Nationen nur durch die Religion leben, auch sie sind dem Banne des allgemein herrschenden Liberalismus und seiner die Natur und die Geschichte leugnenden Grundanschauung verfallen.

Wie oft hat man nicht Anstalt gemacht, die Religion wieder zu erwecken. Aber die Religion wird nicht erweckt, sie erwacht. Ich habe gerathen, ihre noch glühenden Kohlen zu sammeln und auf einander zu schütten — niemand darf etwas anderes rathen, niemand mehr thun wollen als das —: den Hauch in diese Kohlen bläst nicht Menschenmund. Er wird von den Höhen oder von den Tiefen her wehen, wie es Gott gefällt, wenn wir die hinsterbende Gluth ihm zurechtgelegt haben werden, welche er beleben soll. Man hat oft genug den Wunsch gehegt, eine conservative Partei zu gründen. Auch wer dies gethan, war selbst den Liberalismus nicht los, gegen welchen er doch zu kämpfen vorhatte. Die Gründung einer conservativen Partei ist eben auch eine Gründung wie alle andern Gründungen, und wenn vielleicht auch zunächst irgend ein vermögender Geist aus seinen persönlichen Mitteln soviel hergäbe, um den Schein eines Erfolges hervorzurufen, auf die Dauer müßten die Dividenden bei dieser Gründung so gut ausbleiben, wie sie bei andern Gründungen ausbleiben müssen. Nur die Natur lebt und zeugt, der Wille des Menschen kann das Erdreich von Steinen und Dornen säubern und kann es umgraben, er kann den Samen ausstreuen, aber nicht der menschliche Wille ist es, der die Saat aus dem von Gott mit Keimkraft ausgestatteten Samen in Gottes Luft und unter Gottes Thau und Sonne wachsen und gedeihen läßt.

Die conservative Partei — wenn ich einmal von Partei reden muß — wird an dem Tage entstehn, an welchem das königlich preußische Unterrichtswesen Altensteinscher Confession über den Haufen geworfen, die Parteipresse zerstört, die Kirchenbildung frei gegeben, an welchem Familienehre als nothwendiges Erfordernis der Volksehre anerkannt, an welchem als unwiderrufliches Grundgesetz unsres Lebens verkündet worden ist, daß nur persönliche, verantwortliche, planmäßige Arbeit Werthe schafft, daß alles was der Einzelne nicht selbst erwirbt, ihm und seiner Umgebung nicht zum Segen, sondern zum Unsegen gereicht, daß aber auch für Geist und Seele niemand mehr bedarf, als was er selbst erarbeitet, weil niemals das Ergebnis und der Arbeitsstoff des Lebens, sondern immer nur das Leben das ist, worauf es ankommt.

Eine besonders entnervende Wirkung hat der Liberalismus auf die heut zu Tage im Mannesalter stehenden Gelehrten ausgeübt.

Erstens lehrte er sie das einzelne Factum und damit auch ihre auf die Ermittelung dieses Factums gerichtete Thätigkeit übermäßig schätzen, andrerseits hinderte er sie, sich Gesammtbilder von Menschen, Zuständen, Entwickelungen, Geschichtsperioden, Geschichtszwecken zu machen. Er bewirkte durch letzteres, daß der Dilettantismus sich daran gab, solche Gesammtbilder zu zeichnen, und daß er in ihnen nicht das Wesen seiner Vorlage zeichnete — dies Wesen kann nur denen bekannt sein, welche die Kräfte des Originals in ihren einzelnen Aeußerungen als Augenzeugen belauscht haben —, sondern unter Benutzung des bekannten Materials Phantasie- und Tendenzstücke anfertigte, welche, von allen mit ähnlichen Phantasiebildern und ähnlichen Tendenzen versehenen Lesern als Wahrheit aufgenommen, der wirklichen Wahrheit den Weg verlegen.

Jeder Gelehrte ist zunächst darauf angewiesen, einzelne Thatsachen, wenn man will, Notizen, zu sammeln, an denen als den festen Punkten allmälig das Bild ganzer Vorgänge sich aufbaut: er ist mithin zunächst auf eben das angewiesen, was der Liberalismus als das wesentliche ansieht, nur ist er nicht darauf angewiesen, als auf das wesentliche, sondern als auf Mittel zum Zwecke, nicht als auf ein letztes, sondern als auf ein erstes.

Die jetzt im Mannesalter stehenden Gelehrten sind so gut wie alle in einer religionslosen Atmosphäre aufgewachsen, die Religion aber ist es, welche dem Menschen eine Lebens- und Weltanschauung gibt, und es ist sehr schwer, daß jemand, der nicht schon als Jüngling eine Lebens- und Weltanschauung irgend welcher Art besessen hat, als Aelterer sich eine solche verschaffe. Jene Gelehrten haben in Folge des beregten Mangels ihrer Erziehung niemals das Bedürfnis nach einer Weltanschauung empfunden, und sind so auf leicht erklärbare Weise dazu gelangt, liberal zu werden, das heißt, die einzelnen Facta und deren Ordnung als das allein Nothwendige und das in diesem unverständlichen Leben allein zu Erreichende anzusehen.

Daraus ist weiter die antichristliche und irreligiöse Färbung der deutschen Gelehrsamkeit entsprungen. Wer eine Weltanschauung sein nennt, besitzt sie entweder als ein Geschenk der Religion seiner Kindheit oder als einen Erwerb der harten Kämpfe, welche er als Mann um einen neuen Glauben geführt hat. Jede Weltanschauung ist religiös, weil die Welt nur als ein durch eine überwaltende Natur oder einen höchsten, klarsten, reinsten Willen gesetztes und zusammengefaßtes ein Ganzes ist: jede religiöse Anschauung erhebt den Anspruch die ausschließlich richtige und genügende, oder aber eine unbedingt richtige und wichtige Seite eines noch nicht bekannten Ganzen zu sein. Daher hat jeder Streit der nicht der Reactionspartei angehörenden Nicht-Liberalen wider die Liberalen die Wärme eines Kreuzzuges, eben darum jeder Streit der Liberalen gegen jene die höhnische Kälte und den bigotten Haß des Unglaubens. Die heut zu Tage im Mannesalter stehenden Gelehrten werden nicht leugnen, daß ihnen jedem nicht liberal gesinnten Gelehrten gegenüber, und wäre derselbe der freidenkendste, wohlwollendste, tüchtigste Mensch, in voller Seele unbehaglich zu Muthe wird: jede Gesammtanschauung schmeckt ihnen nach dem Mittelalter. Sie mögen in der Theorie dem Christenthume und der Religion noch so viel Gerechtigkeit widerfahren lassen, im Herzen sind sie Heiden, und sogar froh darüber, Heiden zu sein. Das ist aber ein Rückschritt: man hat das Recht über das Christenthum hinauszugehn, aber nicht das Recht hinter ihm zurückzubleiben.

Als allerärgstes Zerrbild erscheint der königlich preußische Staats-Liberalismus in dem Culturexamengesetze des Ministers Falk. Diesem Gesetze zufolge ist alle Bildung nur nasser Lehm, der an eine widerwillige Mauer geworfen wird, und nothwendiger Weise abfallen muß, sowie die Sonne auf ihn scheint oder der Regen gegen

ihn wäscht: solches Anwerfen auf Zeit hielten der Minister Falk und
der preußische Landtag für eine dem Vaterlande nützende That.
Der Zeus des modernen Pantheons ist der Erfolg: fragen wir
bei diesem höchsten Richter über den Werth des Liberalismus an.
Als Hoedel gegen den Kaiser seine Pistole erhob, wurde allgemein seine That als charakteristisches Symptom der Halbbildung
unsrer Zeit angesehen — ich erinnere nur an die Artikel der Nationalzeitung vom 4 Juni, vom 19 und vom 21 August 1878, weil
dieses Blatt in jener Zeit noch fast zu den halbamtlichen gehörte
—: die beiden großen Parteien bemühten sich, einander die Schuld
an Hoedels Bildung zuzuschieben: Hoedel war als Knabe nach
Raumer-Stiehlschen Regulativen erzogen, als Jüngling hatte er in
Mitten der Segnungen des neuen Deutschlands gelebt, so daß die
beiden sich nichts vorzuwerfen hatten. Jene Regulative wie dieses
Deutschland waren sich darin gleich, daß sie den Menschen durch
mechanische Einfügung fremder Stoffe über sich hinausheben wollten: es nimmt sich im Principe nichts, ob man einer Seele die
sogenannte Orthodoxie einer tief innerlich ruinierten Kirche oder die
nicht Orthodoxie genannte, aber ächt orthodox fanatische und unduldsame Rechtgläubigkeit der Alltagsfreisinnigen einpumpt: jene wie
diese zerstört, weil jene wie diese der Seele fremd ist.

Ueber jene tugendhafte Entrüstung der Zeitungen ist Gras gewachsen: die Zeitungen sind Tagesprodukte, und müssen mit den
Tagen leben: aber was haben denn in unsrer nicht ephemeren
Gesellschaft und in unsrer sehr stabilen Regierung jene einen Abgrund beleuchtenden Blitze von 1878 für Folgen gehabt? bei jener
gar keine als die Wilhelmsspende: dieser ist ein den Schaden nach
innen treibendes Socialistengesetz genügend erschienen: die Halbbildung, über welche durch Hoedel und Nobiling angeblich Alle aufgeklärt
waren, über welche die halbamtlichen Blätter seufzen mußten, sie
ist völlig unangetastet geblieben: das königlich preußische Schulwesen bildet nach wie vor, sogar mit verstärkten Mitteln, die jetzige
Jugend genau ebenso halb, wie es einst Hoedel und Nobiling halb
gebildet hat. Bildung ist die Fähigkeit Wesentliches von Unwesentlichem zu unterscheiden, und jenes ernst zu nehmen: ist die
Gesellschaft, ist die Regierung etwa in diesem Sinne gebildet, wenn
sie trotz jenes Schreckens von 1878 Alles beim Alten läßt? man
heißt seine Zeitungen klagen, daß es brenne, und rührt dennoch
keinen Finger, Wasser zum Löschen heranzuschaffen.

Hoedels Wunsch mit der Cigarre im Munde zum Schaffot zu
gehn erregte 1878 allgemeines Entsetzen. Ist es weniger entsetzlich, wenn ein Pfaff im Chorrocke mit dem Glühwurme unter der
heiligen Nase von einer Beerdigung oder einer Taufe über die
Straße schreitet? Er hat eben öffentlich zur höchsten Majestät gebetet — wenn er mit dem Kaiser, mit Bismarck oder Moltke hätte
über Wesentliches, oder auch nur über Unwesentliches, reden dürfen, er wäre Tage lang der Unterredung voll —: nach der Unter-

redung mit Gott sinkt er sofort in sein übliches Unleben zurück, weil sein Gebet eine Phrase war, wie unsern Knaben Anmuth und Würde oder die drei Einheiten des Aristoteles Phrasen sind. Der fromme Mann zetert, weil man in der Union bei der Taufe den Teufel nicht austreibt, aber er selbst schwächt, falls er in gebildeten Familien tauft, den Exorcismus so ab, daß sogar etwa anwesende Juden keinen Anstoß an seinen Redensarten nehmen. Er findet nicht Worte genug gegen diejenigen, welche die Bibel nicht für inspirirt ansehen, gegen diejenigen (leider sind es noch wenige), welche die Bibel nur für eine Sammlung der über die Entwicklung eines Theiles der Religion Zeugnis ablegenden Urkunden, und welche die That für wichtiger als die über die That berichtenden Urkunden halten, gegen diejenigen, welche den Werth des alten Testamentes darin suchen, daß es den Christen zeigt, wie auch der Glaube eine Geschichte, wie auch der christliche Glaube eine Vorgeschichte gehabt, wie letzterer nur verstanden werden kann als nach einer Seite hin aus dem durch Maria dargestellten Mutterboden des alten Testaments erwachsen, nach der andern als das vollbewußte Nein gegen den bis auf die neusten jüdischen Romanschriftsteller fortwuchernden Ischariothismus des Judenthums. Aber liest der eifrige Mann dieses Wort Gottes? er denkt nicht daran, er, der ein vom Kaiser, von Bismarck oder Moltke auch nur unterzeichnetes Schriftstück alsbald auswendig wissen würde: seinen Theologie studierenden Söhnen wehrt er nicht, sich mit elenden, die Schnitzel des Textes kräuselnden oder diesem Texte die Dogmatik eines Schulhaupts aufzwingenden Vorlesungen über fünf oder sechs, nie ernsthaft studirte Stücke der Bibel zu begnügen, wenn nur der heilbringende Glaube an das Wort Gottes unangetastet bleibt. Ist dieser Mann in dem oben angegebenen Sinne gebildet? oder aber liegt bei ihm sein Thun hier, sein Wissen da? sein Denken (wenn bei ihm von Denken die Rede sein darf) und sein Empfinden (eine Kröte empfindet wärmer) in der Schule, sein Leben nicht im Schmutze — denn von der Sünde rede ich nicht —, sondern in der poesielosesten, himmel-leugnendsten Trivialität? ist nicht seine ganze Existenz ein Haufen Rapilli, über welchen man sehr schwer in die Höhe, aber ganz außerordentlich leicht bergab kommt?

Der Sachverhalt wird noch deutlicher, wenn wir auf die neben uns wohnenden Juden blicken. Es ist bekannt, daß dieselben sich in großer Zahl und mit vielem Eifer die moderne Bildung anzueignen bemühen: der Erfolg ihrer Bemühungen ist nicht der gewesen, sie über sich hinauszuheben: mit ehrenwerthen Ausnahmen, welche die Regel nur bestätigen, sind sie trotz aller Bildung Juden geblieben: unser aus so verschiedenen Elementen zusammengewachsenes, in keiner Weise unduldsames Volk sieht sie noch heute trotz aller ihrer Bildung als Fremde an.

Was nützte uns das preußische Unterrichtswesen? sind unsre Zustände trotz seiner da? was nützte uns Falks Culturexamen?

sind die ihm unterworfen gewesenen jungen Geistlichen auch nur eines Haares Breite besser als ihre Vorgänger, welche sich nach der Schulzeit keine frische Ladung Cultur in die Schädel gepackt haben?

Was ergibt endlich die liberale Wissenschaft als eben das, was man — das heißt, die unerzogene, ihren Leidenschaften hingegebene Masse — wünscht und weiß? Wer aber der Zeit nicht etwas bietet, was über die Zeit hinausreicht und hinausführt, was eben darum der Zeit unbequem ist, der hat seinen Lohn dahin.

Drei Dinge sind der Ertrag unsrer Bildung: schlechte Augen, gähnender Ekel vor allem was war, und die Unfähigkeit zur Zukunft.

Es wird erlaubt sein, am Schlusse dieser nur zur Erweckung des eignen Nachdenkens meiner Leser geschriebenen Zeilen auf die jetzt brennend gewordene Judenfrage einzugehn, da diese Frage nur von denen richtig beantwortet werden kann, welche meine Grundanschauung über den Werth der Bildung theilen.

Die Aufregung ist unter der Jugend eine allgemeine: die älteren Generationen denken meistens wie der Nachwuchs, verhalten sich aber aus verschiedenen Ursachen still.

Einige siebenzig Berliner, darunter nicht ganz wenige Mitglieder der preußischen Akademie der Wissenschaften, haben jene Aufregung durch eine am 12 November 1880 abgegebene Erklärung zu beschwichtigen gesucht: es ist dringend zu wünschen, daß die wissenschaftlichen Leistungen dieser Männer mehr taugen als ihre politischen: zu schreiben haben sie nicht verstanden, und den Thatsachen thun sie — was selbst in der Erregung des Augenblicks Führern nicht erlaubt ist — auf das Aergste Gewalt an.

Es fällt niemandem in Deutschland ein, wie jene Leute behaupten, sich in Betreff der Juden gegen die sogenannte Toleranz zu versündigen: die Fähigkeit der Deutschen intolerant zu sein scheint durch die Leistungen der Falkschen Epoche erschöpft: Niemand hat jemals die in Deutschland wohnhaften Juden gehindert ihre Söhne zu beschneiden, koscher zu essen, den Schabbeß und alle jüdischen Feiertage zu halten.

Daß es, wie jene Notabeln versichern, Christen aller Parteien gibt, denen die Religion die frohe Botschaft vom Frieden ist, wird man nicht bestreiten mögen: wünschenswerth wäre eine nähere Erläuterung dieses Satzes, der so wie er da steht, das Wesen des christlichen Glaubens nicht ausdrückt.

Daß der jüdische Stamm einst der Welt die Verehrung des einigen Gottes gegeben hat, ist nicht wahr. Einmal weiß die Mehrzahl der Bewohner unsrer Erde — Welt sagt man für Erde nur, wenn man nicht nachdenkt — sie weiß von einem einigen Gotte noch heute nichts, da die Mehrzahl dieser Bewohner, wie der jüdische Ausdruck lautet, heidnisch ist: sodann lehnt auch die christliche Kirche in so gut wie allen ihren Gestalten den Glauben an den einigen Gott ab, da sie an den dreieinigen Gott glaubt, und da sie denjenigen, der diesem ihrem Glauben gegenüber vom einigen Gotte redet, als geflissentlichen Feind ihres durch die faselnde Phrase von der frohen Botschaft vom Frieden nicht charakterisierten Wesens ansieht: drittens haben die Juden den angeblich einigen Gott selbst erst spät entdeckt, da der Decalog Jahwe als einen Gott neben andern Göttern kennt, der Vers des Gesetzes V 6, 4 philologisch äußerst schwer zu verdauen ist, und die grobdrähtige Leiblichkeit des den ersten Menschen nach seiner Statur und seinem Aussehen knetenden, im Paradiese spazieren gehenden, bei Abraham Kalbsbraten essenden, dem Moses sich von der Nordseite zeigenden Judengottes einem etwa vorhandenen Monotheismus der Juden jeden Werth nimmt: da erst die Verquickung jüdischer Formeln mit platonischen Gedanken das hervorgebracht hat, was man anständiger Weise Monotheismus nennen darf: da endlich dieser so zur Existenz gebrachte Monotheismus philosophisch wie gemüthlich schlechthin nichts zu bedeuten hat.

Daß die Juden ein deutscher Stamm sind — auch das erfahren wir von jenen Notabeln —, möchte nicht vielen einleuchten. Ebenso dürfte Bedenken erregen, daß jene großen Gelehrten als das gemeinsame Ziel aller Angehörigen des deutschen Reiches die Ausgleichung aller innerhalb der deutschen Nation — zu der übrigens die Juden nicht gehören — von früher nachwirkenden Gegensätze ansehen: eine gewisse Ausgleichung ist vielleicht Vorbedingung des Glücks, aber sicher nicht das Glück selbst, und wer nicht Meyerbeer heißt, wird ansprechendere Musik kennen als die in Octavengängen ohne Nebenstimmen, also ohne Harmonie, sich abspielende.

Von Werth ist das Auftreten dieser Herren nur insoferne, als es die Stärke der von ihnen verurtheilten Bestrebungen erweist: denn auf einzelne Vorkommnisse des Neides, der Rohheit, des Uebermuthes pflegt man nicht mit einem Pronunciamento zu antworten, das kaum weniger anspruchsvoll auftritt als das der Secession, und dessen Unterzeichner von sich schwerlich eine besonders bescheidene Meinung hegen, also um eine Kleinigkeit ihre erlauchten Namen nicht in den Kampf werfen werden.

Wenn man es für denkbar erachtet, sich durch Anlernung gewisser Redensarten und durch Kenntnisnahme von bestimmten Thatsachen zu bilden, dann ist es natürlich gleichgültig, ob der so gebildete Mensch als Rohmaterial aus einem Rationalistenhause Preußens oder aus einer Talmudistenfamilie des russischen Polens hervorgegangen ist. Das Evangelium stellt aber an den Menschen nicht die Forderung gebildet zu sein, sondern die andere, sehr viel gewichtigere, aufs neue geboren zu werden: ich habe schon früher darauf hingewiesen, daß Iesus zum Judenthume sich verhält wie Copernicus zu Ptolemaeus, daß er auf das Verlangen nach der Wiedergeburt eben durch das Judenthum gekommen sein wird, dessen inhaltlose hölzerne Tautologie ihm vermuthlich dadurch nicht wirklich überwunden werden zu können schien, daß man ihr wie einem Mannequin irgend welche Gewänder überhienge. Die beiden Feinde Graetz und Geiger sind darin einig, den Pharisäismus als die höchste Blüthe anzusehen, deren ihre Nation fähig ist: Iesu Wort bei Matthaeus 23, 27 übt, wie an den Pharisäern, so an den modernen Bildungsschwindlern die schneidende Kritik, welche man von dem Urheber des bei Iohannes 3, 3 verzeichneten Ausspruches erwarten durfte.

Nun befinden sich die Juden vor jener Forderung Iesu und der gesammten christlichen Kirche — ich meine, daß auch Socinianer, Unitarier und Protestanten neuesten Schlages sich ihr zu unterwerfen nicht anstehn werden — sie befinden sich vor dieser Forderung in einer sehr viel ungünstigeren Lage als alles übrige, was vom Weibe geboren wird. Der natürliche Mensch ist dem geistigen Leben gegenüber zunächst nur indolent, der Semit, vor allem der Jude, ist ihm gegenüber von Hause aus feindlich. Gerade darum ist dies der Fall, weil aus hier nicht zu nennenden Ursachen das Evangelium zunächst den Semiten, näher den Juden, gepredigt worden ist. Wer wie Israel, und durch Israel und den Koran Arabien, ein gewisses Maß geistigen Lebens schon vor dem Evangelium besessen hat, der kann dem Evangelium gegenüber nicht gleichgültig sein: er wird durch dessen Verkündigung entweder sehr viel besser oder aber sehr viel schlechter als er war. Das ist der tiefste Grund der Erfolglosigkeit, welche christlicher Mission gerade Muhammedanern und Juden gegenüber eigenthümlich ist: Juden und Muhammedaner sind nicht so nahe unter dem Nullpunkte, wie andre nicht wiedergeborene Menschen, sondern gerade in Folge ihrer einst vorhandenen Beziehungen zur Wahrheit ganz erheblich tiefer in der Minus-Scala als alle Andern: sie sind nicht, wie andre Menschen, krank, sondern verhärtet. Es gibt Menschen und Völker, denen Iesus, wie er selbst es gesagt hat, zum Gerichte gekommen ist.

Schon oft habe ich auseinandergesetzt, daß jede Religion, so lange sie lebt, behaupten muß die allein wahre zu sein. Danach würde ich auch dem Judenthume Intoleranz nachsehen, aber doch nur dem Judenthume, welches Religion wäre. Allein ein solches Judenthum kenne ich seit fast zwei Jahrtausenden nicht als officielle Synagoge, ich kenne solches Judenthum stets nur als die Religion Einzelner, deren Dasein niemand bestreiten darf, der sich erinnert, daß auch Iesus ein Jude war, und daß nach Iesu Wort der Geist wo er will wehet. Dadurch daß die Kirche die Aufgabe in die Hände nahm, welche die späteren Propheten ihrem Volke gestellt, und welche dies Volk nicht hatte lösen können, dadurch daß die Kirche diese Aufgaben ebenso vertiefte und vergeistigte, wie die Platoniker des Pentateuchs plump-sinnliche Erzählung von der Gottbildlichkeit des Menschen vertieft und vergeistigt hatten, und dadurch, daß Israel nicht Wort haben wollte, daß es mit Recht das Heft aus den Händen habe geben müssen, dadurch ist Israel so tief gesunken, nur die Herrschaft über alle Völker als sein Ideal anzusehen, nicht aber die Herrschaft als die von selbst kommende Folge des Segens zu erwarten, welchen es der Erde gebracht hätte. Das nachchristliche Israel verhält sich zu der geschichtlichen Entwicklung, wie der neue Schelling zu Hegel, wie Beust und Harry Arnim zu Bismarck, das heißt, es ist ein impotenter Neider und Kläffer. Man täuscht sich sehr, wenn man meint, die Judenfrage sei eine Religions- oder Toleranzfrage: sie ist ebenso sehr eine Machtfrage, wie die katholische Frage eine Machtfrage ist, nur daß Rom den Katholicismus wenigstens in Deutschland noch nicht so überwuchert hat, wie das antievangelische Judenthum es mit dem alten Israel seit Jahrhunderten gethan. Auch Geldbesitz und die Monopolisierung der Presse sind für das moderne Judenthum nicht Selbstzweck, sondern nur Mittel der Herrschaft.

Unsre Aufgabe den Juden Deutschlands gegenüber — es ist ein Unglück, daß wir diese Juden nicht von den ihnen gleichen Juden der übrigen Länder scharf scheiden können — unsre Aufgabe wird uns nicht von der Nächstenliebe, sondern (man vergleiche ihr Gesetz V 15, 3 17, 15 23, 20 21) von der Feindesliebe diktiert. Diese Feindesliebe aber wäre feige, wenn sie nicht vor allen Dingen die thatsächliche Lage der Dinge klar zeichnen, und wenn sie nicht aussprechen wollte, daß Juden in dem so viele fremde Elemente enthaltenden Deutschland sehr wohl aufgenommen werden können und auch vielfach, und zwar zur herzlichen Freude ihrer Freunde, bereits aufgenommen worden sind, daß sie aber nur um den Preis aufgenommen werden können und dürfen, dem asiatischen oder aegyptischen Kastenwesen der Kohns und Levis, das seine Proselyten nur als Juden zweiter Klasse ansehen muß, ihrem Pochen auf vorzugsweises Begnadigtsein, ihren Ansprüchen auf Weltherrschaft, der Verbindung mit ihren außerhalb Deutschlands wohnenden Blutsverwandten, ihrer aus einer werthlosen statistischen Notiz und den groteskesten Riten bestehenden Religion rückhaltslos zu entsagen. Aber auch unsere Nächstenliebe wäre feige, wenn sie nicht den Deutschen sagte, daß Deutschland die bei ihm Sohnschaft suchenden Juden mit seinen alten Kindern zu verschmelzen nur dann im Stande sein wird, wenn es den gäng und gäben Ansichten über den Werth der, wie die Redensart lautet, freimachenden Bildung Valet gesagt, und statt dieser befreienden Bildung die innerlich bindende neue Geburt aus dem heiligen Geiste heraus und in sein eigenstes, geschichtlich gewordenes Wesen hinein als das Nothwendige erkannt und an sich erlebt hat. So deutlich mich dies ausgedrückt zu sein dünkt, setze ich doch, um ja alle Misverständnisse hintanzuhalten, neben diese Sätze noch ausdrücklich die in ihnen schon liegende Erklärung hin, daß ein bloß äußerlicher Austritt aus dem seit 1800 Jahren ganz und gar unmöglichen Judenthume, das fast zwei Jahrtausende lang der Geschichte nichts gebracht hat, was auch nur einen Deut werth gewesen wäre, und ein bloß äußerlicher Eintritt in das nicht als das Ergebnis einer ungefähr zweitausendjährigen Geschichte gefaßte Deutschland unnütz, ja geradezu schädlich ist.

Es kommt nicht ganz selten vor, daß Menschen von einem so unüberwindlichen Zorne über die Zustände, aus denen sie hervorgegangen sind, erfüllt werden, daß sie der ganzen Vergangenheit, ihrer Familie, dem Vaterlande den Rücken wenden. Begriffen werden diese Armen nie, denn sie schweigen über die Gründe ihres Handelns: glücklich werden sie auch nicht, denn was gewesen ist, hängt ihnen trotz ihrer Absage nach: sogar geradezu unglücklich sind sie, denn sie lernen mit der Zeit erkennen, daß als Erbschaft der Schuld der Ahnen entschuldbar war was sie haßten, daß es in gewissem Sinne sogar eine Berechtigung hatte.

Fast wie diesen Menschen muß denjenigen Nachkommen Israels zu Muthe sein, welche über die Lage der jüdischen Angelegenheiten sich klar geworden oder doch im Begriffe sind, sich über sie klar zu werden. Hinter sich haben sie eine Geschichte, die nicht Geschichte ist, Parasitenthum oder den Kleinvertrieb der von andern Völkern erworbenen Güter, den Haß des Menschengeschlechts, ein Dasein ohne Ziel und Inhalt: vor sich haben sie Abneigung und Hohn. Jedem Empfindenden wird das Herz bluten, wenn er an solche Juden denkt.

Wenn den oben gezeichneten Personen niemals Mitleid und Liebe zu Theil wird, Israel müßte, vorausgesetzt daß es ohne Hochmuth die Hände zu uns herüberstreckte, auf Mitleid und Liebe rechnen dürfen, denn der Juden Schicksal liegt offen vor den Augen Aller, und jeder müßte ihre Flucht aus der nie vergehenden Vergangenheit, aus dem unmütterlichen Mutterhause begreifen. Nicht die Christen haben Israel verderbt, denn schon den Römern der ersten Kaiserzeit, auch den Arabern erschien es so wie es uns erscheint: Esdras hat das Unheil angerichtet, die Pharisäer haben des Esdras unseliges Werk fortgesetzt. Uralte Schuld wandert mit den Juden, dieselbe Schuld, welche den Protestantismus und den Liberalismus drückt: ein Buch oder Bücher sind der Mittelpunkt der Existenz dieser Aller. Gegen solche Krankheit hilft nicht, daß man ein anderes Buch an die Stelle des untauglich befundenen setze, gegen diese Krankheit hilft nur das Leben. Glücklich aber müssen Alle sich fühlen, die aus der gefrorenen Verwesung in die wohlig warmen Wellen thatsächlichen Daseins versetzt werden. Und keine Reue wird die bedrücken, welche sich vom Leben haben helfen lassen: denn an demjenigen, von dem Sie sich abgekehrt, war nichts entschuldbar, nichts hatte an ihm eine Berechtigung.

Die Deutschen aber sollten wissen, daß sie nicht Einen Esdras gehabt haben ihre Geschichte zu vergiften, sondern viele. Sie sollten darum mit den unter ihnen wohnenden Juden um die Wette — nur gemeinsame Arbeit um ideale Güter einigt — in die Zukunft streben, und wie diese in eine Vergangenheit zurückgehn, in welcher es weder ein Buch gab noch eine Zeitung noch eine irgendwie geartete Schriftgelehrsamkeit, nur stilles Horchen auf die Stimme ursprünglicher Natur, leises Wachsen mit den Bäumen des Waldes und der Saat der Felder, in welcher allemal im Herbste von selbst und ohne Murren abfiel was Schmuck, aber vergänglich, in welchem ohne Hast winterlang auf den Frühling eines nächsten Jahres wartete was neu und himmelan den Sommer hindurch gediehen war.

Niemand vermag sich dem Einflusse eines in völligem Ernste von allen Seiten auf ihn eindringenden Lebens zu entziehen. Sind die Juden in Deutschland zur Zeit noch ein fremder Körper, so beweist dieser Umstand, daß das Leben Deutschlands nicht energisch und nicht ernst genug ist: dann hat aber die Nation die Pflicht, diesem sehr erheblichen Mangel abzuhelfen. Jeder uns lästige Jude ist ein schwerer Vorwurf gegen die Echtheit und Wahrhaftigkeit unsres Deutschthums. Allerdings kann die Nation nicht energisch und ernst sich selbst leben — dies sich selbst verstehe ich sowohl als Accusativ wie als Dativ —, wenn die Regierungen ihr nicht den Ballast vom Halse und von der Seele nehmen, mit welchem wohlmeinender, aber sehr einfältiger Liberalismus sie drückt — das preußische Unterrichtswesen und das Staatskirchenthum sind mit die schlimmsten Stücke dieses Liberalismus —: unsre Juden aber werden auch selbst dann wann jener Ballast abgethan sein wird, nicht aufhören Juden zu sein, wenn unsre Regierungen nicht außer jenem Liberalismus auch die grauenhafte Schuldenmacherei in Staat und Gemeinden abstellen, auf deren Procenten das Judenthum seine materielle Existenz mühlos und verächtlich begründet hat: die Juden bleiben Juden, weil wir zu gebildet sind, sie bleiben Juden nicht allein durch unsre Schuld, sondern auch durch unsre Schulden. Die Beantwortung der deutschen Judenfrage wird vorbereitet werden nicht durch die Ministerien der Justiz und des Innern, sondern durch die des Cultus — man verstehe mich wohl: ich sage nicht, des Unterrichts — und der Finanzen: sie wird zu Ende geführt werden nur durch das deutsche Volk, in welchem dasselbe heiße, das fremde Eis schmelzende Leben auch im Frieden pulsieren muß, welches im letzten Kriege selbst die unter uns wohnenden Palaestinenser dienstpflichtigen Alters in die Bahn deutschen Empfindens und deutschen Handelns zu unsrer großen Genugthuung hineingerissen hat.

Nur Antiliberale sind wirkliche Judenfreunde, wie nur Antiliberale wirkliche Freunde Deutschlands sind. Juden und Liberale sind naturgemäß Bundesgenossen, denn jene wie diese sind nicht Naturen, sondern Kunstprodukte. Wer nicht will, daß das deutsche Reich der Tummelplatz der Homunculi werde, der muß gegen Juden und Liberale — dies Wort in dem oben angegebenen Sinne genommen — Front machen.

Ich fasse zusammen:

Das höchste Lob, welches das deutsche Volk ertheilt, ist das der Echtheit. Urtheile man, wie dies Volk über diejenigen denken muß, welche sich ihm als die Gebildeten gegenüberstellen: urtheile man, mit welchen Gefühlen es unsre Zustände in Staat, Schule und Kirche betrachten wird: mache man sich klar, wie deutsch den Deutschen das neue Reich vorkommt.

Zur Echtheit können wir uns nicht allein verhelfen: die Regierungen müssen dadurch das Ihre für uns thun, daß sie geflissentlich alles künstlich Gemachte fortschaffen, und daß sie mit dem sicheren Blicke sachverständiger Liebe das Wachsen dessen befördern, was aus dem von Schutt gereinigten alten Boden emporkeimen wird: noch sind die Wurzeln unsres Wesens lebendig.

Von dem Verfasser des vorliegenden Heftes erschienen in der Dieterichschen Buchhandlung zu Goettingen noch folgende Arbeiten:

Deutsche Schriften. Erster Band. 1878.
    1. Ueber das Verhältnis des deutschen Staates zu Theologie, Kirche und Religion. Ein Versuch NichtTheologen zu orientieren.
    2. Gedichte.
    3. Ueber die gegenwärtige Lage des deutschen Reichs. Ein Bericht.
    4. Zum Unterrichtsgesetze.
    5. Die Religion der Zukunft.

Symmicta. Erster Band. 1877.
    1. Aus Zeitschriften.
    2. Hebräische Handschriften in Erfurt.
    3. Ein Fragment des Arztes Africanus.
    4. Aus Friedrich Rückerts Nachlasse.
    5. Epiphaniana.

Symmicta. Zweiter Band. 1880.
    1. Aus Zeitschriften.
    2 Moabitica.
    3. Zwei Proben moderner Kritik.
    4. Vorbemerkungen zu meiner Ausgabe der LXX.
    5. Des Epiphanius Buch über Maße und Gewichte zum ersten Male vollständig.
    6. Aus einem Uncialcodex der Clementina.

Aus dem deutschen Gelehrtenleben. Aktenstücke und Glossen. 1880.

Inhalt:

Gedichte. 11.
Die Stellung der Religionsgesellschaften im Staate. 17.
Noch einmal zum Unterrichtsgesetze. 37.
Die Reorganisation des Adels. 61.
Die Finanzpolitik Deutschlands. 71.
Die graue Internationale. 95.

www.ingramcontent.com/pod-product-compliance
Lightning Source LLC
Chambersburg PA
CBHW020313240426
43673CB00039B/795